음악치료 수용기법

– 음악치료 교육 및 임상을 위한 지침서 –

Receptive Methods in Music Therapy

Denise Grocke · Tony Wigram 공저

문소영 · 이윤진 공역

학지사

Receptive Methods in Music Therapy
by Denise Grocke and Tony Wigram

역자 서문

호주 멜버른 대학교 음악치료 박사과정 시절, 필자의 지도교수였던 Denise Grocke 교수님을 통해 *Receptive Methods in Music Therapy*를 처음 접했다. 당시 박사논문에 매진하고 있던 필자는 논문을 마치면 교수님의 저서인 이 책을 꼭 번역하겠노라고 말씀드렸는데, 그때의 약속을 이제야 이룰 수 있게 되었다. Grocke 교수님은 필자가 멜버른 대학교 대학원에서 음악치료에 입문하던 1997년부터 10여 년이 훨씬 지난 지금까지도 음악치료의 전 과정에서 가르침을 주신 스승이다. 대학원 시절, Grocke 교수님으로부터 Bonny 방식에 의한 GIM을 처음 배웠을 때의 경험은 지금도 매우 경이로운 것으로 기억된다. 이제 『음악치료 수용기법』이라는 이 역서를 통해 치료적인 접근에서의 음악 감상이 체계적이고 포괄적으로 한국 음악치료의 교육과 임상 분야에 공헌할 수 있기를 기대해 본다.

음악치료에서 치료사가 클라이언트에게 음악을 전달할 때 일차적으로 어떤 음악을 선정할 것인가의 이슈 이전에 검토되어야 할 것은 '치료사는 클라이언트에게 어떠한 치료적 존재감(therapeutic presence)을 주는가?'에 관한 고찰이라고 생각한다. 또한 '치료사가 선정한 음악 목록을 어떠한 언어적 중재로 클라이언트에게 전할 것인가?'의 문제도 치료 상황에서 매우 중요한 요소다. 이 책의 1장 '클라이언트와 언어적 · 음악적 관계 이루기' 에서는 이러한 요소들을 심도 있게 다루며 유능한 음악치료사가 갖추어야 할 자질을 명시하고 있다. 2장에서 5장까지는 다양한 연령대의 클라이언트군에게 적용할 수 있는 치료적 음악 감상의 구체적인 지침을 제시하고 있다. 또한 수용 음악치료 영역에서 다각도로 병용될 수 있는 노래와 예술매체, 진동음향치료와 동작 기법들이 6장에서부터 10장까지 제공된다.

마지막으로 이 책이 나오기까지 인내와 수고로 번역 작업에 동참해 준 이윤진 선생에게 감사의 마음을 전하며, 출판을 맡아 주신 학지사의 김진환 사장님과 편집부의 하시나 님에게 심심한 사의를 표한다. 또한 필자가 음악치료 교육과 임상에 정진할 수 있도록 끊임없는 영감을 주는 음악치료학과 학생들과 이 책을 통해 치료적 유익을 누리게 될 음악치료의 클라이언트들에게 감사드리며, 한결같은 마음으로 기도해 주시는 부모님께도 감사의 마음을 올린다.

대표 역자 문소영

추천사

『음악치료 수용기법(*Receptive Methods in Music Therapy*)』은 임상가에게 지식과 기술을 제공하기 위해 음악치료 중재기법의 세 가지 주요 범주—즉흥연주, 노래 만들기, 감상—를 다룬 총서 가운데 세 번째 책에 해당한다. 이 책은 총서 중 마지막 권에 해당하지만, 여러 이유에서 가장 중요하고도 광범위한 내용을 다루고 있다고 사료된다.

현상학적 관점에서 음악은 음원과 수용자(recipient)를 필요로 한다. 그러므로 음악치료에서 음악이 어떤 방식으로 만들어지더라도(예: 즉흥연주, 작곡, 라이브 음악 또는 음반) 궁극적으로 클라이언트는 그 음악을 수용하고 감상하게 된다. 더 나아가 음악을 듣는다는 것은 음악이 어떻게 생산되었든 간에 치료과정에서 중심부에 위치하며 필수불가결한 요소에 해당한다. 이 책은 치료에서 성공적인 감상 경험을 하는 데 기여하는 많은 요인을 상세히 다루고 있으며, 이러한 이유로 이 책의 중요성은 평가절하될 수 없다. 그러한 요인들은 모든 음악치료 방법과 연계된다.

하나의 범주로서 수용 음악치료 기법에서는 아마도 가장 다양한 형태의 음악이 다루어진다고 할 수 있을 것이다. 음악은 클라이언트의 선호도에 의거해서 선정되고 창조된다. 음악은 미리 작곡될 수 있으며, 특히 클라이언트의 필요에 입각해서 작곡과 즉흥연주가 이루어진다. 또한 클라이언트의 문화를 반영하는 모든 범주의 성악과 기악 형태의 음악이 다루어진다. 음악은 라이브 연주의 형태로 클라이언트에게 제시될 수도 있고, 치료사에 의한 즉흥연주가 될 수도 있으며, CD 플레이어, 컴퓨터 또는 진동음향학적 장치에 의해 제공될 수도 있다. 결과적으로 수용 음악치료에서 사용되는 음악은 우리가 내릴 수 있는 가장 광범위한 '음악'의 정의 안에서 선정된다.

마찬가지로 수용 음악치료에서 제기되는 임상 목적도 포괄적이고 다양하다. 음악 감상은 인간의 전 영역에 동시적으로 영향을 끼친다. 그래서 치료사들은 클라이언트의 신체적 · 심리적 · 인지적 · 사회적 · 발달적 · 미학적 · 영적 영역에서의 반응을 자극하고 변화를 가져오기 위한 목적에서 음악 감상 활동을 구조화한다. 예를 들면, 음악 감상은 심리적 통찰력을 증진시키고, 이완을 활성화하며, 심상을 환기시키고, 동작을 구조화하며, 기분을 전환시키고, 기억을 상기시키며, 학습을 보조하고, 초월성(transcendence)을 조장하며, 심박과 혈압을 감소시키고, 창조성을 함양하는 데 적용될 수 있다.

여타의 음악치료 방법과 비교해서, 수용적 접근은 임상 대상군의 범주와 특성을 고려할 때 가장 다방면으로 적용될 수 있다. 특정한 수용기법이 일부 클라이언트 그룹에게는 금기시될 수도 있겠으나, 일반적으로 수용기법은 클라이언트가 갖고 있는 신체적 · 심리적 기능의 모든 수준에서 적용이 가능하며, 태아에서부터 삶의 마지막 순간에 있는 이들에 이르기까지 전 연령대에 걸쳐 사용이 가능하다. 청력이 가장 오래 잔존하고 광범위한 영향을 끼치는 기능이라는 점을 감안한다면, 심지어 의식 불명의 클라이언트도 이러한 음악치료로부터 유익을 얻을 수 있다. 게다가 청력에 장애가 있는 클라이언트도 음악에 의해 창출되는 진동으로 음악을 '느낄' 수 있다.

수용기법이 지니는 힘과 변화를 불러일으키는 잠재력은 매우 지대하다.

나는 이러한 점을 강조하며 의료와 호스피스 환자들을 위해 이 기법을 사용하고 있다. 인간이 존재하면서 맞이하는 운명의 갈림길과 같은 가장 중대한 순간에 노래나 친숙한 음악 목록, 치료사가 즉흥연주를 한 음악이 만들어 내는 치료적 변화는 필설로 표현하는 것이 불가능할 만큼 지대하다. 이처럼 음악치료사가 유능한 기술을 갖추고 삶의 마지막 순간에 처한 이들에게 치료적 존재감을 제공하는 것은 치료사의 특권이자 무엇보다 중요한 책임이다.

이러한 중요성과 임상적 의의가 있음에도 음악치료 수용기법은 직관적으로 가장 쉽게 이해되기도 하나, 다른 임상 분야와의 변별 측면에서는 아마도 가장 설명하기 난해한 방법이라 할 수 있다. 수년간 음악치료 비전문가들에게 나의 전공 분야를 설명할 때마다 그들로부터 다음과 같은 말을 들어 왔다. "아, 네. 전 음악치료를 알고 있어요. 제가 슬플 때(혹은 화날 때, 긴장될 때 등)마다 음악을 감상하면서 기분전환에 많은 도움을 받거든요." 많은 이가 자조(自助)적 관점에서 음악의 치료적 효과를 이해하기는 한다. 그러나 그들에게 이러한 치료적 유익이 일어나는 데 있어서 왜 음악치료사가 필요한가를 설명하는 것은 매우 어려운 일이다.

이와 유사하게 나는 진료소에서 음반이 가져다주는 치료 효과를 잘 이해하면서도(음악의학적 접근에서) 이러한 기법을 사용하고 임상적 책임을 져야 하는 전문화된 음악치료사가 필요함을 납득하지 못하는 의료 전문가들의 혼동을 종종 목격하곤 한다. 따라서 수용기법을 사용하는 음악치료사는 특히 음반을 사용하는 경우 자신의 역할을 규명하고, 그것이 내포하는 중대한 의미를 반드시 숙지해야 한다. 앞으로 음악치료의 효용성과 이에 대한 음악의학적 접근에 관한 비교연구가 지속되어야 할 것이다.

감사하게도 이 책의 두 저자는 이러한 기법을 수행함에 있어서 음악치료사의 역할과 필수적인 임상 기술, 윤리적으로 신중을 기해야 할 이슈들에 관한 방대한 양의 자료를 제공하였다. 저자들은 수용기법에서 클라이언트의 반응을 처리함에 있어서 치료사의 존재에 관한 의미와 유능한 언어 기술을 갖추어야 할 필요성을 강조한다. 물론 다양한 임상군을 위해 적용되는 광범위한 수용기법을 사용하는 데 요구되는 기술은 매우 중요하며, 저자들은 이에 대한 종합적이고 실제적인 내용을 성공적으로 제시하였다. 더불어 그들은 '어떻게 할 것인가' 에 관한 매우 유용한 정보를 풍부하게 수록하였다. 이 책은 음악치료 교육가들에게 가장 효과적인 방법으로 수용기법을 가르치는 데 필요한 방대한 개론 지침서가 될 것이다. 음악치료학과 학생들에게는 이 책이 기본적인 기술과 좀 더 고차적인 기술을 습득하는 데 있어 안내서 역할을 할 것이다. 그리고 이 책을 통해 음악치료 전문가들은 자신이 갖고 있는 기존의 기술을 숙련함과 동시에 새로운 분야의 기술을 획득할 수 있을 것이다. 이 책이 가지는 특별한 의의는 방법의 '특수한 예들' 에 관한 상세한 내용이 제공되었다는 점이다. 이완 유도를 위한 구체적인 스크립트(stripts), 다양한 임상가의 임상 사례와 치료 프로토콜이 그것이다. 이러한 내용은 임상 능력을 갖추는 데 명확하고 유익한 지침이 될 것이다. 이 책은 우리 모두가 수용 음악치료 분야에서 좀 더 유능한 임상 전문가가 되게 해 줄 것이다.

이 책은 매우 강력한 권위를 바탕으로 저술되었다. 저자들은 세계적으로 저명한 음악치료 전문가들이며, 다양한 수용기법의 영역에서 선구적인 임상 전문가, 교육자, 연구자로서 존경받고 있다. 저자들 각자의 (본인들이 겸손하게 언급하는 것에 비해 훨씬 많은 세월의 경륜을 바탕으로 이루어진) 전문성이 통합된 결과로 만들어진 이 책은 여러 관점이 융합되어 있으며, 교육적으로 정통한 원리와 임상적으로 효용성이 높은 최고의 연구 정보에 기반을 두고 있다.

나는 내 소중한 동료이자 존경받는 저자들로부터 음악치료 문헌에서 가장 의미심장한 공헌을 하게 될 이 책의 추천사를 써 줄 것을 제안받은 것을 영예롭게 생각한다. 이 책이 음악치료학계에 끼칠 영향력은 즉각적이고도 영속적일 것이다. 무엇보다도 이 책은 보다 숙련된 우리 치료사들의 손길을 통해 제공되는 음악 감상으로 인해 강력하고도 변혁적인 수익을 누리게 될 우리의 클라이언트들에게 지속적인 영향력을 발휘할 것이다.

Cheryl Dileo

템플 대학교 음악치료학과 교수

차 례

제4장 성인을 위한 수용기법과 이완 149

제5장 음악, 시각화와 심상 207

제6장 노래 가사 토의, 회상과 인생 회고 253

제7장 지각적 청취와 음악 감상 287

제8장 수용 음악치료와 예술 매체 311

제9장 수용 음악치료에서의 진동음향치료 343

도 입

고대로부터 음악은 정서를 자극하고 휴식과 이완을 유도하는 촉매제로 인정되었으며, 기원전 5세기의 그리스 철학자들은 아픈 이들에게 연주되는 음악의 형태를 규정하기도 하였다. 음악에서 작곡된 선법은 건강상 특정한 유익을 가져다준다고 여겨졌는데, 예를 들어 플라톤(B.C. 428~348)은 도리안 선법이 지구력을 일관되게 유지하는 데 제격이고 프리지아 선법은 평정과 묵종(默從)에 적합하다고 주장했다(*The Republic*, III, 399a–b). 음악(그리고 예술 전반)은 사회의 도덕성을 구성하는 중요한 요소로 높이 평가되었다. 이와 관련해 플라톤은 다음과 같이 기술했다.

> 음악은 도덕적인 법이다. 음악은 영혼에 우주를 부여하고, 정신에 날개를 달아 주며, 상상의 나래를 펴게 하고, 슬픔에 매력을 가하며, 모든 것에 생기를 준다. 음악은 질서의 본질이며, 선하고 공정하고 아름다운 모든 것으로 인도하며, 보이지는 않으나 눈부시며, 열정적이고 영원한 형태를 지닌다(*Wordsworth Dictionary of Musical Quotations*, 1991, p. 45).

세기를 거듭하며 시인과 극작가, 저술가들은 기분을 전환하고 감각을 자극하는 음악의 힘에 대해 기술해 왔다. 셰익스피어는 "만약 음악이 영혼의 양식이라면 연주하시오."라고 적었다(*Twelfth Night*, I. i.1). 그리고 "음악은 야수를 진정시키고 바위를 부드럽게 하며 울퉁불퉁한 참나무도 휘게 하는 마법을 지니고 있다."(Congreve, *The Morning Bride*, I. i.1)라는 글 역시 인간의 정서에 미치는 음악의 영향력을 입증하고 있다. 19세기 의사들은 신체의 생리적인 기능에 미치는 음악의 효과를 측정하고자 했으며, 가장 선행된 연구에서는 심장 박동률과 호흡에 미치는 음악의 영향력이 측정되었다(Dogiel, 1880; Radocy & Boyle, 1988 재인용). 이 연구의 핵심 요소는 음반의 사용이었다. 사실상 음반은 연구에서 통제될 수 있었던 이래로 독립변수로서 선호되었다.

1940년대와 1950년대의 연구는 동일한 악곡을 사용하여 자극적인 음악과 진정시키는 음악을 제시하려는 경향을 보였다(Lundin, 1967). 예를 들면, 〈Souza 행진곡〉은 자극적인 음악으로 선정되었으며, 반면에 시벨리우스의 〈The Swan of Tuonela〉는 종종 진정시키는 악곡으로 선정되었다. 신체에 생리적으로 영향을 미치는 음악의 효과가 점점 더 알려지면서 새로운 연구가 대두되며 음악이 정신 상태에 효력을 끼치는 내용이 언급되었고, 인도된 심상과 음악(guided imagery and music: GIM)이라는 새로운 분야가 창시되었다(Bonny & Savary, 1973).

음악치료사들은 서로 다른 형태의 음악에 대한 클라이언트들의 다양한 반응에 관한 심도 있는 연구에 착수했으며, 친숙하고 선호하는 스타일의 음악이 환자에게 가장 효과적이라는 것을 발견했다. 음악치료사들은 다양한 임상 분야에서 클라이언트들을 위한 개별화된 음악 프로그램을 개발하기 시작했다. 분만 시의 여성(Clark, McCorkle, & Williams, 1981; Hanser & O'Connell, 1983), 스트레스를 겪는 환자(Hanser, 1985; Scartelli, 1989), 수술 전의 불안(Spintge & Droh, 1982), 집중치료(Bonny, 1983) 등이 그에 해당한다. 환자는 음악을 감상하고, 치료사와 함께 음악을 통한 느낌과 반응을 논의하며, 그로부터 유익을 얻게 된다. 이렇게 음악을 수용적으로 사용하는 방법들은 '수용 음악치료(receptive music therapy)'라는 용어로 통칭되었다(Bruscia, 1998a).

수용 음악치료가 다수의 연구 프로젝트에서 고찰되었으나, 자극제인 음악 자체에 대해서는 정보가 매우 미미하였다. 많은 경우 레코드에 관한 정보가 제시되지 않았고, 연주자가 누구인가에 대한 언급이 없었다. 때로는 악곡명이 명시되지 않은 채 단지 진정시키는 음악 혹은 자극시키는 음악 정도로만 막연하게 표기되었다. 그리고 환자/클라이언트의 음악 감상 경험을 위해 치료사가 어떤 방식으로 세션을 계획했는가에 대해서는 좀처럼 언급되지 않았고, 환자가 자신의 수용적인 경험을 치료사와 논의하는 과정에서 환자를 어떤 식으로 지원해야 하는가에 관해서도 거의 명시되지 않았다. 이 책에서는 기존 연구 문헌상의 이러한 한계를 다룰 것이며, 이 책이 추구하는 목적도 수용 음악치료 기법에서 수용적인 경험을 제공하는 각각의 영역에 관한 내용을 설명하는 것이다.

『음악치료 수용기법』은 음악치료 분야의 임상가와 교육자, 학생들을 위해 발간된 총서 중에서 세 번째 책에 해당한다. 이미 출간된 두 권의 책에는 음악치료에서의 즉흥연주와 노래 만들기에 관한 방법과 기법이 상세히 설명되어 있다. 첫 번째 책인 『즉흥연주(*Improvisation*)』(2004)에서 Tony Wigram은 치료방법과 음악적 기법에 관한 내용을 기술하였다. 서면으로 작성된 치료절차, 악보 도해, 음반 CD의 예시를 통해 음악치료 임상에서 치료사들이 기법을 습득하고 적용할 수 있도록 했다. 이 책은 음악치료학과에서 수련 중인 학생들에게 음악치료에서의 즉흥연주 기술을 연마할 수 있는 방법들을 설명해 주며, 이미 자격을 갖춘 음악치료사들에게도 좀 더 심화되고 복잡다단한 치료절차에 관한 내용을 명확하게 제시해 준다. 또한 즉흥연주에서의 기술과 기법에 관한 포괄적인 영역의 내용을 제공하며, 실제적으로 기법을 훈련하고 시연할 수 있게 구성되어 있다. 이와 더불어 치료과정에서 변화와 발전을 가져다주는 요인들이 논증된 특수한 음악치료 '기법'을 상세히 규명하고자 한다.

두 번째 책인 『치료적 노래 만들기(*Songwriting*)』(2005)는 Baker와 Wigram이 편집 · 출간하였다. 이 책에서는 국제적인 음악치료사들이 클라이언트들과의 치료적 노래 만들기에 관한 과정과 절차를 규정하고 설명하고 있다. 각 장에는 치료적으로 노래를 만드는 실제적인 절차와 방법이 기재되어 있으며, 가사를 발전시키는 기법, 작곡, 노래를 녹음하고 연주하는 기법이 서술되어 있다. 그리고 각 장의 마지막 부분에는 방법과 기법에 관한 요약 내용이 수록되어 있다.

음악치료 임상에는 세 가지 주요 방법이 있다. 그중 두 가지 방법은 앞에서 언급한 것이다. 즉, 총서의 첫 번째 책에서 서술된 구조화된 방식 또는 자유로운 형태의 즉흥연주를 통한 실제적인 음악 만들기(Wigram, 2004)와 두 번째 책에서 설명된 치료적 노래 만들기(Baker & Wigram, 2005)다. 그리고 세 번째 방법이 수용 음악치료다. 이 책은 음악치료 방법에서 세 번째 지류(支流)인 수용 음악치료의 포괄적인 내용을 다루며, 음반의 사용과 클라이언트에게 음악을 어떻게 들려줄 것인가에 관한 내용을 포함한 광범위한 중재 방식을 설명한다.

수용 음악치료에서의 근거중심 의학

음악치료 방법에서 중재에 관한 기법을 다룬 이 총서의 내용들은 다년간 임상에서 사용되었으며 임상 실제에서 그 효용성이 입증된 것이라는 점을 명확히 해 둘 필요가 있겠다. 임상에 기반을 둔 이러한 근거는 근거중심 의학이라고 명명할 수 있다. 근거중심 의학의 중요성은 미국음악치료협회

(American Music Therapy Association)가 현재 사용하고 있는 음악치료의 정의에서 확인할 수 있다.

> 음악치료는 승인된 음악치료 프로그램을 마친 자격을 갖춘 음악치료사가 개별화된 목적을 달성하기 위해 치료적 관계 안에서 근거에 입각하여 임상적으로 음악을 사용하는 것이다(American Music Therapy Association, 2006).

이 책과 더불어 앞서 출판된 두 권의 책에서 다루는 기법과 방법은 숙련된 임상가들에 의해 임상 실제에서 광범위하게 적용된 것을 토대로 한다. 이러한 치료방법은 임상에서 일관되고 긍정적인 결과를 도출한 것으로 평가되었고, 임상 회의에서 사례연구가 보고되었으며, 학술대회와 세미나에서 음악치료사들의 평가에 의해서도 그 효용성이 입증되었다. 음악치료의 방법은 통제된 연구 설계에 의해 타당성을 인정받기도 한다. 하지만 많은 경우 전통적인 심리치료적 접근, 물리치료, 작업치료, 언어치료와 같은 여타의 전문치료 분야와 마찬가지로 치료 효과의 근거가 사례연구, 임상 보고서와 그 밖의 출판물에서 치료사가 작성한 일화(逸話)적인 보고서에 의존한다.

따라서 이 책은 종래의 연구에 관한 광범위한 재검토를 시도하기보다는 자격을 갖춘 많은 음악치료사에 의해 지원되고 사용된 사례 자료를 바탕으로 치료방법과 치료절차에 대한 구체적인 설명을 제공하는 데 초점을 둔다.

음악치료에서의 수용기법

치료적인 변화와 발전을 증진시키기 위한 목적으로 수용적인 방법을 사용하는 것에 관한 관점은 국가 내에서 다양하게 표출되는데, 특히 국가 간 양상은 더욱 다양하다. 영국의 경우 음악치료의 정의에서 클라이언트와 치료사의 능동적인 관계를 언급하고 있으며, 이것은 즉흥적인 음악 만들기 과정을 통하여 발전되는 것이다. 미국과 호주의 경우는 보다 폭넓은 치료 모델이 시행되는데, 여기에는 노래 부르기, 치료적 노래 만들기, 즉흥연주와 수용적인 방법이 포함된다.

수용 음악치료는 클라이언트가 능동적으로 음악을 만들어 내는 것과는 달리 음악 경험을 받아들이는 수용자의 역할을 담당하는 기법들을 통칭한다. 대부분의 성인 클라이언트는 가정에서 음악을 감상하고, 자신의 선호도에 의거하여 다양한 장르와 스타일의 음악에 감동을 받는다. 대부분의 사람은 특별히 의미심장하고 감동을 주는 악곡을 감상하면서 '등골이 오싹해지는' 경험을 한 적이 있을 것이다. 또한 "음악이 연주되는 동안 당신이 바로 그 음악이다." ([1941] 1991, p. 197)라는 T. S. Eliot의 표현에 대부분의 사람이 해당될 수도 있을 것이다. 이 구절에서 음악을 연주하는 것과 음악을 감상하는 것의 변별은 의심할 나위가 없다(비록 이 구절은 양쪽 모두에 적용될 수 있지만).

그럼에도 일부 음악치료 임상 영역에서는 수용 음악치료가 널리 각광받지 못하고 있다. 아마도 임상가들의 의식 속에서 수용 음악치료가 1970년대에 Helen Bonny 박사에 의해 창안된 수용 음악치료의 특수한 사용, 즉 인도된 심상과 음악(GIM)의 발전 · 확장된 형태로 인식되어서일지도 모른다. 이는 현재 '보니 방식에 의한 인도된 심상과 음악(Bonny Method of GIM: BMGIM)'으로 일컬어지는 훈련과정을 마치지 않은 음악치료사가 수용 음악치료의 방법을 적용하는 것에 대해 확신이 없고 부담을 갖는 것에서 연유하는 것일까? BMGIM이 수용 음악치료의 모델로 가장 폭넓게 알려져 있기는 하나, 음반을 사용하고 클라이언트에게 음악을 연주해 주는 등의 더욱 포괄적인 방법들이 이러한 수용 음악치료의 범주에 속한다. 이 책에서는 바로 이러한 내용들이 설명될 것이다.

수용 음악치료의 정의

『음악치료의 정의(*Defining Music Therapy*)』(1998a)에서 Bruscia는 음악치료 내 '음악 경험의 형태'에 관한 개요를 제시한다. 이 장에서 Bruscia는 음악치료 임상에서 사용되는 다양한 방법에 대한 개관을 면밀하게 제공하였는데, 여기에는 즉흥연주적 경험, 작곡 경험과 수용적 경험이 포함된다. 그러므로 다양한 형태의 수용적 경험에 관한 내용을 재검트하고, 수용적 경험에 대한 일차적 정의를 수립해 보는 것은 유용한 작업일 것이다.

Bruscia는 수용적 경험을 다음과 같이 정의한다.

> 수용적 경험에서 클라이언트는 음악을 감상하고, 이러한 경험에 대하여 침묵으로, 언어적으로, 또는 그 밖의 다른 방식으로 반응한다. 이때 사용되는 음악은 클라이언트나 치료사에 의해 라이브로 연주되거나 녹음된 즉흥연주, 연주, 또는 작곡된 음악일 수도 있고, 상업적으로 녹음된 다양한 장르의 음악 목록일 수도 있다(예: 고전음악, 록, 재즈, 컨트리, 영성 음악, 뉴에이지). 감상 경험은 신체적, 정서적, 지적, 미학적 혹은 영적 영역에 음악이 끼치는 영향에 초점이 맞추어지며, 클라이언트의 반응은 치료목적에 따라 달라질 수 있다(Bruscia, 1998a, pp. 120-121).

Bruscia는 다양한 형태의 수용적 경험을 서술하고, 각각에 대한 명료한 정의를 제시한다. 이 책에서는 다음의 수용 음악치료 방법이 다루어질 것이다.

- 다양한 임상 분야에서 아동과 성인을 위한 음악 이완(3장과 4장)
- 심상적 음악 감상: 인도되지 않은 음악 심상, 인도된 음악 심상, 그룹 음악과 심상(5장)

- 노래 (가사) 토의: 클라이언트가 당면한 삶의 이슈들을 토의하는 데에 노래가 촉진제 역할을 함(6장)
- 노래 회고: 노래를 사용하여 토의와 반영을 활성화하는 방법(6장)
- 클라이언트가 선호하는 노래에 입각한 음악 감상 경험(7장)
- 음악 비평 활동: 치료사는 클라이언트가 음악의 미적 가치를 이해하고 평가할 수 있도록 도와줌(7장)
- 음악 콜라주: Bruscia는 이 방법을 작곡 경험의 범주에 포함시키고 있으나, 이 책에서는 음악 감상이 자극제가 되어 만들어진 미술작품을 지칭함(8장)
- 진동음향치료에서 사용되는 음악의 경우와 같은 신체적 음악 감상(9장)
- 유리드믹(eurhythmic) 감상: 신체 동작, 소근육/대근육 운동 전개방식과 그 외 운동 행동에 적용되는 방법(10장)

이 책의 목적은 수용 음악치료 방법을 사용하여 임상 기술을 개발하고자 하는 학생, 임상가, 교육자에게 교과서를 제공함으로써 기존 음악치료 문헌들 간의 간극을 메우는 중개 역할을 하는 데 있다. 이 책은 수용적 방법 전반을 다루며, 개별 방법에 해당하는 내용과 필요한 기술의 개발에 따르는 내용을 세부적으로 설명해 준다. 또한 초보 임상가와 숙련된 임상가 모두에게 수용적 방법에 대한 관심을 고취시키는 것도 이 책이 의도하는 바다. 음악치료 분야는 60여 년의 역사 속에서 다방면으로 성장해 왔다. 음악치료사들은 교육과정과 임상 수련을 통해 다양한 임상 기술을 습득하고, 이후 다년에 걸친 임상을 통해서 기술이 연마될 것이다. 그러나 다른 전문가들과 마찬가지로 음악치료사들도 새로운 임상 영역과 음악치료에 대한 새로운 접근법들에 고무되고 도전을 받아야 한다. 이 책이 수용적 접근에 관한 흥미를 북돋을 수 있기를 바란다.

이 책의 일부 내용은 BMGIM 훈련과정—초급(Introductory, level 1)과 중급

(Intermediate, level 2) — 의 초반부 내용과 대응된다. 그러나 이 책이 BMGIM의 포괄적인 지침을 제공하는 것은 아니므로 이 책의 설명을 기반으로 BMGIM 세션을 수행하는 것은 불가능하다.

또한 이 책에서 소개된 상당수의 기법과 방법은 자격을 갖춘 음악치료사에 의해서만 사용되어야 한다. 이는 음악치료사로서 임상에서 필수적인 기본적 이론과 임상적 · 음악적 기술에 관한 학업을 이수한 사람들에 한해서 이러한 치료 절차와 기법이 수행될 수 있음을 전제로 하기 때문이다. 이 점은 도입의 마지막 부분에 서술된 윤리적인 지침과 서두에 언급된 두 권의 책에서도 분명하게 명시된다. 이러한 견지에서 이 책은 클라이언트에게 수용적인 경험을 제공하는 음악치료사에게 필수불가결한 내용을 제공하는 역할을 확고히 할 것이다.

이 책의 개관

이 책은 치료 세션에서 사용되는 수용적 기법을 다루는 것에 초점을 맞춘다. 다시 말해, 이 책은 '어떻게 이것을 할 수 있을까'에 대한 방법론적 책으로, 모든 장에서 중재에 관한 명백한 지침과 방법을 제공하고 개별 세션과 그룹 세션에서 아동과 성인을 위한 기법을 제시한다. 또한 기법과 방법에서의 금기 사항과 각각의 방법에서 사용하기에 적합한 음악에 관한 분석도 제공한다.

이 책은 보편적으로 사용되는 수용 음악치료 방법의 전반적인 영역을 총망라한다. 포괄적인 관점이 제공되기보다는 저자들이 가장 잘 숙지하고 있는 정통한 방법들과 동료 음악치료사들이 선별하여 적용하는 방법들이 제시된다. 수용 음악치료에서 음악치료사들은 클라이언트의 치료적 경험을 이해하기 위해 언어적인 형태의 대화 기술을 사용한다. 이러한 언어적 대화 기술은 상담과 심리치료 기술의 영역으로 간주되기도 한다. 음악치료사가 언어적 대화를 어떻게 이끌어 가는가는 치료적 관계를 형성하는 데 작용하는 치료사의 가치와 신념에 의해 영향을 받게 된다. 1장에서는 보편적인 언어처리 기술과 더불어 이러한 내용이 탐색된다. 이러한 기술은 모든 연령대의 클라이언트들과의 치료에서 치료 경과를 촉진하는 치료적 존재감을 조성하는 데 필수불가결하다. 또한 이 장에서는 수용적인 방법에서 치료사가 언제 어떤 식으로 즉흥연주를 할 것인가—클라이언트 또는 환자가 즉흥연주를 감상하는 경우에—에 관한 내용이 다루어진다. 이러한 내용은 특히 세션이 시작되는 도입부나 클라이언트/환자와의 치료적 관계가 형성되는 초기 단계에서 적절하게 적용될 수 있다.

2장은 수용기법을 위해 선정되는 음악의 유의미한 요소들을 다루는 데 역점을 둔다. 예를 들어, 이완을 증진시키기 위해 선정된 음악은 심상을 환기시키기 위해 선정된 음악과는 변별되는 음악적 요소들을 지닌다. 이러한 척도들과 좀 더 상세한 예들이 이 책 전반에 걸쳐 제시된다.

3장에서는 아동을 위한 이완이 다루어진다. 아동의 연령에 따라, 공상(fantasy)과 현실을 변별하는 능력의 정도에 따라 이완을 활성화하는 방식은 달라지며, 치료사에게 하나의 지침으로 제공되는 이완 유도기법은 상이한 연령 그룹별로 분류된다. 물론 여기에는 언제나 개인차가 있기 마련이며, 이러한 지침은 결코 절대적으로 적용되는 것이 아니다. 또한 이 장에서는 음악 선정에 관한 제안점도 서술된다.

4장에는 성인을 위한 이완이 망라되어 있으며, 이완 유도에 관한 내용 전체가 기술되어 있다. 그러므로 이를 통해 초보 치료사는 이완 유도를 제공하는 방식을 개발할 수 있을 것이다. 또한 이 장에서는 다양한 임상 영역에 종사하는 음악치료사들이 임상에서 체득한 사례들이 제공되며, 이용 가능한 음악 목록도 제시된다.

5장은 독자에게 시각화, 인도된 음악 심상(guided music imaging) 그리고 인도되지 않은 음악 심상(unguided music imaging)을 개별 클라이언트 또는 그룹 세션에 적용하는 방법을 가르쳐 준다. 심상의 치료적 가치관이 논의되며, 특히 의료 영역에서 불안이나 통증에 대처하는 성인들을 대상으로 하는 것과 관련된 방법과 더불어 그와는 다른 맥락에서 개인 내적 성장을 추구하는 클라이언트를 위한 방법이 서술된다.

6장에서는 노래와 가사를 이용한 치료적 토의에 대한 개괄적인 내용이 제시된다. 이 방법은 하루 평균 대여섯 시간을 음악 감상에 할애하는 청소년기 클라이언트들에게 효과적이다. 노래는 관계 내에서의 경험, 정체성과 세계관에 관한 이슈, 그 밖의 많은 주제를 포함한다. 현재 통용되는 노래 목록과 토의 가능한 주제들이 이 장에서 제시된다.

7장에서는 음악 감상과 음악 비평이 서술되며, 지적장애 클라이언트들이 선호하는 음량 수준에 관한 연구 결과물들이 소개된다.

음악 콜라주는 Susan Munroe(1984)에 의해 처음으로 도입된 방법으로서 완화치료에서, 치매나 정신장애를 가진 사람들과의 임상에서, 혹은 개인 내적 성장을 추구하는 이들을 위해서 사용된다. 8장에서는 음악 콜라주를 설명하는데, 이 방법을 예증하는 방편으로 자신들의 콜라주를 게시하도록 허용한 이들의 작품이 수록되어 있다. 더불어 수용 음악치료의 한 형태로 예술매체와 병용될 수 있는 음악, 그리기, 이야기를 결합한 기법(music, drawing and narrative: MDN)이 제시되어 있다.

9장의 중심 내용은 진동음향치료로, 필요한 장비를 구비하고 소프트웨어를 개발하는 것에 관한 지침과 함께 다양한 임상적 적용이 설명되고 예시된다.

10장에서는 뇌성마비 아동을 위한 동작과 음악에 관한 방법이 논의되고, 물리치료사와 연계하여 개발된 방법들이 소개된다.

음악치료에서의 수용기법은 임상에서 모든 연령대의 그룹에게 적용되는데, 저자들은 이 책의 내용에 해당하는 수용 음악치료적 접근을 사용하는 숙련된 음악치료사들에게 임상적 소례(小例, vignette)를 제시해 줄 것을 부탁하였다. 이러한 임상적 소례는 병원에 입원하여 통증이나 불안을 경험하는 아동들, 또는 병원생활이나 수술 경험을 언어로 표현하지 못하는 아동들에 대한 임상 적용방법을 망라하고 있다. 수용기법은 모든 연령의 아동으로 하여금 심상이 지니는 창조성을 이용하여 자신들이 경험하는 공포나 정신적 외상(trauma)을 표출하게 한다. 부가적으로 그림 활동도 아동들이 음악과 심상에서 경험하는 내용을 비언어적으로 표현하는 것을 가능하게 한다.

특수학교에 종사하는 음악치료사들도 이 책의 자료 제공에 기여하였다. 그들은 특별한 도움을 필요로 하는 아동들에게 적용하는 이완의 창조적인 접근방법에 대해 설명해 준다.

수용 음악치료 접근은 성인 클라이언트들을 돕는 데 폭넓게 사용되고 있다. 여기에는 정신과적 질환이나 정신장애를 갖고 있는 성인, 노인요양시설에 거주하는 성인, 뇌신경학적 장애나 암 또는 그 외의 질환으로 병원에 입원한 성인 환자가 해당된다. 일부 음악치료사들은 능동적인 형태의 음악치료를 제공하기 이전에 신뢰감(rapport)을 형성하는 단계에서 수용적인 기법을 사용하기도 한다. 이 책에 수록된 자료를 제공한 음악치료사들은 이완 유도와 심상, 음악 선정에 관한 구체적인 내용을 제시한다. 이 책이 지니는 최우선의 목적은 클라이언트와 환자에게 수용 음악치료 방법을 제공하면서 그 절차에서의 상세한 방법을 설명하는 데 있다.

각 장마다 그 장에서 설명하는 방법과 내용에 부합되는 음악 선정 목록이 제공된다. 이러한 목록은 주로 서양 고전음악 계열에서 선정되고 취합되었는데, 임상과 연구에서 이러한 음악 목록의 효용성이 증명되었기 때문이다(Smith & Joyce, 2004). 치료 효용성의 맥락에서는 종종 환자/클라이언트가 선호하는 음악 장르가 가장 효과적이다. 그러므로 재즈, 컨트리, 웨스턴, 뉴에이지, 록, 미니멀 음악(minimalist), 트랜스(trance), 명상 음악, 또는 그 외의 어떤 음악 장르도 적용이 가능하다. 많은 임상적 상황에서 음악치료사는 클라이언트(또는 그룹)와 함께 선호하는 음악에 관해 논의할 수 있으나, 특수한 일부 상황에서는 치료사가 단독으로 음악을 선정해야 하는 경우도 있다. 이에 독자들은 효과적인 음악의 스타일을 숙지하고, 수동 음악치료 방법을 적용함에 있어서 자신의 개별적인 음악 자료 목록을 취합하는 것이 바람직할 것이다.

윤리적 지침

이 책에서 정의되고 설명되는 치료 방법과 기법은 자격을 갖춘 임상 음악치료사들, 임상 실습을 수료한 음악치료학과 학생들 또는 임상감독하에 임상 실습을 수련하고 있는 학생들에 한해 사용될 수 있음을 밝혀 둔다.

음악치료 수용기법 01

클라이언트와 언어적 · 음악적 관계 이루기

수용 음악치료에 대해 Bruscia(1998a)는 (도입에서 언급된 것처럼) "수용적 경험에서 클라이언트는 음악을 감상하고, 이러한 경험에 대하여 침묵으로, 언어적으로, 또는 그 밖의 다른 방식으로 반응한다" (p. 120)라고 기술한다. 클라이언트와 치료사는 클라이언트의 반응을 이해하기 위한 방편으로 음악적 경험에 대해 대화를 나눌 수 있다. 치료사는 이러한 대화를 촉진시키고 경험된 내용의 논의를 활성화하는 '치료적 존재감(therapeutic presence)' (Egan, 1986, p. 78)을 유지하기 위한 기술을 겸비할 필요가 있다. 이 장에서는 치료사가 공감적인 치료적 존재감을 개발하기 위해 갖추어야 할 기술과 특질을 규명하고자 한다.

이 장은 세 부분으로 구성된다. 첫 번째로 음악치료 임상에서 치료적 존재감을 개발함에 있어서 토대를 이루는 치료사의 신념과 가치관을 고찰한다. 두 번째로 클라이언트와 신뢰감(rapport)을 조성하고, 치료사가 임상에서 직면하는 곤란한 순간들에 대처하는 데 도움이 될 일반적인 언어처리 기법에 관한 개요를 제시한다. 마지막으로 클라이언트가 전(前)언어적 또는 비언어적 의사소통을 하거나 음악적 경험을 말로 표현할 수 없는 경우, 침묵으로 반응하는 음악치료 대상군에게 공감적 즉흥연주를 사용하는 데 요구되는 기술을 다룬다.

환자와의 상호작용에 영향을 주는 신념과 가치관

신념과 가치관은 우리가 누구인가의 토대를 형성하는 요소들이며, 모든 클라이언트와 치료적 관계를 수립하는 치료사의 태도에 영향을 미친다. 이는 연령이나 치료적 상황, 우리가 사용하는 음악치료의 방법—즉흥연주, 치료적 노래 만들기, 수용기법—에 관계없이 적용된다. 세계적으로 많은 음악치료 교육과정에서 임상 훈련을 위한 필수적인 요소로 학생들이 개별 또는 그룹 치료에 참여할 것이 요구되고 있다. 이는 학생 음악치료사가 자신의 개인적 이슈들을 이해하고 의식적 · 무의식적 정서와 행동상의 갈등을 다루거나 이러한 쟁점에 관한 논의를 시도할 수 있게 한다. 이러한 논점들은 가족, 학업, 종교의 영향력으로 인해 나타나고 강화되는 신념과 가치체계들을 통해 발전되기도 한다.

멜버른 대학교 음악치료 교육과정의 입학 지원자는 반드시 오디션과 면접을 치러야 한다. 오디션에서는 전공 악기와 성악 기술, 간단한 노래를 기타로 반주하는 능력과 관련하여 음악적 수준을 평가한다. 그리고 면접 시험에서는 음악치료를 공부하고자 하는 동기와 지원자로 하여금 치료사가 되고자 하는 열망을 갖게 한 것이 무엇이었는가에 관한 일련의 질문이 주어진다. 대부분의 지원자는 음악에 대한 사랑으로 사람들을 돕고자 음악치료학과에 지원하게 되었다고 응답한다. 또한 많은 지원자가 질병이나 질환을 겪은 가족 구성원과 함께한 성장기의 경험을 이야기하며, 그 경험으로 인해 질병과 질환에 대한 마음가짐과 치료사가 되고자 하는 개인적 동기를 형성하게 되었다고 응답한다.

어떤 지원자들은 음악치료 학업에 대한 동기가 '타인을 돕고자 하는 마음'에서 비롯되었다고 말하는데, 이러한 신념은 종교적으로 양육된 환경에 기인하기도 한다. 또 다른 응답은 지원자가 성장해 온 가족 배경으로서 가족 구성원 중에 의사나 간호사, 사회복지사가 있는 경우다. 이 경우 수년간 축적되어 온 가족의 가치체계가 지원자로 하여금 음악치료에 대한 매력을 갖게 한 이유가 되기도 한다.

이러한 동기를 유발하는 모든 토대와 더불어 지원자는 유능한 음악인이어야 하며, 대학 입학 오디션과 면접에서는 자신을 음악적으로 표현하는 능력과 면접관으로 하여금 자신의 음악에 주의를 끌게 하는 음악적 의사소통 능력을 평가받게 된다.

대학 입학 면접 후반부에서는 지원자에게 음악치료에서 자신이 관심을 두는 영역과 난관으로 여기는 영역은 무엇인가에 관한 질문을 한다. 그리고 음악치료 임상에서 반응을 보이지 않는 아동이나 성인 클라이언트를 만나게 될 때 어떻게 대처할 것인가에 관한 질문을 하는데, 이를 통해 지원자가 실망이나 좌절 또는 실패를 경험하는가를 평가한다.

수년에 걸쳐 저자들은 이러한 질문에 대한 응답에는 하나의 양상이 있음을 파악했다. 몇몇 지원자는 가족 중 한 사람이 투병 중에 있게 된 것을 계기로 음악치료사가 되고자 하는 열망을 품게 되었다. 이러한 동기를 가진 지원자들은 반응을 보이지 않는 클라이언트에 관한 임상적 시나리오를 제시할 경우 종종 클라이언트의 무반응을 수용하고 다음 단계로 나아가겠다는 응답을 한다. 반면에, 이와 다른 배경을 가진 지원자들은 동일한 임상 시나리오로 무반응을 보이는 상황에 직면했을 때 클라이언트가 어떤 반응을 보일 때까지 치료적 중재를 계속 시도하겠다고 응답한다.

어떤 방식의 치료적 접근도 부적절하다고 할 수 없겠지만, 이들 두 부류의 지원자들은 질적으로, 철학적으로 상이하다. 이는 음악치료사들이 저마다 다른 신념과 가치관을 기반으로 치료 상황에서 의사결정을 수행함을 말해 준다.

연 습

1. 어린 시절부터 현재까지 당신 삶에 중요한 영향력을 끼쳤던 사람들에 대해 잠시 생각해 보라. 그들이 보여 준 가치관과 신념은 무엇인가? 삶에서 당신은 그와 동일한 가치관과 신념을 채택하고 적용하였는가? 10~20분 정도 할애하여 이러한 질문에 대해 숙고해 보고 그 내용을 적어 보라.
2. 당신과 상반된 가치관을 보유했던 사람들에 관해 생각해 보라. 그들은 당신 가족 구성원 중에, 과거의 교우관계에서, 또는 대중적인 인물 가운데 있을 수 있다. 그들이 보여 준 가치관에 관해 고찰해 보고, 왜 그 가치관을 혐오하게 되었는지 생각해 보라. 그리고 그 내용을 정리해 보라.

당신이 고상하다고 여기는 신념과 가치관을 규명해 보면 임상 현장에서 당신이 지닌 신념과 유사한 신념을 가진 클라이언트와 관계를 수립하는 것이 용이함을 알게 된다. 역으로 당신의 신념과 상반된 신념을 가진 클라이언트와는 치료적 관계를 형성하는 것이 좀 더 어려워진다.

다음의 세 가지 예시는 음악치료사의 신념과 가치관이 클라이언트에 의해 도전받게 되는 임상 장면을 묘사해 준다.

• 예시 1: 이제 막 자격을 갖춘 음악치료사가 그룹 음악치료 세션을 시작하려고 하는데, 클라이언트 한 사람이 자신이 숙박하는 모텔에서 물건(텔레비전)을 훔쳤다고 털어놓았다. 이에 음악치료사는 클라이언트에게 그에 대해 사죄할 것을 요구하면서 긴 논의를 진행하여 그룹 음악 경험을 개시하는 것이 지연되었다. 그룹치료가 종료된 후, 음악치료사는 클라

이언트가 타인의 소유물을 훔치는 것이 범법 행위임을 자각하기를 원했다고 말했다.

- 예시 2: 음악치료학과 학생이 교통사고로 생존 가능성이 없는 의식 불명 상태에 처한 어린아이에게 조용히 노래를 불러 주고 있었다. 사고 발생 시 운전을 하고 있던 아이의 어머니는 아이로부터 떨어져 앉아서 워크맨으로 음악을 들으며 여성 잡지를 읽고 있다. 아이의 어머니가 아이로부터 그토록 유리되어 있음을 목격한 학생 음악치료사는 혼란스러웠고, 아이에게 노래하는 자신의 '존재' 에 의구심을 갖게 되었다. 학생은 아동의 어머니에게 '당신의 아이가 죽어 가는데 어쩌면 그렇게 무관심할 수 있느냐' 며 반문하고 싶었다. (학생의 신념체계에 의하면 어머니는 자신의 워크맨에서 나오는 음악을 듣는 대신 아이가 치료에서 경험하는 음악을 함께 나누어야 했기 때문이다.) 그러나 학생은 자신의 이런 신념을 억제하며, 어머니에게 아이에게 노래해 주는 활동에 함께해 줄 것을 제안했다. 그러나 아이의 어머니는 이를 거부하고 아이에게 무관심으로 일관했다. 학생 음악치료사는 세션을 종료했지만 이러한 경험으로부터 자신을 분리시키는 것이 필요했으며, 아이 어머니의 반응을 이해하는 것을 시도해 보아야 했다.
- 예시 3: 음악치료사는 헤로인 복용으로 병원에 입원했던 여성과 음악치료를 했던 경험을 회상했다. 두 자녀를 둔 그 여성은 임신 8개월째였다. 그녀는 자신이 치료를 받는 목적은 가능한 한 빨리 퇴원을 해서 약물을 다시 복용하는 것이며, 그것이 자신의 기분을 좋아지게 하는 유일한 수단이라고 했다. 음악치료사는 '여성의 어깨를 잡아 흔들며' 그녀의 아이들에게 좀 더 책임감 있는 어머니가 되라고 말해 주고 싶었다고 회고했다. 물론 치료사는 그것을 행동으로 옮기지 못했지만 그렇게 하고 싶은 그의 감정은 매우 강렬했다. 대신에 치료사는 자신의 충동을 억제하면서 그녀가 처한 상황에 공감적인 반응을 하는 태도를 취했다.

이 세 가지 사례에서 치료사는 자신이 지닌 가치관과 클라이언트가 보이는 가치관 사이에서 갈등이 일어나는 것을 경험했다. 각 사례에서 치료사는 클라이언트의 필요를 감지하고 긍정적인 관점에서 공감을 유지하며 적절하게 반응했다. 이 외에도 가치관을 가늠해 볼 수 있는 다른 많은 상황이 야기될 수 있을 것이다.

성인 클라이언트와의 개별치료와 그룹치료의 환경에서 주제가 되는 논점에 관해 토의하는 일은 자주 일어난다. 주로 다루어지는 주제로는 기분전환을 위한 약물 남용, 종교적 신념, 가족관계, 사적인 교제 등이 있는데, 이들은 잠재적으로 논쟁거리가 될 가능성이 높다. 치료사로서 우리가 취하는 가치관과 신념은 세션의 방향에 영향을 줄 수 있다. 무의식적으로 우리는 자신이 중요하다고 여기는 논점을 부각시키고 여타의 논점은 배제할 수도 있다.

클라이언트에 대한 치료사의 태도에 영향을 미치는 요인

국제적으로 음악치료 임상을 관장하는 '윤리적 임상에 관한 규약(Codes of Ethical Practice)'에서는 음악치료사가 인종이나 문화, 사회경제적 지위, 연령, 성별, 생물학적 동향, 종교적 신념과 행위, 정치적 동향에 의거해서 클라이언트를 차별해서는 안 된다고 규정한다. 이러한 입장에 관해 어느 누구도 의문의 여지가 없겠지만, 치료적 관계에서 이러한 요인들에 의해 야기될 수 있는 치료사의 태도에 관해 성찰해보는 것은 필수적이다.

Nelson-Jones(2003)는 클라이언트들에 대한 치료사의 태도에 영향을 미치는 열 가지 관점을 설명한다. 여기에서는 그중 가장 타당한 관점들을 요약하여 기술하겠다.

인종, 사회 · 문화적 계급 영향

전 세계적인 사회적 이주의 증가로 인하여 치료적 관계도 클라이언트와 치료사 쌍방의 문화적 규범에 중대한 영향을 받게 된다. 의사소통에서의 미묘한 암시와 개인적 공간에 대한 거리 유지를 어떻게 할 것인가는 문화적으로 민감한 문제다. 예를 들어, 어떤 클라이언트는 치료사와 가까이 서거나 앉기를 원하며 신체적인 접촉을 허용하는 반면, 어떤 클라이언트는 좀 더 넓은 개인적 공간을 유지하면서 신체적 접촉을 허용하지 않을 수 있다. 많은 문화에서는 개인의 문제가 가족 내에서만 논의되며 낯선 타인과 문제를 다루는 일이 없으므로 치료사를 불신할 수 있다. 또한 많은 문화는 계층적으로 구조화되어 있으며 가족 구성원들이 독립적으로 의사결정을 하기보다 가족의 장(長)에게 의사결정권을 맡긴다(Laungani, 1999). 고국에서 인종적 억압이나 학대를 받은 클라이언트는 불신의 체계를 가지고 있을 수 있으므로 자신의 느낌과 신념을 개방적이고 솔직하게 표현할 수 있도록 격려해 주어야 한다.

타국에서 이민 온 클라이언트는 새로운 나라의 규범에 적응하는 동안 다양한 범주의 감정을 경험할 수 있다. 즉, 그들은 이민국에 대한 분노/편협성, 사회적 위축, 우울과 불안 등을 경험하게 된다. 문화적 뿌리의 상실은 고국으로 돌아가고 싶은 갈망을 갖게 하고 이주해 온 나라를 거부하고 싶게 한다. 이러한 정서는 폭넓은 감정과 행동의 스펙트럼을 이루게 되는데, 공감적이고 세심한 감수성을 지닌 치료사는 그들의 필요에 반응해 주어야 한다. 예를 들어, Alladin(1999)은 '서구적(Western)' 사고방식과 '동양적(Eastern)' 사고방식 간의 양극적 차이를 질적으로 비교하였다. 서구적 관점에서 건강한 사람은 자기주장을 단호하게 하고 독립적이며 자신의 견해와 느낌을 자유로이 표현한다. 반면에, 동양적 관점에서 건강한 사람은 온순하고 종속 관계적이며 열정을 통제하고 가족 중심적인 사람을 의미한다(Alladin, 1999, p. 95).

이러한 상반된 이념은 복잡한 치료적 관계 수립에 잠재적으로 작용하기 때문에 그 차이가 이해되고 존중되어야 한다.

연 령

치료사와 클라이언트가 비슷한 연령대인 경우 우정과 유사한 친밀한 치료적 관계가 수립될 수 있다. 서로가 삶의 비슷한 시기를 영위하고 있기 때문에 이러한 요소는 치료적 관계 수립에 질적 영향을 준다. 나이 어린 치료사와 나이 많은 클라이언트의 관계에서는 아동-부모 역동성 내지는 손주-조부모 역동성이 발전될 수 있다. 대조적으로 어린 클라이언트와 함께하는 나이 든 치료사는 부모가 되어 주고 싶거나 과잉보호의 갈망을 가질 수 있다.

성과 성별 이슈

치료사들은 이성과 동성에 관한 관점과 태도에 있어서 편안해야 한다. 이것은 치료적 관계에서 지속적으로 일련의 문제를 야기할 수 있다. 또한 남성 치료사가 여성 클라이언트와 개별 세션을 하는 경우(또는 그 반대의 경우) 성별(gender) 이슈에서 민감성이 요구된다. 여기에는 개인적 공간에 관한 개념도 적용되는데, 자신의 성적 성향에 의거하여 치료사는 동성이나 이성의 클라이언트로부터 좀 더 떨어진 거리 혹은 좀 더 가까운 거리에 앉을 수 있다.

종교 또는 철학

종교적 신념의 불일치는 쟁점의 소지가 될 수 있는데, 특히 성인 대상군과의 임상에서 그러하다. 이러한 신념은 유년기로부터 내재되고, 신념체계는 복잡성을 띠며 확고하게 자리 잡게 된다. 그래서 클라이언트는 논의되는 쟁점에서 무엇이 옳고 그른가에 관해 확고한 입장을 취하게 된다. 이때 치료사의 역할은 객관성을 유지하는 것이다. 치료사는 자신의 개인적 신념을 가지고 중재해서는 안 된다. 예를 들어, 난제가 야기되는 상황이 있다. 인도된 심상과 음악(GIM) 세션에서 종종 방언(speaking in tongues)을 구사하는 클라이언트와 임상을 하는 치료사를 감독하는 경우, 사람들에 따라 방언은 깊은 영적 세계의 경험을 표상하는 것으로, 정신병적인 행동의 양상이 도출된 것으로, 혹은 세심하게 다뤄져야 할 방어기제의 표상으로 간주될 수 있다(방어기제는 클라이언트가 난제에 직면하는 것으로부터 자신을 보호하려는 기능을 한다.). 이러한 세 가지 해석은 모두 타당하다. 치료사의 신념이 무엇이냐에 따라 이 상황은 세 가지 다른 방식으로 다루어질 수 있는 것이다. 방언을 영적 경험으로 믿고 있는 치료사는 클라이언트가 이 경험을 좀 더 충만하게 할 수 있도록 허용하며 클라이언트의 경험을 확인시켜 주는 방식을 선택할 수 있다. 반면, 영적 경험을 정신병적 행동 양상으로 간주하는 치료사는 클라이언트에게 그의 정신건강 상태를 직접적으로 질문할 수 있다. 그리고 방언을 방어기제로 여기는 치료사의 경우는 방어기제의 활성화에 단초가 될 만한 것이 무엇이었는가를 규명하기 위해 방언하기 직전의 클라이언트의 느낌을 탐색하고 싶어 할 것이다. 이러한 각각의 반응이 타당하다고 할 때, 치료사는 저마다 자신의 접근이 옳다는 것에 대한 강한 관점을 견지할 것이다. 문제가 야기되고 미해결되었다고 느껴지는 임상 상황에 직면했을 때, 치료사는 이를 중점적으로 다루기 위한 전문적인 임상감독을 구해야 한다.

연 습

현재 임상 중이거나 최근에 음악치료를 한 클라이언트들 중 몇몇을 떠올려 보라. 서로 다른 연령대와 문화적 배경 및 성별을 가진 클라이언트를 선택하라. 충분한 시간을 가지고 당신과 그 클라이언트들의 관계에 영향을 미칠 만한 요소를 배제한 후 클라이언트들을 개별적으로 생각해 보라. 음악치료에서 당신이 그들과 관계를 형성할 때 당신의 가치관이나 신념이 드러났는가를 성찰해 보라.

당신이 학생이거나 현재 임상에 종사하지 않는다면 당신의 주변 사람이나 학과 동료와의 관계에서 성찰해 보라.

클라이언트의 음악치료 경험에 대한 언어적 처리

원론적으로 음악치료사는 치료를 수행하기 위해 음악이라는 중재도구를 사용한다. 음악을 창조해 내는 경험, 이를테면 성악적 · 기악적 방법으로 혹은 감상을 통해서 하는 경험은 감정에 관한 것일 수 있다. 클라이언트의 경험을 전적으로 이해하기 위해 음악치료사는 상담과 심리치료와 관련된 몇 가지 기술을 사용할 수 있다. 음악치료사는 상담의 총체적인 수련과정을 받을 필요는 없겠지만, 몇 가지 기본적인 상담 기술은 음악치료사가 클라이언트의 경험을 탐색하고 처리하는 데 있어서 중요하다. 이러한 기술은 특히 인지적으로 의사소통이 가능하고 자신의 감정을 명확히 표현하는 클라이언트와 일하는 경우에 관련된다. 여기서는 의사 전달이 명확한 클라이언트와 일할 때 필요한 언어적 처리에 관한 내용을 다룬다. 그리고 뒤이어 자신의 감정과 경험을 명료하게 표현하지 못하는 클라이언트와 일하는 데 필수적인 언어처리 기술을 다룰 것이다.

Nolan(2005)은 언어적 처리를 "음악치료 임상에서…… 필수불가결한 구성요소의 하나" (p. 18)로 정의하면서, "음악치료에서의 언어처리 과정에 관해 언급되어야 할 상당한 부분" (p. 19)이 있음을 지적한다. 실제로 우리는 음악치료 세션이 진행되는 동안 다음 경우에서의 언어적 처리에 많은 부분을 의존하고 있다.

- 클라이언트와 그날의 감정 상태에 대해 논의하거나 지난 음악치료 세션 이후로 어떤 일들이 일어났는가를 이야기할 때
- 음악치료 세션의 초점을 파악할 때
- 음악적 경험에 대한 반응을 이해할 때
- 클라이언트의 경험에 관한 정보를 좀 더 취합하여 치료사가 새로운 통

찰력으로 음악적인 경험에 재진입(re-enter)하게 하고 좀 더 발전된 치료적인 동맹관계를 수립하고자 할 때

- 치료사가 경험한 피드백을 클라이언트에게 제공할 때(적합한 경우에 한해서)
- 클라이언트가 지금 하고 있는 것이나 일어나고 있는 일에 대한 해석을 제공할 때(적합한 경우에 한해서)
- 세션을 마무리할 때

일부 음악치료사들은 음악적인 경험 이후에 클라이언트와 대화하기 위해 언어를 사용하는 것을 선호하지 않는다. 그 주된 이유는 말하는 것이 음악적인 경험을 방해할 수 있다고 믿기 때문이다. 그렇다 하더라도 치료사는 세션이 시작할 때 인사하고 치료가 어떻게 진전되는가를 감지하기 위해서 클라이언트와 이야기하게 된다. 따라서 음악치료에서 언어적 요소는 좀 더 탐색과 주의가 요망된다. 이러한 기술들은 '언어적 촉진(verbal facilitation)'이라 불리는데, 의사소통을 격려하는 데 도움이 되는 기술과 치료의 진행에 있어 저해가 되는 반응이 존재한다(Wheeler, Shultis, & Polen, 2005, pp. 135-146).

음악치료 문헌상에는 소수의 정보만 존재하므로, 음악치료학과 학생들은 음악 경험에서의 언어적 처리에 관한 기술을 습득하기 위해 인간관계(상담) 문헌을 참고하여 유용한 이론적 준거의 틀을 얻을 수 있다. 자격을 갖춘 상담가는 클라이언트와 쟁점을 논의하고 그들 삶에서 변화가 이루어지도록 돕는 기반을 언어적 치료에 둔다. 그러므로 일부 상담 기술은 음악치료에 적합하지 않을 수 있다. 음악치료에서는 클라이언트가 음악적 경험에 주의를 기울이도록 하기 때문이다. 반면에 몇몇 기본적인 상담 기술은 음악치료와 맥락을 같이하는데 그에 대해서는 뒤에서 다룬다.

〈표 1-1〉은 음악치료와 상담 간의 공통점과 차이점을 제시한 것이다.

인간관계 분야를 옹호해 온 대표적인 연구자들은 효과적인 상담가에게 필

〈표 1-1〉 상담과 음악치료에서 언어적 처리의 비교

공통된 기반

유능한 상담가와 음악치료사는 경청하는 사람들이다. 그들은 적극적인 태도로 클라이언트에게 귀를 기울이고, 공감, 반영(reflecting), 부연(paraphrasing), 탐색(probes)의 기술을 이용하여 클라이언트가 당면한 쟁점들을 이해한다. (이들 기술에 대해서는 뒤에서 설명한다.)

상담 임상	음악치료 임상
• 상담가는 클라이언트의 삶에서 변화가 필요한 영역들을 파악하고, 도전을 줄 수 있는 언어적 중재를 사용하여 클라이언트가 변화를 향해 나아갈 때 방해가 될 만한 요소들을 알려 준다. • 상담가는 선택사양(options)을 탐색하고 클라이언트의 행동 양태와의 연관성을 만든다. 상담가는 클라이언트의 삶의 변화를 위한 목적을 수립하고, 클라이언트가 그 변화를 달성할 수 있도록 돕는 전략을 구사한다. 상담가는 저항에 직면하여 클라이언트가 성장해 나가도록 돕는다(Egan, 1998). • 상담가는 언어를 이용하여 클라이언트와 교류한다. 물론 일부 상담가는 창조적인 기제를 사용하여 언어적 치료를 확장해 가기도 한다.	• 음악치료사는 음악 경험의 범위를 제공하여 클라이언트가 자신의 삶의 쟁점을 창조적인 방식으로 표현하도록 돕는다. 이는 즉흥연주, 가창, 치료적 노래 만들기, 수용적인 방법 등을 통해 가능하다. • 음악치료사는 언어처리 기술을 사용하여 치료 세션의 초점을 발견하고, 음악치료 세션이 어떻게 전개될 것인가에 관해 클라이언트와 의견을 교환한다. 그러나 음악치료사는 우선 이들 쟁점에 관한 음악적인 표현을 촉진시킨 다음, 음악 세션에서 클라이언트의 음악 경험이 어떠했는가와 경우에 따라 치료사의 경험이 어떠했는가를 알아보기 위해 논의/언어적 처리를 사용한다. 언어적 처리과정과 음악적 처리과정이 혼재하나, 음악치료사는 무엇보다 음악을 치료 기재로 사용한다.

요한 특정한 기술을 문헌을 통해 보여 준다(Egan, 1998; Nelson-Jones, 2003). 그 이론적 개념의 일부는 음악치료 임상과 공통점이 있다. 예를 들어, 공감은 치료적 만남에서 핵심 요소로 간주된다.

모든 치료사는 클라이언트의 필요에 민감하게 대응할 수 있는 치료사의 가장 중요한 자격 요건의 하나가 공감 능력이라는 것에 동의할 것이다. Nelson-Jones(2003)는 공감(empathy)을 "치료사 자신이 정신적으로 클라이언트와 동일시하며, 클라이언트의 내면세계를 종합적으로 이해할 수 있는 능력"(p. 30)이라고 정의한다.

Egan(1986)은 공감을 "타인의 경험과 행동과 느낌을 마치 자신이 경험하는 것처럼 이해하는 것에 관여하는 것"(p. 87)이라고 언급한다. Rogers(1980)는 "공감은 타인의 개인적인 세계에 들어가서 점차 그곳을 친숙하게 느끼고…… 일시적으로나마 타인의 삶 속에서 살며, 판단하지 않고 그 안에서 조심스레 움직이는 것"(p. 142)이라고 설명한다.

Egan(1986)은 전문가들이 공감을 할 수 있도록 돕는 기술의 범주를 명료하게 설명하였다. 우선 그는 핵심 요인들을 나타내는 약어 'SOLER'를 제시하였는데, 이는 다음의 단어로 구성된다. 여기에서는 음악치료의 맥락에서 소개한다.

- S(squarely): 음악치료사는 클라이언트와 '정면으로(squarely)' 마주 앉는다. 등을 돌리거나 의자에 구부정하게 앉지 않도록 한다. 음악치료에서 치료사가 키보드나 피아노를 치는 경우에는 '정면으로' 앉는 것이 어려울 수 있다. 그러나 음악 경험에 관한 내용을 논의할 때 음악치료사는 클라이언트와 적절한 눈맞춤을 하여야 하며, 이를 위해 클라이언트와 '정면으로' 마주 앉아야 한다. 단, 자폐아동과 같이 직접적인 눈맞춤이 대상에게 위협적인 상황이 되는 경우는 '정면으로' 앉는 것이 금기 사항이 될 수 있다.
- O(open): 음악치료사는 클라이언트에 대해 '열린(open)' 태도를 취한다. 이는 클라이언트가 말하고 행동하는 것에 치료사가 흥미를 가지고 있음(클라이언트에게서 시선을 떼지 않고)을 보여 주며, 클라이언트에게

집중하고 있음을 알려 준다. 음악치료에서 '열린' 자세는 치료사가 클라이언트의 음악 경험에 관해 응답할 때에도 적용된다. 음악치료사는 '열린' 경청의 자세로 즉흥연주, 노래 만들기를 할 수 있고, 수용적인 경청에 관한 개인의 경험을 용의주도하게 파악할 수 있다.

- L(leaning toward): 이것은 클라이언트에게 '기울인(leaning toward)' 자세를 취하는 것, 그들로부터 떨어지지 않는 것과 관련된다. 기타를 연주하거나 타악기 또는 오르프(Orff) 악기를 함께 연주하는 경우, 음악치료사가 클라이언트를 향해 '기울인' 자세를 취하는 것은 매우 바람직하다. 키보드나 피아노를 연주하는 경우라면 이러한 자세가 다소 어렵겠지만, 기울인 자세는 클라이언트에게 관심을 보여 주고 있으며 그들과 편안한 관계를 이루고 있음을 시사한다.
- E(eye contact): 이것은 '눈맞춤(eye contact)'을 의미한다. 음악치료사가 클라이언트와 이야기할 때(음악을 만드는 도중, 음악 감상 시 등) 눈맞춤은 필수적이다. 우리는 눈을 맞추며 상대방에게 자신이 관심을 보이고 있음을 전하고, 지금 이야기되고 있는 내용에 집중하게 된다. 반면에 지속적인 눈맞춤이나 지나치게 응시하는 눈맞춤은 클라이언트에게 불편을 줄 수도 있다. 따라서 치료사는 클라이언트와의 눈맞춤 수준을 직관적으로 관찰해야 한다. 기본적으로 치료사가 클라이언트와 눈맞춤을 하는 것보다 클라이언트가 치료사와 눈맞춤을 하려는 횟수가 더 적다(Egan, 1986). 클라이언트는 치료사와의 눈맞춤을 회피하는 경향을 가지고 있다. 그러나 치료사는 '부드러운' 눈맞춤을 지속하여 클라이언트가 치료사를 다시 바라보았을 때 여전히 치료사가 자신에게 집중하고 있음을 알게 하는 것이 필요하다.
- R(relaxed): 이것은 '이완된(relaxed)' 자세를 의미한다. 굳은 자세는 치료사가 불안해하거나 완전하게 개방되어 있지 않은 상태임을 보여 준다. 그리고 치료사가 팔짱을 끼고 있는 경우는 클라이언트와의 사이에 장벽

이 있음을 나타내는 것이기도 하다.

연 습

당신이 이후에 누군가(클라이언트, 가족 구성원, 또는 함께 살고 있는 이)와 심도 있는 대화를 할 때 SOLER 방식을 적용해 보라. 당신에게 이야기하고 있는 상대방에게 전적으로 주의집중을 할 때 상호작용의 질적 수준을 눈여겨 보라. SOLER 자세를 채택하여 실행하게 되면 상대방이 그들의 이야기를 하는 것을 격려해 줄 수 있다. 그들은 자신의 상황에 공감되는 신체언어들을 감지할 수 있다.

본질적인 SOLER 태도를 견지하는 것 외에도, 음악치료사는 클라이언트가 음악치료 경험 후에 감정과 정서와 사고를 탐색하여 표현하도록 격려할 수 있는 언어처리 기술이 필요하다. Egan(1986, 1998)은 이러한 기술을 다음과 같이 제시한다.

- 적극적 경청
- 반영
- 부연
- 개방형 질문
- 탐색(좀 더 많은 정보를 취하기 위한)
- 초점화된 질문

음악치료에서 적용할 수 있는 그 밖의 기술은 다음과 같다.

- 선택권 부여

- 침묵 가운데 편안해하기
- 치료적 존재감을 수립 · 발전 · 유지하기
- 세션 마무리

적극적 경청

단어 자체가 나타내듯이, 적극적 경청(active listening)은 치료사의 능동적인 주의력을 요구한다. 적극적 경청는 치료사가 클라이언트의 이야기를 주의를 기울여 듣고 그에게 전적으로 존재감을 부여해 주는 것을 함축한다. 일반적인 대화에서 토의는 화자 두 사람 간에 동등하게 이루어지지만, 치료적 맥락에서의 관계는 동등하지 않다. 클라이언트는 자신의 감정을 표현하고 자신의 삶의 여러 국면을 탐색하여 드러내는 것이 필요하며, 이때 치료사는 클라이언트가 그것을 잘 수행할 수 있도록 지지하고 격려해 주어야 한다. 치료사는 클라이언트와 동일한 형태로 자신의 삶에 관한 자기 반영(self-reflecting)에 관여하지 않으므로 관계가 동등하지 않은 것이다.

적극적 경청에 요구되는 본질적인 것 중의 하나는 지금 이야기되고 있는 것에 주의를 기울이는 것이다. 이것은 단순하고 명백하게 들릴지 모르나 초보 치료사들이 저지르는 가장 큰 실수 중의 하나다. 그들은 클라이언트의 이야기를 단지 절반 정도만 들으며, 곧장 어떻게 응대할 것인가를 인지적으로 생각하기 시작한다. 종종 클라이언트들은 자신이 하고자 하는 말을 지속함에 있어서 치료사의 비언어적인 '음(uh-huh)' 정도의 도움을 필요로 한다. 따라서 적극적 경청의 기술은 섬세한 매너로 응답하기 위해 클라이언트가 지금 말하고 있는 것의 일부를 '여과시키기(filtering)' 보다 클라이언트의 이야기 내용 전체에 초점을 맞추며 머물러 있기를 말한다.

〈표 1-2〉는 적절한 경청 기술의 중요한 특질을 제시하며, 더불어 부적절하고 결핍된 경청 기술과 비교해 준다.

〈표 1-2〉 적절한 경청 기술과 부적절한 경청 기술의 비교

효과적인 경청 기술	결핍된 경청 기술
클라이언트가 이야기하는 동안 적절한 눈맞춤을 유지하기	클라이언트로부터 시선을 벗어나거나, 등을 돌리거나, 클라이언트를 '너머' 바라보거나, 눈동자를 빠르게 움직이기
클라이언트가 말하고 있는 것을 마칠 수 있도록 허용하기	언어의 흐름에 끼어들거나 클라이언트가 말하고 있는 것을 추측하려고 시도하기
클라이언트에게 말할 수 있는 시간을 부여하기	시계를 쳐다보거나 시간이 얼마나 남았는지 언급하기(세션이 종반을 향해 가거나 치료사가 세션을 마무리해야 하는 시점과 같이 이것이 적합한 경우라 할지라도)
클라이언트에게 경청하는 동안 편안한 자세 유지하기	안절부절못하거나 자세를 자주 바꾸기, 손가락으로 '까딱까딱' 하기, 또는 그 외 치료사가 완전하게 집중하지 못하고 있음을 나타낼 만한 무의식적으로 신경을 거스르는 습관들
클라이언트가 자신의 행동이나 감정을 이해할 수 있도록 도와주기	클라이언트가 말하거나 행동하는 것을 판단하거나 부적절한 언급하기. 이를테면 "당신이 해야 할 필요가 있는 것은……." 이라든가, 더 좋지 않기는 클라이언트의 말에 반박하기
클라이언트가 경험하는 것에 함께하기	클라이언트가 말하는 것에 정신적으로 '관심을 끄기', 또는 클라이언트의 이야기에 경청하기보다는 대답해 줄 것에 대해 생각하기
클라이언트가 표현하고자 하는 것이 무엇인가에 집중하고 그것이 클라이언트에게 얼마나 중요한가를 이해하기	타인의 경험에 관해 이야기하면서 클라이언트의 고유한 경험의 중요도를 평가절하하기
침묵에 편안해하기, 특별히 클라이언트가 자신을 표현하고자 하는 단어를 생각해 내고자 할 때 기다려 주기	치료사가 자신의 언어로 침묵을 깨기

클라이언트가 처한 상황에 공감하기	클라이언트의 상황에 대한 중요성을 평가절하하기. 예를 들면, "내일이면 당신 기분이 나아질 겁니다." 또는 "다른 사람들도 같은 문제를 겪는 경우가 많습니다."

적극적 경청에서 치료사는 클라이언트에게 초점을 맞추고 이를 방해하는 생각이나 행동으로부터 벗어나려는 노력이 필요하다는 것을 잊지 말아야 한다. Egan은 이를 매우 잘 요약하고 있다. "생각하라, 내가 무엇을 말할 수 있는가가 아닌 내가 무엇을 들을 수 있는가를." (Egan, 1998)

적극적 경청을 통해 우리는 클라이언트가 경험하고 느끼는 바를 감지하게 된다. 우리는 앞으로 나아가기보다 '클라이언트와 함께' 있어 줌으로써 정서적으로 '존재해 주는(be there)' 역량을 발휘하게 되며, 좀 더 진실하고 공감적인 방식으로 클라이언트를 대할 수 있다(Egan, 1986, p. 87).

많은 클라이언트는 그들이 표현하고자 하는 바를 탐색하는 데 도움이 필요하며, 그래서 적극적 경청은 반영과 부연 기법에 결부된다. 다음에서 이에 대해 좀 더 세부적으로 다루어 본다.

반 영

클라이언트가 말하는 내용의 핵심 단어나 어절에 반영(reflecting)을 해 주는 것은 클라이언트의 중요한 감정과 내용을 긍정해 주는 데 효과적인 방법이다. 클라이언트가 음악이 자신을 슬프게 한다고 말했을 때, 클라이언트의 어조와 유사한 방식으로 '슬픈' 이라는 단어를 반영해 주는 것은 효과적일 수 있다. 그리고 뒤이어 "이 음악이 어떻게 당신을 슬프게 하던가요?" 라고 물을 수 있다. 클라이언트의 단어와 느낌을 반영해 주는 것은 그로 하여금 그 순간에 머물러 그 상태를 좀 더 충분하게 탐색하는 것을 허용해 준다. 많은 관점에서 이것은 치료가 가지는 고유한 단면이라 할 수 있다. 즉, 우리는 클라이언트가 스스로 느끼는 편안한 시간의 흐름에서 자신의 감정을 열어 볼 수 있도록 허용한다.

그러나 반영기법은 과용되어서는 안 된다. 만약 치료사가 클라이언트가 말하는 각각의 단어나 문장을 단순히 반영해 준다면, 클라이언트는 치료사가 자신을 흉내 내거나 자신이 말한 것을 가지고 놀린다고 여길 수 있다. 반대로 클라이언트가 말한 바의 요점을 긍정적으로 지지해 주는 방식으로 사용한다면 반영은 가장 효과적인 방법이 될 것이다.

아울러 이러한 핵심 단어나 어절은 다음 즉흥연주 세션의 초점이 될 수 있으며, 노래 가사 또는 여타의 창조적인 표현에 사용될 수 있다. 중요한 점은 반영이라는 단어가 암시하듯이 클라이언트가 말하거나 느낀 바를 치료사가 긍정적으로 지지해 줄 수 있다는 것이다.

부 연

클라이언트가 수많은 생각을 표현하거나, 긴 이야기를 펼치거나, 복잡한 사건을 이야기한 경우에는 부연(paraphrasing)이 사용될 수 있다. 부연은 치료사로 하여금 클라이언트가 언급한 것을 요약하게 해 주며, 클라이언트의 이야기가 정확하게 치료사에게 전달되었는지를 확인하게 해 준다. "그것은 이런 것 같네요……." "당신이 말씀하신 것을 제가 잘 이해했는지 확인해 볼 수 있을까요? ……그것은 이런 것 같은데요……. 그런 일이 있었고…… 그런 느낌을 받으셨고…… 제가 제대로 이해하고 있나요?" 이와 같은 말은 클라이언트가 말한 바를 명확하게 하는 데에 유용하다. 이것은 치료사가 이해한 것에 대해 클라이언트가 동의하지 않을 수 있는 가능성도 시사하며, 보다 깊고 명확한 이해를 할 수 있게 해 준다. 부연은 또한 클라이언트가 자신이 말하는 것을 치료사가 경청하고 있음을 인지할 수 있도록 도와주며, 클라이언트가 좀 더 천천히 이야기하고 자신이 말하는 바를 분명하게 할 수 있도록 돕는다.

음악치료에서 부연은 클라이언트와 치료사가 세션에서 새로운 주제를 발전시켜 가는 것을 도와준다. 이는 치료사로 하여금 클라이언트가 이미 언급한 일들에 대해 요약해 주고 앞으로 일어날 일에 대해 제안해 줄 수 있게 한다. 예를 들어, 치료사는 클라이언트에게 어떤 일이 일어났으며, 클라이언트가 그에 대해 어떻게 반응하였고, 이러한 경험으로부터 야기되는 것들은 무엇이며, 치료사가 그것에 관해 어떠한 제안을 할 수 있는가 등을 부연해 줄 수 있다.

개방형 질문

음악적인 경험(즉흥연주, 노래 부르기, 음악 감상 등) 이후, 치료사는 언어처리 기법을 사용하여 클라이언트가 무엇을 경험하였는지에 관한 정보를 얻는다. 이때 '개방형(open)' 질문이 '폐쇄형(closed)' 질문보다 바람직하다(Egan, 1998; Nolan, 2005). 음악치료에서 전형적으로 사용되는 개방형 질문으로 "당신에게 이러한 음악 경험은 어떠했나요?"가 있는데, 이 질문은 그 대답이 폭넓게 열려 있음을 시사한다. 좀 더 초점화된 질문으로는 "이러한 음악 경험에 관해 당신은 어떻게 느꼈나요?"가 될 수 있는데, 이 질문은 좀 더 클라이언트의 감정을 규명하는 것에 목표를 둔다.

'폐쇄형' 질문으로는 "당신은 음악 경험으로 인해 즐거웠나요?"가 있을 수 있다. 이 질문은 '예/아니요'의 답변을 기대하기 때문에 제한성이 있다. 이는 또한 한쪽으로 치우치는 경향이 있다. 이런 질문은 클라이언트가 음악 경험에 관해 단지 즐거웠다고 생각하기를 원하는 치료사의 의중을 반영한다. 그래서 클라이언트는 무의식적으로 '그렇다'고 대답할 수 있는데, 이는 치료사가 클라이언트로부터 '그렇다'는 대답을 원하고 있음을 내포하기 때문이다.

탐색(좀 더 많은 정보를 취하기 위한)

개방형 질문기법과 클라이언트의 핵심 단어에 대한 반영을 결합하면 클라이언트가 느끼는 바를 정확하게 감지할 수 있다. 치료사는 '탐색(probes)'(Egan, 1998)을 통하여 좀 더 깊은 논의를 할 수 있다. 예를 들어, 음악치료 세션에서 클라이언트의 음악 경험에 대한 반응을 숙지하였다면 또 다른 형태의 음악 경험으로 이동해야 한다. 이때 치료사는 정보를 취하기 위해 탐색을 하게 된다. "제가 생각하기에 당신에게 이러한 느낌은 중요하다고 여겨집니다. 그렇다면 그 느낌에 대해 좀 더 깊이 알아볼까요?" 와 같은 말은 좀 더 초점을 맞추어 심도 있게 탐색을 하는 하나의 방법이 된다. 또는 치료사는 좀 더 깊은 탐색을 통해 클라이언트의 과거사에 관한 정보를 다음과 같이 이끌어 낼 수 있다. "제 기억에 이 이슈는 당신의 가족과 관련된 것이라 생각되네요. 이전에 당신은 이러한 느낌이 당신의 어머니나 아버지에 대해서 가졌던 느낌이었다고 말했지요. 우리 그에 대해 좀 더 깊이 알아볼까요?" 또 다른 예는 관찰을 통하여 이슈를 제안하는 것이다. "당신이 그 음악을 감상할 때는 매우 불편해 보이고 방해를 받는 것 같아요. 그 음악이 당신에게는 난해한가요?" "당신의 연주가 점차 강렬해지고 어쩌면 좀 더 격해지는 것 같았어요. 연주할 때 화가 났나요?" 앞서 언급했던 것처럼 이러한 제안은 경험에 의거하며, 치료과정에서 무엇이 적합하고 때에 맞는 것인가를 고려하면서 클라이언트를 좀 더 깊이 이해하며 안전한 관계를 형성해 갈 수 있게 한다.

초점화된 질문

초점을 맞춘 질문은 음악 감상(또는 연주) 시에 클라이언트가 좀 더 특수한 방식으로 자신의 의식에 관해 생각하는 것을 도울 수 있다. 이 방법은 클라이언트에게 개방형 질문이 주어지고 그에 대해 답할 만한 적절한 단어를 찾는 것이 어려운 상황에 적합하다. 〈표 1-3〉은 초점화된 질문(focused ques-

〈표 1-3〉 초점화된 질문과 가능한 유도 반응

질문	유도
음악 감상(또는 연주, 노래 부르기)을 하는 동안에 당신의 신체 내부에서 어떤 느낌이 있었는지 기억할 수 있나요?	운동감각적인(kinaesthetic) 경험에 관한 긍정적 또는 부정적 형태, 일반적인 신체적 반동
당신은 좋아하거나 좋아하지 않는 음악에 관해서 무엇을 감지했나요?	개인적인 선호도, 정서의 규명
음악 감상(또는 연주, 노래 부르기)의 어떤 부분이 당신에게 특별한 의미를 부여했나요?	음악과 현재 또는 과거의 경험이나 이슈 간의 관계
음악이 마음에 특정한 심상이나 그림을 불러일으키는 어떠한 순간이 있었나요?	의식적 또는 무의식적 이슈나 주제에 관한 상징적 표상을 포함하는 시각적 경험
음악이 마음에 특정한 기억이나 연상을 불러일으키는 어떠한 순간이 있었나요?	과거의 사건, 의미 있는 타인, 의미 있는 장소, 의미 있는 경험
음악을 만드는 과정(예: 그룹 즉흥연주)에서 당신 자신이 그룹의 다른 구성원과 결부되고 있다는 것을 발견한 순간이 있었나요?	그룹 역동, 다른 사람과의 긍정적 또는 부정적 상호작용 경험

tions)과 반응에서 유도될 수 있는 것에 관한 예시를 제공한다.

초점화된 질문은 다양한 형태로 적용 가능하다. 치료사가 질문을 하고 클라이언트는 그에 답을 하는 패턴을 지양하기 위해서라도 질문의 내용은 때로 클라이언트에 관한 관찰로 전환될 수 있다. 예를 들어, "지금 당신은 어떻게 느끼시나요?"라고 질문하기보다 "당신은 전보다 좀 더 편안해 보이시네요."라고 말할 수 있는 것이다. 이러한 해석은 여전히 클라이언트에 의해서 확인되거나 부인되거나 확장될 여지를 둔다.

선택권 부여

음악치료사가 부가적으로 사용할 수 있는 기술로는 음악적인 경험 안에서 클라이언트에게 선택권을 제공하는 것이 있다. 이것은 클라이언트와 치료사가 즉흥연주에서 주제를 발전시켜 갈 때, 노래 만들기에서 가사를 완성해 갈 때, 또는 감상이나 가창을 위해 선호하는 음악을 선정할 때 이용된다. 선택이라는 것은 음악치료 임상에서 고유한 특징 중 하나다. 클라이언트에게 선택의 기회를 부여하면서, 우리는 치료 세션의 흐름에 영향을 끼치는 결정권을 클라이언트 자신이 행사하게 할 수 있다. 많은 경우 클라이언트들에게는 선택의 기회가 좀처럼 주어지지 않는다. 특히 입원 중이거나 시설에 거주하는 클라이언트에게는 선택이라는 것이 유연하게 제공되는 옵션이 아니다. 따라서 클라이언트가 자신이 원하는 것을 선택할 수 있도록 격려해 주는 것은 신뢰 형성에 중요한 요인이 될 수 있다.

그런데 선택권을 부여하는 것이 일부 클라이언트에게는 혼란을 줄 수 있다. 클라이언트가 낮은 자긍심을 가지고 있고 자신의 관점이 중요하지 않다고 느끼는 경우, 치료사는 선택 결정에 시간이 소요되므로 앉아서 기다리면서 클라이언트가 자신의 관점이 무엇인지 알아갈 수 있도록 격려해 주는 것이 필요하다. 또한 치료사는 확신을 주는 응답을 이용하여 클라이언트가 자신감을 가질 수 있도록 해야 한다. 인지적인 수준에서 선택은 클라이언트가 다양한 선택사양을 통해 생각하고 바람직한 의사결정을 할 수 있게 하므로 중요하다.

뇌손상 클라이언트에게 선택권을 부여하는 것은 여러 다른 수준의 기술을 요구한다. O'Callaghan과 Turnbull(1987)은 선택사양으로 두 개의 노래 제목을 제공하는 것이 신경학적인 장애로 인지장애를 수반하는 환자들에게 효과적이라고 하였다. 그들은 다음과 같은 단순화된 질문기법을 예로 들었다. "'My Bonnie Lies over the Ocean' 노래를 하시겠어요, 아니면 'Somewhere over the Rainbow' 노래를 하시겠어요?" 대신, "'Bonnie' 혹은 'Rainbow' 노래를 하시겠어요?"

선택은 또한 클라이언트와 노래를 만드는 과정에 있어 근본적이다.

O'Brien(2005)의 치료적 노래 만들기 방법은 노래 가사를 비롯하여 노래를 이루는 모든 음악적인 요소를 클라이언트가 선택하도록 하는 방식으로 구성된다. 수용적인 음악치료에서 클라이언트는 종종 어떤 스타일의 음악을 감상할 것인가를 선택하는 데 관여한다.

침묵 가운데 편안해하기

많은 경우 치료사는 침묵 가운데 클라이언트와 편안히 함께해야 한다. 침묵 가운데 편안해하지 못하는 치료사는 자신의 언어로 무언가를 이야기하려고 하며, 침묵을 깨려고 시도하거나 치료 세션에서 침묵이 흐를 때 불안해하는 모습을 보일 수 있다. 그러나 견고한 치료적 관계를 발전해 감에 있어서 침묵 가운데 편안해하는 것은 필수적이다. 우울하거나 애도하는 클라이언트는 종종 자신이 느끼는 바를 말로 표현할 수 없으며, 이런 경우 그들은 거의 비언어적인(non-verbal) 상태가 된다. 또는 음악 경험 이후 그것을 말로 설명하지 못할 수도 있다(언어 표현을 초월한 상태와 같은 경우).

우울하거나 애도하는 클라이언트가 침묵할 때 음악치료사는 다음과 같은 언어적 반영을 할 수 있다. "이 시점에서 당신이 느끼는 바를 말하는 것은 어려우실 것 같아요." 그러고 나서 치료사는 다른 유형의 음악치료 경험에 관한 선택권을 클라이언트에게 제공한다. 공감적 즉흥연주(뒤에서 설명된다)가 그 예일 수 있는데, 이때 치료사는 클라이언트가 느끼고 있을 법한 내용들을 음악적으로 반영해 줌으로써 클라이언트를 지지하고 확신을 줄 수 있다.

치료사는 음악으로부터 깊은 정서적 감흥을 경험한 클라이언트를 위해서 몇 분간 침묵 가운데 클라이언트와 함께할 수 있다. 직관력이 있는 치료사라면 침묵 가운데 클라이언트와 연결된 깊이를 '느낄' 수 있을 것이며, 이는 효과적인 치료적 관계 수립의 일부다. Rogers(1980)는 이를 심도 있는 공감이라 명명하면서, 이것이 "클라이언트가 좀처럼 의식하지 못하는 내용에 대한 의미를 감지하는 것"(p. 142)에 관여한다고 말한다.

치료적 존재감을 수립 · 발전 · 유지하기

치료사와 클라이언트의 관계는 음악치료 임상에서 매우 기본적인 요소다. 환자/클라이언트와 신뢰감을 쌓는 것은 치료사와 클라이언트가 처음으로 대면하는 순간부터 시작된다. 클라이언트에 대해 밝은 모습으로 맞이하고 진정한 관심을 보이는 것은 첫 만남을 고무적인 것으로 만들어 준다.

세션이 진행되는 동안 신뢰를 유지한다는 것은 어떠한 음악적인 경험을 나눈다 할지라도 치료사가 클라이언트에게 '존재감'을 줄 수 있어야 함을 의미한다. 치료사가 클라이언트에게 주의를 기울이는 것이 중단되면 세션의 흐름에 저해가 된다. 반면에 클라이언트가 경험하는 것에 진실되게 관여하는 것은 신뢰를 증진시킨다. 따라서 치료사의 주의력은 세션 전반에 걸쳐서 일관되게 유지되어야 한다.

세션 마무리

세션을 종료할 때 치료사는 세션이 진행되는 동안 어떤 일이 일어났는가를 숙지시켜 주고 음악적 경험이 마무리될 수 있도록 한다. 치료사는 클라이언트나 그룹이 치료실을 떠날 때까지, 혹은 치료사가 클라이언트의 방을 떠날 때까지 함께 '존재' 해 주어야 한다. 이후에야 치료사는 비로소 클라이언트에게 초점을 맞추었던 주의를 멈출 수 있다.

언어적 표현이 가능한 성인 클라이언트와 함께하는 음악치료 임상의 예시

여기에서는 언어처리 기술에 관한 내용을 담은 임상 소례들을 소개하고자 한다. 각각의 임상 소례는 개별 음악치료 세션에서 수용 음악치료 기법을 사용한 것으로, 일부는 노래 부르기와 즉흥연주가 이용되었다. 이러한 임상의 예시를 제시하는 목적은 음악치료 방법을 설명하기 위해서라기보다 언어처리 과정의 흐름을 보여 주기 위해서다. 따라서 예시에는 여러 음악치료 방법이 포함되어 있다.

일반적으로 클라이언트의 말이나 견해에 대해 반응하는 방식에는 여러 유형이 있다. 초보 치료사는 대개 자신이 클라이언트에게 즉각적으로 반응해 주어야 한다고 느끼는 경우가 많다. 그러나 클라이언트는 종종 치료사가 그 상황에서 어떻게 반응해 주어야 할까 생각하는 잠깐 동안의 침묵 속에서 편안함을 느낀다. 대부분의 상황에서 '맞는' 답은 없고 여러 개의 가능한 답이 있을 뿐이며, 각각은 적절하게 세션의 진행과정에 영향을 끼친다.

임상 소례 | **청소년 클라이언트**

뇌손상을 입은 12세의 여학생이 즉흥연주에서 북을 연주한 후 울음을 터트렸다.

치 료 사: 지금 어떤 느낌인지 말해 줄 수 있겠니? (개방형 질문)
클라이언트: 무응답, 여전히 울고 있다 – 잠시 멈춤
치 료 사: 북을 치고 나니 감정이 격해진 것 같구나. (반영과 주의 깊은 해석)
클라이언트: 무응답, 울음은 이전보다 잦아진다 – 잠시 멈춤
치 료 사: 북을 쳐 보니 어떤 것 같아?
클라이언트: 좋아요.
치 료 사: 아, 그랬구나! (확언) 어떤 부분이 좋았는데? (개방형 질문)
클라이언트: 어깨를 움찔거린다. (비언어적)
치 료 사: 마음이 풀어진 것 같아 좋았니? (개방형 질문과 주의 깊은 해석)
클라이언트: 네.

이 임상 소례에서 인지해야 할 중요한 점은 어린 청소년는 종종 언어적으로 표현하는 것을 꺼린다는 것이다. 이러한 점은 그들의 발달단계상의 일부다. 응답이 '예/아니요' 와 같은 단음절이므로 주의 깊은 해석이 요구된다.

임상 소례 **선택권 부여**

외상 자살을 시도한 병력을 가진 23세의 여성 클라이언트가 음악치료에 의뢰되었다. 세션은 다음과 같이 시작되었다.

치 료 사: 오늘 음악치료에서는 무엇을 하고 싶으신가요? (개방형 질문)
클라이언트: 잘 모르겠어요.
치 료 사: 우리는 당신이 가장 좋아하는 음악을 감상할 수 있고요, 악기로 즉흥연주를 할 수도 있고, 음악을 들으며 이완을 할 수도 있어요. 어떤가요? (선택권 제공)
클라이언트: 음악과 함께 이완하고 싶네요. 나 자신에 관해 이야기하는 것에 진력이 났어요[그룹 음악치료에서].
치 료 사: 우리는 이완 음악과 함께 몇 가지 심상을 떠올려 볼 수도 있어요, 당신이 좋으시다면요. (선택권 제공)
클라이언트: 네, 그거 좋을 거 같네요.

이완 세션(편안한 의자에 앉은 채로)을 위해 선정된 음악은 드뷔시의 '목신의 오후에의 전주곡(Prelude to the Afternoon of a Faun)' 이었다. 음악이 끝나자, 클라이언트는 이완된 상태로부터 점차 깨어나 눈을 떴다.

치 료 사: 음악 감상을 하면서 어떠셨나요?
클라이언트: (미소를 띄며) 아버지 오토바이 뒤에 타고 있는 저 자신을 상상해 보았어요. 우린 방목장을 가로지르며 달렸지요.
치 료 사: 대단하네요. 그래서 기분이 어땠나요? (확언과 개방형 질문)
클라이언트: 매우 좋았어요. 한동안 이런 생각을 못했네요.
치 료 사: 아버지에 관해 좀 더 말씀해 주시겠어요? 아버지와는 사이가 어떠셨나요? (탐색)

이에 클라이언트는 어린 시절에 자신이 아버지와 얼마나 친밀하였는가와 나이가 들어 감에 따라 아버지와 거리감이 생기던 것에 대해 이야기해 주었다.

클라이언트가 원하는 음악 경험을 할 수 있는 음악치료 방법을 선택하도록 하는 것은 아마도 이 세션에서 가장 중요한 점이라 하겠다. 이완과 심상에 관한 좀 더 깊은 논의는 5장에서 다룰 것이다.

임상 소례 | **노인 간호 그룹 세팅**

이 임상 소례는 요양시설의 노인을 위한 것이다. 친숙한 노래(1930~1940년대의)를 부르는 음악치료 방법이 채택되었다. 이 클라이언트는 그룹원 중의 한 사람이다.

치 료 사: 평소 좋아하는 노래 중에서 오늘 부르고 싶은 노래가 있나요? (직접 질문)

클라이언트: 난 이런 흘러간 옛 노래를 싫어해요. 우울한 기분이 들게 하네요.

치 료 사: (반영을 이용하여, 부드러운 어조로) 우울하시다고요? 노래가 어떻게 당신을 우울하게 만드나요?

클라이언트: 그다지 즐거운 노래들이 아닌 것 같아요.

치 료 사: 그러면 당신이 즐거워할 만한 노래 하나를 떠올려 보시겠어요?

클라이언트: 아니요, 그렇게는 못하겠어요.

치 료 사: 그러면 'Oh What a Beautiful Morning?' 은 어떤가요?

클라이언트: 네, 그거 괜찮겠네요.

반면에 이와 대체적인 다른 시나리오가 발생할 수도 있다.

클라이언트: 난 이런 흘러간 옛 노래를 싫어해요. 우울한 기분이 들게 하네요.

치 료 사: (반영을 이용하여, 부드러운 어조로) 우울하시다고요? 노래가 어떻게 당신을 우울하게 만드나요?

클라이언트: 노래들이 매우 슬프잖아요.

치 료 사: 그중에서 어떤 노래가 특히 슬픈 것 같나요? (직접 질문)

클라이언트: 딱히 하나라고는 할 수 없고 모두들 슬픈 노래 같네요.

치 료 사: 그러시구나, 오늘 OOO님도 슬프신 건가요? (개방형 질문)
클라이언트: 네, 그런 것 같네요.
치 료 사: 당신을 슬프게 한 무슨 일이라도 있었나요? (탐색-정보 수집)
클라이언트: 오랫동안 아무도 저를 찾아오지 않았거든요.
치 료 사: 그럼 특별히 보고 싶은 사람이 있나요? (탐색-정보 수집)
클라이언트: 아들이 와 주었으면 해요.
치 료 사: 제게 아드님에 대해서 말해 주실 수 있나요? 그분은 어떻게 생기셨나요? (개방형 질문을 통해 클라이언트가 자신의 감정 상태를 더욱 열어 보일 수 있도록 한다.)

이러한 대화는 클라이언트 내면의 감정을 표출하고 클라이언트(그리고 치료사)로 하여금 자신의 슬픈 감정이 어디로부터 비롯되었는가를 이해하는 것을 돕는다. 질문의 전개 순서는 노인요양시설에 거주하는 구두 표현이 가능한 클라이언트를 기반으로 한다. 치매를 동반하는 사람들은 이런 식의 직접적인 반응을 하는 것이 불가능할 것이다. 또한 이 질문의 전개는 유효성(validation)의 원리(Feil, 1993)에 의거한다. 클라이언트가 경험한 것을 확인하고 인정해 주는 도구로서, 치료사는 클라이언트가 자신에게 의미 있는 것이 무엇인지를 말할 수 있도록 관여한다.

세 번째 옵션으로는 클라이언트가 흘러간 옛 노래라고 말한 부분에 초점을 맞추어 클라이언트의 진술에 답해 주는 것이다. 만약에 클라이언트의 어조가 우울한 기색을 보이지 않고 짜증이 난 경우라면, 질문의 순서는 다음과 같이 구성될 수 있다.

클라이언트: 난 이런 흘러간 옛 노래를 싫어해요.
치 료 사: 그러면 당신이 부르고 싶은 신곡들이 있나요, OOO님?

이 임상 소례에서 치료사의 반응에 단서로 작용하는 것은 바로 클라이언트의 어조다. 클라이언트의 말에 내재된 감정적 요소는 그가 좀 더 에너지와 재미가 가미된 노래라든가 좀 더 자신의 선호도가 반영된 스타일 또는 장르의 노래를 선택하기 원한다는 것을 보여 준다.

임상 소례 **좀 더 많은 정보 구하기**

이 임상 소례도 노인 간호 분야에 해당된다. 클라이언트는 친숙한 노래들을 부르고 있다.

클라이언트: 나는 전쟁에 관한 노래는 하고 싶지 않아요. 전쟁은 끔찍한 건데, 왜 우린 이런 노래들을 해야 하나요?

치 료 사: 음, 당신은 전쟁에 관해 강한 견해를 가지고 있는 듯하네요. 당신이 느끼는 바에 대해 좀 더 말해 줄 수 있나요?

이러한 반응은 앞서 논의한 바 있듯이 강한 정서를 기반으로 하는 가치와 신념에 관한 이슈를 도출한다. 이 임상 소례에서 치료사는 전쟁에 관한 클라이언트의 신념을 존중해 주는 것이 중요하다. 치료사는 클라이언트가 느끼는 바를 좀 더 이야기해 보도록 하는 방식으로 이를 수행할 수 있다.

좀 더 많은 정보에 대해 물음으로써 치료사는 클라이언트가 가치판단을 하고 있는지, 클라이언트의 가족이나 친구가 참전했는데 돌아오지 못한 경험을 한 적이 있는지 등을 파악할 수 있다. 치료사는 이러한 정보를 도출하기 위해 다음과 같이 질문할 수 있다. "식구 중에 전쟁터에 나갔는데 돌아오지 못한 사람이 있으면 가족들은 고통스럽지요. 당신에게도 그런 일이 있었나요?"(탐색) 클라이언트가 이에 동조하면 치료사는 무슨 일이 있었는지 물을 수 있다. 그리고 전쟁에서 가족을 잃어버린 경험이 없다면 다음 주제로 넘어갈 수 있다.

연 습

다음에서는 음악치료 임상 실제의 예제가 내용 및 시나리오와 더불어 제시된다. 각 예제는 서로 다른 관점에서 접근이 가능하며, 가능한 반응도 함께 제공된다. 뒤의 제안된 반응을 숙지하기 전에 다양한 반응을 먼저 시도해 보라. 그리고 유일한 '정답' 이란 존재하지 않음에 주목하라.

임상 실제의 예제

① 75세의 노인요양시설에 거주하는 남성은 'I'll Take You Home Again Kathleen' 이라는 노래를 부른 후 이렇게 이야기한다. "난 집에 돌아가고 싶은데 아무도 그렇게 해 주질 않네요." 이 사람은 무엇을 느끼고 있겠는가? 당신은 이에 어떻게 반응해 줄 것인가?

② 교통사고로 재활병동에 입원한 20세의 남성은 자신이 선호하는 노래를 감상한 다음 이렇게 말한다. "이 노래는 내 친구들을 생각나게 하네요. 그런데 아무도 나를 찾아와 주지 않았어요." 이 사람은 무엇을 느끼고 있겠는가? 당신은 이에 어떻게 반응해 줄 것인가?

③ 약물 남용으로 재활치료 중인 17세의 남성 클라이언트는 공격적인 가사의 노래 CD를 골라 매우 크게 듣는다. 이 노래에 관해 클라이언트에게 느낀 바를 이야기해 보게 하자, 그는 "난 도두를 폭파시켜 버리고 싶어요."라고 말한다. 이 사람은 무엇을 느끼고 있겠는가? 당신은 이에 어떻게 반응해 줄 것인가?

예제에 대해 제안할 만한 반응

① 75세의 노인요양시설에 거주하는 남성은 'I ll Take You Home Again

Kathleen' 이라는 노래를 부른 후 이렇게 이야기한다. "난 집에 돌아가고 싶은데 아무도 그렇게 해 주질 않네요."

음악치료 임상에서 클라이언트가 유년 시절에 유행하던 노래를 사용하는 것은 일반적이다. 이러한 옛 노래의 가사는 요양시설 클라이언트들의 폐부를 찌르는 내용을 담고 있기도 하다. 노인 클라이언트에게 자신의 친숙한 가정을 떠나 요양시설에 거주한다는 것은 중대한 이슈다. 시설에 입소한 많은 클라이언트는 자신이 요양시설을 떠날 수 없다는 것을 인지하고 있다. 따라서 그들은 자신의 가정과 친밀한 환경, 자신의 공간 및 사생활과 독립된 삶에 대한 상실감으로 슬퍼하게 된다. 더구나 그들은 가족들이 자신을 요양시설에 방치해 두었다고 격앙하며, 가족들에 의해 버려졌거나 이용당했다고 생각하기도 한다(물론 모든 이가 이렇게 느끼는 것은 아니다.). 이 시나리오의 남성은 자신이 가정을 잃어버렸으며, 다른 사람들(시설 치료진이나 가족)이 자신이 집으로 돌아가려는 것을 막고 있다고 반응한다. 그는 어쩌면 슬프거나 화가 나 있을 것이다(이런 감정은 그의 어조에 명백히 나타날 것이다.).

대다수의 치료사들은 Feil(1993)이 제시한 인본주의적 유효성(validation)의 원리에 착안하여 이 클라이언트가 기억하는 자신의 집에 관해 확언해 주는 방식으로 이 상황에 응대할 것이다. 예를 들면, "당신의 집에 대해 이야기해 줄 수 있나요? 어떻게 생긴 집이었지요? 정원도 있었나요? 애완동물은요?" 이러한 접근은 현재 상황으로부터 주의를 전환시켜 클라이언트가 회고해 보도록 돕는다. 그런 다음 치료사는 "당신의 집은 멋진 곳이었나 봅니다. 부르고 싶은 또 다른 노래가 있으세요? '○○' 노래는 어떤가요?" 라며 노래 부르기에 다시 초점을 맞추게 할 수 있다.

② 교통사고로 재활병동에 입원한 20세의 남성은 자신이 선호하는 노래를 감상한 다음 이렇게 말한다. "이 노래는 내 친구들을 생각나게 하네요.

그런데 아무도 나를 찾아와 주지 않았어요."

뇌손상이나 외상에 따른 신체장애로부터 회복 중인 환자는 방대한 영역에서의 상실감을 경험한다. 몇 가지만 열거하자면, 육체적 건강 상실, 인지적 기능 상실, 독립성 상실 등이다. 그들은 자신의 꿈과 미래에 대한 포부, 성생활 가능성에 관한 조정이 요구된다. 종종 외상성 뇌손상 환자는 언어와 인지에서 장애를 동반하므로 질문을 처리하는 것이 어려울 수 있다. 클라이언트가 언어적으로 자신을 표현하는 것이 가능하지 않다면 이를 대체할 수 있는 즉흥연주에 참여하게 하는 것이 더 적절할 것이다.

반면에, 이 시나리오에서 20세의 청년은 자신의 느낌을 언어적으로 표현하면서 관계가 소원해진 친구들을 회상하고 있다. 이것은 외상에 따른 장애로 인해 갖게 되는 슬픈 현실이다. 친구들은 종종 무슨 말을 해 줘야 할지 모르거나 혹은 장애로 고통받고 있는 친구에게 문병 오는 것이 마음 편치 않을 것이다.

이 경우 치료사는 다음과 같이 반응할 수 있다

- 상실된 우정에 초점을 맞춘다. 예를 들면, "친구들을 볼 수 없어 힘들겠네요. 특별히 누가 가장 많이 생각나나요?" 이러한 질문은 클라이언트로 하여금 친구란 무엇인가를 규명하게 해 준다. 이어서 "당신을 찾아오지 않는 그 친구에 대해 어떤 느낌을 가지고 있나요?"라고 질문할 수 있다. 만약 클라이언트가 친구에 대해 회고한다면 언어적인 개입으로는 "그 친구와 함께 했던 것들에는 어떤 것들이 있었나요?"가 있을 수 있다.
- "때때로 친구들도 적응하는 시간이 필요할 거예요. 친구들이 시간이 지나면 찾아와 줄 거라고 생각하지 않나요?"라고 반응한다(이는 부정적인 답변을 이끌어 낼 수도 있을 것이다.).

- 외상으로부터 회복 중인 환자들은 종종 기억상실을 동반하여 실제로 친구들이 방문했는데도 기억하지 못할 수도 있다는 것을 참작한다. 만약 이것이 사실이라는 것을 알게 되면 이렇게 말해 줄 수 있다. "어제 친구분인 ○○○씨가 당신을 보러 왔어요." 그리고 부가적인 설명(시간대라든가 그 친구가 무엇을 해 주었는지)을 해 주고 우정에 관한 질문을 이어간다.

③ 약물 남용으로 재활치료 중인 17세의 남성 클라이언트는 공격적인 가사의 노래 CD를 골라 매우 크게 듣는다. 이 노래에 관해 클라이언트에게 느낀 바를 이야기해 보게 하자, 그는 "난 모두를 폭파시켜 버리고 싶어요."라고 말한다.

청소년이 음악(노래)을 크게 듣는 것은 흔히 있는 일이다. 종종 큰 음량은 그들의 에너지 수준에 부합되기도 하고, 침묵의 공간을 채워 주기도 하며, 다른 사람들이 자신에게 말을 걸어 오지 못하게 하는 역할을 하기도 한다. 이런 큰 음량은 자신이 누군가에게 또는 어떤 일로 인해 화가 나 있거나 좌절 또는 짜증 상태에 있다는 메시지를 전달할 수 있다. 이 시나리오에서 17세의 청소년은 '모두' 를 폭파시켜 버리고 싶다고 했는데, 자연스럽게 이는 '특별히 누구를?' 이란 질문을 이끌어 낼 수 있다.

- "모두를 폭파시켜 버린다고요?" (반영) "특별히 폭파시켜 버리고 싶은 대상이 있나요?"
- 노래 가사를 면밀히 분석한다(시나리오에서는 가사 내용이 공격적이었음). "가사 내용이 상당히 격앙된 듯한데 이것이 바로 지금 당신이 느끼는 건가요?" 그 후, " 그 느낌에 대해 좀 더 얘기해 줄 수 있나요?"

당신이 이후 며칠 동안 임상에 임하게 된다면 클라이언트에 대한 당신의 반응과 관련하여 여러 옵션이 제시될 수 있는 상황들을 기록해 보라. 클라이언트의 언급 내용을 적어 보고 반응해 줄 수 있는 옵션들을 파악해 보라. 공감적인 방식에서 언어적으로 반응하는 기술은 연습을 통해 향상된다. 따라서 임상 상황과 연계된 이러한 연습을 하는 것이 중요하다. 반응에는 유일한 정답이란 없고 하나 이상의 방식이 존재한다는 것을 인식해야 하며, 시간을 두고 어떤 반응을 해 줄 것인가를 숙지해야 한다.

비언어적 클라이언트를 위한 공감적 즉흥연주

음악치료사는 병리 상태로 인해 언어적 의사소통이 제약을 받거나 그것을 실행하지 못하는 많은 클라이언트와 함께 일한다. 또한 언어적 발달이 이루어지지 않은 클라이언트도 음악치료 대상군에 포함된다. 음악치료는 종종 효과적인 치료 매개체로 논의되는데, 이는 음악치료가 클라이언트와의 비언어적 의사소통의 역할을 수행할 수 있기 때문이다. 실제로 음악이 여러 가지 상이한 이유로 대체적 언어가 될 수 있음은 다음의 세 가지 방식에서 설명할 수 있다.

- 전(前)언어적(pre-verbal): 중도 또는 최중도의 지적장애를 갖고 있는 아동과 성인은 언어적 발달이 제대로 이루어지지 않아 전언어적인 수준에 있다. 이러한 클라이언트에게 음악은 음악적 재료들을 이용하여 종종 그들의 기분, 역동, 억양, 성격, 때로는 정서적 메시지를 전달한다. 이는 클라이언트의 주의력을 확보하고 의식을 격려하며, 잠재적으로 의사소통에서 그들이 종합적 이해의 수준에 이르게 할 수 있다.
- 비(非)언어적(non-verbal): 언어적 발달이 이루어진 아동과 성인의 경우

병리적인 또는 정서적인 장애로 언어를 적절하게 사용하는 것이 제한된다면 비언어적 수준이라고 할 수 있다. 여기에는 중증의 우울장애, 선택적 함묵증, 중도 학습장애, 고기능 자폐, 아스퍼거 증후군, 외상 또는 신경학적 장애를 가진 대상군이 포함된다. 몇몇 수용 음악치료(음악 감상) 접근방식은 비언어적 경험을 제공하는데, 복잡한 언어적 설명 없이도 기분과 느낌이 표현될 수 있다(또는 클라이언트의 태도로부터 반영될 수 있다.).

- 초(超)언어적(supra verbal): 정상적인 언어발달을 이루고 병리적 문제나 언어 사용에서의 제약을 가지지 않는 아동과 성인에게 음악 만들기나 음악 감상은 구두언어(verbal language)를 초월한 표현 매개체가 될 수 있다. 치료사에 의해 연주되거나 노래된 음악 또는 CD를 통해 감상한 음악에서는 말이 결국 과잉 표현이 되거나 혹은 단순히 말로 전달할 수 있는 것을 넘어서는 경험(대개 정서적 경험)을 제공한다.

이러한 세 가지 경우에서 음악치료사는 자신의 음악적 기술(즉흥연주 방식의 음악) 또는 적절한 음악 목록에 대한 지식을 사용하여 클라이언트에게 반응해 준다. 클라이언트의 느낌을 반영하여 '공감적(empathic) 즉흥연주' 방식으로 클라이언트 '에게' 연주해 주는 것은 영국 음악치료의 선구자인 Juliette Alvin에 의해 창안되었다. 이 방법은 『즉흥연주』(Wigram, 2004)에 상세히 설명되어 있다. "공감적 즉흥연주와 반영은 좀 더 구체적으로 클라이언트의 감정 상태와 연관된 반응을 요구한다." (p. 89)

다음은 공감적 즉흥연주에 대한 기술이다.

> Juliette Alvin에 의해 처음으로 응용된 치료적 방법이다. 세션 초기에 Alvin은 자신의 첼로로 클라이언트의 '존재방식' 을 즉흥연주 하며 공감적인 보완을 해 주었다. 임상에서 이것은 클라이언트의 신체 자세, 얼굴 표정, 세

> 션 당일의 태도, 클라이언트의 인성과 성격 특성에 관한 사전 지식 등을 고려한 다음, 지금 이 순간 클라이언트의 존재방식에 대한 음악적 해석을 반영하여 즉흥연주를 해 주는 것이다. 이는 Alvin에 의해 매우 공감적인 기법으로 간주되었다. 어떤 방식으로든 클라이언트의 감정이나 행동을 변화시키지 않고, 그들의 감정을 은근히 조작하려 하지 않으며, 단지 그들의 존재를 음악적으로 연주해 주는 것을 의미한다. 만약 클라이언트가 침착하지 못하고 흥분된 상태로 치료실에 들어온다면, 이러한 기분 상태는 공감적 즉흥연주로 용이하게 담아낼 수 있다. 치료사는 현재 클라이언트가 경험하는 스트레스를 없애거나 누그러뜨리려 시도하지 않고, 지원적이고 공감적인 확증의 방식으로 클라이언트에게 그 자신의 감정을 그대로 연주해 줄 수 있다(p. 89).

이러한 수용적인 방식을 사용함에 있어서 치료사의 접근은 SOLER 모델에 의거해야 한다. 즉, 치료사는 클라이언트와 '정면으로(squarely)' 마주 앉아, '열린(open)' 태도를 견지하며, 클라이언트에게 '기울 인(leaning toward)' 자세로, 적절한 '눈맞춤(eye contact)'을 유지하면서, '이완된(relaxed)' 자세로 클라이언트의 신체언어와 얼굴 표정에 주의를 기울여야 한다. 다음의 예시는 공감적 즉흥연주 또는 수용 음악치료가 사용되는 전형적인 음악치료 상황을 소개한다. 이 시나리오에서 정답이나 오답이 있는 것은 아니다. 왜냐하면 이러한 상황에서 특정한 하나의 접근이 반드시 금기되거나 사용되어야 한다는 연구가 제시되지 않았기 때문이다. 라이브 음악 또는 음반과 같은 음악적 소재의 선택이나 그 음악적 재료들이 제시되는 방식에 따라 클라이언트의 반응은 달라질 것이다. 어떤 클라이언트는 음악 감상 경험에서 관계 형성을 잘 할 수 있을 것이고, 또 어떤 클라이언트는 음악 감상에 주의를 기울이기가 어려울 수 있을 것이다. 각각의 경우에 따라 다른 유형의 음악치료 방법이 사용되어야 할 것이다.

다음의 세 가지 예시에서 당신은 음악을 어떤 식으로 사용할 것인지—클라이언트를 위해 공감적 즉흥연주를 하거나 혹은 감상을 위해 하나의 음악 목록을 선택하는 것 등—를 생각해 보라. 각 예시에 대한 몇 가지 제안이 설명될 것이다.

- 예시 1: 7세의 중증 자폐아동이 치료실로 뛰어 들어온다. 이따금씩 방의 특정한 곳에 멈추어 서서 손바닥을 찰싹거리며 한 물체를 뚫어지게 쳐다보기 시작한다. 아동은 좀처럼 치료사 곁에 오지 않는다. 치료사는 자신의 무릎에 북을 올려놓고 눈맞춤을 하지 않으며 앉아 있다. (주의: 여기서 눈맞춤을 하지 않는 것은 자폐아동과 함께 일할 때 적절한 방식이다.)

  당신은 어떻게 공감적으로 이 아동의 정서적, 신체적 상태를 포착하여 어떤 방식으로 음악을 창조하겠는가?
- 예시 2: 41세의 중증 우울장애를 가진 남성이 방에 홀로 앉아 있다. 그는 휴가를 보내려고 태국에 갔을 때 몰아친 쓰나미로 아내를 여의고, 이로 인한 갑작스러운 상실감에 사로잡힌 채 소외되어 있다. 그는 수많은 상담을 받았으며, 자신의 현재 상태와 자신의 삶에 대해 언어로 표현하는 것에 염증을 느끼고 있다. 음악치료사는 이 클라이언트 곁에 앉아 연주를 해 줄 것인가, 아니면 함께 감상할 수 있는 음악을 틀 것인가 생각 중이다.

  당신은 이 클라이언트의 상태를 반영해 주기 위해 어떤 방식으로 연주해 줄 것인가? 그의 감정 상태를 공감해 주기 위해 어떠한 음악을 선택하여 함께 감상할 것인가?
- 예시 3: 22세의 여학생이 자신의 개인적 자산, 삶과 미래에 대한 감정을 탐색하고자 음악치료에 응했다. 그녀는 음악이 종종 자신의 기분을 포착하고 자신의 생각을 표출해 주며 자신의 상상을 불태울 수 있게 해 준다는 것을 알기 때문에 음악과 함께하고 싶어 한다. 이 여학생은 음악치료사에게 자신은 고전음악에서부터 빅 밴드와 재즈에 이르기까지 다양

한 장르의 음악을 듣는다고 말했다.

세션을 여는 단계에서 당신은 어떤 음악을 선정하여 이 클라이언트와 함께 감상하겠는가? 그리고 그 이유는 무엇인가?

가능한 접근

- 예시 1: 많은 치료사는 치료 상황에서 자신이 목격하는 바를 연주하는 것이 공감적이고 반영을 해 주는 것이며 현명하다고 생각한다. 이 사례에서 치료실에 돌진하는 아동의 움직임에 맞추어 빠르게 교대하는 양손의 움직임으로 연주해 준다거나, 아동이 멈추어 서서 손바닥을 찰싹거릴 때 그에 맞추어 치료사가 북 표면을 손가락으로 연타하거나 멈추는 것은 아동이 감지할 만한 수준에서 이해와 공감을 드러내 주는 것이라고 할 수 있다. 대체적으로 치료사가 자신의 주체성(음악적인)으로 아동을 대변해 주면서 아동이 뛰어 들어오는 것에 대해 느린 템포를 기반으로 하고 이따금씩 악센트를 가미하며 일관된 박을 제공하는 것 또한 아동을 안정시킬 수 있다. 마지막으로 Ofenbach의 〈Orpheus in the Underworld〉 가운데 'Can-Can' 이나 '징글벨'(만약 크리스마스가 다가온다면)과 같이 잘 알려진 음악을 연주하거나 노래하는 것은 아동의 움직임에 대한 틀을 제공해 준다. 특히 아동이 음악을 인지하고 자신과 음악을 동일시하게 되는 경우, 이것은 아동으로 하여금 음악과 자신을 결부시키도록 해 준다.
- 예시 2: 많은 치료사는 치료 상황에서 자신이 목격하는 바를 연주하게 된다. 이 사례에서는 남성의 고통스러운 상태를 강하게 반영해 주는 공감적인 음악적 반응을 제공하는 방식의 접근을 추할 수 있겠다. 느리고 어두우며 어쩌면 침울함을 느끼게 해 주는 음악을 선정하여 들려줌으로써 클라이언트의 우울한 느낌을 강화시키는 것이 해당될 수 있다. 대체적인 방식으로는 사색적이고 빠르지 않은 템포로 향수에 젖게 하는 부드러운

특성을 담고 있으면서, 행복했던 시기의 기억을 불러일으키는 음악을 들려주는 것이다. 어찌됐든 이 클라이언트의 경우 예측 불가능한 변화를 수반하는 음악에는 심하게 자극을 받거나 취약한 상태이기 때문에, 음악은 안정적이고 밝고 원기를 북돋아 줄 수 있는 특성을 지녀야 한다. 음반을 사용한다면 선정된 음악이 이와 같은 특성을 지녀야 한다. 그 이유는 정신적 외상으로 고통받는 이들은 쉽사리 과거에 대한 회상 장면으로 빠져들기 때문이다. 그러므로 음악이 라이브로 또는 녹음된 방식으로 연주될 때 음악의 특성은 안정적이고 예측 가능해야 한다. 치료사는 클라이언트가 의자에 등을 기대고 앉도록 하며, 음악 감상 중에 자신의 호흡에 집중해 보도록 격려할 수 있다. 이는 클라이언트가 과거에 대한 회상 장면으로 전환하는 것에 대처하는 전략을 개발할 수 있도록 도울 수 있다. 적합한 음악의 예에는 Respighi의 모음곡 〈The Birds〉 중 '나이팅게일(Nightingale)' 이나, 셈여림의 변화가 거의 없으며 조용하고 이완을 불러일으키는 음악 목록이 포함될 수 있다.

- 예시 3: 이 학생에게는 어떤 음악을 감상하고 싶은가를 질문하는 것이 하나의 방법이 될 수 있다(세션의 출발점으로서). 다른 대체 반응으로는 현재 학생 자신이 느끼는 바를 숙고해 보게 하고, 지금 느끼는 기분을 반영해 주거나 몰입하고 싶은 기분을 반영해 주는 음악을 선택해 보도록 질문하는 것이다.

결 론

이 장에서는 치료사로서 클라이언트와 치료적인 관계를 수립함에 있어 우리가 채택하는 가치와 신념에 초점을 맞추어 보았고, 수용 음악치료 경험에서 음악치료사가 다루어야 할 언어적 기술을 살펴보았다. 치료적 중재는 클라이언트의 필요와 잠재력에 대한 치료사의 민감한 인식에 달려 있다. 이 장에서는 클라이언트가 자신의 경험을 말할 수 있도록 돕는 데 있어서 치료사가 갖추어야 할 여러 가지 기법과 기술을 설명하였다. 더불어 공감적 즉흥연주는 아동과 성인이 자신의 기분과 정서를 반영하기 위해 창조된 즉흥음악을 감상하는 방식으로 비언어적인 수용 음악치료의 도구가 될 수 있음을 제시하였다.

음악치료 수용기법 02

음악치료 수용기법을 위한 음악 선정

이 장에서는 다양한 연령대와 여러 음악치료 상황에서 이완과 심상 그리고 그 외의 수용적인 경험을 위해 음악을 선정하는 과정을 설명하고자 한다. 우선 이완을 위한 음악과 심상을 자극하는 음악에서의 요소들을 비교 · 논의하고, 두 가지 음악 사이의 미묘한 차이점을 제시한다. 서구 고전음악과 뉴에이지 음악, 명상 음악, 트랜스 음악과 재즈를 포함하여 여러 장르의 음악이 논의된다. 이어서 다양한 클라이언트 대상군과 연령대를 위한 음악 선정이 다루어진다. 또한 소아과 병동에서 음반을 사용하고 평가하는 데 유용한 혁신적인 프로그램이 소개되며, 병원의 다른 환경에서도 채택할 수 있는 안내 지침이 소개된다.

이 장에서는 음악 선정의 기준에 대한 내용을 다루는데, 서로 다른 수용 음악치료 방법에서 적절한 음악을 선정하는 것에 관한 구체적인 제안은 다른 장들에서도 제시될 것이다.

이완을 위한 음악과 심상을 자극하는 음악의 차이점

이완을 위한 음악과 심상을 자극하는 음악 사이에는 미묘한 차이점이 존재한다. 이완에 가장 효과적인 음악은 일관된 박을 유지하며, 조용한 분위기로 예측 가능한 특성을 지닌다. 셈여림의 변화가 거의 없으며, 음악의 목적은 신체의 깊은 이완을 증진시키는 것이다.

이에 비해 심상을 위한 음악은 기악 편성과 셈여림의 흐름이 변화무쌍하며, 음악 안에서의 이러한 변화가 새롭고 흥미로운 음악적인 아이디어를 창조하면서 심상을 자극한다. 〈표 2-1〉은 이완을 위한 음악과 심상을 위한 음악의 각 요소를 비교한 것이다. 여기에서의 기준이 반드시 절대적인 것은 아니다. 이 표를 제시하는 목적은 치료사가 음악 선정에서 숙지해야 할 구체적인 요소를 규명하는 것이다. 또한 이 목록은 이완 또는 심상을 수행함에 있어서 음악 선정의 적절성을 평가하고자 하는 음악치료사에게 체크리스트를 제공하는 기능을 한다.

연령대와 음악치료적인 상황을 고려함에 따라 변동이 발생할 것이다. 어린 아동의 이완을 위한 음악은 청소년이나 성인의 이완을 위한 음악과 질적인 부분이나 스타일 면에서 상이할 것이다. 마찬가지로 개별 세션을 위한 음악 선정은 그룹 세션에서 쓰이는 음악과 다르게 적용될 것이며, 치료 세팅이 선곡에 영향을 미치게 될 것이다. 그리고 분주한 종합병원에서 사용하는 음악은 개인 가정에서 사용하는 음악과 선곡에서 차이가 있을 것이다.

선호되는 장르

음악치료 임상에서 사용되는 가장 효과적인 음악의 장르는 클라이언트가 선호하면서 친숙한 장르다. 이 논거는 널리 받아들여지고 있다. 따라서 이완

〈표 2-1〉 이완과 심상을 위한 음악 요소 간의 비교

이완을 위한 음악	심상을 위한 음악
템포가 일관성 있고 안정적이다.	템포가 다변적이다.
템포가 느리다.	템포는 현저히 느리나, 이와 대조적인 빠른 템포의 음악 섹션이 있을 수 있다.
2박 내지는 3박의 일관성이 유지된다.	2박과 3박 간의 빈번한 이동이 심상을 자극할 수 있다.
선율이 예측 가능하며, 곡선을 이루며, 음정의 범위가 좁다(종종 순차적인 진행). 가락의 악구(phrases)가 호흡(들숨과 날숨) 패턴에 맞추어질 수 있다.	선율은 도약과 함께 넓은 음정의 범위를 가진다. 공간상에서 예측 불가능하므로 심상을 자극한다.
화성의 구조는 전형적으로 조성적(tonal)이며, 협화음을 이룬다. 예측 가능한 코드 전개를 이루며 계류적인(suspended) 화성은 해결된다.	화성의 구조는 다변적이며, 때로는 불협화음을 이룬다.
악기 편성은 현악기와 목관악기군이며, 금관악기와 타악기군은 배제된다.	금관악기와 타악기군을 포함한 다양한 악기 편성이 이루어지며, 이들 두 악기군은 과도하지 않은 범위에서 사용된다.
전반적으로 음이 부드럽게 이어지는 레가토(legato)가 주종을 이루며, 효과적인 음악 표현을 위해 줄을 손으로 뜯는 피치카토(pizzicato) 주법이 베이스 라인에서 사용되기도 한다.	레가토와 스타카토(staccato), 피치카토와 마르카토(marcato)를 포함하는 강조와 억양을 위한 주법들이 조합된다.
셈여림의 변화가 극히 적다.	셈여림의 범위는 광범위하나 갑작스럽거나 위협적이지는 않다.
반복은 핵심적인 특성이다.	반복은 상대적으로 중요하지 않으며, 심상을 자극하기 위한 변주(variation)가 요구된다.
음악의 기조(基調, texture)는 일관적이다. 즉, 얇거나 두꺼운 기조를 이룰 수 있으나 대체적으로 일관성이 있다.	음악의 기조는 얇은 층에서부터 두꺼운 층에 이르기까지 변화가 많다.

지원적인 베이스 라인을 가진다.	베이스 라인은 지원적이거나 그렇지 않을 수 있다.
선율, 리듬, 화성의 특질이 예측 가능하다.	선율, 리듬, 화성의 특질이 상대적으로 예측 가능하지 않다.

과 심상, 그 외의 수용적인 경험을 포함하는 개별 세션에서 음악을 선정할 때는 클라이언트 개인의 음악적 선호도가 반드시 고려되어야 한다. 그러나 때로는 클라이언트가 선호하는 장르가 부적절할 수도 있다. 클라이언트가 하드록(hard rock), 그런지(grunge) 등의 음악을 선호하는 것이 그 예가 될 수 있다. 게다가 그룹 세션을 위해 음악을 선정하는 경우 개인의 선호도를 반영하기가 불가능하기에 치료사가 선정을 해야 한다.

이 책의 저자들은 모든 연령대와 임상군 전반에 걸쳐 이완과 심상을 위한 적절한 음악을 선정하는 데 요구되는 폭넓은 관점을 견지하기 위하여 이 책의 내용에 공헌한 음악치료사들에게 그들이 가장 빈번하게 사용한 음악 목록을 제시해 줄 것을 요청하였다. 흥미롭게도 음악치료사들은 모든 연령대 전반에 걸쳐서 고전음악을 가장 많이 사용해 왔다. 그들이 사용한 다른 장르로는 뉴에이지 음악이 포함된다(Enya, Kobialka, Kitaro, Tony O'Connor, Musicure 등). 청소년 클라이언트 그룹과 함께 일하는 음악치료사들은 트랜스 음악이라든가 인도 음악을 사용하기도 하는데, 이는 이러한 음악이 신비한 분위기를 자아내기 때문이다. 노인요양시설에서 일하는 음악치료사들은 노인에게 친숙한 음악이나 가벼운 고전음악 또는 재즈를 사용할 수 있다. 다음에서는 이렇게 서로 다른 음악 장르를 평가하고 음악치료 수용기법에 적합한 스타일에는 어떤 특성이 있는가를 살펴보기 위해 각각의 음악 장르에 대해 설명한다.

수용 음악치료를 위한 음악의 특성

서구 전통에 의한 고전음악

음악치료 임상에서 서구 전통에 의한 고전음악이 빈번하게 사용되어 온 점을 감안한다면, 이러한 장르가 수용 음악치료에서 효과적으로 쓰이는 데 기여하는 다양한 특성을 숙지하는 것이 중요할 것이다. 보니 방식에 의한 인도된 심상과 음악(Bonny method of guided imagery and music: BMGIM)의 창시자인 Helen Bonny는 고전음악의 특성에 관해 방대한 양의 저술을 했으며, 그녀의 두 번째 연구논문(monograph)에서는 전적으로 이에 관해 논의하고 있다(Bonny, 2002, pp. 301-324). 또한 Bonny는 고전음악과 관련된 주제로 폭넓은 강의를 해 왔다. 그중 한 강의(미간행)에서 이에 대한 일곱 가지 특성의 개요를 제시하였는데, 이를 간략하게 정리하면 다음과 같다.

① 고전음악의 구조는 다층적이다. (대개) 선율 라인이 있고, 화성적인 구조에 베이스 라인이 지원적 역할을 제공한다. 이러한 층은 서로 어우러지며, 음악의 기조(texture)나 기악 편성과 같은 요소들과 평행을 이루며, 좀 더 변화하는 음악을 창조한다.

② 고전음악은 다양한 형식으로 작곡된다. 가장 보편적인 악식에는 3부 형식, 소나타 형식, 주제와 변주, 전주곡 그리고 교향시가 있다.

- 3부 형식(ternary form): 주로 바로크 시대와 연관되어 있다. ABA 의 세 섹션으로 구성된다. A는 반복되며, B는 중간 섹션에 위치하며 상이한 주제를 나타낸다. 이러한 형식은 임상에서 안정적이고 안전하게 음악적인 내용을 담아내는 역할을 한다. 시작 부분의 반복(미뉴에트[minuet]

나 트리오[trio] 악장에서와 같은)은 중간 부분에서 이루어지는 변화 이후에 친숙한 마침이 될 수 있도록 해 준다.

- 소나타 형식(sonata form): 주로 고전파와 낭만파 초기와 관련되어 있다. 이 형식도 세 개의 주된 섹션으로 구성되나, 두 개의 부가적인 섹션—도입부와 종지부(coda)—이 추가된다. 그리하여 소나타 형식은 도입부, 제시부, 발전부와 재현부 그리고 종지부로 구성된다. 제시부에서는 대개 두 개의 주제가 나오는데, 제1주제와 제2주제는 분위기와 성격 면에서 서로 대조를 이룬다. 발전부에서는 이 두 주제가 전개되며, 작은 하나의 주제 또는 동기(motif)가 발전하기도 한다. 주제는 하나의 악기에서 다른 악기로 이동하며 연주된다. 재현부에서는 곡의 시작 부분(제시부)이 반복된다. 두 개의 주제가 다시 연주되며, 때때로 맨 마지막 부분에 종지부가 덧붙여진다. 수용 음악치료 방법과 연관된 예로, 협주곡(concertos)이나 교향곡(symphonies)의 느린 악장이 해당되며, BMGIM에서 사용된 많은 음악 프로그램의 악곡도 이 형식을 취한다(Grocke, 1999a, 1999b, 2002). 소나타 형식은 또한 즉흥연주 음악치료(Wigram, 2004, pp. 204–206)와 깊은 연관성을 가지며, 성찰 주도의(insight-directed) 음악치료 세션과도 관련성이 있다(Hanser, 1999a, p. 150).
- 주제와 변주(theme and variations): 이 형식은 음악사의 여러 시대에 걸쳐 다양하게 사용되어 왔다. 용어가 말해 주듯이, 이것은 주제에 따른 변주 형식으로서 주제가 지닌 여러 특성에 기반을 둔 변주로 구성된다. 예를 들면, 가락은 서로 다른 악기들에 의해 연주되는데 서로 다른 음역(높은, 중간, 혹은 낮은 음역)에서 연주될 수 있다. 각 음들은 원래의 길이보다 두 배 길게 늘어지거나 절반으로 줄어들 수도 있다. 주제와 변주 형식의 가장 근본적인 특성은 반복에 있으며, 주제는 각각의 변주에 깊게 새겨 있다. 서로 다른 악파에서의 주제와 변주에 대한 예시로는 Purcell의 〈마단조 샤콘느(Chaconne in G minor)〉, Pachelbel의 〈라장조

캐논(Canon in D)〉, 베토벤의 〈교향곡 9번(Symphony No. 9)〉의 느린 악장, Elgar의 〈놀람변주곡(Enigma Variations)〉 등이 있다.

- **전주곡**(prelude): 이는 오케스트라를 위한 소품으로 그 자체로도 하나의 형식이 된다. 수용 음악치료에서 가장 널리 사용되는 전주곡으로는 드뷔시의 〈목신의 오후에의 전주곡(Prelude to the Afternoon of a Faun)〉이 있는데, 이 곡은 숲 속의 어린 목신(faun)에 관한 Mallarme의 시에 영감을 받아 작곡되었다. 또 다른 예로는 Fauré의 〈죽은 왕녀를 위한 파반느(Pavane for a Dead Princess)〉가 있다
- **교향시**(음시[音詩, tone poem] 또는 symphonic poem): 이 형식은 낭만파와 20세기 초기에 등장한 것이다. 용어에서 알 수 있듯이, 이야기나 다른 예술작품으로부터 영감을 받아 작곡된 양식을 말한다. Richard Strauss는 자전적인 내용으로 간주되는 〈영웅의 생애(Ein Heldenleben, A Hero's Life)〉를 포함한 많은 교향시를 작곡하였다. Liadov도 〈The Enchanted Lake〉와 같은 작품을 쓴 바 있다. 이 교향시는 상당히 자유로운 구조를 가지며, 선율적인 착상(idea)에 기반을 두고, '이야기'의 요소들은 악기 편성에서의 주제와 변주를 통해 음악의 구조 안에서 표현된다.

③ 고전음악에서의 형식은 클라이언트의 경험을 '담아내기'에 유용하다. '담아내는 역할로서의 음악(music as container)' 개념은 발달상의 아동과 관련하여 담아내기(containment)의 이론을 주창한 Winnicott의 저술에서 비롯된다. Winnicott(1971)은 부모가 어린 아동의 정서적 경험을 담아 줄 수 있는 도구를 제공하여 아동이 자신의 느낌을 내재화하는 것을 학습할 수 있도록 해야 한다고 역설했다. 이 개념은 음악치료에서 좀 더 심도 있게 발전되었다(De Backer, 1993). 수용 음악치료에서 음악의 구조와 형식은 담아내는 역할을 제공하여 클라이언트들이 이완이나 심

상의 경험을 내려놓을 수 있도록 한다. 클라이언트는 음악 안에서 신뢰를 느끼게 된다. 이는 음악이 예측 가능하게 움직이며 가락과 화성, 리듬과 악기 편성의 변화가 음악적 논리 안에서 이루어지기 때문이다.

④ 음악은 기분을 전달한다. 이 기분은 많은 요인—선율의 흐름, 화성의 진행, 전조(modulation)와 특정한 악기군의 음색 등—에 좌우된다. 단조의 악곡은 슬프고 우울하며 회상하게 하는 기분을 자아내는데, 언제나 그런 것은 아니다. 특정한 악기군과의 연상도 음악으로 인한 정서에 영향을 미친다. 예를 들어, 오보에의 음색은 슬픔을 나타내는데, 이는 리드(reed) 악기가 가지는 음색에서 기인한다.

⑤ 음악은 움직임과 흐름을 창조하며 이완과 심상 모두를 증진시킨다. 예를 들어, 현악기의 저음역에서 줄을 뜯는 피치카토 주법은 이완을 위한 음악에서 안정감을 자아낼 수 있다. 반면에 이 주법은 움직임을 창조하여 클라이언트가 경험하는 심상 안에서 움직임에 영향을 끼치기도 한다.

⑥ 고전음악에서 리듬과 선율의 요소, 악곡의 전반적인 섹션이 반복되기 때문에 음악 감상자는 반복되는 선율을 들을 때 안전한 느낌을 받는다.

⑦ 연주의 질적 수준은 수용 음악치료 경험을 위한 음악 선정에서 중요한 측면이다. 조율이 잘 되지 않은 악기의 연주나 서로 호흡이 맞지 않는 앙상블은 감상자로 하여금 짜증을 불러일으키고 이완이나 심상의 경험을 방해한다.

이에 덧붙여 음반의 질 또한 음악 감상 경험의 질적 수준에 영향을 미친다. 스튜디오에서 녹음이 이루어질 때, 하나의 악기군이 여타의 악기군을 지배하는 식의 제대로 조화되지 않은 음악 연주는 클라이언트가 즐겁게 감상하는 것에 영향을 준다. 이완과 심상 세션에 적합한 고전음악의 목록은 4장과 5장에서 제시된다.

뉴에이지 음악

이완에 빈번하게 사용되는 음악 스타일에는 소위 뉴에이지(new-age) 음악으로 명명되는 음악 장르가 있다. 뉴에이지 음악은 자연과 사막, 바다와 그 외의 자연 경관에 관한 심상을 묘사해 주며, 전자 음향이나 컴퓨터에 의해 창출되는 소리로 만들어진다. 예를 들어, Tony O'Connor는 오스트레일리아의 자연 경관으로부터 소리를 포착하여 음반을 제작하였다. 그의 CD에는 팬 플루트, 여러 현악기군이 합성된 음향, 키보드, 플루트, 디제리두(didgeridoo, 호주 원주민의 전통 악기-역자 주)와 자연의 소리(예: 폭포, 새들의 소리 등)가 포함되어 있다. 전자적인 음원을 통해 음악이 창조되었기 때문에 기저에 깔린 리듬과 박은 느슨하거나 맥박이 고동치는 효과를 조성하며, 이완 반응을 유도하게끔 조정이 가능하다.

Tony O'Connor의 음악(그리고 다른 뉴에이지 음악)의 또 다른 특성은 음이 원래보다 '하위에서(under)' 연주되다가 음조가 맞추어지는 경향이 있다는 것이다. 이러한 해결이 만족스럽게 이루어지는 것을 감지하는 동안, 일부 고전음악의 방식으로 훈련된 음악가들은 이러한 기법에 불쾌감을 느낄 수도 있다.

유사한 특성이 뉴에이지 음악의 리듬적 구조에서도 나타나는데, 가락을 동반하는 악기가 기준 박보다 약간 앞서거나 뒤에서 나오는 경우가 그러하다. 이러한 효과는 음악 구조에서 정확한 기준 박을 흐리게 함으로써 꿈꾸는 듯한 상태를 더해 줄 수 있다.

이 장르를 옹호하는 다른 작곡가로는 Kobialka가 있다. 그는 합성 음향을 배경으로 하여 자신의 바이올린 연주를 수록한 많은 음반을 제작하였다. 그의 음악 대부분은 이음새 없이 매끄러운 연주로 인해 이완 효과가 매우 높다. 음악 안에는 좀처럼 간격이 존재하지 않고, 하나의 트랙이 그다음 트랙으로 자연스럽게 흘러가서 연주 흐름이 간섭을 받지 않는다. 연주와 녹음의 질적 수준 또한 편안한 감상으로 이끌며, 모든 연령대에 적합하게 이용될 수 있다. Kobialka는 "주위를 둘러싸고 있으며 감싸 줄 수 있는…… 그래서 마음에 위안을 받고 기쁘게 살아 있음을 느낄 수 있는……" '공간적(spatial)' 음악을 만들고 싶은 자신의 갈망에 관해 기술한다(Kobialka, 2006).

뉴에이지 음악에 대한 금기 사항

자연의 소리를 담은 음악 CD의 사용은 치매로 요양시설에 거주하는 혼란한 인지 상태를 가진 이들에게는 금기시되어야 한다. 인지가 혼란한 사람들은 치료실 안에서 새들과 폭포수 소리를 듣게 된다면 더욱 혼란스러워할 것이며, 이 소리의 근원지를 찾기 위해 치료실 내부를 두리번거리게 될 것이다.

켈틱 음악

이완에 보편적으로 추천되는 또 하나의 음악 장르로는 켈틱(celtic) 음악이 있다. 이 음악은 선법적(modal) 특성과 보컬 선택에 있어서 아일랜드 켈트 족의 방언 양식을 따르며, 호소력 있는 음향이 가미된다. Enya는 아일랜드 음악가로 1987년 이래 켈틱 노래와 음악을 음반으로 만들어 활성화시켜 왔다. Enya의 일부 음악은 자극적인 성격을 지녀서 깊은 수준의 이완에 적당하지 않을 수 있으나 심상에는 적합할 수 있다. 따라서 각각의 CD는 신중하게 평가되어야 한다. 예를 들어, 〈Watermark〉(WEA 2292 43875-2) CD에는 고도의 이완 상태가 유지되는 음악이 담긴 네 개의 트랙—트랙 1, 3, 6, 8(트랙 3과 8은 보컬)—이 있다. 이 네 트랙은 총 12분이 소요되는데, 이 길이의 음악은 완전히 깊은 수준의 이완 세션을 위해 가능한 음악의 조합이 된다. 그런데 주의해야 할 것은 이 CD의 다른 트랙들은 상당히 자극적이라는 점이다. 그러므로 치료사는 하나의 CD 안에서 이루어지는 트랙 선곡도 반드시 모니터링해야 한다.

이와 유사하게 〈Shepherd Moons〉(EMI Reprise 9 26775-2)도 네 개의 깊은 이완을 유도하는 트랙(3, 6, 9, 10)과 이들 사이에 자극적인 음악의 트랙으로 이루어져 있다. 그러므로 이완에 적합한 CD인가를 결정하기 위해서는 각각의 CD를 주의 깊게 평가해야 한다(이 장 후반 부의 지침을 참조하라.). 또한 적절한 순서로 트랙이 실행되어야 한다. 반면에 진동음향치료(vibroacoustic therapy, 9장에서 설명됨)에서는 〈Shepherd Moons〉 CD의 전곡이 사용된다. 왜냐하면 이 CD의 모든 트랙을 아우르는 다양성은 진동음향치료에 꽤 적합하기 때문이다.

Enya는 1970년대와 1980년대에 잘 알려진 아일랜드/켈틱 그룹 클라나드(Clannad)의 멤버였다. 이 그룹에서 Enya는 1980~1982년에 활동하였으며, 이 그룹의 〈Celtic Collection〉(Camden 74321 674532)이라는 음반에는 대중적인 노래가 많이 수록되어 있다. 일부 음악은 영국 텔레비전 시리즈였던 〈Harry's Game〉(북아일랜드의 골칫덩이들에 관한 이야기)이나 로빈 훗의 전설을 다룬 〈Robin〉에 사용되었다.

또 다른 켈틱 음악가로는 자신의 음악을 켈틱 하프로 직접 반주한 Loreena McKennitt이 있다(Mckennitt, 2006). 많은 노래가 선법에 의해 만들어졌고, 회상을 불러일으키는 사무치는 듯한 음색으로 노래된다. 반면에, 일부 트랙에는 귀에 거슬리는 특이한 악기들—일리언 파이프(uillean pipes)나 시타르(sitar, 목 부분이 길고 동체가 작은 인도의 발현 악기-역자 주)와 같은—이 사용되므로 세션의 내용과 연령대를 고려하여 이완과 심상 자극에 적합한 선곡에 신중을 기해야 한다.

명상 음악

명상(meditative) 음악의 스타일과 악기 편성은 다양하다. 일부 명상 음악은 목관 플루트나 팬 플루트와 같은 악기의 단선율을 이용해 호흡의 흐름을 모방한다. 티베트 종이나 작은 심벌즈, 싱잉보울(singing bowls)과 같은 티베트의 악기들도 명상에서 사용되는 음악의 특질이 된다. 예를 들어, 1964년에 발매된 Tony Scott의 〈선을 명상하기 위한 음악(Music for Zen Meditation)〉(Verve 817-209-2)에는 시타르와 플루트가 등장하며 선법적인 분위기가 있다. 동양적인 소리는 명상 훈련과 공조하며 종종 동양적인 심상을 그려 낸다. 소리에는 공간적인 여유가 있으며 확장되는 느낌을 자아낸다. 반면에, 음악 스타일은 많은 클라이언트에게 친숙하지 않을 수 있으며, 목관 플루트의 선율은 서구 음악에서와 같이 예측 가능한 것이 아닐 수 있다(3장에서 입원 청소년을 대상으로 이 음악을 사용하는 것에 관한 설명을 보라.). 공간적이고 신비한 특성을 가진 음악은 듣는 이로 하여금 명상적인 상태에서 깊게 이완하는 것을 도울 수 있을 것이다.

트랜스 음악

청소년 클라이언트와 함께 일하는 음악치료사는 이완의 도구로 트랜스(trance) 음악을 사용한다고 말한다.

> 트랜스 음악은 1990년대에 발전한 전자 댄스 음악 스타일의 하나다. 일반적으로 분당 130~160의 박이 들어가는 템포로, 반복되는 선율의 신디사이저(synthesizer, 전자공학 기술을 써서 소리를 합성하는 악기-역자 주) 악절과 상행 및 하행으로 구성된 음악 형식, 크레센도(crescendos) 등이 어우러진다. 때때로 보컬도 응용된다. 이 스타일은 테크노(techno)와 하우스(house)의 조합에서 유래되었다는 설도 있고, 고아 트랜스(Goa trance)에도 상당한 영향을 받은 것으로 알려져 있다. 트랜스 음악은 듣는 이를 몽환적인 상태에 들어가도록 하는 반복적이고 약물(morphine)에 도취된 듯한 박

과 선율을 지니는 데에서 그 이름이 연유하였다(Wikipedia, 2006).

매우 빠른 템포의 음들로 구성되었음에도 트랜스 음악이 평온함을 증진시킨다는 것은 흥미롭다. 반복적이고 단조로운 일관된 움직임은 안전한 기반을 조성하여 이 장르를 즐기는 이들에게 평온한 느낌을 준다.

재즈 음악

재즈(jazz) 음악은 20세기 초반에 대두되었으며, 미국 흑인의 전통 음악에서 비롯되었다. 이 음악에는 아프리카와 유럽의 음악적 요소와 스타일이 배합되어 있다. 리듬의 구조와 양식에서 당김음과 불규칙적인 리듬 패턴의 특성은 아프리카 음악에서 유래되었고, 재즈의 화성적 · 선율적 양식은 주로 유럽의 영향을 받아 만들어졌다. 실제로 재즈는 다면적인 리듬 특성을 보유하며, 기본 또는 근간이 되는 리듬 패턴을 중심으로 다양한 리듬이 배열된다. 재즈와 구별되는 음악적 스타일인 래그타임(ragtime)은 초기에는 피아노를 주된 악기로 하여 재즈에 유입되었고, 이후에는 밴드로부터 영향을 받았다. 래그타임은 10장의 음악과 동작에 관한 프로토콜에서 다뤄질 것인데, 강한 당김음의 리듬 패턴은 예상되는 수동적인 움직임을 증진하는 데 도움을 준다.

재즈와 래그타임은 모두 전개되는 연주 스타일 면에서 즉흥연주와 연관이 있다. 그런데 재즈 음악은 즉흥 음악치료에서 빈번하게 언급되는 자유 즉흥연주(Alvin, 1975; Bruscia, 1987)와는 다르게 안전하고 예측 가능한 화성적 구조의 틀 안에서 선율의 아이디어가 즉흥적으로 전개되는 식의 즉흥연주와 연관된다. 화성 전개의 구조는 다양하고, 8마디, 12마디 또는 16마디의 구성이 전형적이며, 딸림화성 또는 버금딸림화성으로의 전조와 으뜸화음으로의 복귀의 구조를 가진다. 느린 재즈 스타일이라고 성격 지을 수 있는 블루스

(blues) 음악은 '긴장을 푼 한가로운(laid back)' 느낌을 자아내며 부드러운 이완에 사용될 수 있다. 블루스는 미국에 기원을 두며, 매우 잘 알려진 세인트 루이스 블루스(The St Louis Blues)나 베이신 가 블루스(The Basin Street Blues) 외에도 무수한 그룹이 있다. 초창기 재즈의 선봉으로는 Louis Amstrong, Duke Ellington, 'Count' Basie와 같은 대가들이 있다. 1940년대와 1950년대에 등장한 현대 재즈는 끊임없이 변화하며 다양한 악기군의 편성과 함께 확장되었다. 재즈는 수용 음악치료의 접근에서 매우 친화적인 장르다. 어떤 스타일의 음악과 음반이 사용되었는가에 따른 작풍(idiom)에 영향을 받을 수 있는데, 그 영향력은 명상적인 이완에서부터 자극, 신체적인 반응, 의식의 고양과 내면화된 반응에 이르기까지 매우 광범위하다. 그러므로 재즈 음악은 수용 음악치료 기법에서 자극적이거나 진정시키는 매체로 다양한 역할을 수행할 수 있다. 또한 표현의 다양성과 높은 수준의 흥미를 유지하며, 듣는 이로 하여금 예측 가능하고 안정적인 화성적 · 선율적 구조 안에서 즉흥연주를 누릴 수 있도록 해 준다. 이완을 촉진하기 위해서는 하위 분할된 박이 빠른 효과를 내더라도 기본 템포는 느려야 한다. 편성된 악기의 음색과 질은 이완에 유의한 효과를 지녀야 한다. 부드럽고 감미로운 음조의 비브라폰(vibraphone)이나 마림바(marimba)는 재즈 트럼펫의 경직된 소리와 대조를 이룬다. 색소폰은 경우(부드러운 리드를 끼워 연주한 경우)에 따라서 이완을 유도하거나 부드러운 소리로 감지될 수 있으나, 다른 부류의 이들에게는 언제나 거친 음색으로 들린다. 예측 가능한 당김음을 제공하는 것으로 매우 두드러진 음악에는 피아노, 베이스 기타와 드럼으로 구성된 고전적 재즈 트리오가 있다. 가장 뛰어난 그룹으로는 자크 루시에 트리오(Jaques Loussier Trio)와 오스카 피터슨 트리오(Oscar Peterson Trio)가 있다. 스네어 드럼과 쨍그랑거리는 심벌즈 위에서 규칙적으로 유려하게 연주되는 베이스 기타는 부드러운 기반을 제공하여 피아니스트가 화성적이고 선율적인 즉흥연주를 가미할 수 있다. 그 예로는 바흐의 〈Preludes and Fugues〉를 재즈 스타일로 연주한 루시에의 연주가 있

다. 빅 밴드 음악은 일반적으로 자극적인 데 반해 느린 악장의 작품도 일부 있는데, 이에는 글렌 밀러 밴드(Glenn Miller Band)와 그의 스타일을 모방한 수많은 연주자가 속한다. 그들의 연주에서 색소폰과 클라리넷은 〈Moonlight Serenade〉나 〈String of Pearls〉와 같은 고전음악의 풍브한 화성적 특질을 반영한다.

이 책의 한 부분에서 광범위한 재즈 음악을 모두 다루어 보려는 시도 자체는 불가능할 것이며, 재즈가 가지는 풍부함과 광대함의 다양성을 감안한다면 그것은 가치 없는 일일 것이다. 과거의 대작에서부터 잘 알려진 소수의 작품에 이르기까지 수용 음악치료에서 사용될 수 있는 재즈 음악을 모아 보는 것이 하나의 중요한 시작점이 될 수 있겠다. 여기에는 많은 재즈 편집 음반과 재편성된 원음반이 포함된다.

- Jelly Roll Morton, 〈King of New Orleans Jazz〉 (RCA Victor LPM 1649)
- Louis Armstrong, 〈I Got Rhythm〉 (Pickwick Music PWK 137)
- Duke Ellington, 〈In a Mellotone〉 (RCA Victor 1364)
- George Shearing, 〈Jazz Masters 57〉 (Verve 529 900–2)
- 〈The Best of Count Basie〉 (MCA 4050)
- 〈Jazz Greats–Swing that Music〉 (MC CD 002A)
- Charlie Parker, 〈The Master Takes〉 (Savoy JC 2201)
- 〈Charlie Parker Plays Standards〉, Jazz Masters 28 (Verve 521854–2)
- 〈The Jazz Ladies〉, Volume 3, various artists (Prestige CDSGPBJZ10)
- 〈The Nat King Cole Trio〉 (Giants of Jazz CD53151)
- 〈The Essential Guide to Jazz on CD〉, various artists (CHARLY JAZZCD 101AAD)
- 〈The Oscar Peterson Trio and Herb Ellis and Ray Brown〉 (Giants of Jazz CD53209AAD)

• Miles Davis, 〈Kind of Blue〉 (Columbia PC-8163)

그 외 수용기법 목적의 음악 선정 시 유의점

클라이언트를 위한 음악을 선정하거나 클라이언트와 함께 음악을 선정할 때 장르에는 상관없이 유의해야 할 사항이 있다.

음악과의 연상

치료적 목적으로 음악을 선정할 때는 선정된 음악에 어떠한 연상이 따를 수 있는가를 숙지해야 한다. 일부 훌륭한 고전음악 중에는 영화나 광고에 등장하였거나 개인 삶의 과거사와 연관되어 있으면서 이완이나 심상에 매우 적절한 작품이 있을 수 있다. 예를 들어, Albinoni의 〈Adagio in C minor〉는 이완을 위한 CD 목록에 종종 포함된다. 이 곡은 일정한 박이 지속되며 하강하는 선율을 지닌 유려한 작품이다. 이 곡은 또한 영화 〈갈리폴리(Gallipoli)〉 전반에 걸쳐 나오는데, 이 영화는 제1차 세계대전 중 오스트레일리아와 뉴질랜드 병사들의 죽음을 다루며 심층적인 슬픔을 담고 있다. 이 곡은 또한 장례식에서 빈번하게 선곡되기도 하는데, 클라이언트로 하여금 아프고 슬픈 기억을 회상시킬 수도 있다. 이와 유사하게 모차르트의 피아노 협주곡 21번의 느린 악장은 1960년대 영화 〈엘비라 마디간(Elvira Madigan)〉에 등장한다. 이 경우 클라이언트들이 이 음악을 들으면 그것을 영화의 내용과 즉각적으로 연관 짓고자 하거나 영화를 시청할 때 느꼈던 감정과 결부시키는 연상 작용을 경험할 수 있다.

또 다른 잘 알려진 음악들은 TV의 상업 광고와 연관되어 있다. 예를 들어, 그리그의 〈페르귄트 모음곡(Peer Gynt Suite)〉 중 '아침(Morning)' 은 점진적으로 분위기를 띄우는 선율과 함께 종종 사용된다. 또한 고전음악은 자동차, 휴가, 커피, 그 외의 제품 광고에 선정된다. 이러한 연상은 음악 경험의 즐거움에 영향을 끼치기 때문에 치료사가 음악을 선정할 때 연상의 가능성들을 고려해야 한다.

음악과 연상에 관한 세 번째 예는 사전에 통제될 수 없는 경우로서 치료사가 선택한 음악에 클라이언트가 치료의 현 시점에서 연상을 경험하는 것이다. 이때 음악은 클라이언트로 하여금 과거나 현재의 관계를 회상하게 하거나 사건들(예: 연애, 결혼, 죽음 또는 장례)을 떠올리게 한다. 이러한 연상들은 치료사가 미처 파악하기 어려운 것들이다. 그러므로 이완이나 심상을 위해 음악을 선정할 때, 치료사는 일부 예기치 않은 연상들이 클라이언트의 음악 경험에 영향을 미칠 수 있다는 점을 염두에 두어야 한다. 이것이 반드시 부정적인 결과라고 볼 수는 없을 것이다. 왜냐하면 이렇게 유발된 연상들로 인해 탐색되어야 할 중요한 기억이 도출될 수도 있기 때문이다. 이러한 경우가 발생한다면 치료사는 1장에서 제시한 언어처리 과정의 몇 가지 기법을 이용하여 클라이언트와 함께 이러한 연상을 다룰 수 있다. 그리고 치료사는 후속 세션 노트에 내용을 기재하고 차기 세션을 위한 참고 자료로 사용할 수 있다.

음악 선호도

클라이언트와 함께 음악을 사용할 때 가장 효과적인 음악은 클라이언트에게 친숙하고 선호되는 음악 스타일과 장르라는 것이 음악치료 연구 문헌에 잘 정립되어 있다. 일반적으로 음악치료사는 클라이언트에게 어떤 종류의 음악을 좋아하는가를 질문하고 이를 토대로 선곡을 하는 것이 용이하다. 그러나 때때로 클라이언트의 선호도를 미처 파악하지 못한 채 치료사가 음악을 선정해야 하는 경우가 있다. 이때 치료사는 이전 세션 혹은 이전의 클라이언트와의 경험으로부터 효과적인 것으로 밝혀진 음악 선정 목록에 관한 가설을 반드시 끌어내야 한다. 클라이언트가 비언어적이거나 혼란을 겪고 있거나 인지적인 질환을 갖고 있는 경우가 이에 해당한다. 또한 이러한 경우는 치료사가 클라이언트와 최초로 대면하는 초기 세션에서도 적용된다.

그러나 동일한 연령대 그룹의 경우는 선호하는 음악 스타일에 관한 가설을 설정하지 않는 것이 중요하다. 예컨대, 대부분의 노인 클라이언트는 고전 음악을 좋아하지만, 일부 노인들은 컨트리 음악이나 미 웨스턴 음악 또는 재즈를 선호할 수도 있다. 따라서 치료사는 이완 세션을 위한 음악을 선정할 때 이러한 장르에서 음악 목록을 채택할 수 있다. 이완을 위해 적합한 음악으로는 부드럽고 느린 재즈 음악이 있으며, 이 장르에서는 폭넓고 다양한 범위에서 이완 음악의 선정이 가능하다. 또한 대다수의 청소년이 고도의 에너지를 발산하는 현재의 유행 음악을 선호하지만, 일부 청소년들은 신디사이저로 연주되는 바흐의 음악을 좋아하기도 한다. 자크 루시에 트리오(피아노, 베이스 기타와 드럼)에 의해 연주되는 몇몇 '재즈풍의 바흐' 음악 목록은 매우 안정적이고 예측 가능하며 이완에 적합하다.

선정된 음악의 길이(소요시간)

음악 선정에 있어서 적절한 소요시간은 많은 요인에 의해 결정된다.

- 전체 세션의 길이
- 클라이언트(들)를 안정시키기 위해 정해 둔 시간량
- 이완/심상 스크립트(3, 4, 5장 참조)가 읽히는 동안 음악이 동시에 연주될 것인가, 또는 좀 더 깊은 수준의 이완을 위해서 음악이 연주되는 동안 이완 유도가 시행될 것인가
- 클라이언트(들)의 집중력과 인내력 수준
- 상황: 사설 치료실에서는 좀 더 길이가 긴 음악이 선정되며, 병원환경에

서는 상대적으로 길이가 짧은 음악이 선정될 것이다.

성악 또는 기악에서의 선정

인간의 음성은 이완된 상태의 클라이언트에게 강력한 효과를 발휘한다. 여성 또는 남성의 목소리는 어떤 사람에게 돌봄과 지원의 음성으로 들릴 수 있으나, 어떤 사람에게는 지배적이고 불안정한 음성으로 인식될 수 있다. 특히 고전적인 방식으로 훈련된 성악가의 일부 음성에는 폭넓은 비브라토(vibrato)가 있으며, 이는 좀 더 정연하고 근원적이며 부모를 연상시키는 음성을 시사해 준다. 그리고 서정적인 소프라노나 가벼운 테너 음성은 어린 사람을 대변해 준다. 이러한 인간 음성의 음색과의 연상과 함께 클라이언트가 성악가에게 투사하는 것은 클라이언트의 음악 경험에 유의미한 효과를 가져다 준다. 반면에, 기악음악은 일반적으로 문제의 소지가 적다. 왜냐하면 클라이언트가 인간의 가면을 음악에 투사할 가능성이 적기 때문이다.

대개의 경우 솔로 성악가의 음악 목록이 매우 적합하므로 그것을 의도적으로 채택하는 경우가 있다. 예를 들어, 완화치료에서 성인 클라이언트와 함께 일하는 경우, 클라이언트의 종교적 신념을 지지하기 위한 음악의 사용이 요구되었을 때 Bach-Gounod의 〈아베마리아(Ave Maria)〉를 여류 성악가가 노래한 음악 목록을 선택하는 것이 적합할 것이다. 종교적이거나 세속적인 합창음악에는 광범위한 음악 목록이 있는데, 합창을 위한 대중음악도 포함하여 이완된 기분 상태를 지원하는 데 효과적이며 심상 경험을 지지하는 데에도 유용하다.

음악 선정의 적절성 진단하기

클라이언트와 음악을 사용하기 전에 음악 목록을 미리 감상하는 것이 바람직하며, 듣고 있는 음악을 주관적인 방식뿐 아니라 객관적인 방식으로도 파악하는 것이 필요하다. 또한 다음과 같은 상이한 조건에서 음악 감상을 해 보는 것도 중요하다.

- 조건 1: 눈을 감은 채로 음악 목록에 전적으로 주의를 기울이며 감상을 한다. 운전 중이나 저녁 식사 준비 중과 같이 다른 일에 몰두하는 동안 음악이 배경으로 연주되는 것이 아니라 전적으로 음악에 주의집중을 할 수 있도록 한다. 다양한 음악 요소(리듬, 선율, 화성의 전개, 악기 편성과 같은)를 감상해 본다. 그리고 이러한 요소가 맞물려서 치료사가 원하는 효과를 창출하는가를 인지적으로 평가한다.
- 조건 2: 선정한 음악을 다시 감상하면서 어떤 형태의 심상이나 느낌이 클라이언트/그룹에서 유발되는지를 상상해 본다. 특별히 음악 목록이 슬프거나 우울한 느낌을 일으키지는 않는지 유의한다. 많은 '이완' 음악 목록이 단조로 작곡되어 있으며 하강하는 선율 라인을 지니므로 병원이나 요양시설의 기력이 매우 약한 클라이언트의 경우 쉽게 우울한 기분을 느끼게 할 수 있다.
- 조건 3: 악곡의 시작부터 끝까지 주의 깊게 감상한다. 시작 부분은 의도하는 분위기를 형성하는가? 실제로 사용하기 원하는 부분 이전의 도입부가 상당히 길지는 않은가? 악곡의 끝부분은 제대로 '기반이 잡혀' 있는가, 아니면 음악이 클라이언트로 하여금 유영(floating)하게 하여 음악이 끝났다는 느낌을 가지기 어렵게 하지는 않는가?

치료사는 어떠한 음악 목록이 유효하고 또 어떠한 곡록이 특정 클라이언트에게 적합하지 않은지를 기록하는 것이 중요하다. 이것은 치료사가 스스로 교육하는 과정을 촉진시켜 주고, 치료사 자신만의 고유한 음악 목록을 만들어 치료목적을 달성할 수 있게 해 준다.

특정 환자/클라이언트 그룹과 연령대를 위한 음악 선정

여기서는 영아와 입원 아동, 청소년, 성인 및 노인을 포함하여 여러 연령대와 서로 다른 상황의 클라이언트를 위한 음악 선정에 영향을 주는 특성이 논의된다.

영아를 위한 음악 선정

신생아를 위한 음악치료 참고문헌들은 광범위한 영역을 다루고 있으며, 미숙아와 개월 수를 채우고 태어난 아기와 아픈 신생아를 위한 연구가 포함된다. 이러한 영아들을 위해 사용되는 전형적인 음악은 매우 일관적이며, 조성이나 템포, 셈여림에서 거의 변화가 없다. 적합한 음악의 예로는 〈Music for Dreaming〉이라는 CD 시리즈가 있다. Cherie Ross에 의해 연출된 두 개의 CD 음반과 크리스마스 앨범도 이에 해당한다(Ross, 2006). 〈Music for Dreaming〉 시리즈에 수록된 각 음반은 한 시간가량 소요되고, 계속해서 이어지는 기악 자장가들로 구성되며, 멜버른 심포니 오케스트라에 소속된 출중한 음악가들이 연주에 임했다. 음악은 트랙과 트랙 사이의 중단 없이 연주되고, 템포는 분당 60박(휴식 시의 심장박동과 같음)이 유지된다. 또한 셈여림의 변화가 거의 없어서 영아들이 각성 수준에서 반동을 일으킬 만한 자극을 주는 위험을 배제하고 있다.

연구문헌에 인용된 또 하나의 CD로는 Schwartz의 〈Transitions〉 프로그램이 있다. 이 음반은 고전음악으로 구성되는데, 여기에는 태내에서의 자연적인 소리까지 간헐적으로 스며져 있다. Schwartz는 디지털 방식으로 실제 자궁의 소리를 추출하고, 이 태내의 소리에 여성의 부드러운 화음과 명상적인 소리를 배합했다. 〈Transitions〉는 '달래는 듯이 신생아의 잠을 재우는 환경을 유도하며, 진통과 분만을 하는 임산부로 하여금 차분하고 몽상적인 효과를 경험하게 하는' 음반이다(Schwartz, 2006). 〈Transitions〉는 셈여림의 변화가 좀 더 다양하므로 취약한 환경에 노출된 연약한 영아에게는 〈Music for Dreaming〉이 더 적합할 것이다.

입원 유아를 위한 음악

병원 아동의 스트레스나 불안을 완화시키기 위한 목적으로 음악을 연주하기도 한다. 멜버른의 왕립아동병원(Royal Children's Hospital)에서 근무하는 음악치료사들은 음반을 사용하여 아동이 이완을 하고 잠이 잘 들도록 한다. 그러나 아동이 극심한 스트레스를 겪거나 흥분된 경우에는 음악의 질적인 분위기를 일단 그 아동의 기분과 에너지 수준에 맞춘다. '동질성(同質性, iso)'의 원리(Altshuler, 1948)에 입각하여 첫 번째 음악의 선정은 친숙하면서도 활기찬 느낌을 주는 것이어야 할 것이다. 그다음에는 이전보다는 덜 활발하면서 점차 템포가 느려지고 셈여림의 변화도 적은 음악이 선정된다. 왕립아동병원의 Beth Dun 선임 음악치료사는 아동의 주의력을 확보하기 위해 음악을 종종 사용한다고 한다. 치료사는 아동에게 특정한 악기 소리를 들어보도록 제안하거나 음악을 들으며 어떤 상상을 했는가를 질문하면서 아동이 음악에 주의를 기울이도록 한다. 일단 아동이 음악과 만나 관계를 이루기 시작하면, 음악 목록은 이제 아동이 이완하는 것을 돕는 방식으로 구성될 수 있다(더 세부적인 내용은 다음 장을 참조하라.).

Dun은 〈Sesame Street〉 〈The Wiggles〉와 같은 텔레비전 프로그램에 나오는 음악이나 유아 동요 CD 등 아동에게 친숙한 음악을 사용한다(개인적 담화, 2006. 4. 11). 아동이 안정을 취하게 되면 친숙한 자장가가 효과적이며, 이에 아동은 잠들게 된다. 또한 Dun은 아동의 부모와도 함께 일하였다. 부모들이 장기간 입원한 자녀를 위해 낮시간을 병원에서 보내기 때문이다. 부모는 아동이 잘 알고 있고 선호하는 음악을 선택하는 방법을 배우며, 이는 아동이 퇴원하여 집에 있을 때에도 수행이 가능하다.

아동병원 환경을 증진시키기 위한 음악

Helen Shoemark는 공인 음악치료사로서 왕립아동병원에서 아픈 신생아들을 위해 일하며, 병원 프로젝트의 일환으로 진행된 아동을 위한 음반을 제공하는 프로그램을 소개한다. 이 음악 감상 채널(Music Listening Channel: MLC)은 컴퓨터 프로그램화된 음악으로서 아동이 병실의 TV를 이용하여 시청할 수 있다. MLC는 부부 의사팀에 의해 고안되었으며, 부모가 자녀에게 음악을 들려줄 때 사용하거나 주간 또는 야간의 어느 시간대에서든 음악 감상을 위해서 사용할 수 있다. 그렇지만 적절한 음악 선정을 위한 척도가 미처 수립되지 못했기 때문에 음악치료사들이 이 프로그램을 실행하는 위원회에 위촉되기도 하였다. Shoemark(2004)는 평가 프로토콜을 이용하여 MLC에서 사용되는 CD 목록의 적합성 여부를 진단할 수 있도록 음악치료팀을 교육·훈련했다.

음악 감상 채널을 위한 트랙의 등급

Shoemark는 다음과 같이 언급한다.

> 중요한 것은 CD 트랙 전체를 평가하는 것이다. 종종 상업적으로 시판되

는 이완 CD에 자극적이거나 슬프거나 우울감을 조성하는 여러 트랙이 수록된 경우가 있다. 따라서 CD 전체를 사용하는 것이라면 CD 목록 전체가 평가되어야 한다(Shoemark, 2004).

〈표 2-2〉는 CD 전체 목록에 대한 다섯 가지 수준에서의 진단평가를 제시한다. CD를 등급별로 용이하게 판별할 수 있도록 각 수준은 색부호(colour-code)로 표기된다.

이와 유사한 체계로, 한 CD에 수록된 개별 목록에 대한 평가는 〈표 2-3〉에 정리되어 있다.

간호진과 관련 의료진은 색부호 시스템(앞에 명시한)에 입각하여 CD의 적합성을 파악할 수 있도록 교육받게 되며, 병동 음악치료사가 없을 시 적절한 음악을 신속히 선정하여 이용할 수 있다.

〈표 2-2〉 CD 전체 목록 등급 매기기

1	전적으로 진정시키는 음악: CD 전반에 걸쳐 거의 모든 음악 요소가 일관된 수준을 유지함
2	상당히 진정시키는 음악: 전체적으로 트랙들은 기분을 완화시키거나 비교적 조용한 분위기를 연출하며, 드물게 에너지가 표출되는 트랙이 있음
3	혼합된 음악: 일부 진정시키는 음악과 에너지가 발산되는 트랙(병원 분위기에 부적당할 수 있는)
4	자극성의 음악: 에너지가 넘치는 분위기의 트랙
5	트랙 간에 에너지 수준이 높고 변주가 큼

〈표 2-3〉 개별 목록 평가하기

1	진정시키는 음악: 최소한의 영역에서 거의 대부분의 음악적인 요소가 최소한으로 변화함
2	대체로 조용하나 셈여림의 영역에서 분명한 전환이 있음
3	자극성이지만 음악적 요소들의 수준이 어느 정도 일관적임
4	음악 요소들의 폭넓은 변화와 변주, 셈여림에서의 급작스러운 전환이 있음

의료환경에서의 음반 사용을 위한 지침

음반은 병원의 처치실, 대기실 등 모든 영역에서 사용 가능하다. 종종 음악치료사가 아닌 다른 치료진이 부적절한 음악을 선정하는 경우가 있다. 왕립아동병원의 음악치료사들은 모니터링이나 변별과정 없이 병원에서 일반적으로 행해지는 음반 선정에 대해 우려하면서 그 대안으로 '의료환경에서의 음반 사용을 위한 지침(Guidelines for Using Recorded Music in the Hospital Environment)'을 마련했다(Shoemark, Dun, & Kildea, 2004).

이 지침은 병원의 정책과 절차 매뉴얼에 등재되어 있으며, 음악치료실 웹페이지에도 볼 수 있다. 여기서 제시하는(저자의 허락하에) Shoemark 등(2004)의 아동병원에서의 음반 사용에 관한 여섯 가지 주요 원리는 여타의 의료환경에서도 적용 가능할 것이다.

① 음악은 연령이나 대처 능력, 기분, 신체적 · 정신적 상태와 과거 삶의 경험에 의해 각 사람에게 서로 다른 영향을 끼친다.

② 임상적 증거는 친숙한 음악, 클라이언트가 직접 선정한 음악이 친숙하지 않은 음악에 비해 좀 더 효과적인 지원 전략체제가 됨을 시사한다.

③ 음악은 공동체에서 레크리에이션의 기능을 담당할 수 있으나, 의료환경에서는 감각적인 자극으로서의 음악이 부주의하게 사용되어서는 안된다. 따라서 음악은 의식적으로 선별되어 적용되어야 한다.

④ 배경음악은 주위의 소음 수준에 따라 긍정적이거나 부정적인 영향을 줄 수 있다.

⑤ 음악은 강력한 심리적 연상 작용을 가지기 때문에 신체적인 변화에 영향을 줄 수 있다.

⑥ 연주되는 음악이 기술적인 면에서의 질적 수준이 낮으면 음악으로 인

한 유익이 제한된다.

이러한 주요 원리와 함께, 음반을 개별적으로 사용할 때는 다음에 유의해야 한다.

- 환자의 다양한 선호도
- 하나의 병실에서 동시에 들리는 너무 많은 음원으로 인해 발생되는 소음
- 정규적인 진단평가와 자극의 변화(적합한 경우)
- 특정 환자군(담낭섬유증 환자, 종양/혈액 관련 환자 등)에게 큰 음량의 음악을 감상하게 하는 것이 유익하지 않은 영향을 줄 수 있는 가능성

환자들은 자신이 생각하기에 지원적이라고 여겨지는 음악을 가져와서 감상할 수 있도록 장려되어야 한다.

음반의 임상적 적용

음악치료실은 다음의 상황에서 음반을 환자에게 제공하는 경우에 자문을 받아야 한다.

- 집중치료실에 있는 환자
- 신생아실의 환자와 가족
- 의식이 없거나, 저조한 기분의 환자

이와 더불어 음악치료실과의 자문은 다음의 상황에서 음반을 사용하는 경우에 도움이 될 것이다(Shoemark et al., 2004, pp. 1–3).

- 처치 중에 음악을 지원 전략체제 또는 통증에 대한 초점을 분산시키는 매개체로 사용하는 환자
- 이완을 위해 음악을 사용해 줄 것을 요구하는 환자
- 의료진과의 의사소통에 있어서 대체할 만한 매개체가 구비되지 못한 비언어적인 환자
- 음악의 적용이 불확실한 경우

부모가 자녀를 위해 음악을 선정할 때의 유의 사항

왕립아동병원의 음악치료사들은 부모가 자녀를 위해 음악을 선정하는 것을 교육하고 도와준다. Beth Dun은 음반의 사용이 아동의 이완과 수면을 지원해 주는 유용한 전략체제가 될 수 있다고 설명한다. 음악치료사가 가족과 함께 적합한 음악 선정에 관여하며, 자녀가 청소년인 경우 청소년이 선호하는 음악을 결정하는 데에 직접 개입한다. 음악치료사는 진정시키는 음악 선정을 위해서 전통적인 척도를 사용하는데, 최소한의 범주에서의 최소한의 변화라는 기준에 아동 또는 가족의 선호도를 양립시킨다. 병원에는 치료사가 선곡 작업을 할 수 있는 CD 도서관이 구비되어 있다.

청소년을 위한 음악 선정

청소년기의 클라이언트를 위해서는 치료 상황에 따라 다양한 스타일의 음악이 사용된다. 어린 청소년(대략 12~16세)은 현재 음악 차트 순위에 올라와 있는 음악을 선호하는 반면, 좀 더 나이 든 청소년(16세 이상)은 음악에 대한 개인적인 선호도가 형성되어 있다(Firth, 1987). 왕립아동병원의 청소년들은 종종 Nora Jones나 Pete Murray와 같은 특정 가수의 음악을 요청한다. 다른 프로그램들, 이를테면 Katrina McFerran이 주도한 소아청소년

완화치료에서는 앞서 설명한 명상, 뉴에이지, 켈틱, 트랜스 음악들이 사용되었다.

결 론

이 장에서는 모든 연령대와 다양한 치료 상황에서 클라이언트를 위한 음악을 선정할 때 고려해야 할 척도와 기준을 고찰해 보았다. 음악 선정에 관한 심층적이고 세부적인 내용, 이완과 심상에 사용되는 음악에 관한 설명, 그리고 여타의 수용기법은 이어지는 장들에서 다루어질 것이다.

음악치료 수용기법 03

아동과 청소년을 위한 이완과 수용 기법

도 입

이완기법은 교사, 치료사, 간호사, 목회상담가, 요가강사 등 많은 전문가에 의해 사용된다. 음악치료사는 모든 연령대와 다양한 배경을 가진 클라이언트를 위한 이완 유도에 음악을 통합적으로 사용한다. 이완을 증진하기 위한 목적으로 음악치료사는 라이브 형태의 음악, 즉 피아노와 키보드, 기타나 보컬에 의한 즉흥연주를 제공하기도 한다.

아동을 위한 이완기법에는 아동의 연령, 질병이나 장애의 유형, 세션의 내용과 상황에 따라 다양하고 많은 방법이 있다. 예를 들면, 병원 중환자실의 아동을 위한 이완기법은 교실의 아동을 위한 이완기법과는 다를 것이다. 또 세 살 아동을 위한 이완기법은 열 살 아동을 위한 이완기법과는 다를 것이다.

아동과 청소년을 위한 이완기법은 다양한 접근을 통합한다. 아동이 느끼는 통증이나 불안으로부터 주의를 전환시키고자 할 때 세션에서 이완기법을 사용한다. 또한 이완은 환상 속의 이야기나 창조적으로 상상하는 장면을 포함하기로 한다. 아동은 눈을 뜬 채로 이완을 경험할 수 있는데, 이때 이완의 목적은 근육과 수족을 이완시키기 위한 기존의 관점을 벗어나 아동을 진정시키는 것이라고 할 수 있다.

이 장에서는 주로 병원에 입원한 아동과 청소년을 위해 일하는 음악치료사들이 제공한 자료를 제시한다. 수용기법은 라이브 음악이나 음반, 음악으로 유도된 심상과 이에 관련하여 사용되는 심상 스크립트와 그 외의 기법들을 포함한다. 각각의 기법에서는 그것이 사용된 세션의 내용이 소개되어 있고 이완 유도 내용도 상세히 적혀 있다. 따라서 독자는 치료 수행과정에서 이러한 방법을 적용함에 있어서 자신의 기술을 개발할 수 있다. 이완 유도의 화법은 아동의 연령이나 인지 능력 수준과 세션의 내용에 따라 마땅히 재조정이 필요하다.

이 장은 아동 및 청소년 그룹의 연령대 순에 따라 여러 절로 구성된다. 1~5절은 입원한 아동과 청소년에게 해당되는 내용이다.

① 소아 입원 환자를 위한 수용 음악치료(3~8세)
② 초등학생 입원 환자를 위한 수용 음악치료(8~12세)
③ 정신과에서의 수면장애 아동을 위한 이완
④ 완화치료 아동 환자를 위한 수용 음악치료
⑤ 청소년 입원 환자를 위한 수용 음악치료
⑥ 교실에서의 이완과 수용 음악치료
⑦ 고등학생을 위한 이완(15세 이상)

입원 아동과 청소년을 위한 수용 음악치료: 배경 설정

이론적 구조의 틀

입원 아동을 위한 수용기법은 이완과 때때로 심상을 포함하며 다음의 치료적 기능을 위해 사용된다.

- 통증 완화를 위해(Lathom-Radocy, 2002)
- 두려움과 불안을 통제하기 위해(Bishop et al., 1996; Nolan, 1997)
- 외과수술을 앞둔 소아과 화상 환자의 심리적 고통을 감소시키기 위해 (Robb et al., 1995)
- 아동의 호흡을 통제하기 위해(Snyder Cowan, 1997), 특히 천식이 있는 경우(Lathom-Radocy, 2002)
- 의료환경으로부터 정신적인 해방을 제공하기 위해(Loewy, 1997)
- 창조적인 사고와 환상, 심상에 연계할 수 있는 기회를 제공하기 위해 (Snyder Cowan, 1997)
- 스트레스가 많은 의료환경에서 긍정적인 경험을 증진시키기 위해 (Loewy, 1997)

멜버른에 있는 왕립아동병원의 선임 음악치료사인 Beth Dun은 입원으로 지친 아동들과 완화치료 중인 아동들에게 수용기법을 사용한다. 신체적인 움직임 또는 음성을 통한 반응이 어려운 아동들에게 휴식과 감상이 허용되는 수용 음악치료를 사용할 수 있으며, 또한 아동의 주의집중과 공감대 형성을 위해서도 사용할 수 있다(Dun, 개인적 담화, 2006. 4).

입원 아동을 위한 이완

이완은 음악치료 세션의 일부분으로 또는 세션 전반에 걸쳐 사용할 수 있다. 만약 아동이 긴장하거나 압박감이 있는 경우 음악치료사가 자연스럽게 이완 경험을 제공할 수도 있고, 불안이나 긴장을 감소시키기 위해 아동이 음악치료에 의뢰될 수도 있다. 때때로 아동이 긴박한 수술에 앞서 불안해할 때, 간호진은 음악치료가 도움을 줄 수 있다고 믿는다. 음악치료사는 음반과 즉흥연주 음악을 사용하는데, 이때 아동의 연령을 고려한 적합한 스타일과 장르의 음악 선정이 필요하다. 아동의 주의를 모으고 음악으로 지시하기 위하여 친밀한 노래가 이용될 수 있다(스트레스가 많은 경험으로부터 주의를 전환하기 위해). 게다가 심상은 특별히 마법 세계의 독창성, 상상 및 창의성을 격려할 수 있어서 유아에게 사용하기 적당하다(Dileo, 1997). 아동이 이전에 이러한 경험을 하지 않았을 경우 치료사가 이완과정을 설명해 주는 것이 도움이 될 수 있다. 특히 아동이 병원에서 퇴원한 후 자신을 위해 스스로 이완과 심상을 이용할 수 있을 정도로 성숙하다면 더욱 도움이 될 수 있다.

눈을 감는다?

소아들(대략 3~8세)은 이완 세션이 진행되는 동안 종종 눈을 감지 않는다. 왜냐하면 그들에게 눈을 감는다는 것은 잠을 잔다는 것을 연상시키기 때문이다. 치료사가 아동에게 "괜찮다면 눈을 감아 보자."라고 제안하면, 그들은 눈을 감았다가도 무슨 일이 일어나고 있는지 보기 위해 다시 눈을 뜬다.

치료실의 장비와 구성

이완 세션(또는 세션의 일부로 이완이 적용되는 경우)은 대체로 아동의 병동 침대(혹은 유아용 간이침대)에서 이루어진다. 공동 병실에 있는 아동에게는 소음이 완전히 차단된 환경을 제공하는 것이 불가능할 수 있다. 아동의 신체에 관이 삽입된 경우나 아동의 근육이 수축되었을 때, 음악치료사의 첫 번째 임무는 아동이 침대에서 가능한 한 편안한 자세를 취할 수 있게 하는 것이다. 병실의 분위기가 중요한 것과 같이 치료사의 위치도 중요하다. 아동의 참여를 독려하고 사생활 보호를 위해 침대 주위에 칸막이를 치는 것도 가능하다.

음악 장비

음반을 사용할 때, CD 플레이어는 아동으로부터 가능한 한 근접한 위치에 놓을 필요가 있다. 침대 옆이나 침대 주위에 전력 공급이 되지 않아서 기기를 먼 곳에 두게 되면 아동이 잡으려다가 떨어뜨려서 곤란할 수도 있다. CD 플레이어는 다루기 쉽도록 기능이 단순해야 하고, 침상 발치에 두어야 할 경우를 대비하여 가벼워야 한다. 병실 내에 다른 아동이 있는 경우라면 볼륨이 크지 않아야 한다. 오픈 헤드폰이 선택될 수도 있다.

치료사 음성

음악치료사는 아동을 위해 이완 '유도'를 제공하거나 이완 또는 수용 경험의 일부분으로 심상 스크립트를 읽을 수도 있다. 효과적인 음성은 수용기법의 필수불가결한 요소이며, 이는 치료사의 음색, 명확한 목소리 투사, 다이내믹 그리고 말 속도에 달려 있다.

음 색

음색은 너무 높지도 너무 낮지도 않은 중간 음역에서 따뜻함과 편안함을 주는 것이어야 한다. 음색을 일관되게 유지하는 것이 중요하며, 이는 아동으로 하여금 치료사를 신뢰하게 하는 데 효과가 있다. 또한 치료사는 자신의 음색으로 안전감을 주고, 고요히 분위기를 통제할 수도 있다. 예를 들면, 고음역의 음색은 불안감과 미숙함을 전할 수 있고 저음역의 음색은 거친 분위기를 전할 수 있다. 그리고 중간 범위의 음색은 이러한 연상 작용이 일어나지 않게 할 수 있다.

다이내믹

아동 클라이언트를 위해 치료사는 성인 클라이언트와의 세션보다 더 운율감 있고 경쾌한 억양의 다이내믹을 사용할 수 있다. 아동은 집중시간이 짧기 때문에 치료사는 그들이 음악과 이완/심상 스크립트에 지속적으로 집중할 수 있도록 목소리의 다이내믹을 유지할 것이 요구된다.

속 도

치료사의 말의 속도가 너무 빠르면 아동은 재빨리 언어 정보처리를 해야 하므로 이완하는 것이 어렵게 된다. 따라서 아동은 느린 속도로 반복적인 지시가 주어질 때 좀 더 쉽게 이완할 것이다. 아동이 불안해하며 침대 위에서 발버둥칠 때는 빠른 속도로 유도를 시작하여 아동의 에너지 수준과 일치시킨 다음, 점진적으로 속도를 낮추면서 본래 의도된 이완의 단계에 이르도록 한다.

호흡 모델

아동의 규칙적인 호흡을 돕는 것은 아동의 호흡상의 통증이나 불안 극복을 위한 하나의 중요한 전략이다(Snyder Cowan, 1997). 호흡은 통증을 수반하는 경우 얕거나 지연된다. 따라서 규칙적인 호흡 패턴을 유지하여 호흡 지연을 제어하는 것은 통증과 불안에 대한 대처를 돕는다. 아동이 자신의 호흡에 집중할 수 있도록 지시할 때, 치료사는 호흡 소리가 들리도록 모델링해 줄 수 있다. 예를 들어, "숨을 들이마시고… (소리 내어 들이마신다)… 숨을 내쉬고… (소리가 들릴 수 있게 내쉰다).”와 같이 지시할 수 있다.

소아 입원 환자를 위한 수용 음악치료

멜버른의 왕립아동병원에 있는 음악치료사들은 3~8세 아동을 위한 수용적인 기술로 다음의 세 가지 방법을 채택한다.

- 치료사는 아동을 진정시키기 위해 친밀한 노래를 부른다.
- 치료사는 이완 유도에 적합한 CD를 선택하고, 아동이 CD에서 나오는 이야기와 노래에 집중할 수 있도록 돕는다.
- 치료사는 아동의 상상을 활성화시키기 위한 목적으로 심상 스크립트를 사용한다.

아동에게 친숙한 노래 부르기

아동이 매우 불안해하거나 두려워할 때, 멜버른 왕립아동병원의 음악치료사들은 아동이 차분해질 때까지 아동의 주의를 집중하도록 하는 친숙한 노래를 부른다.

다음 임상 소례에서 볼 수 있듯이, 매우 중요한 기술은 고도로 통제된 수준에서 노래를 제공하는 것이다. 동일한 조성과 반주 스타일과 속도를 유지하며 각 노래 사이에 휴지부를 두지 않고 가창한다. 이러한 통제는 아동의 불안을 감소시킬 뿐만 아니라 아동의 호흡을 통제하고 긴장을 풀어 주며 심장 박동도 통제해 준다.

임상 소례 **유아의 불안 감소**

음악치료사(Beth Dun)는 요추천자(lumber puncture) 수술 대기 중인 3세 유아를 돕기 위해 호출되었을 때 어머니의 가슴에 머리를 파묻고 있는 아동을 발견했다. 음악치료사는 아동의 어머니가 매우 불안해하는 것을 목격했다. 어머니는 아이를 안고 달래 주었지만 그녀의 불안은 아이에게 위안이 되지 않았다. 음악치료사는 아동과 어머니 곁에 앉아 '반짝반짝 작은 별(Twinkle, Twinkle, Little Star)' '동물농장(Old Macdonald Had a Farm)' '작은 오리 다섯 마리(Five Little Ducks)' 등의 동요를 부르기 시작했다. 그녀는 모든 곡을 동일한 조성과 속도와 반주 스타일로 중간에 쉼 없이 셈여림에 변화를 가하지 않고 불렀다. 음악치료사는 노래가 시작될 때 아동의 뒤통수밖에 볼 수 없었는데 노래가 계속되자 아동이 고개를 돌려 그녀의 얼굴을 쳐다보았다. 아동은 집중하고 있었고, 음악치료사는 "오리가 몇 마리 남았지?"라고 물었다. 그녀는 아동의 주의가 불안으로부터 노래로 전환될 수 있도록 통제할 수 있었고, 아동 어머니의 불안도 마찬가지로 감소시킬 수 있었다.

이야기가 담긴 노래 CD

유아의 집중을 위한 또 다른 기술은 치료사가 아동과 함께 감상할 수 있는 적합한 CD를 선택하고, CD에서 나오는 음성에 아동이 집중할 수 있도록 돕는 방법이다. 호주의 아동 TV 쇼를 매우 성공적으로 주관하는 그룹인 위글즈(The Wiggles)가 제작한 〈제프야, 자러 가자(Go to Sleep, Jeff)〉라는 CD가 있다. 이 CD는 10곡의 노래 사이사이에 이야기를 포함한다. 치료사는 위글즈 노래를 하면서 아동이 다음 노래를 위해 기대감을 가질 수 있도록 분위기를 조성하며 아동이 주의집중을 유지할 수 있도록 격려할 수 있다. "다음에 부를 노래가 뭐라고 생각해?"라는 치료사의 질문은 아동이 노래 및 이야기에 초점을 맞출 수 있게 한다. 10곡 이후에는 이야기가 포함되지 않은 7곡이 반복해서 수록되어 있다. 아동이 이 부분까지 감상하게 되면 종종 깊은 잠이 들 만큼 이완되곤 한다. 그러면 치료사는 침대가 안전한지 점검한 후 아동이 수면을 취할 수 있도록 조용히 퇴실한다.

심상 스크립트

이 방법에서는 음악치료사가 아동의 상상과 환상을 활성화시키기 위해서 심상 스크립트를 사용한다.

준 비

치료사의 첫 번째 임무는 아동이 가능한 한 침대에서 편안함을 느낄 수 있도록 하는 것이다. 다음의 설명이 도움이 될 것이다.

> 이제 우리가 조용한 시간을 가지려고 한단다. 음악을 듣기 위해 몸을 편안하게 하렴. 침대에서 가지고 있으면 편안해지는 것을 찾아 보렴. (치료사는 아동이 베개를 취할 수 있도록 도와주거나 장난감 등을 아동 곁에 비치해 두는 것이 필요하다.) 가능한 한 편안함을 느낄 수 있도록 노력해 봐. 침대의 따뜻함과 편안함을 느껴 보렴. 네 몸… 머리 그리고 어깨… 그리고 등… 다리… 네가 괜찮다면 눈을 감아 보렴.

음악 선정

음악치료사가 심상 스크립트를 읽을 때는 부드러운 피아노 음악과 기타 음악이 배경음악으로 사용된다. 치료사의 목소리와 상반되는 자극을 유발하는 음악은 적절하지 않다. 치료사가 스크립트를 다 읽었을 때는 음악이 조금 더 지속될 수 있다. 음악은 병원의 소음을 상쇄시키고 아이가 누워 있는 공간을 채워 준다. 적절한 음악 목록은 이 절의 끝부분에 제시된다.

일반적으로 사용되는 스크립트

심상 스크립트는 다소 짧은 편이지만 필요하다면 늘릴 수 있다. 스크립트를 읽을 때는 매끄러운 흐름이 필요하다(앞의 '치료사 음성' 부분 참조). 다음의 예시에서 말줄임표(…)는 어구 사이에 약간의 휴지부(3~5초)를 두는 것을 의미한다.

■ 가장 마음에 드는 장소에 관한 심상 스크립트

이 심상 스크립트는 멜버른 왕립아동병원에서 가장 일반적으로 사용되는 것이다. 아동이 마음에 드는 장소에 초점을 맞추는 것을 통해 정신적으로는 병원을 벗어나 다른 장소를 상상할 수 있게 한다. Beth Dun이 심상 스크립트에서 가장 중요하게 여기는 표현은 "나는 그곳이 어딘지 모르지만 넌 알고 있잖아!"다. 그녀가 이러한 말을 할 때, 아동들은 자신의 비밀스러운 장소에 생각을 집중하며 종종 미소를 짓는다.

(부드러운 음악을 배경음악으로 한다.)

네가 가고 싶은 좋아하는 곳들을 떠올려 보고, 그중에서 가장 좋은 장소를 선택해 보렴… 그곳은 외국일 수도 있고… 아니면 우리나라일 수도 있고… 어쩌면 비밀 장소일 수도 있어… 나는 그곳이 어딘지 모르지만 넌 알고 있잖아! 네가 좋아하는 곳을 떠올려 보고 그곳에 있다면 얼마나 행복할까 생각해 봐… 아마 다른 사람들이 함께 있을 수도 있고…[알고 있다면 아동의 가족 이름을 말해 준다]…[알고 있다면 아동의 애완동물 이름을 말해 준다]… 그 특별한 장소에 있다는 것이 얼마나 좋은 건지 느껴 보렴.

■ 따스함에 관한 심상 스크립트

아동이 발열이 있거나 덥다고 느끼면 이 유도는 적절하지 않다. 병동은 대체로 매우 더운 편이다.

(부드러운 음악을 배경음악으로 한다.)

네가 부드러운 모래 위에 서 있고, 햇빛이 내리쬐고 있어서 기분을 좋게 해 주고 따스함이 느껴진다고 상상해 보렴. 태양의 온기가 네 머리 위로 내려앉아 감싸 준다고 느껴 봐… 너의 얼굴을 감싸 주고… 어깨를 … 팔을… 손과 손가락을… 너의 배를 따스하게 감싸 준다고 느껴 보렴… 다리와… 발가락을 감싸 주고… 너의 몸 전체가 따뜻해지고 편안해졌다고 느껴 보렴.

■ 호흡에 관한 심상 스크립트: 풍선 불기

이 심상 스크립트는 긴장이나 불안, 통증을 수반하는 아동들에게 유용하게 쓰인다. 본능적으로 우리는 통증을 느낄 때 호흡을 지연하거나 통증을 억제하고자 얕은 범위에서 숨을 쉰다. 호흡에 집중하게 하는 것은 아동으로 하여금 심호흡을 할 수 있도록 격려해 주며, 폐의 공간을 확장하여 더 많은 산소가 유입될 수 있게 해 준다. 그러고 나서 모든 숨을 내쉬게 하면 근육의 긴장이 풀어지고 이완 유도가 될 것이다.

(부드러운 음악을 배경음악으로 한다.)

네가 예쁜 풍선 하나를 가지고 있다고 상상해 봐… 풍선이 무슨 색깔인지 보렴… 네가 그 커다란 풍선 안에 바람을 불어넣는 것을 흉내 내 봐… 숨을 들이마시고 내쉬면서 풍선을 불어 봐… 숨을 다시 한 번 들이마시고 내쉬면서 풍선을 불어 봐… 천천히 풍선이 부풀어오르는구나… 크게… 점점 더 크게… 풍선이 둥글고 예쁜 모양이 되었을 때 천천히 그 풍선을 하늘로 날려 봐. 그리고 하늘 위로 둥둥 떠다니는 풍선을 보렴.

■ 물가에 관한 심상 스크립트

(부드러운 음악을 배경음악으로 한다.)

네가 나무와 작은 시내가 있는 마을에 있다고 상상해 봐… 시내나 작은 강… 네가 그 얕은 물속에 서 있다고 상상해 봐. 그 물이 시원하고, 그다지 차갑진 않다고 상상해 보렴… 너의 발가락 사이로 물줄기가 졸졸 흘러서 시원하고 행복해진다고 느껴 봐. 엄지발가락 위로 살랑거리는 물줄기를 느껴 봐… 시원하고 행복한 느낌을 가져 보렴. (필요하다면 신체의 다른 부위로 확장해 가도록 하라.)

■ 상상 속의 정원에 관한 심상 스크립트

(부드러운 음악을 배경음악으로 한다.)

네가 요정들이 만들어 놓은 정원에 있다고 상상해 봐… 주위를 둘러보니 나무 요정과 꽃의 요정이 있어… 그리고 작은 요정의 집도 있어… 사람 요정은 두 명이 있어… 그들이 너에게 미소 지으며 너를 반겨 주고 있다고 느껴 보렴….

관찰

아동에게 심상 스크립트를 읽어 주는 동안에 치료사는 아동의 자세가 바뀌는 것이나 아동의 신체언어를 관찰해 가며 아동이 느끼는 편안함의 정도를 가늠할 수 있다. 필요한 경우 치료사는 심상 스크립트를 읽는 것을 멈추고 아동에게 편안한지 물어볼 수 있다. 얼굴 표정의 변화는 아동이 불편하다는 것을 나타내거나(눈살을 찌푸리거나 끙끙거리는 경우) 혹은 매우 이완되고 있다는 것을 나타낼 수도 있다(찌푸린 얼굴이 부드럽게 펴지거나 얼굴에 미소가 있는 경우).

이완 세션의 마무리

이완 세션의 목표는 아동이 좀 더 평온하고 불안과 통증을 덜 느끼도록 돕는 것인데, 아동은 이완하는 동안 잠이 들 수도 있다. 이러한 경우 치료사는 아동이 이완된 상태에서 벗어나지 않도록 CD 음악이 계속 들릴 수 있게 한 후 아동의 침상으로부터 살며시 나와야 한다. 치료사는 퇴실하며 다음과 같이 말할 수 있다. "편히 쉬렴." "네가 깨어났을 때 기분이 전보다 더 좋아진다면 좋겠구나." 또한 치료사는 아동의 침상과 침대 주위가 안전한지를 점검해야 한다(어린 아동일 경우). 때때로 부모들이 아동들 곁에 앉아 있기 때문에 치료사는 아동이 음악과 더불어 이완되고 있음을 알리기 위해 음악을 그대로 둘 수 있다.

문서 자료

멜버른 왕립아동병원의 음악치료사들은 각 아동에게 할당된 시간(세션에서)을 문서화하고 아동의 신체적, 감정적 상태에 관해 간결하게 기록한다. 또한 음악치료사는 추후 음악치료 세션에 참조하기 위해 각 아동이 선호하는 음악과 친숙한 음악 목록을 기록한다.

음악 제안

- The Wiggles, 〈Go to sleep, Jeff〉(ABC0328)(트랙 1부터 10까지 각 트랙 사이에 이야기가 포함됨, 이후 처음부터 7번 트랙까지 한 번 더 반복되는데 이야기는 삽입되지 않음)
- Ross, C. 〈Music for Dreaming〉(I and II)(SONY–BMG Music Entertainment MDCD001 and MDCD003)(음악만 수록됨)

초등학생 입원 환자를 위한 수용 음악치료

8세부터 12세까지의 초등학생을 위한 음악과 심상은 아동의 집중 시간이 조금 더 길기 때문에 '여행' 이나 이야기에 관한 긴 묘사들을 포함한다. 치료 환경의 제반 준비와 치료사의 음성에 관련된 요구 조건은 앞의 소아 환자들을 대상으로 하는 수용 음악치료 내용과 유사하다. 음악의 선정은 아동의 연령에 의거하여 하는 것을 기본으로 하며, 소아를 위한 CD 목록은 12세까지의 초등학생을 위한 음악 목록으로도 유효하게 사용될 수 있다. 치료사는 아동에게 어떤 음악을 좋아하는지, 예를 들어 배경음악으로는 피아노 음악이 좋은지 혹은 기타 음악이 좋은지를 물어볼 수 있다. 아동에게 좋아하는 스크립트 유형을 질문하고 스크립트 선택에 관여하게 할 수도 있다. 예를 들면, "너는 푹신한 구름 위에 둥둥 떠다니는 것에 관한 이야기를 좋아하니, 아니면 소나무 숲에 있는 이야기를 좋아하니?" 와 같이 물어볼 수 있다. 심상 스크립트를 읽는 동안 음악을 들려줄 수 있다. 치료사는 아동에게 심상을 마음에 떠올릴 수 있는 시간적 여유를 주기 위해 음악의 속도에 맞추어 스크립트를 천천히 읽어주어야 한다. 다음의 예시에서 말줄임표(…)는 어구 사이에 약간의 휴지부(3~5초)를 두는 것을 의미한다.

준 비

침대에서 편안한 자세를 취해 보렴… 만약 네가 괜찮다면 눈을 감아 봐….
(그러고는 다음의 이완 유도의 예시 중 하나를 제시한다.)

유도 1

음악이 시작되기 전에 주어진다.

너의 발이 편안해지고 침대 속으로 가라앉는 것을 상상해 보렴… 너의 다리가 편안해지고 침대 속으로 가라앉는 것을 상상해 봐… 너의 배 아래쪽이 편안해지고 침대 속으로 가라앉는 것을 상상해 보렴… 너의 팔, 너의 손이 편안해지고, 너의 손가락 끝, 그리고 너의 어깨 그리고 머리가 편안해지고 침대 속으로 가라앉는 것을 상상해 봐…. (음악을 시작하고 선택한 심상 스크립트를 읽기 시작한다.)

유도 2

부드러운 배경음악이 연주되는 동안 읽어 줄 수 있다

음악과 함께 편안하게 호흡해 보렴(들릴 수 있는 소리로 숨을 들이마시고 내쉬는 것을 모델링해 준다.)… 너의 몸이 편안해지는 것을 느껴 봐… 너의 근육이 이완되는 것을 느껴 봐. 발가락이 편안해지고… 종아리가 편안해지고… 무릎(이 편안해지고)… 다리의 앞 그리고 뒤… 배… 등… 가슴… 팔… 손과 손가락… 너의 손가락 끝… 어깨… 머리…. (음악을 시작하고 심상 스크립트를 읽기 시작한다.)

유도 3

부드러운 배경음악이 연주되는 동안 읽어 줄 수 있다.

음악과 함께 편안하게 호흡해 보렴(들릴 수 있는 소리로 숨을 들이마시고 내쉬는 것을 모델링해 준다.)… 너의 몸이 편안해지는 것을 느껴 봐… 음악이 네 몸을 편안하게 해 주는 것을 느껴 봐… (신체의 각 부위를 지명하기 전에 말해 준다. 문장과 문장 사이에 휴지부를 두는 것을 기억한다.) 음악이 발가락을 편안하게 해 주는 것을 느껴 봐… 음악이 발을 편안하게 해 주는 것을 느껴 봐… 종아리, 무릎, 다리의 앞쪽과 뒤쪽, 배, 등, 가슴, 팔, 손과 손가락, 손가락 끝, 어깨, 머리…. (심상 스크립트를 읽기 시작한다.)

이완 유도 시의 아동 관찰

치료사는 아동이 이완 유도되는 동안에 불편함을 나타내는 신호가 있는지 주목해야 한다. 만약에 아동이 꿈틀거린다면 다시 주의를 집중하도록 재차

지시해야 한다. 예를 들어, "다음에 무슨 일이 일어날까?"와 같이 질문할 수 있다. 필요한 경우 치료사는 단어들을 바꾸어 가며 음악이 신체 각 부위의 이완을 도울 수 있도록 유도를 적용한다.

음악 선정

이 연령대를 위한 음악에는 피아노 음악이나 기타 음악 또는 연주시간이 짧은 고전음악 소품 CD가 포함된다. 다음에 제시되는 CD 목록은 멜버른 왕립아동병원에서 이 연령대의 아동에게 매우 적절하게 사용되는 것이다. 이 음악 목록은 병원 이외의 다른 상황에서도 적절하게 사용할 수 있다.

- The Wiggles, 〈Go to sleep, Jeff〉 (ABC 0328)
- Cherie Ross, 〈Music for Dreaming I〉 (Ross 2006)
- Cherie Ross, 〈Music for Dreaming II〉 (Ross 2006)
- 〈The Most Peaceful Classical Album in the World〉 (EMI 7243 5 67523 0)
- George Winston, 〈Forest〉 (Windmill 01934 11157−2)
- 〈Celtic Twilight〉 (Hearts of Space 14S11104−26)
- 〈For a Quiet Evening〉 (Decca 289−472-847−2)
- 〈Quiet time〉 (The Relaxation Co. CD 7511)
- 〈Dream a Little Dream〉 (Transitions Music 90806 76422)
- Mozart, 〈Adagio〉 (Naxos 8−552241)
- 〈Peace of Mind〉 (Windham Hill 01934−18105−2)
- 〈Acoustic Elegance〉 (2 CD set) (Narada 7 2435−91496−2−2)

심상 스크립트

이 스크립트는 입원한 아동들에게 적합할 뿐만 아니라 일반적으로도 사용할 수 있다.

하얀 구름에 관한 심상 스크립트

(음악의 시작)

자, 크고 푹신한 하얀 구름 위에서 휴식하고 있는 너 자신을 상상해 보렴… 그 구름은 큰 베개 같아서 너를 정말 포근하고 따스하게 안아 주는구나… 하늘에서 구름이 천천히 움직이고 있는 것을 상상해 보렴… 그러면 다른 구름이 네 곁을 지나가는 것을 볼 수 있을 거야. 다른 구름 속에는 네 친구들이 보이는구나… 누가 보이니?… 아마도 구름들은 각자의 색깔을 가지고 있는 듯해… 무슨 색이 보이니?… 이제 너의 구름은 아주 천천히 하늘에서부터 내려올 거야… 땅 위로 천천히 내려오고 있어… 천천히… 천천히… 이제 구름이 땅 위에서 휴식하고 있구나… 네가 원한다면 너는 구름을 날려 보낼 수 있단다.

눈의 나라에 관한 심상 스크립트

이 심상 스크립트는 발열이 있거나 덥다고 느끼는 아동을 위해 선택할 수 있다.

(음악의 시작)

네가 눈의 나라라고 부르는 장소에 있다고 상상해 보렴… 눈의 나라에서는 모든 것이 눈으로 만들어져 있단다… 나무들도 눈으로 만들어져 있고… 집들도 눈으로 만들어져 있단다. 동물들도 눈으로 만들어져 있고… 사람들조차 눈으로 만들어져 있단다… 너는 네 손에 들려 있는 눈을 느낄 수 있단다… 눈을 만져 보니 차가워… 잠시 후에 너는 눈의 나라 사람들이 사는 곳에 도착하고… 그곳의 많은 사람들이 미소 지으며 네게 인사할 거야… 이 사람들은 네가 누군지 알고 있단다… 그들은 눈사람을 만들고 있어… 네가 눈사람이 옷을 입게 해 달라고 요청하는구나… 네가 그들에게 특별한 선물을 주니 그들은 매우 행복해하고 있어… 그리고 눈의 나라 사람들 역시 너에게 선물을 주고 있어… 그건 포장되어 있고… 네가 오랫동안 원했던 것이야… 조심스럽게 포장을 풀고 눈의 나라 사람들이 네게 준 선물이 무엇인지 보렴.

물가에 관한 심상 스크립트

아동이 현재 어떻게 느끼고 있는지에 따라서 '차가움' 또는 '따뜻함'을 선택한다.

(음악의 시작)

작은 바위와 바위 사이의 작은 시냇가에 네가 있다고 상상해 보렴… 바위들은 매우 부드럽고… 바위들 위로 조심스럽게 걸어 보렴… 물속으로 천천히 발을 넣어 보렴… 그리고 발에 닿는 차가운[또는 따뜻한] 물을 느껴 봐… 그 물이 네 발가락 사이로 살랑거리며 흐르는 것을 느껴 보렴… 네가 발가락을 움직일 때마다 물이 여러 모습으로 흐르는구나… 물이 어떻게 다양한 모습을 만드는지 보렴… 이제 몸을 구부려서 물이 네 손과 손가락 사이로 흐르는 것을 느껴 봐… 차가운[또는 따뜻한] 물이 네 기분을 정말 고요하게 만들어 줄 거야… 네 손과 발에 닿는 그 물의 느낌이 얼마나 좋은지 느껴 보렴….

소나무 숲에 관한 심상 스크립트(Crook, 1988에서 발췌)

(음악의 시작)

네가 소나무 숲 속으로 들어가고 있는 것을 상상해 보렴… 아름답고 키가 큰 초록 소나무들이 태양을 향해 솟아 있구나… 따뜻하고 화창한 날이야… 높다란 나무들이 주는 평안함을 느껴 보렴… 그리고 나무들을 향해 걷는 상상을 해 보렴… 나무의 우람한 가지를 보렴… 그것을 만져 보겠니?… 나무를 사이에서 속삭이는 듯한 산들바람 소리가 들려온다고 상상해 보렴… 나무들 사이의 상쾌한 공간에서 걷는 너 자신을 상상해 보렴… 이제 네 몸에 내리쬐는 태양을 느껴 봐… 따뜻하고 부드러운 느낌… 이제 이곳으로 오고 있는 한 마리의 동물을 볼 수 있을 거야… 아주 착한 동물이고 너에게 가까이 다가오는구나… 네가 좋다면 그 동물을 토닥거려 볼 수 있단다… 자, 이제 몸으로 느껴지는 기분이 얼마나 좋은지 한번 느껴 보렴….

해 뜨는 바다에 관한 심상 스크립트

(음악의 시작)

바다 건너편을 바라보고 있는 너를 상상해 보렴… 이른 아침이야… 너는 물에서부터 떠오르는 태양을 보고 있단다… 천천히 노랑 빛깔의 태양은 떠오르고 점점 더 커져 가는구나… 태양빛의 온기가 네 몸속에서 퍼지는 것을 느낄 수 있을 거야… 네 머리 위로 닿는 부드러운 햇살을 느껴 보렴… 그리고 햇살이 네 어깨를 지나서… 팔과 손 아래에서도 따스함이 느껴지는구나… 너의 등과 배 쪽으로 내리쬐는 햇살을 느껴 보렴… 다리와 발 아래로 따스하게 내리쬐는 햇살을 느껴 봐… 그리고 네 발을 모래 아래에 담그고 따스해지는 기분을 느껴 보렴… 이제 태양이 하늘 위로 높이 떠올랐단다… 그리고 네 몸도 아주 따뜻해졌음을 느껴 보렴….

등산하는 것에 관한 심상 스크립트

(음악의 시작)

네가 산 밑에 있는 모습을 상상해 보렴… 산을 바라보고… 산의 색깔과 능선을 보렴… 산자락 아래로 작은 오솔길이 나 있는 것을 볼 수 있을 거야… 그 길을 따라서 걸어 보렴… 오솔길을 따라 꽃들이 피어 있고 작은 나무들이 우거져 있네… 매우 푸르구나… 이 길에서부터 너는 산으로 오를 수 있단다… 걷는 것이 그리 힘들지 않고 숨이 차지도 않을 거야… 더 위쪽으로, 좀 더 위쪽으로 오르렴… 네가 산의 정상에 오르면 경이로운 광경을 볼 수 있단다… 산 정상에서 펼쳐지는 정경을 보렴… 영원히 볼 수 있단다… 행복에 젖어서… 이제는 다시 산 아래로 내려갈 시간이 되었어… 여유를 가지고 내려가 보렴… 아주 편안해진 느낌이야… 너는 산에서 돌아오고, 거기에는 너를 만나려는 특별한 누군가가 있구나… 그 사람이 너를 매우 반갑게 맞아 줄 거야.

스크립트 마무리하기

심상 스크립트가 진행되는 동안에 아동이 병상 또는 간이 침대에서 잠드는 경우 치료사는 다음과 같이 말할 수 있다. "꿈속에서 계속 상상하렴." "네가 원하는 만큼 그곳에 머물 수 있단다." "언제든 그곳에 갈 수 있어." 치료사는 아동이 침대에서 안전한지(침대 측면 받침대가 세워져 있는지) 확인하고 조용히 퇴실할 수 있다. 만일 아동이 심상 스크립트의 마무리 부분에서 깨어난다면, 치료사는 아동이 다음에 무엇을 하고 싶은지(예: CD 감상, 친숙한 노래 부르기 등) 질문할 수 있다.

입원 아동이 아닌 경우(이를테면, 학교 교실 상황에서), 치료사는 조심스럽게 아동을 깨워야 한다. 이에 대한 적절한 스크립트는 다음과 같다. "이제 음악이 끝났단다… 발가락과 손가락을 움직여 보렴. 그리고 팔과 다리로 기지개를 켜 보렴… 그러고 나서 준비가 되면 눈을 떠서 주위를 둘러보렴…."

장기 입원 아동을 위한 이완치료

장기 입원 아동은 이완/심상 스크립트 세션으로부터 유익을 얻을 수 있다. 이때 스크립트 내용은 아동이 가장 좋아하는 장소, 아동의 집, 가족 구성원 및 애완동물 등을 포함하여 개별적으로 구성된다. 이 스크립트는 테이프나 CD에 녹음될 수 있고, 아동이 원할 경우 언제든지 들을 수 있다.

흥분된 아동을 위한 세션

'정형화된(shaped)' 이완 심상 스크립트는 아동이 너무 불안해서 이완된 단계로 들어가기가 어려울 때 사용된다. 심상 스크립트는 자극적인 음악과 함께 시작된다(예: 〈슈렉(Shrek)〉에서와 같은 영화음악). 그다음 아동이 차분해지면 성악곡이 사용될 수 있다. 천천히 〈Music for Dreaming〉을 제시한다. 유아를 위한 전형적인 '정형화된' 프로그램으로는 〈Hi 5〉 또는 〈Bob the Builder〉(유아 동요에 이어), 〈Music for Dreaming〉 등이 있다.

정신과에서의 수면장애 아동을 위한 이완

'A Little Night Music' 이란 프로그램은 정신과 병동의 수면장애 입원 아동의 필요를 다루기 위하여 소개되었다. 공인 음악치료사 Susan Bray Wesley는 이 프로그램에 대해 다음과 같이 설명한다.

프로그램의 개요

다음에 기술된 기법은 미국 메인 주 뱅거의 아카디아(Acadia) 병원 정신과 병동 입원 환자를 대상으로 3개월에 걸쳐 진행된 프로젝트의 개관이다. 5~12세 아동들이 음악과 심상 활동에 참여하였다. 이 활동은 아동이 음악을 통한 이완을 활용하고 긍정적인 심상을 계발하는 방법을 학습하게 하기 위한 목적으로 고안되었다. 그 의도는 자기인식(self-awareness) 및 반영, 자기조절(self-regulation) 및 자긍심 향상을 위한 폭넓은 기술을 학습하는 것을 통하여 개인의 불안과 수면장애를 다루는 데 필요한 자기통제에 대한 인식을 제공하는 것이다. 1시간의 소그룹 세션은 아동들이 수면을 준비하기 직전의 저녁시간에 주 2회 진행되었다. 한 그룹은 4명 이하의 범위로 구성되었고, 각 그룹에 배정된 아동들은 연속적인 4회 세션에 참여하였다. 개별 세션이 아니었음에도 아동들 각자가 가지는 개별적/성격적 이슈와 인격적 특성, 질환에 관한 문제점이 매우 심도 있게 다루어졌다.

초기 세션은 전반적인 그룹 경험과 구조에 대한 설명의 형식으로 진행되었다. 중점적인 과정에 관한 간략한 설명은 다음과 같다. 음악은 어떻게 연주될 것인가, 이야기 줄거리와 함께 심상은 어떻게 만들어질 수 있는가, 심상을 구체화하는 데 어떠한 재료들을 이용할 것인가, 그리고 과정을 진행하고 통합하는 데 따르는 토의시간 등이 포함되었다. 이렇게 모든 세션 안에서 음악과 이야기의 줄거리, 예술 활동과 그에 대해 토의할 수 있는 기회가 제공되었다. 이 세션은 병원에서 떨어져 있는 시설에서 진행되었으며, 좀 더 '가정적인' 분위기를 느낄 수 있는 조용하고 안락한 장소에서 실시되었다.

4회의 세션에서 주어진 기술을 습득하는 것이 프로젝트의 주된 초점이었으며, 아동들은 병원에서 퇴원한 이후에도 음악과 심상에 관한 기법을 활용할 수 있었다. 활동은 구체적이고 일관된 방식으로 존중되는 분위기에서 고안되고 진행되었다. 이는 아동들이 시설에 머무는 동안에도 자신을 위해 이완 기술을 사용하는 방법을 배우는 것을 가능하게 했다.

준비와 유도

아동들은 치료진들과 함께 오후 6시에 세션 장소에 도착했다. 방의 천장에는 자연스러운 빛깔의 등이 켜져 있었다. 각 아동들에게 세션 장소로 이동하는 동안에 일어난 일들을 이야기해 보도록 했다. 아동들이 차례로 말한 다음, 세션에 대한 주제가 소개되었다. 예를 들어, 첫 번째 세션에서는 "오늘 우리는 화창한 들판에 나가 밝은 가을 빛깔의 잎을 가진 커다란 나무를 탐구해 볼 거야.", 두 번째 세션에서는 "우리는 들판으로 돌아가서 연못을 끼고 있는 오솔길을 따라가 볼 거야.", 세 번째 세션에서는 "이번에 우리는 지난 세션에서 본 연못으로 돌아갈 거야. 아마 연못 속의 더 많은 생물들이 우리를 보게 될 거야.", 네 번째 세션에서는 "우리는 소나기가 지나간 연못에 가 볼 거야. 우린 과연 거기에서 무엇을 볼 수 있을까?"와 같이 주제가 제시되었다.

이와 같이 짧은 주제를 소개한 다음, 아동들은 바닥에서 스트레칭을 하거나 기지개를 펴고 편안한 자세를 취한 후 호흡을 유도하는 단계에 들어갔다.

> 마룻바닥이 너 자신을 지탱시켜 주고 있음을 느껴 보렴. 바닥의 튼튼한 느낌과 함께 카펫의 부드러운 감촉을 느껴 봐. 부드럽게 숨을 쉬면서 두 눈을 감아 보렴. 코 끝으로 들어오는 공기를 느껴 보고 공기가 발끝까지 흘러 들어가는 것을 느껴 보렴. 발가락을 움직여 보고 숨을 내쉬어 봐. 숨을 다시 들이마시고 이번엔 공기가 네 무릎까지 흘러 들어가는 것을 느껴 보렴. 다리를 움직여 보고 싶다면 천천히 움직이며 숨을 내쉬어 보렴.

아동들이 자신의 머리끝까지 공기가 유입되는 것을 느낄 수 있도록 호흡에 집중하게 한다.

음악과 심상 시작하기

다음에 나오는 심상과 음악은 이 프로젝트 전반에 걸쳐 다음의 순서로 각 그룹의 아동들에게 사용되었다. 이 순서는 교육환경에서 개별 세션이나 그룹 세션에서 도입할 만한 시리즈로 각광받고 있다

세션 1 심상 장면: 단풍 빛으로 물든 우람한 나무가 중앙에 있는 가을 들녘

음악: 〈Golden Voyage II〉 중 'Cathedral Sunrise'

음악 연주가 시작되면 우리는 햇볕에 달구어진 큰 바위에 기대어 들녘에 서 있단다. 들녘 한복판에 아름답게 물든 단풍나무를 배경으로 바라보니 기분이 좋구나. 가을이야. 빨강, 주황, 노랑, 갈색과 아직 초록이 남아 있는 다채로운 색깔은 햇빛에 타오르는구나. 가까이에 있는 시냇가에서 들려오는 소리와 함께, 저 멀리서 울려 퍼지는 시계탑 종소리도 들을 수 있지. 산책하려는데 몇 마리의 새들이 수풀에서 짹짹거리는 소리가 들리는구나. 우리는 태양빛에 흠뻑 젖어 공기를 깊이 호흡하고, 높고 푸른 하늘의 뭉게구름들을 보며 즐거워하고 있지. 이제 나무 가까이에 다가가 거대한 나무줄기를 볼 수 있단다. 이 나무는 수십 년 동안 성장해 왔음이 분명해. 나무껍질은 어두운 회색이고 꽤 매끄럽구나. 우리는 이제 차양 아래서 그늘이 만들어 내는 시원한 공기를 느끼고 있어. 나뭇가지 아래에 서서 나무 밑둥에 기대어 보자꾸나. 느껴 보렴, 얼마나 강한지를. 이 튼실한 나무는 우리 모두를 지탱시켜 줄 수 있단다. 지면을 바라보고 아래에 깔린 낙엽들을 유심히 보렴. 마음에 드는 낙엽 하나를 골라 가까이 들여다봐. 잎의 색깔과 모양을 보렴. 낙엽이 네 손과 같이 생긴 것 같지 않니? 잎을 뒤집어 평평한 면을 보고 뒤쪽의 거친 면을 보렴. 그 안의 작은 줄기와 선을 유의해 보렴. 이 잎은 위쪽 가지에서 떨어진 것이란다. 나뭇가지 잎새들 사이로 하늘의 햇살이 네게 어떻게 윙크하는지 보렴. 얼마나 아름다운 나무와 하늘인지! 공기는 얼마나 청명하고 얼마나 좋은 친구들이 있는지! 다시 나무에 기대어 보고 안전하게 지탱시켜 주는 이 거목으로부터 힘을 느껴 보렴. 이제 도시로 돌아갈 시간이란다. 이 위대한 나무와 그 빛깔과 힘을 추억하고 싶다면 그 낙엽을 가져가도 돼. 우리는 도시의 보도블록을 걸으며 돌아가고 있지만 온갖 빛깔과 환희로 가득 차 있는 그 위대한 나무를 뒤돌아 한 번 더 바라볼 수 있단다. (음악은 시냇물 소리로 끝난다.)

세션 2 심상 장면: 나무와 새가 어우러진 가을 들판과 멀리서 들려오는 시냇물 소리

음악: 〈Pools of Light〉 중 'Crystal Creek' (Harris & Mendieta)

오늘 우리는 다시 들판을 지나서 산책하며 이전에 우리가 보았던 아름다운 나무를 지나 또 다른 장소에 가 볼 거야. 새의 노랫소리가 들리는구나. 개울가의 졸졸 흐르는 물소리는 우리를 부르고 있어. 들판의 가장자리에서 보니 나무가 서 있는 맞은편에 작은 오솔길이 보여. 이 길은 한 사람이 걸을 만큼의 폭을 가졌구나. 길 가장자리에서는 부드러운 이끼와 작은 돌들을 볼 수 있어. 그 너머 작은 개울을 볼 수 있고. 개울의 폭이 그다지 넓지 않아 뛰어넘을 수 있을 듯한데, 그 대신에 물속을 들여다보며 그 안의 돌들을 보자꾸나. 갈색, 빨강, 회색 빛깔의 돌들이 정말 많아. 오늘 어쩌면 돌 하나를 골라 가져가고 싶을지도 모르겠구나. 눈을 들어 왼쪽으로 좀 더 시선을 돌려 보면 이 개울이 연결되어 있는 것을 볼 수 있지. 내 생각에 그쪽엔 매우 밝고 햇살 가득한 통로가 보이는 것 같아. 그 밝은 장소를 향해 계속 걷다 보니 이 개울이 작은 연못으로 흘러 들어가는 것을 볼 수 있구나. 연못이 실제로 아주 크지 않아 우린 연못 주변을 쉽사리 돌아볼 수 있지. 그러면 걸으며 이 주변에 어떤 것들이 있는지 살펴보자꾸나. 작은 나무가 쓰러져 있네. 네가 원한다면 그 나무를 의자 삼아 잠시 쉬어갈 수 있단다. 그리고 거북이를 보렴. 거북이는 연못 가장자리의 바위 위에서 햇볕을 쬐고 있구나. 오오, 수풀에서 퍼덕거리는 울새와 참새를 보렴. 몇몇 수련잎이 돋아 있구나. 개구리가 물속 그 잎들 밑에 있을까 궁금해진다. 너는 여전히 돌을 가지고 있니? 그 돌을 이 연못 어딘가에 놓아두고 싶지 않니? 다시 돌아가기 전에 우리가 오늘 발견한 이 연못의 고요함과 평화로움을 느끼며 몇 분 동안 앉아 있도록 하자꾸나. (음악만 흐르는 침묵의 순간) 이제 돌아갈 채비를 해야겠다. 네가 원한다면 그 돌을 여기에 남겨 두어도 좋고, 그렇지 않다면 이 산책을 기억하기 위해 돌을 가져갈 수도 있어. 우리는 시냇가를 지나 들판을 통과하고, 단풍으로 물든 나무를 지나 도시의 큰 길가로 돌아가고 있어. 연못을 발견한 것이 얼마나 경이로운지.

세션 3 심상 장면: 가을 연못

음악: 〈The Birds〉 중 '나이팅게일(The Nightingale)' (Respighi)

(음악이 시작된다.)

오늘은 연못이 사랑스러워 보여. 물에 비치는 태양은 움직이고 있구나. 그리고 매우 밝게 빛나네. 그래, 오늘 우리는 이전에 발견한 그 작은 연못에 다시 돌아와서 각자 앉을 만한 곳을 찾아냈어. 청명한 하늘 위로 떠 있는 하얀 구름 조각을 보니 좋구나. 오른편으로 구름 조각이 하나, 둘, 셋… 넷, 다섯? 구름의 모양이 오리 같기도 하고 거위 같기도 하지? 그게 어디로 가는지 보렴(속삭이기). 오, 구름들이 여기로 내려앉을 것처럼 보이는구나. 우리는 매우 조용히 지켜볼 거야. 첫 번째 구름이 다가오고, 두 번째, 그 후에 세 번째… 오, 두 개나 더 오네. 구름들이 내려앉을 때 우린 매우 잠잠히 있을 거야. 구름들은 매우 천천히 주변을 유영하고 있구나. 구름이 다가올 때 네 뒤에 남겨 두는 깃털 모양의 구름 한 조각을 감지해 보렴. 구름들은 연못 가장자리를 유영하는 것을 마치며, 우리와 함께하는 것이 매우 안전하다는 것을 느꼈음이 분명해. 구름들은 이제 연못 한가운데로 유영하는데… 저것 좀 봐, 구름들이 잠들어 버렸어. 우리는 구름들이 가져다준 깃털 모양 구름 한 조각을 지닌 채 이곳을 매우 조용히 떠날 거란다.

세션 4 심상 장면: 잠시 내린 소나기 후 구름이 걷힌 맑게 갠 연못의 가을

음악: 〈요람 노래(Cradle Song)〉(Grieg)

(음악이 시작된다.)

오오, 공기가 신선하고 깨끗하지 않니? 잠깐의 소나기 후 하늘은 더 맑게 보이고 구름이 걷혔구나. 눈을 들어 보렴. 하늘에서 뭔가 다른 게 보이지 않니? 일종의 다채로운 아치가 만들어진 거 같아. 그것을 볼 수 있니? 어떤 색깔이 더 밝게 보이니? 보렴. 내 생각엔 빨간색 같아. 저것은 분홍색이니? 그러고 보니 오렌지, 노랑, 초록, 파랑, 자주… 와우, 정말 많은 색깔이네. 내 생각엔 무지개 같구나. 더 가까이 가서 천천히 보자꾸나. 어디서 멈추는지 보자. 무지개의 맨 끝을 볼 수 있니? 나는 이제까지 무지개 아래 앉는 것을 상상해 보지 못했는데. 이러한 모든 색깔과 함께 있다는 것은 꽤 기분이 좋은 일이구나. 잠시 들어 보렴. 어쩌면 색깔은 우리에게 무언가 특별한 것을 말해 줄 수도 있을 거야. (음악이 끝나갈 때) 색깔은 매우 선명하고 하늘은 여전히 맑구나. 오늘 우리의 연못 여행을 마무리할 때에 네가 간직한 그 색깔을 가져와 보렴.

심상과 전환의 종결

음악 감상이 종결되면 다음의 스크립트가 사용된다.

음악이 끝났구나. 고요함을 느껴 보렴. 기억해 보자꾸나. 커다란 나무와 단풍잎, 연못 위의 찬란한 태양, 연못에 내려앉은 다섯 마리 거위 모양의 구름들이 유영하는 모습, 청명한 하늘에 떠 있는 무지개 빛깔을 말야. 눈을 뜰 준비가 되었다면 그것들을 함께 떠올려 보렴. 준비가 되었거든 그림 그리기를 시작해 볼까.

그림 그리기 과정

치료사는 아동들이 그림을 그릴 수 있도록 격려하였고, 그림을 다 그리고 난 후에는 원래 자리에 원형으로 앉게 하였다. 그런 다음 아동들은 음악과 함께한 심상 경험에서 자신들이 그린 그림에 관해 차례대로 발표하며 경험을 공유했다. 아동들은 자신들의 작품을 심상에 대한 긍정적 기억 매체로 간직할 수 있게 되었다. 이 과정은 아동들이 자신들의 상상을 펼치기 위해 선택했던 부드럽고 즐거우며 모험적인 심상의 경험을 강화하기 위한 목적에서 이루어졌다.

세부적인 음악 목록

- 〈The Golden Voyage〉, volume 2. 'Golden sunrise' (Awakening Productions, Bearns and Dexter, 4132 Tuller Ave, Culver City CA. 90230)
- 〈Pool of Light〉, 'Crystal creek' (Allyn Harris & Peter Mendieta, 1987 Crystal Creek Recordings, Box 277 Stanstead Quebec JOB. 3EO Canada. CCR 8702)
- Respighi, 〈The Birds Suite〉, 'The nightingale' (CDC−7 47844 2, DIDX−1024, 1977 EMI Recordings Limited)
- Grieg, 'Cradle song' from CD 〈Music for the Imagination〉 (CREATIVE 1996 Barcelona Publishers Licensed by Naxos America).

완화치료 아동 환자를 위한 수용 음악치료

여기서는 음악치료사들이 완화치료 아동 환자들을 위해 임상에서 시행한 수용 음악치료 사용기법을 설명한다. 다중기법(multi-modal) 접근과 음반의 사용, 즉흥연주와 음성을 이용한 기법들이 포함된다.

소아과 완화치료에서 만성질환 아동을 위한 즉흥음악

Katrina McFerran은 말기 암을 가진 인지 기능이 약화된 아동들 및 신경학적 만성질환을 가진 아동들과 함께 일한다. VSK(Very Special Kids)는 생명을 위협하는 병에 걸린 아동이 진단을 받고 회복되는 과정까지, 또는 회복되지 못하고 죽음에 이른 경우에 사별을 경험한 아동의 가족들을 돌보고 지원하는 기관이다. 이러한 질환에는 암, 근위축증, 신경 퇴행성 및 유전적 질환 및 희귀 증후군 등이 포함된다. 가족들을 위한 지원은 아동 호스피스/위탁간호 서비스와 가족지원팀을 통해 제공된다. 음악치료사는 호스피스에서 주로 일하면서 가족지원팀에서 도움을 요청하면 서비스를 제공하기도 한다.

McFerran이 사용하는 방법 중 하나는 다중 형태의 이완 전략이다. 이 전략은 촉감이나 음향, 분위기를 통해 이완을 유도하고자 의도되었으며, 촉각 자극에 관한 전략을 기반으로 한다. 그것은 감각을 자극하기 위하여 피부에 접촉이 가능한 재료들을 사용한다. 질감과 촉각 경험을 제공하는 직물들이 선택되고, 천의 질감을 강조하기 위하여 음악이 선택된다. McFerran은 직물을 이용한 동료 치료사의 동작과 천의 질감에 맞추어 즉흥연주를 했다. 예를 들어, 양털과 같은 부드러운 재료는 이완 상태를 묘사하고, 강철솜(steel wool)과 같은 재료(따갑지 않은 것으로)는 자극을 주기 위한 목적으로 사용할 수 있다. 이 기법은 신체에서 피부가 가장 큰 감각기관에 해당하며 서로 다른 밀도로 감각 수용기들이 분포한다는 원리에 근거한다. McFerran은 이 방법을 소아과 완화치료 아동에게 이완 전략으로 사용하면서 그 효용성을 발견하였다. 그녀는 즉흥연주를 이용하여 자신의 고유한 음악을 만들어 냈다.

준 비

이 프로그램은 간병인의 도움 또는 음반의 사용이 필수적이다. 치료사는 피아노에서 즉흥연주를 한다. 휠체어를 이용하여 아동을 입실시키고, 따뜻한 담요가 있는 매트 위로 편안하게 이동시킨다. 아동이 다양한 질감과 촉감을 느낄 수 있도록 불필요한 옷가지를 벗긴다. 이런 이유로 치료실은 따뜻하게 유지되고 적어도 30분 전에 준비되어야 한다. 아동이 빛에 고정되거나 그것에 의해 방해받지 않도록 커튼을 내리고 적절한 조명을 유지해야 한다.

유 도

치료사는 제반 준비를 마치고 몇 분간의 침묵으로 세션을 시작한다. 그런 다음 간병인은 아동의 몸과 머리에 직물을 이용하여 부드러운 마사지가 진행될 것이라고 다정하게 말한다. 이러한 설명은 아동의 이해를 돕기 위한 것이다. 단계를 소개한 다음, 치료사는 피아노를 치기 시작한다.

음 악

음악은 직물의 특성을 반영하기 위하여 즉흥적으로 연주된다. 각각의 즉흥연주는 대략 5분간 지속되고 2분간의 휴지부를 둔다. 휴지부에서는 아동이 감각 자극이 소거된 상태를 경험하도록 한다.

양털이 자극제로 제시될 때 즉흥연주는 부드럽고 따뜻하게 이루어지며, 예측 가능한 화성의 배열과 더불어 왼손으로는 장중한 화음을 구사하며, 선율은 이 화음의 선상에서 소폭의 음정에서 점차 음정을 확장해 가며 즉흥적으로 만들어진다. 셈여림은 메조포르테로, 보통 빠르기의 레가토로 연주된다.

강철솜이 제시될 때, 음악은 예측 불가능한 양상을 띠며 무조의 형태로 피아노 전 음역에서 개별 음과 덩어리진 음들이 즉흥연주 된다. 아무 멜로디도 없이 급격한 음정의 도약과 스타카토 주법이 강조된다. 셈여림은 포르테이며, 주체하기 어려울 만큼 큰 음량으로 즉흥연주가 진행된다. 그리고 박이 존재하지 않으나 서로 다른 음악 요소 간의 간격이 주어지며 일관된 성향을 보인다.

플라스틱 공을 사용할 때의 음악 연주는 빠른 속도로 이루어진다. 화성은 왼손으로 베이스 라인을 따라 움직이고, 분산화음은 오른손으로 연주된다. 피아노의 고음역대에서 주 선율이 레가토로 연주되며, 셈여림은 메조 피아노다. 베이스 라인에는 선율이 때때로 드러나기도 한다. 산뜻한 음향을 위해 페달은 사용하지 않는다.

나무로 된 구슬을 사용할 때의 즉흥연주는 흐름이 우려하고 우아하다. 선명한 악구와 선율은 즉흥연주의 틀을 이룬다. 풍부한 화성 구조 안에서 장조와 단조로 번갈아 이동하며 7도와 9도 화성이 사용된다. 점점 세게 진행되다가 점점 약해지는 셈여림은 악구를 따라 움직이며, 페달은 이 효과를 증대시키기 위하여 이용된다.

이 짜임새는 세션의 조력자인 간병인의 동작에 따라 즉흥연주 된다. 또한 클라이언트가 동작이나 음성을 통해 표현하는 음악적 경험을 통합한다.

터치/촉감 지원과 구어를 이용한 이완

Melina Roberts는 VSK에서 완화치료를 받는 허약한 아동들과 함께 일한다. 그녀는 이완 시 음반과 말 · 음성을 사용하는 방법을 다음과 같이 설명해 준다.

이 기법은 장애아동, 만성질환 아동 그리고 완화치료 중인 아동을 위해 사용된다. 수시로 담요를 사용하거나 터치(손, 얼굴, 발 등)를 하며, 음성만으로 이루어지기도 한다. 이는 이완의 즉흥적인 한 유형으로 설명될 수 있다. 치료사는 달래는 노래와 자장가를 사용하여 수시로 아동들의 이름을 불러 주거나 노래한다. 또한 '바다 밑'을 주제로 빛, 비눗방울, 음반이 있는 다중감각(multi-sensory) 방을 이용할 수도 있다. 아동들이 이 방에 있을 때, 치료사는 디즈니 노래(Disney songs)나 〈라이온 킹(Lion King)〉 음반, 자연 음반(예: Tony O'Connor)을 사용하기도 한다. 또 다른 시간에 치료사는 방에 있는 아이템(예: 물고기, 문어)을 아동들이 인식할 수 있도록 한다. 치료사는 언어적 단서와 심상, 스크립트를 사용하여 아동이 자신의 팔, 다리, 손, 발, 머리 및 목을 이완하도록 격려한다(앞의 심상 스크립트 참조). 이 대상군과 함께할 경우 말의 속도는 일반적으로 매우 천천히 유지한다.

일반적으로 사용되는 음악 유형

- 3~8세의 어린 아동: 동요, 자장가, 〈라이온 킹〉, 디즈니 노래, 느린 템포의 위글스(Wiggles) 노래, 〈Hi5〉
- 8~12세의 초등학생: 초기 로큰롤(예: Elvis, Buddy Holly, Roy Orbison, Beatles), 〈Puff the Magic Dragon〉, 〈The Lion Sleeps Tonight〉와 같은 노래, 〈Beautiful〉(Christina Aguilera), 〈True Colours〉(Cyndi Lauper), 〈With You〉(Jessica Simpson), 〈Every Time〉(Britney Spears), 〈Bad Day〉(Daniel Powter) (그 밖에 인기가요 차트에 수록된 곡과 같이 라디오에서 나오는 느리고 반복적인 대중가요)
- 12~17세의 10대: 느린 템포의 인기가요, 라디오에서 나오는 느린 발라드, 흘러간 로큰롤, 1970년대의 음악(예: Carole King), 켈트 음악(예: Enya), 루카 블룸(Luka Bloom), 더 코어스(The Corrs), 영화 OST(예: 〈슈렉〉, 십대 영화)

청소년 입원 환자를 위한 수용 음악치료

Katerina Stathis는 호주 남동부에 소재한 모내시(Monash) 의료센터의 아동·청소년 정신건강 서비스센터(Child and Adolescent Mental Health Service Center: CAMHS)에서 수행한 이완 세션을 설명해 준다. Stathis는 청소년 클라이언트에게 이완기법을 적용하는 것이 다른 의미를 가져온다고 제안한다.

배 경

CAMHS는 입원환자 병동과 주간 프로그램을 운영하는 기관으로, 우울증, 등교 거부, 섭식장애, 불안 증세와 정신장애 초기 증상을 가진 12~18세 아동·청소년에게 서비스를 제공하는 것을 목표로 하고 있다.

음악치료는 입원 환자를 위해 자원봉사 치료 프로그램의 일부로 편성된다. 세션은 1시간씩 운영되고, 격주에 한 번씩 실시되며, 세션당 보통 10~16명의 참여자로 구성된다. 입원 환자의 재원 일수가 제각각인 점을 감안하여(보통은 2주를 넘지 않는다), 그룹의 성격은 모방의 의미, 서로 다른 스타일의 소개, 문화 개념, 그룹 구성원과 함께 관용의 이해를 만들어 내는 것으로서의 음악 사용에 대한 유익을 나누는 것을 목표로 삼고 워크숍 형태로 진행되었다.

준 비

세션은 그룹 구성원들이 원으로 둘러앉을 수 있는 큰 공간에서 이루어졌고, 그룹원들은 큰 쿠션과 콩주머니(beanbags)에 앉아서 참여하였다. 그룹원들이 지닌 다양한 증상, 문화적 배경 그리고 전체적인 관점에서 이러한 다양성을 감내해야 한다는 견지에서 전통적인 이완 유도방식은 세션을 시작하거나 환자의 이완을 돕기 위한 적절한 방법이 아닐 수도 있다. 이 경우 그들이 최상의 안락함을 느끼고 음악에 마음을 집중할 수 있는 구심점을 찾도록 제안하는 방식의 자유로운 접근으로 세션을 시작하는 것이 더욱 적절할 수 있다.

음악 선정

한 세션에서 리더는 인도 음악을 선택했는데, 그것은 그룹원들에게는 상당히 생소한 것이었다. 초반에 친숙지 않은 소리로 인해 호기심 강한 표현과 경멸적인 비평이 초래되었다. 구성원들을 쿠션과 콩주머니에 앉게 한 다음, 리더는 다시 편안한 자세를 취하고 음악에 마음을 집중할 것을 요청하였다. 몇 분 후, 음악이 여전히 배경음악으로 연주되는 동안에 리더는 줄이 달려 있는 공을 가지고 와서 구성원 간의 일체감의 중요성에 대해서 설명하였다. 그룹원들은 다른 사람에게 공을 던지는 활동에서 공에 달린 줄을 통해 서로 연결되었으며, 이를 성공적으로 수행하기 위해 공을 받는 사람과 눈맞춤을 하며 이름을 부르는 것이 요구되었다. 이것은 그룹 상황에서 구성원들을 연결시키기 위해 시도할 수 있는 것으로, 누구와 연결시킬 것인지에 대한 선택과 통제를 성공적으로 수행하는 것이 가능했다. 시각적 효과가 가미되어 마치 거미줄과 같이 구성원들은 창의성과 주인의식을 가지고 결속하기 시작했다.

이러한 일체감이 지속되는 가운데 리더는 그룹 구성원들이 음악 감상에 다시 집중하도록 했다. 〈Rag shri with Tintal〉은 인도의 고전음악으로 20분 정도 연주가 지속된다. 이 악곡은 백파이프의 지속 저음과 탐부라(tambura, 네 개의 현으로 이루어진 악기)로 시작된다. 사랑기(sarangi, 휜 줄로 된 악기)는 타블라-바얀(tabla-bayan, 조율된 드럼)의 연주 시작 전 거의 10분 동안 라가(raga)를 연주하면서 타라(tala, tintal)와 함께 연주된다. 인도의 전통적인 선율 양식을 따르는 라가는 즉흥연주에 자유를 부여했다. 어떠한 음들로 음계를 구성할 것인가를 결정하고 계획하는 것은 악곡에 독특한 색깔을 입혀

주었다. 타라는 반복 안에서 완성되는 주기적인 형식을 갖춘 리듬적 배열이다(Sorrell & Narayan, 1980).

'거미줄'과 같은 일체감을 유지하면서, 그룹 구성원들은 앞에 놓여 있는 유율 또는 무율 타악기를 선택하였다. 만약 인도 음악인 래그(rag)와 타라(tara)를 연주하고자 한다면 그것을 연주할 수 있는 악기도 선택할 수 있다. C, D, E, F, G, A, B음으로 구성된 래그 음계를 연주할 수 있는 톤 바(tone bar)와 C, E, F, G, B음의 실로폰, 그리고 C에서 G까지의 음역이 있는 종(bells)이 그룹의 솔리스트에 의해 선택되었다. 콩가(conga)와 슬릿드럼(slit-drum), 핸드드럼은 북을 연주하는 사람이 사용한 악기군이었고, 백파이프의 지속 저음은 조그만 키보드에 의해 연주되었다.

수용 유도로부터 파생된 그룹 즉흥연주의 방법은 그룹 구성원들에게 효과적으로 적용될 수 있음이 증명되었다. 처음에 모든 그룹 구성원은 즉흥연주에 능동적으로 참여했으며, 동시에 그룹 내에서 결속력을 구축하였다. 시간이 지남에 따라 구성원들이 점차 음악 연주에 소극적으로 관여하면서 그들의 관심사는 구조화되고 청각적 기반을 갖춘 래그 음계가 자아내는 명상적인 소리로 이동하였으며, 적극적인 음악 만들기로부터 돌아와 원래의 상태로 그룹 안에 '존재하는 것(be)'이 가능하게 되었다. 세션 후반부의 20분간의 '거미줄' 활동을 통한 일체감은 특히 주의가 약간 분산된 그룹 구성원들에게 촉각과 시각 자극을 통한 흥미를 제공했다.

음악 만들기(music making)를 통하여 청소년기의 클라이언트와 관계를 형성하는 방안을 모색하는 일은 도전적인 과제다. 청소년기는 그들을 둘러싼 세계에 대하여 호기심과 의문을 가지고 자신의 연령대를 뛰어넘는 통찰력을 배양하는 시기인 점을 염두에 두는 것이 중요하다. 새로운 아이디어의 시도에 대해 전적인 신뢰와 진실함으로 임할 때, 그룹은 수용적이고 협동적인 모습을 갖추게 된다. 이러한 분위기에서 청소년들은 자유로운 스타일의 음악 만들기를 누릴 수 있다.[1)]

교실에서의 이완과 수용 음악치료

이완기법은 다음의 치료적 목표를 위하여 교실의 아동 클라이언트를 대상으로 사용될 수 있다.

- 긴장과 스트레스 완화를 위해
- 그들의 활동이 지나칠 때 차분해지도록 교육하기 위해
- 과제를 배우는 것으로부터의 휴식을 제공하기 위해
- 상상과 환상 같은 창의적 사고를 제공하고 아동이 참여하도록 하기 위해
- 기쁨을 제공하기 위해

이완은 음악과 동작 프로그램을 포함할 수도 있다(Robins & Robins, 1988; Wigram & Weeks, 1983). 음악치료사는 물리치료 또는 특수교사와 협동하는 치료사다. 이완은 음악과 동작 세션의 끝부분에서 이루어지며, 다음 프로그램으로 진행하기 전에 아이들을 차분한 상태로 이끌어 줄 수 있다.

교실 세팅

음악과 동작 세션의 일부분으로서 이완은 바닥에 부드러운 매트가 깔린 큰 교실에서 진행할 수 있다. 교실 안에서 각자 편한 공간을 찾고 매트 또는

---

1) Stathis 세션에 사용된 아이디어가 2005년에 호주 브리스번에서 열린 제11차 세계음악치료학술대회(World Congress of Music Therapy)에서 Michalis Tobler와 Joseph Moreno의 발표로부터 얻은 것임을 언급하였다.

쿠션 위에서 쉬게 한다. 일반적으로 교실에서의 이완과정은 아동으로 하여금 테이블 또는 책상 위에 양팔을 교차하여 올려놓고, 그 위에 머리를 베고 쉬게 하면서 진행될 수 있다.

밝음/어두움

커튼을 치거나 창문을 가로지르는 블라인드를 닫음으로써 교실 안의 밝기를 줄일 수 있다. 그러나 일부 아동들은 어두움에 대한 두려움이 있으므로 아동들의 필요에 따라 조정할 필요가 있다.

병원에서의 이완 유도와 교실에서의 이완 유도는 비슷하다. 그러나 교실에서는 아동들을 그룹으로 포함한다는 것과 산만한 아이들로 이루어진 큰 그룹을 다루어야 한다는 것이 난제가 될 수 있다.

준비/장소 찾기

교실 상황에서 이완 세션의 준비 단계는 좀 더 시간이 필요하다. 다음의 준비과정은 Rickard의 『아동을 위한 이완(*Relaxation for Children*)』(1992)에 기초하여 작성되었다.

> 이제 우리는 조용한 시간을 가질 것입니다. 그동안 음악을 들으며 우리의 몸은 이완될 것입니다. 먼저 교실 안에서 여러분 각자만의 공간을 찾아보세요… 잠시 동안 혼자 있을 공간을… 그리고 다른 친구들이 닿지 않을 공간을… (아동들이 각자의 공간을 찾은 후 스트레칭을 시작한다.) 이제 잠시 스트레칭을 해 보겠습니다… 먼저 팔을 머리 위로 높이 뻗어 보세요… 할 수 있는 만큼 높이… 등과 척추뼈가 어떻게 느껴지나요? 하늘을 향해 더 길게 뻗어 보세요… 이제 한쪽으로 스트레칭을 하고… 반대쪽으로 스트레칭을 하고, 몸을 크게 스트레칭 해 보세요… 이제는 우리의 몸을 크게 흔들어 보겠어요. 더리, 어깨, 팔 그리고 손을 흔들어 보세요… 흔들고, 흔들고, 그러면 여러분의 몸이 쑤시기 시작할 거예요.

그리고 이제 다리를 한쪽씩 흔들어 봅니다… 한쪽 다리, 그리고 발, 반대쪽 다리, 발을 털어 보세요… 이완할 수 있도록 바닥 위 매트의 여러분만의 장소에서 보세요… 이것은 물론 각자의 공간이어서 다른 친구와 닿지 않을 수 있습니다… 이번에는 이완을 위해 몇몇 음악과 함께 꽤 긴 시간을 가질 거예요. 여러분의 팔과 다리는 지금 움직이지 않고 몸은 점점 느슨해지고 이완됩니다.

유도, 심상화, 스크립트는 세션의 초기에서부터 아동의 연령 범위와 행동적, 인지적 기능 수준에 따라 사용될 수 있다. 보다 단순한 언어 표현이 필요한 아동인 경우, 아동의 인지적 그리고/또는 신체적 기능 수준에 맞게 언어 표현을 수정해 주어야 한다.

음악 선정

116쪽에 나열되어 있는 음악들이 교실에서의 이완 세션을 위한 음악으로 적합할 것이다.

치료사 음성

음색, 속도와 같은 음성의 질은 병원에 입원 중인 아동을 대상으로 할 때와 마찬가지로 적용된다. 그러나 그룹 이완 세션을 이끌 때 필수적으로 필요한 기술이 있다.

목소리 투사

그룹 아동과 함께 이완 세션(또는 부분)을 이끌 때에는 모든 아동이 치료사의 음성을 분명하게 들을 수 있는 것이 중요하다. 개별 아동을 대상으로 이완 세션을 이끌 때에는 목소리가 부드러울 수 있지만, 그룹을 대상으로 할 때는 큰 목소리를 사용하지 않으면서도 모든 아동이 들을 수 있도록 말하여야 한다. 이것은 기술이 필요한데, 비교적 조용한 분위기가 유지되어야 가능하다. 한 가지 도움이 될 만한 요령은 치료사로부터 가장 멀리 떨어져 있는 아동을 기준으로 말하면 중간에 있는 아동에게는 명확하게 전달될 수 있다는 것이다.

임상 실습의 예

Emily Shanahan은 신체적, 지적 장애를 가진 아동을 위한 멜버른 특수학교에서 근무하는 음악치료사다. 그녀는 학교에서 사용하고 있는 이완 세션의 방법을 설명하고 있다.

배 경

이제부터 언급하는 내용은 특수학교 신입생인 아동 5명을 대상으로 진행한 세션에 대한 것이다. 3명의 학생은 자폐 스펙트럼으로 진단받았고, 2명은 지적장애이면서 주의력결핍 과잉행동장애(ADHD)로 진단받았으며, 5명 모두 경도에서 중등도의 언어 지연을 보였다. 비록 효과적으로 작용하기에는 몇 개월이 소요되었지만, 이완과정은 네다섯 살 그룹을 위한 음악치료 세션에서 필수적인 구성 요소로 사용되었다. 처음에 이완을 시도했을 때는 아동들이 안절부절못하고 쉽게 주의가 산만해지는 것처럼 보이면서 효과가 없는 듯했다. 그들은 종종 몸을 좌우로 흔들거나 눈앞에서 손뼉을 치는 것과 같은 자기 자극 행동을 지속하였고, 혼자 누워 있는 시간이 몇 초를 넘기지 못했다. 이완하는 동안 아동들이 음악을 듣기 위해 조용했던 순간은 거의 없었다.

몇 회기의 세션 이후 세션의 내용을 바꾸기 시작했는데, 아동들의 발달과정 안에서 아동 스스로와 환경을 이해할 수 있도록 음악과 동작을 사용한 감각 통합에 보다 중점을 두었다. 작업치료사와의 협의 후에 돌기, 흔들기, 점프, 구르기, 회전하기와 같은 동작 중심의 활동을 좀 더 포함시켰다. 이 활동들은 학생들로 하여금 동기를 유발할 뿐만 아니라 세션 동안 집중하고 상호작용하는 것을 가능하게 하는 데 매우 효과적이었다.

준 비

이러한 활동을 포함시킨 것은 성공적인 이완을 이끌 수 있도록 커다란 차이를 제공했다. 이완 세션을 준비하기 위하여 실행한 여러 물리적인 고려 사항은 다음과 같다.

- 초기에는 세부적인 활동 순서를 묘사하는 그림을 게시판에 붙여서 이용했다. 이 그림은 아동으로 하여금 이완을 준비할 시간이 되었음을 알려 주는 힌트 역할을 하였다. 아동들이 이완에 익숙해지고 나면 그림은 필요 없어진다.
- 개인적인 공간의 제공은 매우 중요하다. 어린 학생들은 서로 엉겨 붙는 것을 좋아하는데, 이것은 분명 이완에 도움이 되지 않는다. 그래서 개인적인 매트나 베개가 필수적이다. 개인별로 무거운 담요를 사용할 수도 있는데, 이것은 개인적인 공간을 표시해 주는 것일 뿐 아니라 무게감과 따뜻함을 제공하여 아동으로 하여금 침착하게 하는 것을 도와준다.
- 대개의 경우 밝기를 줄이고 커튼을 친다. 처음에는 한 학생이 이러한 변화로 인하여 공포심을 느꼈다. 그래서 이 아동의 두려움을 분산시키고 다른 학생의 관심을 전환시키고자 느리게 움직이는 색깔 있는 조명을 도입했다. 후반으로 가면서 색깔 있는 조명은 더 이상 필요하지 않았다.
- 학생들이 진정하는 데 어려움을 가질 때에는 손목, 팔꿈치 그리고 발목을 부드럽게 눌러 관절을 부드럽게 압박하는 방법을 사용하기도 했다. 촉감이나 위치 감각을 투입하는 것은 감각처리 과정에 어려움이 있는 아동에게 안정감을 제공할 수 있다.

음악 선정

학생들이 이완을 위해 몇 주 동안 준비된 후 음악이 도입될 수 있었다. 라이브 음악은 아동의 특수한 필요에 따라 맞출 수 있고 그들의 에너지와 가깝게 조화시킬 수 있기 때문에 아주 효과적이다. 즉흥연주는 튜불러 벨(tubular bell)과 오션 드럼, 피아노 즉흥, 기타 즉흥과 함께 온화한 목소리로 단순한 가사로 만들어졌다. 학생들은 즉흥음악에 익숙해지기 시작했고, 음악에 따라 이완하는 것이 가능해졌다. 고전음악으로부터 현대의 디제리두(didgeridoo) 음악에 이르기까지 광범위한 음반들이 효과적이었다.

음악은 다양했지만 음악의 모든 근본적인 특성은 학생들이 최고 수준의 이완을 경험하도록 촉진하였다. 중요한 것은 음악이 느린 박자(50~70bpm), 부드러운 세기, 단순한 화성 구조와 형식을 갖추는 것이었다. 이완시간은 5~10분 사이로 유지하며, 세션이 끝날 무렵에 한 번 더 학생들의 주의를 집중시키는 것이 효과적이다.

아동의 이완을 위한 그 밖의 의견

아동은 새로운 경험을 좋아하므로 이완을 위하여 다음과 같은 추가적인 아이디어를 포함할 수 있다.

- **낙하산(parachute) 자극**: 온화한 바람을 만들어 주기 위하여 낙하 전용 천을 사용할 수 있다. 낙하산의 크기에 따라 3~4명의 인원이 보조해 주어야 한다. 아동들은 바닥에 눕고, 치료진은 아동들의 위에서 부드럽게 낙하산을 위아래로 흔들어 바람을 만들어 준다. 음악은 만들어지는 바람의 빠르기와 일치하도록 사용한다. 이 활동에 스크립트를 활용할 수도 있는데, 예를 들면 118쪽에 제시된 소나무 숲에 관한 심상 스크립트가 가능할 것이다.

주의할 점은 어떤 아동은 자신의 위로 낙하산이 내려오는 것을 보고 겁에 질릴 수 있다는 것이다. 그러므로 아동에게 바로 눕거나 엎드려 눕거나 하는 선택권을 주어야 한다.

낙하산은 크기에 따라 다르긴 하지만 매우 강한 바람을 만들 수도 있다. 이런 경우에는 이완을 방해할 수도 있으므로 치료사가 바람의 세기를 조절해 주어야 한다.

- 실크(silk) 자극: 긴 실크 천이 낙하산 자극과 같은 목적으로 사용될 수 있다. 적절한 음악과 함께 낙하산 자극과 같은 방법으로 사용하면 되는데, 보조해 주는 인원은 더 적어도 가능하다.

고등학생을 위한 이완

여기서 제시하는 이완 유도는 Crook(1988)이 사용한 것으로서 사람이 자신의 장점을 느끼는 것에 초점을 맞추는 것이 깊은 이완 상태로 이끄는 데 효과적이라는 사실을 활용한다. 깊이 이완된 상태에서는 보다 깊은 자아를 경험할 수 있는데, 이것은 15세 정도의 청소년들에게 중요한 경험이 된다. 유도에 더 긴 시간이 필요하며, Crook은 긍정적인 단어를 채택하여 진행하였다. 여기에서도 말줄임표(…)는 문장 사이의 짧은 쉼을 의미한다.

준 비

치료사는 앞으로 진행될 일에 대하여 신체적 · 감정적으로 환자를 준비시켜야 한다. 준비과정은 치료 세션의 내용과 연관된 것이어야 하며, 학생들이 유도를 경험할 수 있는지와 30분 또는 그 이상 집중할 수 있는지도 살펴보아야 한다. 다음의 스크립트는 고등학생들을 대상으로 이완을 준비시킬 때 적합할 수 있다.

편안한 장소를 찾으세요(침대, 의자 또는 바닥 위 매트). 그리고 그 장소에서 정말로 편안해질 때까지 기다리세요. 침대나 바닥에 누운 경우, 등을 대고 바로 누우면 여러분의 몸이 쉽게 이완될 수 있을 거예요. 몸의 균형을 잘 맞추면 몸을 구부릴 필요 없이 바로 누울 수 있어요. 최적의 자세에서 눈을 감으면 방해가 되는 것들(예: 조명, 다른 사람의 동작)을 차단할 수 있답니다.

침대, 의자 또는 매트가 여러분을 지지하는 것을 느껴 보세요. 여러분의 머리, 어깨 등과 엉덩이, 팔과 손, 다리와 발바닥을 지지하는 것도 느껴 보고, 침대/의자/매트에 몸을 맡겨 보세요.

음 악

음악은 심상 스크립트를 읽기 시작할 때부터 심상과정이 끝날 때까지 지속된다. 음악의 크기는 학생들이 치료사의 목소리를 들을 수 있도록 낮게 유지하는 것이 좋다. 청소년들은 정체성과 음악 선호도 사이에 중요한 연관성이 있으므로 그들 스스로 선택하고 그들에게 친숙한 음악이 가장 효과적이다. 음악이 흐르는 상태에서 스크립트를 읽는 것이라면 악기 연주 음악을 사용하는 것이 적절하며, 켈틱 음악, 명상 음악, 전자 음악이 이 연령대에 적합하다.

이완 유도 스크립트(Crook, 1988에 근거)

호흡을 의식해 보세요. 숨을 들이마실 때 무엇이 일어나고 있는지 느껴 보세요… 그리고 숨을 뱉어 보세요… 해변가에 몰려왔다가 바다로 다시 나가는 파도처럼 여러분의 몸에 들어왔다 나가는 숨결을 느껴 보세요. 뱉을 때 여러분은 해방감을 느끼고 이완을 경험합니다… 그러고 나면 이 이완된 느낌이 점점 더 강하고 깊어지도록 하세요… 마치 바다의 모래를 씻어 주는 파도처럼 긴장(또는 두려움)이 씻겨 나갈 거예요… 지금 여러분은 좀 더 이완되도록 도와주는 매우 가볍고 부드러운 호흡을 느낄 것입니다…

이제는 발과 발가락을 느껴 보세요… 발가락을 단단히 오므려 보세요… 이제는 발을 펴고, 발이 이완되는 것을 느껴 보세요… 남아 있는 긴장감이 떠나고 있는 것을 느껴 보세요… 발이 따뜻해지고 이완되는 것을 느낄 것입니다. 무릎과 발목 사이를 느껴 보세요… 숨을 내쉬면 다리의 아래 부분들이 이완될 것입니다… 무릎이 이완될 것입니다… 이제는 여러분의 다리의 윗부분을 느끼고 커다란 근육을 느낄 것입니다… 그것들을 이완해 보세요… 여러분의 다리가 따뜻해지고 이완된 것을 느낄 수 있을 거예요… 이제는 엉덩이 부분을 느껴 보고… 침대/의자/매트 안으로 몸을 맡겨 보세요…

그리고 허리와 척추를 느껴 봅니다… 여러분 등의 중심에 있는 척추를 느껴 보세요… 척추를 쭉 뻗는다고 상상해 보세요… 이제는 숨을 쉬면서 척추를 최대한 뻗는 것입니다… 그런 다음 이완을 해 보세요… 여러분의 호흡을 의식하고 호흡이 어떻게 등으로 전달되는지 보세요… 다음번에 숨을 내쉴 때에는 여러분의 등이 정말로 이완됩니다… 등을 침대(또는 의자, 매트)에 맡겨 보세요. 이번에는 목덜미를 느껴 보세요… 다음 숨을 내뱉을 때는 모든 긴장(또는 고통)을 어깨로부터 흘러나가게 해 보세요… 그리고 어깨를 아름답게 이완하기 위하여 긴장(또는 고통)을 녹여 버리세요… 어깨 주변과 목 뒤에 따뜻한 물이 흐른다고 상상해 보면서 어떻게 이완되는지 느껴 보세요…

이제는 팔을 이완해 봅니다… 여러분의 손도… 손가락과 손등도… 호흡의 부드러움을 느껴 보세요. 가슴으로 숨을 들이마시고, 다음에 숨을 내쉬면서 가슴 속에 있는 모든 긴장감을 흘려 보내세요. 그러면 따뜻함과 이완됨을 느낄 수 있을 거예요… 이제 호흡은 위(stomach) 아래로 내려갑니다. 위장이 이완될 것이고… 편안하고 부드럽게… 목을 통해 호흡을 느끼고 이완됩니다… 이제는 턱이 이완되고 입술 주변 근육이 이완되는 것을 느껴 보세요… 혀와 뺨도 이완됩니다… 코를 통해 호흡하듯 공기가 흘러가고, 목구멍과 가슴, 위장으로 지나가는 것을 부드럽게 느껴 보세요… 호흡은 아주 부드럽고 아주 이완되고 있습니다. 그리고 여러분의 눈과 그 주위가 이완됩니다… 이마를 느껴 보세요. 이마가 이완되고 있습니다…

그리고 이제는 호흡이 머리의 제일 윗부분에 머무르고 머리 윗부분이 이완됩니다. 여전히 여러분의 마음은 이완되어 있으며… 흘러가고… 고요합니다…

이제 몸 전체를 느껴 보고 깊이 이완해 보세요. 따뜻하고 고요합니다… 몸이 얼마나 평화로운지 느껴 보세요… 몸이 얼마나 고요한지 느껴 보세요… 얼마나 편안하고 좋은지 느껴 보세요… .

이완 세션의 마무리

이완 세션의 내용에 의거하여 청소년(또는 그룹)은 음악과 심상을 경험하기 이전의 의식 수준으로 돌아갈 필요가 있을 것이다. 치료사는 다음과 같이 말할 수 있다.

이제 음악이 끝났습니다… 여러분의 몸이 침대/의자 안/매트 위에 누워 있는 것을 의식해 보세요… 주위의 소리를 의식해 보세요… 그룹의 다른 친구들도… 여러분의 몸을 스트레칭 해 보세요… 팔도 스트레칭 해 보세요… 다리도… 숨을 크게 들이마시고 내쉬어 보세요… 그리고 준비가 되었다면 깨어나세요.

청소년들은 이완에 관해 논의하거나 이완 경험에 대한 그림을 그릴 수도 있다. 치료사는 세션의 논의과정에서 이완하는 것이 어떠했는가를 각 사람에게 질문할 수 있을 것이다. 그들은 음악에 의식적으로 집중하는 것이 도움이 되었는가? 그들은 심신이 이완되는 것을 느껴 보았는가?"

치료적 공동체 프로그램에서 청소년을 위한 이완

청소년 클라이언트를 위한 효과적인 이완의 또 다른 방법으로 촛불을 사용할 수 있다. 성격장애가 있는 청소년(16~25세) 그룹을 위한 치료적 공동체에서의 음악치료 세션은 다음과 같이 구성된다. 그룹 구성원들은 심리치료의 경험이 있고 한 시간 동안 집중할 수 있었으며 인지적 손상이 없었다.

준 비

이완 세션은 커튼이 쳐지거나 절반가량 블라인드가 쳐진 어두운 조명이 있는 넓은 방에서 시행되었다. 클라이언트들은 어두운 방에서 빛과 어두움에 관한 균형을 통제할 것이 요구되었다.

클라이언트들이 방 안에서 자신들이 편안함을 느끼는 곳이라든가 편안한 쿠션이나 매트를 선택하도록 하였다. 클라이언트들로 하여금 자신의 공간을 찾아보도록 하는 것은 중요한 전략이 된다. 그들은 방 어느 한쪽에 앉거나 누울 수 있었으며, 혼자 또는 그룹과 함께하는 것을 선택할 수 있었다. 방의 중앙에는 반침대 위에 커다란 촛불이 놓여 있었다. 클라이언트 중 한 사람이 촛불을 점화하면 치료사가 음악을 들려주기 시작했다. 종종 클라이언트들은 말하며 웃음을 터트리기도 했지만 점차적으로 음악의 효과와 깜빡이는 촛불의 최면 효과로 인해 조용해지곤 했다. 몇몇 클라이언트는 바닥에 눕기도 하며, 차차 이야기하거나 웃는 것이 잦아들었다.

음악이 종결될 때, 치료사는 음악이 마무리됨을 알리고 그룹 구성원 중에서 한 사람이 촛불을 끄도록 조용히 말한다. 그리고 이완에 대한 그룹 토의와 음악의 효과에 대한 논의가 이어진다.

음악 목록

다음의 음악 목록은 '깜빡거리는 촛불' 을 주제로 한 이완에서 사용할 수 있다.

- Tony Scott, 〈Music for Zen Meditation〉 (Verve 817-209-2)

- 〈Celtic Odyssey〉 (Narada 8361–63912–2)
- 〈Celtic Moods〉 (Virgin Records 72438–44951–2)
- 〈Celtic Twilight〉 (Hearts of Space 0–25041–11042–6)

참고도서

Crook, R. (1988). *Relaxation for Children*. Katoomba: Second Back Row Press.

O'Neill, C. (n/d). *Relax*. London: Children's Play (International).

Rickard, J. (1992). *Relax for Children*. Melbourne: ACER.

음악치료 수용기법 04

성인을 위한 수용기법과 이완

도 입

이완은 다양하고 많은 상황에서 성인 클라이언트에게 사용되는데, 이완기법 자체가 하나의 치료적 기술로 사용되거나 음악치료 세션 안에서 노래 또는 즉흥연주와 같은 방법들을 통하여 이루어진다. 이완은 음악 감상, 음악으로 이미지화하기, 보니 방식에 의한 인도된 심상과 음악(BMGIM)과 같은 기법들로 구성되어 있다. 이완 유도는 상황과 치료적 목표에 따라 소요시간이 달라진다.

이 장에서는 이완 유도의 다양한 방법에 대해 설명할 것이다. 이를 통해 선호하는 이완기법의 레퍼토리를 구축할 수 있다. 각각의 유도는 환자와 클라이언트의 감각 패턴을 완전히 소멸시켜 버리고 이완 유도 단계에서 반복적으로 사용될 수 있다. 이러한 유도는 매해의 임상 실습과 교육, 그리고 Bonny와 Savary(1973), Fleming(1990–1992), Ventre(1990–1992) 방식의 GIM으로 훈련되고 개발되었다. 점진적인 근육이완(PMR) 유도는 Jacobson의 『점진적 이완(*Progressive Relaxation*)』(1938), Schultz와 Luthe(1959)의 자율 훈련적 유도에 기초하고 있다.

이 장의 첫 번째 부분에서는 이론적 준거의 틀과 특별한 기술들에 대해서 설명할 것이다. 두 번째 부분에서는 준비, 유도, 음악, 각성 단계로의 복귀, 언어적 진행을 포함한 단계적인 개요 안에서 여섯 가지의 다양한 유도법에 대해서 설명할 것이다. 전반적으로 이 장에서는 이러한 방법들을 수용하는 사람들에 대해서 다양한 용어를 사용하여 기술할 것이다. 즉, 환자(성인 입원 환자), 클라이언트(건강센터나 개인병원에서), 거주 환자(요양원 같은 주거 공간에서)와 같은 용어를 사용할 것이다. 이들은 서로 통용될 수 있다.

이론적 체계

음악을 이용한 이완 유도는 다양한 클라이언트(또는 클라이언트 그룹) 상황에서 사용된다.

- 침대에서(병원 또는 가정에서)
- 의자에 앉아서(병원, 집, 요양원 또는 건강센터에서)
- 마루에 누워서(건강센터 또는 복지관, 병원의 외래 환자 대상으로)

이완은 신체적 · 정신적 건강을 추구하는 클라이언트들에게 적용될 때 아주 강력한 기술이 된다. 이완의 몇 가지 이점은 다음과 같다.

의학 세팅에서 음악과 이완

- 스트레스와 긴장의 감소(Bruscia, 1998a; Hanser, 1996, 1999b; Kibler &

Rider, 1983; Pelletier, 2004)

- 치료 절차에 앞서 불안의 감소(Metzler & Berman, 1991; Saperston, 1999)
- 고통(Rider, 1985)과 수술 중의 고통 강도의 경감(Barker, 1991)
- 규칙적인 호흡(Hanser, 1996, 1999b)

정신건강 치료 세팅(의학 경험에 기초한)에서 음악과 이완

- 스트레스, 흥분 및 불안 감소
- 클라이언트의 주의를 육체와 호흡에 집중시킴으로써 방향을 잡아 줌

노인요양시설에서 음악과 이완

- 치매를 가진 환자의 흥분을 감소시켜 줌
- 편안한 경험 제공
- 음악 감상의 경험 고양

그룹 상황(예: 지역사회)에서 음악과 이완

- 집단 내에서의 공감과 평안함 경험
- 집단 구성원들에게 이완을 배우는 기회를 제공함으로써 그들이 집에서도 그 기술을 구사할 수 있게 함
- 복지 강화

음악과 이완 유도를 위한 환경 구축하기

성공적인 이완과 음악 단계에 이르게 하는 데에는 필수적인 네 가지 중요한 요소가 있다. 이러한 요소는 모든 상황에서 적용이 가능하다.

환자/클라이언트/거주 환자를 위한 편안한 자세

이완은 편안한 의자에 앉거나, 침대에 눕거나, 벽에 기대어 앉거나, 바닥의 안락한 매트에 누워 있는 동안 효과적으로 일어날 수 있다. 중요한 것은 '편안한' 상태를 만들어 주는 것이다. 클라이언트는 꽉 끼는 벨트나 타이, 신발과 같이 호흡을 제한하는 것이 있다면 제거해야만 한다. 의자, 침대 또는 바닥은 클라이언트를 위해서 안락한 편안함을 제공해야만 한다. 부드러운 베개와 같이 몸을 지탱할 수 있는 것이 필요하다. 그리고 목을 지탱하기 위해 부드러운 베개를 목 아래에 놓는다. 마지막으로 클라이언트를 따뜻하게 해줘야 한다. 효과적인 이완 세션에서는 클라이언트의 호흡이 꽤 늦춰지고 몸의 온도가 상당히 떨어질 수 있다. 그러므로 클라이언트는 몸의 온도를 유지하기 위해서 따뜻한 담요를 필요로 할 수 있다. 담요는 정신적인 역할을 담당할 수도 있는데, 클라이언트가 담요를 덮음으로써 더 보호받고 덜 공격받는다고 느낄 수 있다. 만약 클라이언트가 바닥에 담요를 덮지 않고 누워 있다면 다른 사람들이 공격하기 매우 쉽다는 느낌이 들 것이다. 심지어 날씨가 덥더라도 얇은 시트나 펼쳐 있는 천을 제공해 주면 클라이언트가 정신적으로 더 보호받고 있다고 느낄 수 있다.

밝 기

대부분의 상황에서 천장 불빛은 완전히 꺼져 있거나 적어도 어둑어둑한 것이 좋다. 이완을 방해하는 것 중 하나는 형광등의 깜빡임이다. 형광등은 매우 밝을 뿐만 아니라 진동도 있기 때문에 불빛이 꺼져 있는 것이 좋다. 그러나 많은 경우에 클라이언트들이 완전한 어둠 속에서는 불안정함을 느낄 수 있다. 그래서 약간의 여과된 불빛이 필요하다. 약간의 불빛은 효과적으로 어둑어둑하게 만들 수 있다. 또는 별도의 조명등을 사용할 수도 있다. 치료사가 음악 장비를 다루기 위해서도 적절한 빛이 있어야만 한다. 방의 커튼을 드리우거나 적당한 조명 단계를 설정함으로써 방을 어둡게 할 수도 있다.

이완 세션을 종결할 때는 클라이언트가 방이 밝아지는 변화를 준비할 수 있도록 하는 것도 중요하다. 치료사는 "지금 다시 불을 켤 것입니다. 눈이 부실 수 있으니 조심하세요."라고 말할 수 있다. 대신에 커튼을 천천히 그리고 부드럽게 점차적으로 많은 불빛이 들어오도록 열 수 있다.

방해받지 않는 공간

분주한 병원에서는 치료사가 방해받지 않는 공간을 찾는 것이 쉽지 않다. 때로 치료사는 4~6명이 있는 병실에서 클라이언트를 위한 이완 세션을 제공하기도 한다. 그리고 치료사는 오직 환자의 침대 주변의 커튼을 드리우는 것만 할 수 있을지도 모른다. 이러한 환경에서는 "이완 세션이 진행 중입니다. 들어오지 마세요."라는 표지를 문의 잘 보이는 곳에 붙여 놓아야 한다. 세션이 끝날 때쯤 표지를 문에서 제거하는 것도 기억하라. 만약 표지가 몇 시간 동안 문에 붙여 있고 방에 아무도 없다면 다른 동료들이 짜증을 낼 수도 있다.

만일 그룹 상황이라면 치료사는 새로운 클라이언트들에게 이 시간은 조용히 하는 시간이고 다른 사람들을 방해하면 안 된다는 것을 설명할 필요가 있다. 치료사는 주저하는 클라이언트들에게 그룹의 다른 이들을 방해하는 대신 치료사에게 가까이 앉도록 제안할 수 있다(이는 급성 정신장애 세팅에서 환자와 일할 때 적절하다.).

음악 재생하기

특정 그룹 이완 단계의 부분으로서 음악이 사용될 때는 음악이 방 전체에 골고루 들릴 수 있어야 한다. 이것은 음악이 집단의 모든 사람에게 쉽게 잘 들릴 수 있도록 스피커를 설치해야 한다는 것을 의미한다. 개인 환자일 경우 CD 플레이어가 개인의 머리, 발 또는 어느 한쪽에 평평하게 놓여야 한다. 이완 유도를 시작하기 전에 가장 좋은 위치를 찾아야 한다. 치료사는 장비가 잘 작동하는지, 전원이 연결되었는지를 파악해야 한다. 치료사들이 클라이언트를 위한 이완 유도를 하는 데 있어서 실패했던 사례들 중에는 CD 플레이어에 CD가 없거나, 전원이 나갔거나, CD 플레이어가 아예 방에 없었던 것과 같은 경우들이 있다. 그래서 항상 장비가 잘 작동하는지를 미리 점검할 필요가 있다.

클라이언트의 이완된 상태를 촉진시키는 치료 기술

이완 유도 세션에서 가장 중요한 기술은 음질이다. 이것은 클라이언트를 이완 단계에 머무르게 하고자 할 때와 이완 상태로부터 끌어내고자 할때 각각 다르게 적용할 수 있어야 한다. 성인 클라이언트와 함께 하는 이완 유도 세션에서 요구되는 또 다른 기술은 클라이언트의 경험을 이해하고 탐색하기 위해 이완의 마무리 단계에서 순조롭게 토론을 이끌어 내는 것이다(언어적 진행). 이러한 기술들은 다음에서 더 자세히 설명될 것이다.

음 질

순조로운 이완을 유도하기 위하여 치료사는 적절한 음질을 가져야 한다. 앞 장에서 언급했듯이, 음악치료사는 잘 조절된 음질을 가져야 한다. 노래 기술과 기법을 개발해야 하고, 자유로운 발성과 노래 부르기를 포함하여 다양한 상황에서 안정되게 목소리를 사용할 수 있도록 훈련받아야 한다. 개인 또는 그룹 환자를 위한 이완 유도의 효과는 음색과 명확한 목소리, 다이내믹 범위 그리고 말 속도에 의존한다.

- 음색: 음색은 너무 높지도 낮지도 않고 너무 두드러지지 않는 중간 범위를 필요로 한다. 이완 유도는 반복성을 필요로 하기 때문에 일정하고 지

속적인 음색을 유지하는 것이 중요한데, 이것이 신뢰를 유도하고 안정감을 유발하는 효과를 가져올 수 있다. 예를 들어 높은 톤의 목소리는 불안정하고 서투른 느낌을 전해 줄 수 있고, 낮은 톤의 목소리는 쉰 소리처럼 느껴지거나 권위적인 모습 혹은 주문을 외우는 것 같은 이미지로 비칠 수 있다. 그러므로 중간 범위의 음색은 이러한 생각들로부터 벗어날 수 있게 해 준다.

- 명확한 목소리: 클라이언트가 치료사의 소리를 명확하게 들을 수 있어야 하기 때문에(특히 그룹 세션에서) 중간 범위의 음색과 함께 명확한 목소리를 유지하는 것 또한 아주 중요하다. 개인 클라이언트와 함께할 때의 목소리는 부드러워야 하지만, 그룹에서는 그룹의 각 구성원들이 들을 수 있도록 큰 목소리가 아니더라도 명확한 목소리가 필요하다. 따라서 치료사는 이런 기술을 가져야 비교적 조용함을 유지하면서 목소리를 잘 전할 수 있다. 조용히 말하는 동안에도 가장 멀리 있는 사람에게 목소리를 전달하는 것은 치료에 도움이 되는 기술 중 하나로 모든 클라이언트가 명확히 들을 수 있게 해 준다.
- 다이내믹: 일반적인 말하기 상황에서 목소리 다이내믹은 같은 문장이더라도 전달하고자 하는 의미에 따라 중요한 단서에 강조를 두면서 달라질 수 있다. 그렇지만 이완 유도 효과를 위한 목소리 다이내믹은 일정하게 유지되어야 한다. 목소리 다이내믹의 변화는 클라이언트로 하여금 다음에 무엇이 이야기될 것인지 궁금하게 만들면서도 평범한 말하기에서와 같은 다양한 다이내믹이 아닌 보다 안정된 톤으로 전달하는 것이 필요하다. 일정한 음색으로 말하는 것이 부자연스럽게 느껴지지 않도록 하는 것이 중요하다.
- 말 속도: 치료사가 말을 너무 빨리 하거나 너무 느리게 한다면 이완이 어렵다. 만일 개인 또는 그룹 클라이언트들의 에너지 수준이 높고 클라이언트들이 꽤 활동적이라면 클라이언트의 에너지 수준에 맞춰서 속도를

좀 더 빠르게 한 이후에 점진적으로 속도를 낮춰 가면서 의도된 이완 단계로 맞춰 가는 것이 도움이 될 수 있다.

- 호흡 모델: 클라이언트의 주의를 호흡으로 유도해 갈 때는 호흡 소리가 들리도록 치료사가 모델링해 줄 수 있다. 예를 들면, "숨을 들이마시고… (들이마시는 소리를 낸다)… 숨을 내뱉고… (내뱉는 소리를 낸다)…."

이완 단계의 외부로 클라이언트를 복귀시키기

이완 유도의 마지막에서 클라이언트들은 의식이 깨어나지 않은 상태로부터 돌아와야만 한다. 이때는 시작과는 다른 음질을 사용해야 한다.

- 음색: 음색은 다소 날카로우면서 보다 큰 다이내믹 변화를 가져야 한다.
- 음량: 음량은 점차적으로 크게 한다. 처음에는 이완 단계에 있는 클라이언트의 상태에 맞춰 부드러운 목소리로 시작하다가 점차 목소리를 크게 하여 클라이언트가 각성 단계로 돌아오도록 도와주어야 한다.
- 다이내믹: 자연스럽게 음성 조절을 하여 다이내믹을 증가시키면서 클라이언트가 각성 단계로 돌아오도록 방향을 잡아 주어야 한다.
- 스크립트: 마지막 이완 단계의 전형적인 스크립트는 다음과 같다.

음악이 끝났습니다. 당신의 몸이 어떻게 이완되었는지를 느껴 보시고 이 느낌을 기억하세요. 당신은 다른 시간에도 이러한 방법으로 당신의 몸을 이완시킬 수 있습니다. 그리고 지금은 (매트, 의자, 침대 위의) 당신의 몸을 인식해 보기 바랍니다. 당신의 팔과 다리를 움직여 보세요. 깊이 숨을 들이마시고 모든 숨을 내뱉어 보세요(소리가 들리게 모델링해 준다). 당신의 팔과 다리를 쭉 펴고 부드럽게 당신의 몸 전체를 스트레칭 해 보세요.

음악 목록 구성하기

이완 세션에서 음악을 구성하는 방법에는 두 가지가 있다. 첫 번째는 이완 유도에서 치료사가 말하는 동안 배경음악으로 조용히 음악을 틀어놓는 것이다. 두 번째는 클라이언트가 이완 상태에 이르고 수용적일 때 음악을 시작하고 유도가 진행되는 동안 충분히 음악을 틀어놓는 것이다.

첫 번째 방법은 사용 가능한 시간이 제한될 때, 긴 음악치료 세션의 한 부분으로 다른 방법들과 함께 사용될 때, 또는 클라이언트들이 이완 진행에 익숙하지 않을 때 적합할 것이다. 그리고 두 번째 방법은 음악적 경험에 앞서 이완 유도과정 자체에 초점을 맞추기 위한 것으로서 보다 긴 이완 세션에 적합할 것이다.

이완 유도에서 음악은 이완 유도가 진행되는 동안 혹은 이완 유도가 이루어진 후 클라이언트의 상황에 따라 적절하게 사용될 수 있다. 이 장의 끝부분에 이완 유도의 음악 목록을 제시하겠지만 다른 음악도 얼마든지 사용이 가능하다.

이완 경험의 언어적 진행

이완 유도 세션에서 클라이언트의 경험에 대해 트론하는 것은 중요하다. 눈을 감은 채 이완을 진행하다 보면 클라이언트의 주의가 내면의 생각과 감정, 기억으로 향하는 것은 필연적인 과정이다. 클라이언트가 이완하는 동안 생각하고 느끼는 것들을 치료사가 아는 것은 불가능하다. 그러므로 언어적 진행이 정상적이고 필수적이다. 클라이언트(또는 그룹)가 각성 단계로 돌아왔을 때, 치료사는 토론 분위기를 조성해야 한다. 이를 들면, "지금 당신에게 무슨 일이 있었는지에 대해서 함께 이야기하는 시간을 갖겠습니다. 이완할 때의 기분이 어땠습니까?" 와 같이 언급할 수 있다 그룹의 구성원들로 하여금 긍정적이든 부정적이든 반응을 표현하게 하는 것은 중요하다. 이전에 충분히 이완된 경험을 해 본 적이 없는 클라이언트라면 이완 경험이 편하지 않았을 수도 있다. 그러므로 충분히 좋은 효과를 얻으려면 여러 번의 경험을 해 봐야 한다고 말해 주어야 한다.

클라이언트가 어색한 자세로 있을 경우, 거북하거나 고통스러울 수 있으므로 부정적인 언급이 나타날 수 있다. 어떤 클라이언트는 원치 않는 생각이나 해야 할 것을 생각하느라 주의가 흐트러질 수 있다. 어떤 경우에든 치료사는 주의 깊게 들어주고, 충분히 도움이 되려면 이완 경험도 연습이 필요함을 강조해야 한다.

음악 선정

이완에 적합한 음악을 선정하는 데에는 많은 의견이 있다. 가장 효과적인 음악은 클라이언트가 즐기고 선호하는 장르와 스타일의 음악이다. 실제로 연구 결과에서는 클라이언트가 음악을 스스로 선택했을 때 이완이 더욱 효과적이었다(Saperston, 1999). 성인 클라이언트는 그들이 듣고 싶은 음악을 제안할 수 있지만, 때로는 그 음악이 사용 가능하지 않을 수도 있고 집의 환경과 비교했을 때 병원의 상황에서는 똑같은 사운드가 나지 않을 수도 있는 음악일 수 있다. 이런 경우에는 불가피하게 음악치료사가 음악을 선정해야 하는데, 클라이언트의 연령, 에너지 수준, 신체적 건강 단계와 클라이언트의 움직임에 적합하게 선정해야 한다.

단기 이완 유도의 경우 짧은 음악(3~7분 정도)이 적당하다. 장기 이완 유도의 경우는 더 긴 음악(10~15분 정도)을 선정하는 것이 적당하다. 적합한 음악의 목록은 이 장의 마지막에 제공될 것이다. 음악 목록은 항상 새로운 곡들로 갱신되어야 한다.

이완 유도

다음에서는 다양한 이완 유도기법이 제시된다. 얼핏 보면 각각의 유도기법이 중복되는 것 같은데, 그것이 바로 이완 유도기법의 핵심을 잘 표현해 주고 있는 것이다.

각 기법의 전 과정을 제시하고 있는데, 이것은 클라이언트의 연령, 신체 상태, 상황에 따라, 그리고 치료사에게 편안한 기법인지의 여부에 따라 바뀔 수 있다.

Note

만일 당신이 이완 유도를 제시해 본 적이 없다면, 클라이언트 그룹에게 이완 유도를 제시하는 과정 전체를 혼자 진행하며 녹음을 해 보십시오. 그리고 녹음이 끝나면 편하게 자리를 잡고 녹음된 소리를 들으며 스스로 이완을 유도해 보십시오. 이때, 이완이 일어나기 쉬운 위치를 잡는 것이 중요합니다(조용한 장소, 바닥 위의 편안한 매트, 침대, 편안한 의자). 녹음된 당신의 목소리 음질과 진행속도를 확인하면서 들으세요. 이 과정은 당신에게 이완 유도기법을 알려 주는 가장 좋은 방법입니다.

현재 활용되고 있는 이완 유도기법은 다음과 같다.

- 단기 이완
- 구조화된/카운트다운 이완 유도
- 자율 훈련적 이완 유도
- 색(色) 유도

- '빛' 이완 유도
- 점진적 근육이완(PMR; Jacobson, 1938에 근거)

단기 이완

단기 이완은 많은 상황에서 적절하게 사용될 수 있다. 예를 들어, 클라이언트가 불안이나 고통을 느끼는 경우나 집중할 수 있는 시간이 짧은 경우(예: 치매 초기 단계)에 클라이언트를 안정시키는 데 도움을 줄 수 있다. 단기 이완 유도는 클라이언트가 바닥에 누워 있기보다는 의자에 앉아 있을 때가 적합한데, 누워 있으면 충분히 움직일 수 없기 때문이다. 단기 이완은 여러 다양한 그룹에 적합하다. 이 경우 몸의 이완을 위해 기본적이고 체계적인 과정을 지켜야 한다. 예를 들어, 클라이언트가 의자에 앉아서 진행하는 것이 기본이지만, 병원 침대에 누워 있는 환자를 위해서는 변경이 가능하다. 앞에서와 마찬가지로 말줄임표(…)는 문장과 문장 사이의 짧은 침묵을 나타낸다.

준 비

의자에서(또는 침대에서) 가능한 한 편안한 자세를 취하세요. (치료사는 클라이언트의 몸을 지지해 주기 위하여 베개를 사용할 수 있다.) 편안한 자세를 취해서 당신의 몸이 균형 잡힌 느낌이 들도록 해 보세요… 발을 바닥에 두고, 팔은 무릎이나 몸의 양옆에 느슨하게 두세요… 이제 당신의 목을 의자에 기대어 보세요… 어깨… 등… 엉덩이… 그리고 다리. 당신의 몸을 의자에 가라앉도록 허락해 보세요. 당신의 몸이 지지받고 있다는 것을 느낄 수 있을 것입니다.

유 도

이제 당신의 호흡에 집중해 보세요. 숨을 깊게 들이마신 후 몸 안의 긴장감들이 모두 빠져나가도록 부드럽게 내쉬어 보세요. ("다음의 각 지시에 대해 숨을 깊이 들이마시고 부드럽게 내쉬어 보세요."라고 반복적으로 덧붙인다.)

얼굴로부터… 이마, 볼과 턱을 지나서

목과 어깨로부터

팔과 손으로부터

가슴과 배로부터

등과 허리로부터

엉덩이로부터

다리로부터

발로부터

몸을 편안하게 유지하면서 음악이 몸 안에 흐르고 편안함을 가져다 줄 수 있게 하세요. (음악을 시작한다.)

음 악

음악은 유도가 끝난 이후에 시작된다. 짧은 곡(대체로 5~7분)은 의자에 앉아 있는 클라이언트나 단기 이완이 필요하다고 여겨지는 다른 상황들에서 적당하다. 이 장 끝의 음악 목록을 보라.

각성 단계로의 복귀

음색과 속도를 사용하여(앞서 언급했던) 짧은 시간에 복귀할 수 있다.

음악이 끝나갑니다… 편안한 감정 그대로 머물러 있으세요. 당신은 이 평온한 상태로 다시 돌아올 수 있습니다… 당신의 몸을 깨우기 시작하세요… 부드럽게 팔과 다리를 뻗으세요… 숨을 깊이 들이마시고 충분히 내쉬세요(치료사가 소리 내며 모델링을 해 줄 수 있다.)… 몸을 크게 뻗어 보세요. (치료사는 호흡 소리를 내면서 스트레칭 하는 모델링을 해 줄 수 있다.)

언어적 진행

단기 이완 세션에서는 "무엇이 좋았습니까?"와 같은 간단한 질문을 할 수 있다. (여전히 이완되어 있는 상태에서는 활발하게 말하기가 어렵기 때문에 클라이언트가 대답을 할 수 있도록 시간적 여유를 줄 수 있다.) 치료사가 개인 또는 그룹의 클라이언트들에게 할 수 있는 다른 질문들은 다음과 같다.

- 편안함을 느꼈나요?
- 몸의 어느 부위에서 편안함을 느꼈나요?
- 음악의 어떤 점이 좋았나요?

구조화된/카운트다운 이완 유도

상 황

몇몇 클라이언트는 자신이 무엇을 하는 것인지 명확히 해 줄 필요가 있다. 구조적 이완 유도는 혼란에 빠져 있는 클라이언트들(예: 정신질환을 가지고 있거나 치매 초기 단계의 사람)에게 적합하다. 시작할 때 클라이언트를 이해하기 위해서 정보를 얻는 것이 앞으로 일어날 일들에 대해서 도움을 준다.

준 비

의자/침대/바닥 위 매트에서 편안한 곳을 찾으세요. 당신에게 가장 편안한 장소를 찾으세요. [그룹 세션의 경우] 이완 세션에 집중하는 동안 다른 사람에게 방해가 될 수 있으니 말은 하지 않습니다. [취약한 클라이언트의 경우] 만약 어느 순간에 눈을 뜨기를 원한다면 괜찮습니다. 잠시 떴다가 다시 눈을 감으면 됩니다. 제가 5부터 1까지 거꾸로 숫자를 세어 나갈 것입니다. 그리고 숫자가 진행될수록 당신은 점점 편안함을 느낄 수 있을 것입니다. 세션이 끝나면 당신을 깨우기 위해서 다시 숫자를 셀 것입니다. 이제 편안함을 느끼면서 눈을 감으세요. 눈을 감으면 방해하는 빛이 보이지 않을 것이고 호흡에 집중하고 이완할 수 있도록 도울 것입니다. [눈을 감는 이유에 대해서 설명하 주고 취약한 사람에게는 안전하고 보호받고 있음을 느낄 수 있도록 도와준다.]

이제 숫자를 셀 것입니다.

5 – 호흡을 인식하고… 당신의 몸 안팎으로 호흡해 보세요.

4 – 이제 속도를 줄여 천천히 호흡합니다… 조금만 느리고 깊게 숨을 쉽니다… 몸이 편안해지는 것을 느낍니다.

3 – 더 깊게 호흡하면서 당신의 가슴에 채워지는 것과 내쉴 때 가슴과 어깨가 내려가는 것을 느껴 보세요.

2 – 다시 호흡할 때 당신 몸의 어떠한 긴장이라도 인식하여 밖으로 내보내도록 하세요.

1 – 더 깊은 이완을 느껴 보세요… 긴장을 풀어 주고… 숨이 몸 전체에 퍼지면서, 편안함과 이완이 몸 전체로 퍼져 나가게 하세요…. (이 시점에서 음악을 틀어 준다.)

음 악

혼란스러워하거나 집중력이 부족한 클라이언트를 대상으로 할 때는 음악이 짧아야 한다(약 5~7분 정도). 장시간 집중할 수 있는 클라이언트라면 10분 가량의 음악을 선정할 수 있다. 이 장의 끝에 제시된 음악목록을 참조하라.

각성 단계로의 복귀

음악이 끝나고 있습니다… 팔과 다리를 뻗어 보세요… 깊게 숨을 들이마시고 내쉽니다… 팔과 다리를 움직여 보고 크게 뻗어 보세요.

언어적 진행

치료사는 앞서 '단기 이완'에서 제시한 것과 마찬가지로 클라이언트의 느낌에 대해 물어볼 수 있다.

자율 훈련적 이완 유도

자율 훈련적 이완 유도는 클라이언트 스스로 이완을 조절해 간다는 의미다. 이 이완 유도기법은 성인 클라이언트(또는 그룹)를 대상으로 여러 상황에서 사용된다. 집중이 가능하고 지시를 따라올 수 있으며 몸의 각 부분에 주의를 집중시키는 것이 가능한 클라이언트들에게 적합하다.

이러한 이완 유도에서 클라이언트는 의자에 앉아 있거나 벽에 기대어 바닥에 앉아 있거나 바닥에 누워 있을 수 있다. 많은 성인 클라이언트들은 바닥에 누우면 공격받기 쉽다는 느낌을 받을 수 있기 때문에 그들이 편안하다고 생각하는 자세를 스스로 선택하게 하는 것이 중요하다. 확실한 것은 사람들이 부드러운 침대, 매트 또는 두툼한 카펫에 눕는 것이 더 효과적이라는 것이다. 그룹 상황에서 사람들은 아마도 바닥에 앉거나 벽에 기대어 있는 것을 더 선호할 것이다. 그러나 꼿꼿이 앉은 자세는 그 자체에서 몸이 지지받는 것을 느끼기 때문에 이완의 경험을 제한하게 한다. 이것이 사람들이 의자에 앉는 것을 더 선호하는 이유가 될 수도 있다. 마루에 눕는 것을 반드시 강요할 필요는 없다. 그보다는 최상의 자세를 취하지 못한 사람들을 조절해 주고 세션 과정 안에서 신뢰를 이끌어 내는 것이 더욱 중요하다.

준 비

바닥에 앉아서(또는 벽에 기대거나 의자에 앉아서) 편안한 장소를 찾으세요. 바닥이(또는 벽이나 의자가) 지지해 주는 것을 느껴 보세요.

머리와 어깨를 지지해 주는 것을 느껴 보세요…

등과 척추의 아래에서 맨 위까지의 마디마디를 지지해 주는 것을 느껴 보세요…

당신의 팔과 손을 지지해 주는 것을 느껴 보세요…

당신의 엉덩이와 다리를 지지해 주는 것을 느껴 보세요…

당신의 몸이 완전히 지지받고 있음을 느껴 보세요[이것은 육체적으로 안전함을 확신시켜 준다.].

바닥에(또는 의자에) 자신이 가라앉도록 허용해 보세요. 몸 안에 있는 어떠한 긴장도 떨쳐 버리세요. 부드럽게 눈을 감습니다….

자율 훈련적 이완

이제 당신의 호흡을 의식해 보세요… 당신의 호흡이 어떤지 느껴 보세요… 너무 빠르거나 불규칙적일 수 있습니다… 숨을 들이마시고 내쉴 때 가슴 안의 공기의 움직임을 느껴 보세요… 당신의 몸이 느끼는 것이 어떤지 인식해 보세요… 당신의 몸이 더 가벼워졌거나 더 무거워졌다고 느껴질 수 있습니다… 어느 쪽이든 좋습니다… 점점 깊은 숨을 쉬어 보세요… 부드럽게 들이마시고… 부드럽게 내쉬세요… 자연스러운 패턴으로 호흡해 보세요… 깊은 호흡을 계속하면서 당신의 오른쪽 발의 근육을 느껴 보기 시작합니다… 그 근육을 이완시키세요. 그러면 당신의 오른쪽 발이 부드럽게 이완되는 것을 느낍니다… 당신의 오른쪽 다리의 근육을 느껴 보세요… 그 근육을 이완시키세요. 그러면 당신의 오른쪽 다리도 부드럽게 이완되는 것을 느낍니다… 당신의 왼쪽 발의 근육을 느껴 보기 시작합니다… 그 근육을 이완하면 당신의 발이 이완됩니다… 당신의 왼쪽 다리의 근육을 느껴 보세요… 그 근육을 이완하면 당신의 다리는 이완됩니다… 당신의 엉덩이와 골반, 허리의 근육을 느껴 보기 시작합니다… 그 근육들을 이완하면 당신의 엉덩이와 골반, 허리가 이완됩니다… 당신의 복부 근육을 느껴 보세요… 그 근육을 이완하면 당신의 복부가 이완됩니다… 당신의 횡격막과 가슴의 근육을 느껴 보세요… 그 근육들을 이완하면 당신의 가슴은 이완됩니다… 당신의 어깨와 어깨통과 어깨 뒤쪽의 근육을 느껴 보세요… 그 근육들을 이완하면 어깨는 이완됩니다… 당신의 팔과 손, 손가락들과 엄지손가락의 근육을 느껴 보세요… 그 근육들을 이완하면 당신의 팔과 손은 이완됩니다… 다시 당신의 어깨로 돌아와서 위로 올라가 목과 목구멍으로 갑니다… 그 근육들을 이완하면 당신의 목은 이완됩니다… 얼굴의 근육을 느껴 보세요… 턱, 코, 눈, 눈 사이, 이마, 정수리… 그 근육들을 이완하면 당신의 얼굴은 이완됩니다… 그리고 몸 가득히, 깊숙이 이완된 것을 느껴 보세요… 이제 음악을 들어 봅니다….

이러한 유도는 역순으로 진행할 수도 있는데, 그러면 순서는 머리부터 시작하여 발 아래로 내려갈 것이다.

자율 훈련적 이완 유도의 또 다른 예는 193쪽에서 설명하고 있다.

음 악

장기 자율 훈련적 이완에서의 음악은 약 10~15분 길이가 적합하다. 음악 목록은 이 장 마지막에 제시되어 있다.

각성 단계로의 복귀

음악이 끝났습니다… 주변의 소리를 인식해 보세요… 방 안의 소리와 방 밖의 소리들… 우리가 있는 방을 인식해 보세요… (그리고 방 안에 함께 있는 사람들도)… 이제 몸을 움직여 보세요. 팔… 다리… 깊이 호흡해 보세요… 그리고 이완해 보세요… (치료사가 호흡 소리를 내며 모델링해 줄 수 있다)… 그리고 준비가 되었다면 눈을 뜨세요….

언어적 진행

그룹 세팅에서 치료사는 이완이 되었는지, 충분히 이완하는 것을 방해하는 요소들이 있었는지 등 각 클라이언트의 이완 경험에 대해서 질문할 수 있다. 전형적인 방해 요소 중 하나는 바닥의 불편함이 될 수 있다(이 경우 쿠션이나 다른 부드러운 것들을 가져와서 사용하도록 할 수 있다.). 어떤 클라이언트는 다른 여러 가지 생각을 멈추는 것에 어려움을 느낄 수도 있다.

색 유도

색(色) 유도법은 앞에 언급한 자율 유도법에 색을 활용하여 클라이언트의 신체 인지력을 상승시킨다. 흥미로운 것은 사람들이 고르는 색이 그들의 감정 상태를 반영하고 있다는 것이다. 이 유도법에서는 그 색을 자기가 포용하면서 그것을 자기 몸 안으로 받아들이는 자세가 필요하다. 이것은 호흡이나 집중에 어려움이 있는 사람에게는 적합한 방법이 아니다.

준 비

편안한 자세를 취하세요… 그리고 호흡을 방해하는 셔츠나 벨트 등을 푸세요… 매트/바닥이 당신을 지지해 주는 것을 느껴 보세요… 머리를 지지하고 어깨, 척추, 등을 지지하고 있음을 느껴 보세요… 팔과 손… 그리고 엉덩이, 다리, 발도 지지하고 있습니다… 당신의 몸이 매트/바닥으로 가라앉게 하면서 긴장을 전부 풀고 천천히 눈을 감습니다…

호흡을 느껴 보세요… 숨이 불규칙하거나 빠를 수 있습니다… 당신의 호흡 패턴을 느껴 보세요. 그리고 숨이 당신의 몸속에 들어와 퍼지게 하세요… 점점 깊게 숨을 쉽니다… 부드럽게 들이마시고… 부드럽게 내쉽니다… 자연스럽게 호흡을 계속합니다….

색 유도법

깊게 숨을 쉬면서 당신의 몸에 받아들이고 싶은 색을 떠올려 보세요… 그 색에 대해 잠시 생각해 봅니다… 그것은 지금 당신의 감정을 반영하는 색일 수 있습니다… 또는 당신이 몸에 받아들이고 싶은 색일 수도 있습니다… 그 색에 대해 잠시 생각해 봅니다… 색의 색조와 질감을 느껴 봅니다… 몸의 각기 다른 부분으로 그 색을 보내려고 합니다… 색을 바꾸고 싶다면 바꾸셔도 됩니다… 이제 양쪽 발로 색을 내려 보냅니다… 발바닥을 채우고 발목까지 그 색으로 채웁니다… 양쪽 다리도 점점 채워 갑니다… 종아리를 채우고… 무릎… 허벅지… 그리고 엉덩이까지… 이 색은 당신의 몸에 필요한 것을 가져다 줄 것입니다(이완이나 고요함이 될 수도 있고, 활력이나 에너지가 될 수도 있습니다. 무엇이든 가능합니다)… 이제 색은 엉덩이를 지나 허리까지 갑니다… 색이 몸의 부분들을 채우고… 몸이 원하는 것들을 가져다 줍니다… 이제 색이 당신의 배까지 올라옵니다… 여기에서도 몸의 부분들을 채워 갑니다… 가능한 한 필요한 만큼 채우세요('필요한 만큼' 채우는 것이며, 클라이언트가 이 색에 압도당해 버리면 안 된다)… 가슴까지 색이 올라왔습니다… 천천히 편안하게 색을 받아들이고 싶은 만큼 받아들여 보세요… 가슴까지 그 색이 서서히 올라옵니다… 천천히 받아들이고 싶은 만큼만 받아들이세요… 당신의 몸이 필요로 하는 것들을 가져다줄 것입니다… 이제는 그 색을 뒷부분 등 쪽으로 보냅니다… 색이 천천히 당신의 등 쪽으로 흐릅니다… 여기에도 당신의 몸이 필요로 하는 것을 가져다줄 것입니다… 당신 몸에 보내고 싶은 부분에 색을 보내세요… 색은 어깨 쪽으로 흐르고 있고… 어깨를 타고… 그리고 팔로 내려가고 있습니다… 손목을 타고… 손가락… 그리고 엄지손가락까지… 몸에서 필요로 하는 것을 색이 전해주도록 하세요… 이제 색은 어깨 윗부분까지 채워 갑니다… 부드럽게 목을 지나게 하세요… 그리고 턱으로 갑니다… 두 뺨을 지나고… 두 눈으로 들어갑니다… 두 눈의 뒷부분을 지나 이마로 갑니다… 머리 위 꼭대기까지 채웁니다… 이제 당신은 몸 전체에 채워진 색을 느낄 수 있습니다… 몸 어딘가에 색이 더 필요한 곳이 있다면 그쪽으로 보내 보세요… 그리고 이제 당신은 음악에 집중합니다.

이 유도법은 거꾸로 머리부터 발까지 내려가는 방식으로도 할 수 있다.

각성 단계로의 복귀

음악이 끝났습니다… 당신 주변의 소리들을 인식해 보세요… 방 안의 소리, 방 밖의 소리도 인식해 보세요… 우리가 지금 있는 방을 인식해 보세요… (그리고 함께 방 안에 있는 사람들도) … 몸을 조금씩 움직여 보고 팔과 몸을 스트레칭해 주고… 깊게 숨을 쉬어 보세요…(치료사가 호흡 소리를 내며 모델링해 줄 수 있다)… 준비가 되었으면 눈을 뜨세요….

음 악

음악은 10~20분 정도가 적당하며 편안한 음악이 좋다.

언어적 진행('자율 훈련적 이완 유도'의 167쪽 참조)

치료사는 클라이언트가 이완을 느낄 수 있었는지, 신체 중 어느 부위가 가장 이완되었는지와 같이 이완 경험에 대해서 질문할 수 있다. 치료사는 또한 클라이언트가 선택한 색이 무엇인지, 음악적 경험이 어땠으며 그것이 도움을 주었는지에 대해서 물어볼 수 있다.

'빛' 이완 유도

여기에는 두 가지 대안적인 유도법이 있는데, 그 또한 자율적인 유도법이다. 하나는 '빛'이 색처럼 자기 몸 전체를 이동하게 하는 방법이다. 이는 클라이언트의 몸을 조금 더 진정시키도록 유도한다. 다른 하나는 빛 발산 유도법(반짝거리는 빛을 보는)인데, 이는 빛이 클라이언트의 중심으로부터 발산되는 이미지를 사용하는 것이다. 중심은 클라이언트의 '영혼'을 의미할 수도 있고, '신체의 중심'을 의미할 수도 있다.

'빛' 유도: 준비

편안한 자세를 취하세요… 그리고 호흡을 방해하는 셔츠나 벨트 등을 푸세요… 매트/바닥이 당신을 지지해 주는 것을 느껴 보세요… 머리를 지지하고 어깨, 척추, 등을 지지하고 있음을 느껴 보세요… 팔과 손… 그리고 엉덩이, 다리, 발도 지지하고 있습니다… 당신의 몸이 매트/바닥으로 가라앉게 하면서 긴장을 전부 풀고 천천히 눈을 감습니다…

호흡을 느껴 보세요… 숨이 불규칙하거나 빠를 수 있습니다… 당신의 호흡 패턴을 느껴 보세요. 그리고 숨이 당신의 몸속에 들어와 퍼지게 하세요… 점점 깊게 숨을 쉽니다… 부드럽게 들이마시고… 부드럽게 내쉽니다… 자연스럽게 호흡을 계속합니다….

'빛' 유도 스크립트

이제 마치 공처럼 동글동글한 빛의 형상을 떠올려 보세요… 충분히 마음속에 그릴 수 있도록 시간을 드리겠습니다… 그 빛은 색깔을 갖고 있습니다… 그 빛은 당신의 머리 위에서 맴돌고 있어요… 이제 숨을 쉬면서 그 빛이 당신의 머리 위로 오게 합니다… 당신이 원하는 만큼… 그 빛이 당신의 몸을 채우게 합니다… 빛은 이제 당신의 얼굴과 목을 따라 천천히 움직입니다… 이제 빛은 어깨를 지나고… 팔로 내려갑니다… 손을 지나… 손가락으로… 손가락 끝까지 내려옵니다… 이제 빛은 부드럽게 가슴을 지납니다… 편안한 만큼만 받아들이세요… 가슴을 지나고, 척추를 흐르는 빛을 느껴 보세요… 폐를 지나고… 배를 지나고 있습니다… 필요한 만큼만 받아들이세요… 이제는 허리와 골반을 지납니다… 필요한 만큼만 받아들이세요… 이제 빛은 다리로 내려갑니다… 허벅지를 지나고… 무릎, 종아리, 발과 발가락까지 내려갑니다. 반짝거리는 빛을 당신 몸 전체에서 느낍니다… 이제 음악을 인식해 보고, 음악이 당신에게 무엇을 가져다주는지 느껴 보세요….

(음악을 시작한다.)

빛 유도법은 몸 전체로 빛을 발산하는 방식으로도 사용할 수 있다. 이 방법은 존재의 가장 중심부를 인식하게 만들어 준다. 대부분의 경우, 이 중심부는 가슴뼈의 중심에 위치한 명치를 의미하기도 한다. 그러나 신체의 특정 부위가 중심부라고 단정할 필요는 없다. 어떤 사람에게는 중심부가 얼굴이 될 수도 있고, 어떤 사람에게는 배가 될 수 있다. 가장 중요한 부분이 어느 곳인지는 가능성을 열어 두는 것이 중요하다. 이 유도법은 빛을 어떻게 몸 안에 들어오게 해야 할지 모르는 사람에게는 적합하지 않다. 실제로 몸이 아프거나 매우 취약한 경우(그 과정에 압도당하는 경우)에도 부적합하다. 이 방법은 실제로 사람의 중심부에 집중해서 사용할 때 적절한 시기에 사용하게 되면 굉장히 강력한 유도법이다. 어떠한 사람은 그 빛을 과장하거나 그것을 굉장히 크게 생각하여 중심을 못 잡을 수가 있는데, 이 경우 "당신이 편안함을 느낄 만큼만 받아들이세요."라고 말해 주는 것이 중요하다. 이 유도법은 편안한 유도를 경험해 본 사람이나 유도하는 동안에 그 과정을 잘 따라오는 사람에게만 적당하다.

빛 발산 유도: 준비

편안한 자세를 취하세요… 그리고 호흡을 방해하는 셔츠나 벨트 등을 푸세요… 매트/바닥이 당신을 지지해 주는 것을 느껴 보세요… 머리를 지지하고 어깨, 척추, 등을 지지하고 있음을 느껴 보세요… 팔과 손… 그리고 엉덩이, 다리, 발도 지지하고 있습니다… 당신의 몸이 매트/바닥으로 가라앉게 하면서 긴장을 전부 풀고 천천히 눈을 감습니다…

호흡을 느껴 보세요… 숨이 불규칙하거나 빠를 수 있습니다… 당신의 호흡 패턴을 느껴 보세요. 그리고 숨이 당신의 몸속에 들어와 퍼지게 하세요… 점점 깊게 숨을 쉽니다… 부드럽게 들이마시고… 부드럽게 내쉽니다… 자연스럽게 호흡을 계속합니다….

빛 발산 유도 스크립트

이제 당신은 당신 몸의 중심을 인지해 보기 시작합니다… 당신의 몸의 중심이 어디인지 느껴 보세요… 스스로 몸의 중심을 느껴 봅니다. 이 중심은 당신을 당신이게 만드는 바로 그 중심입니다… 당신의 몸에서 그 중심을 찾아보세요… 그리고 당신의 중심을 찾았으면 그 중심을 향해 숨을 쉬기 시작해 보세요. 그 중심에 생명을 불어넣어 주세요… 이제 그 중심으로 한 줄기 빛이 들어가는 것을 상상합니다. 중심으로 들어간 빛이 발산되기 시작하면서 천천히 중심 주변을 빛으로 채워 갑니다… 필요한 만큼만 빛으로 채우세요… 중심부의 빛은 점점 더 발산합니다… 그리고 몸의 다른 부위로 움직입니다… 천천히 그리고 조금씩 세포들을 통해 번져 나갑니다… 중심의 빛이 몸을 채워 가고 있습니다. 천천히 머리로 가고… 팔과 손가락으로… 척추를 타고… 다리와 발까지… 그 빛으로 내 몸이 꽉 차 있음을 느껴 보세요… 이제 음악을 인식해 보고, 그 음악을 당신의 중심에 둡니다….

(음악을 시작한다.)

음 악

이 장 마지막의 음악 목록을 참조한다.

점진적 근육이완

점진적 근육이완(Progressive Muscle Relaxation: PMR, Jacobson,1938에 근거)은 몸 전체 근육의 긴장과 이완에 중점을 두는 기법이다. 이 유도법은 지시해 주는 것을 좋아하는 클라이언트를 대상으로 할 때 더욱 성공적이다. 아울러 에너지가 넘치는 사람에게 매우 유용하며, 누워서 자신의 근육이 이완되는 것을 상상하기 어려운 사람에게도 유용하다. PMR은 명확하고 구체적인 지침과 지시가 필요한 사람들에게 적합하다. 이와 반대로 창조적으로 생각하기 좋아하는 사람들에게는 너무 직선적인 방법일 수도 있어 지시가 주어졌을 때 약간의 저항을 보일 수도 있다. 보다 훈련된 치료사일수록 각각의 상황에 알맞은 유도기법들을 직관적으로 선택할 수 있다. 힘을 주라는 말만 계속하다 보면 클라이언트들은 언제 그리고 어느 정도로 힘을 줘야 하는지 모르게 될 것이다.

준 비

편안한 자세를 취하세요… 그리고 호흡을 방해하는 셔츠나 벨트 등을 푸세요… 매트/바닥이 당신을 지지해 주는 것을 느껴 보세요… 머리를 지지하고 어깨, 척추, 등을 지지하고 있음을 느껴 보세요… 팔과 손… 그리고 엉덩이, 다리, 발도 지지하고 있습니다… 당신의 몸이 매트/바닥으로 가라앉게 하면서 긴장을 전부 풀고 천천히 눈을 감습니다…

호흡을 느껴 보세요… 숨이 불규칙하거나 빠를 수 있습니다… 당신의 호흡 패턴을 느껴 보세요. 그리고 숨이 당신의 몸속에 들어와 퍼지게 하세요… 점점 깊게 숨을 쉽니다… 부드럽게 들이마시고… 부드럽게 내쉽니다… 자연스럽게 호흡을 계속합니다….

유 도

편안히 베개를 베고 누운 상태에서 오른쪽 발 근육에 집중하세요… 다리 근육에 힘을 주고… 힘을 빼고… 주고… 빼세요… 오른쪽 엉덩이까지 근육에 힘을 주고… 빼세요… 왼쪽 발 근육에 힘을 주고… 빼세요… 왼쪽 다리 근육에 힘을 주고… 빼세요… 그리고 골반을 타고 올라가 등 아래까지 오며 근육에 힘을 주고… 빼세요… 이번에는 배 근육에 힘을 주고… 주고… 빼세요… 어깨를 타고 가슴까지 오며 근육에 힘을 주고… 주고… 빼세요… 어깨에서 등을 타고 내려가며 근육에 힘을 주고… 주고… 빼세요… 힘을 준 다음 손을 주먹으로 꼭 쥐고 더 세게… 세게… 쥐었다가 푸세요… 팔에서부터 어깨까지 근육에 힘을 주고… 주고… 빼세요…

이제 팔을 귀 쪽으로 올리고… 근육에 힘을 주고… 주고… 빼세요… 베개를 벤 상태에서 목을 가슴 쪽으로 들어 올리며 근육에 힘을 주고… 주고… 빼세요… 이를 꽉 다문 상태에서 턱 근육에 힘을 주고… 주고… 빼세요… 눈을 감고 있으면서 눈 근육에 힘을 주고… 빼세요… 얼굴을 찡그리며 이마 근육에 힘을 주고… 주고… 빼세요… 당신의 몸 상태를 인식해 보세요… 그리고 몸이 전체적으로 이완되게끔 몸 전체를 느껴 보세요… 그럼 지금부터 음악에 귀를 기울이세요….

(음악을 재생한다.)

이 유도법은 거꾸로 머리부터 발까지 내려가는 방식으로 할 수도 있다.

각성 단계로의 복귀

음악이 끝났습니다… 당신 주변의 소리를 인식해 보세요… 방 안의 소리, 방 밖의 소리들을 인식해 보세요… 우리가 지금 있는 방을 인식해 보세요… 그리고 방 안에 있는 사람들도 인식해 보세요… 몸을 조금씩 움직여 보고 팔을 스트레칭 해 주고… 다리도 스트레칭 해 주세요… 깊게 숨을 쉬어 보세요… (치료사는 호흡 소리를 내며 모델링해 줄 수 있다)… 준비가 되면 눈을 뜨세요….

언어적 진행

'자율 훈련적 이완 유도' 부분(p. 167)을 참조하라.

임상 사례

여기서는 임상 환자들을 위한 다양한 이완 유도법이 소개될 것이다. 이 기법들은 호주와 유럽의 음악치료사들로부터 제공받았으며, 클라이언트를 대상으로 어떻게 활용해야 하는지에 대해서 근거 설명과 더불어 성공적으로 사용했던 음악들까지 함께 설명하고 있다.

성인 입원 환자

배 경

Clare Kildea는 멜버른 왕립병원의 골수이식병동에서 일하는 공인 음악치료사(RMT)다. 그녀는 이완 유도법을 골수이식을 진행받는 환자들과 종양치료를 받는 환자들을 대상으로 진행하였다. 그녀는 여러 병동에 이완 세션 광고를 냈고, 환자들을 모집하여 다양한 유형의 환자들로 그룹을 구성하였다. 어떤 환자들은 링거를 달고 오기도 하고, 어떤 환자들은 정맥주사 펌프를 달고 오기도 하여 펌프의 경보가 울릴 것을 대비해 간호사가 동석하기도 하였다. 입원환자를 대상으로 한 이 유도는 편안한 의자에서 진행되었다. 그리고 Kildea는 유도과정 전체에 걸쳐 음악을 사용했는데, 세션의 다양한 상황에 따라 사용했던 음악들을 여기에서 제시할 것이다.

이 세션은 '확언' 단계로 마무리 되는데, 이것은 환자들이 스스로 안정되고 이완되었음을 자기 자신에게 확언하는 것이다. 이 과정은 환자들이 가장 수용적이 되는 마지막 단계에 진행된다. 이 유도에서는 음악치료사가 쉬지 않고 조용히 그리고 천천히 대본을 읽는다.

유 도

이완을 시작하려고 합니다. 당신의 몸, 목과 척추, 다리를 일직선으로 펴서 몸을 대칭적으로 만들고 그 옆에 양팔을 편하게 갖다 대세요. 의자에 앉아 있는 당신의 몸을 느껴 보고, 의자에 의해 지지받고 있는 신체 부위들, 당신의 등과 팔, 다리도 느껴 보세요. 쉬고 있는 당신의 발과 고요한 온몸을 느껴 보세요. 이 이완과정 동안 약간의 음악과 약간의 침묵이 이어질 것입니다. 제 목소리를 따라오세요.

호흡 유도법

조용히 앉아서 호흡을 느껴 봅니다. 호흡이 빠른지 느린지, 또는 얼마나 깊은지 느껴 보세요. 점점 깊게 숨을 쉬기 시작하여 당신의 모든 생각을 호흡하는 과정에 집중합니다. 길게, 그리고 천천히, 깊게 숨을 쉬세요. 이번에 숨을 들이쉴 때는 편안하게 깊은 숨을 들이쉬고 한숨을 쉬며 내쉬세요. 당신의 호흡을 느껴 보고 그 호흡의 자연스러운 리듬감도 느껴 보세요. 그리고 음악을 들으면서 흘려 보내세요. 의자에 몸을 가라앉히고 음악에도 푹 잠겨 봅니다.

지지받고 있는 당신의 몸을 느끼면서 부드럽고 느슨하게 놓아주세요. 이 시간은 당신을 위한 시간이고, 당신 자신을 돌보기 위한 시간이며, 당신을 보살피기 위한 시간이니 할 수 있는 한 최선을 다해 이 시간을 활용하세요. 긴장을 풀고 몸을 편안하게 두세요. 우리는 이제 호흡에 집중하면서 당신 몸의 여러 부분을 인식하고 그곳에 남은 긴장감들을 모두 풀어 버릴 것입니다.

자율 유도법

이제 당신의 의식을 오른쪽 발가락 끝의 근육으로 가져와서 오른쪽 발가락과 오른쪽 발의 근육을 느껴 보세요. 당신의 오른쪽 발이 굉장히 나른해지면서 긴장이 풀어집니다. 그리고 이제 오른쪽 발목 위, 종아리 부분으로 의식을 이동해 봅니다. 그곳에 긴장이 남아 있다면 호흡을 이용하여 풀어 보세요. 그리고 의식을 오른쪽 허벅지로 옮겨 봅니다. 당신의 허벅지도 역시 나른해지며 부드럽습니다. 그다음 엉덩이부터 발끝까지, 오른쪽 다리 전체가 부드럽고 편안해짐을 느껴 보세요.

이제 당신의 의식을 왼쪽 발가락 끝의 근육으로 가져와서 왼쪽 발가락과 왼쪽 발의 근육을 느껴 보세요. 당신의 왼쪽 발이 굉장히 나른해지면서 긴장이 풀어집니다. 그리고 이제 왼쪽 발목 위, 종아리 부분으로 의식을 이동해 봅니다. 그곳에 긴장이 남아 있다면 호흡을 이용하여 풀어 보세요. 그리고 의식을 왼쪽 허벅지로 옮겨 봅니다. 당신의 허벅지도 역시 나른해지며 부드럽습니다. 그다음 엉덩이부터 발끝까지, 왼쪽 다리 전체가 부드럽고 편안해짐을 느껴 보세요.

이제 당신의 의식을 복부로 옮겨옵니다. 그리고 배 쪽으로 깊게 숨을 쉬면서 복부가 부드럽고 편안해지는 것을 느껴 보세요. 이제 당신의 의식을 가슴 쪽으로 옮겨옵니다. 가슴이 넓어지고 탁 트이며 부드러움을 느낍니다. 이제 등도 편안해지고 이완됩니다. 어떤 근육이라도 당신에게 긴장을 주고 있다면 힘을 빼고 편안하게 하세요. 이제 당신의 의식은 목과 어깨로 올라옵니다. 어깨가 굉장히 부드럽고 녹아내리고 있습니다. 어깨 쪽으로 천천히 숨을 쉬면서 남아 있는 긴장을 밖으로 보내 보세요.

이번에는 당신의 의식을 팔과 손으로 옮겨 보세요. 손바닥의 감각을 느껴 보세요. 그리고 당신의 의식을 얼굴로, 턱으로 옮겨서 어떠한 곳이든 긴장이 있다면 내보냅니다. 턱이 완벽하게 이완되도록 입을 살짝 벌려도 좋습니다. 당신의 이마는 넓고 부드러우며 양쪽 볼도 점점 부드러워지고 눈은 편안히 휴식을 취합니다. 당신의 턱이 편안해지며 혀는 입 안에서 편안해집니다.

자, 이제 깊게 숨을 쉬면서 조금이라도 남아 있는 긴장감을 모두 내보냅니다.

듣 기

여러 가지 생각들이 들 수도 있습니다. 그러나 들어오는 즉시 흘려 보내세요. 그 생각들을 흘러가는 구름이라고 상상하고, 들어오는 즉시 흘려 보내세요. 흐르는 생각들에 의미를 두지 말고 호흡으로 주의를 돌려서 당신의 몸이 부드럽게 이완되는 것을 느끼며 음악을 들어 보세요.

자연스러운 호흡의 리듬을 느껴 보세요. 당신의 숨결이 몸의 안팎을 편안하게 이동하고 있습니다. 마음을 편히 가지세요. 떠오르는 생각들은 지나가는 구름일 뿐입니다. 지금 이 시간, 이 공간은 당신을 위해 존재합니다. 긴장을 푸세요.

당신의 몸과 마음은 함께 작용합니다. 당신의 마음은 당신의 몸이 이완될 수 있게 도와주며 당신의 몸의 고요함은 당신의 마음에 집중할 수 있게 해 줍니다. 지금 당신이 집중하고 싶은 신체 부위가 있다면 그곳으로 의식을 집중시키고… 숨을 불어넣으세요. 따뜻함, 치유하는 온기를 느낄 수 있을 것입니다.

확 언

이 시간은 개인적인 확언을 하는 시간입니다. 확언은 '나는 ~이다' 라는 형식으로 현재 시제를 사용하여… "나는 차분하며 편안하다." 또는 "나는 자신감이 있고 어떠한 상황이든 다룰 수 있다."와 같이 말할 수 있습니다. 당신 자신의 확언을 만들고 나면 스스로에게 여러 번 반복하여 말해 보세요.

각성 단계로의 복귀

당신의 몸과 마음과 영혼을 느껴 보세요. 이 느낌을 기억하세요. 지금과 같이 이완된 상태를 원할 때는 당신의 몸과 호흡을 부드럽게 인식하는 과정을 통해 언제든지 돌아올 수 있음을 명심하세요.

이제 음악의 도움을 받아 천천히 현실로 돌아옵니다. 당신의 몸을 지지하고 있는 의자를 느껴 보고 휴식을 취하고 있는 두 발과 두 손을 느껴 보세요. 충분히 시간을 갖고 나서 이제 돌아와도 되겠다 싶을 때 천천히 부드럽게 손가락과 발가락을 움직여 보세요. 편안하게 휴식을 취하고 있는 양쪽 발을 느껴 보고 다리, 그리고 등, 팔과 손, 그리고 머리를 느껴 보세요. 충분히 시간을 갖고 난 후 눈을 뜨세요.

음악 선정

Kildea는 이완의 각 단계마다 음악을 선정하였는데, 그녀의 동의하에 〈표 4-1〉에 제시한다. 그녀가 선정한 음악 목록의 특성은 2장의 〈표 2-1〉에서 개관한 이완을 위한 원칙과 들어맞는다. 대부분의 음악은 1996년 Bruscia에 의해 개발된 CD 모음집 〈Music for the Imagination〉에서 발췌하였는데, 이 곡들은 따로 * 표시를 해 두었다.

Kildea는 환자들이 언제든지 이완 프로그램을 진행할 수 있도록 이완 유도용 음악 테이프를 편집해 놓았다. 앞에서 기술한 유도 스크립트를 녹음하고, 선정된 음악들과 합성하여 녹음하였다. 각 음악 목록 사이에는 공백을 두었다 . Kildea는 여섯 개의 프로그램을 편집하여 만들어 놓았는데, 각각은 〈표 4-2〉에서 〈표 4-7〉에 제시되어 있다.

〈표 4-1〉 이완과정의 각 단계에 따른 음악 선정(Kildea, 1998)

구분	음악 특징	음악 선정
개요	유동적이고 매혹적인 멜로디. 보통 빠르기. 밝은 하모니와 따뜻한 톤의 기악 편성.	*Walton: Touch her sweet lips and part Morricone: 'Brothers' (〈The Mission〉 사운드트랙)
호흡	규칙적이고 보통 빠르기의 박자. 예측 가능하고 유동적인 멜로디, 밝은 기악 편성.	Mancini: Moon River *Bizet: 'Intermezzo' from Carmen
이완	종지부의 하모니 구조 안에서의 긴장과 이완 요소. 세 도막 형식 또는 론도 형식. 갑작스러운 템포의 변화나 스타일 변화 없음. 예측 가능한 다이내믹 변화	Mozart: 〈Piano Concerto no. 21〉, 2악장 Riley Lee: 'Ocean Sunset' Bacalov: 'Il Postino' *Bach: Suite no. 3, Air
듣기	흘러가는 듯, 변화 가능한 멜로디. 풍부한 화음이면서 조성화성. 안정되고 예측 가능한 리듬. 부드러운 다이내믹 변화. 풍부한 악기. 편성에 종종 솔로 악기가 멜로디를 이끔	*Albinoni: 〈Oboe concerto〉, 2악장 Mozart: 〈Clarinet concerto in A〉, 2악장 Morricone: 'Gabriel's Oboe' (〈The Mission〉 사운드트랙) Riley Lee: 'Reflections'
돌아오기	온화하며 부드럽고 예측 가능한 멜로디. 갑작스러운 변화 없음. 단선율 짜임새, 짧은 연주시간	*Puccini: 'Himming chorus' (〈Madame Butterfly〉) Myers: 'Cavatina' *Grieg: 'Cradle Song'

〈표 4-2〉 이완을 위한 음악 프로그램 1

작곡가	선 정	이완 부분	시 간
Pat Metheny (다음 곡이 시작되기 전 공백)	In her family	호흡	3:15 (0:30)
Respighi (다음 곡이 시작되기 전 공백)	〈*Pines of Rome〉, 'Gianicola'	자율 이완	6:39 (2:00)
Mozart (다음 곡이 시작되기 전 공백)	〈Clarinet concerto〉 (2악장)	듣기	8:05 (1:00)
Delius	〈*1st Aquarelle〉	돌아오기	2:28
		프로그램의 길이	**24분**

〈표 4-3〉 이완을 위한 음악 프로그램 2

작곡가	선 정	이완 부분	시 간
Walton (다음 곡이 시작되기 전 공백)	〈*Touch her sweet lips and part〉	개요	1:51 (1:00)
Fauré (다음 곡이 시작되기 전 공백)	〈*Requiem〉, 'Pie Jesu'	호흡	3:28 (1:00)
Mozart (다음 곡이 시작되기 전 공백)	〈Piano concerto no. 21〉, 2악장	자율 이완	6:44 (1:00)
Vivaldi	〈*Gloria〉, 'Et in terra pax'	듣기	5:19
Puccini	〈*Madam Butterfly〉, 'Humming chorus'	돌아오기	2:46
		프로그램의 길이	**22분**

〈표 4-4〉 이완을 위한 음악 프로그램 3

작곡가	선 정	이완 부분	시 간
Morricone (다음 곡이 시작되기 전 공백)	'Brothers' (〈The Mission〉 사운드트랙)	개요	1:30 (0:30)
Mancini (다음 곡이 시작되기 전 공백)	'Moon River'	호흡	4:07 (1:00)
Bacalov (다음 곡이 시작되기 전 공백)	'Il Postino' (〈Il postino〉 주제곡)	자율 이완	4:07 (0:30)
Morricone (다음 곡이 시작되기 전 공백)	'Gabriel's Oboe' (〈The Mission〉 사운드트랙)	듣기	2:38 (0:30)
Bell (다음 곡이 시작되기 전 공백)	〈New Dawn〉	듣기	3:58 (1:00)
Myers	'Cavatina'	돌아오기	3:13
		프로그램의 길이	**22분**

〈표 4-5〉 이완을 위한 음악 프로그램 4

작곡가	선 정	이완 부분	시 간
Tony O' Connor (다음 곡이 시작되기 전 공백)	〈Eventide〉	호흡	5:15 (1:00)
Riley Lee (다음 곡이 시작되기 전 공백)	〈Ocean Sunset〉	자율 이완	9:11 (2:00)
Tony O' Connor (다음 곡이 시작되기 전 공백)	〈New World〉	듣기	5:36
Riley Lee (다음 곡이 시작되기 전 공백)	〈Reflections〉	듣기	4:28 (0:30)
Riley Lee	〈Wave sounds〉	돌아오기	3:00
		프로그램의 길이	**31분**

〈표 4-6〉 이완을 위한 음악 프로그램 5

작곡가	선 택	이온하는 부분	시 간
Bizet (다음 곡이 시작되기 전 공백)	* 'Intermezzo', 〈Carmen〉	호흡	2:32 (1:00)
Bach (반복) (다음 곡이 시작되기 전 공백)	〈*Suite no. 3〉, 'Air'	1	5:15 (5:15) (2:00)
Albinoni (다음 곡이 시작되기 전 공백)	〈*Oboe concerto〉, 2악장	듣기	5:23 (0:30)
Grieg	* 'Cradle Song'	돌아오기	4:07
		프로그램의 길이	**26분**

〈표 4-7〉 이완을 위한 음악 프로그램 6

작곡가	선 정	0 완 부분	시 간
Bach (반복) (다음 곡이 시작되기 전 공백)	〈*Suite no. 3〉, 'Air'	점진적 근육이완	5:15 (5:15) (2:00)
Delius (다음 곡이 시작되기 전 공백)	〈*1st Aquarelle〉	점진적 근육이완 (계속)	2:28 (1:00)
Riley Lee	〈Ocean sunset〉	듣기	9:11
		프로그램의 길이	**24분**

(Kildea, 1998에서 편집)

성인 후기 환자를 위한 이완

성인 환자들은 대부분 상담과정에서 자신이 선호하는 음악과 장르를 분명히 말한다. 대부분은 노래 속에 담겨 있는 인류 보편적인 이야기인 사랑, 구애, 결혼과 같은 인생의 사건들과 강하게 연결되어 있는 20, 30대에 음악의 선호 경향을 형성하게 된다.

따라서 노인들이 선호하는 장르에 대한 보편적인 기준을 만들 때는 그들이 20대와 30대를 보낸 10년 정도의 시기를 확인하면 된다. 클라이언트는 그 시대의 음악 형식뿐 아니라 음악가들도 기억할 수 있을 것이다. 적절한 음악을 선택하기 위한 추가적인 정보들은 클라이언트 가족들과의 상담을 통해 얻어낼 수 있다. 실제로 1930, 1940년대의 현실을 반영하는 음반들이 향수를 불러일으켜 주기 때문에 몽상에 잠기게 하는 데 효과가 있을 수 있다. 따라서 이런 음반을 듣는 것이 추억을 회상하는 분위기를 조성하여 보다 이완을 촉진시킬 수 있다.

혼란스러워하는 클라이언트를 위한 이완 유도법

혼란스러워하는 노인 환자들을 위해서 이완 유도를 진행할 때는 세션이 짧고 예측 가능해야 한다. 오랜 시간 동안 음악에 집중하기 어렵거나 혼란스러워하는 사람들을 위해서는 단기 이완(160쪽)과 구조화된/카운트다운 이완 유도(162쪽)가 적절한 이완 유도법이다.

음 악

짧은 음악이 바람직하며, 클라이언트들이 젊었을 적의 음악을 활용할 수 있다. 이완을 진행하다 보면 종종 잠에 빠지는 사람들이 생길 수 있다. 반대로 클라이언트가 흥분하는 경우도 있을 수 있는데, 이때 치료사는 친절하게 그 사람을 가까이 앉도록 이끈 후 팔을 천천히 쓰다듬어 주거나 손을 마사지해 주면서 진정시켜 줄 수 있다.

적절한 음악의 예

■ 고전음악

Grieg, 〈Peer Gynt Suite〉, 'Morning', 4:10

Galway, 〈Songs from the Sea Shore〉, 'Moon on the Ruined Castle', 4:00

Galway, 〈Songs from the Sea Shore〉, 'Lullaby', 3:30

Respighi, 〈The Birds Suite〉, 'The Nightingale', 4:30

Respighi, 〈The Birds Suite〉, 'The Dove', 4:30

(이 장 끝의 전체 목록 참조)

■ 비고전음악

Enya, 〈Watermark〉, 트랙 1, 3, 6, 8(트랙 3과 8은 보컬)

Enya, 〈Shepherd Moon〉, 트랙 3, 6, 9, 10

Daniel Kobialka 앨범들

Tony O'Connor 앨범들

■ 환경 음악

Ken Davies, 〈Early Morning in the Rainforest〉 (다음 주의 사항 참조)

음악 선정 시 주의 사항

만성 정신질환을 가진 많은 사람은 고전음악과는 친밀하지 않을 수 있다. 따라서 '가벼운' 고전음악을 선택할 것을 제안한다. 가벼운 음악들이어야 듣기에 편하고 우울한 분위기를 형성할 우려가 줄어든다. 예를 들어, 모차르트 콘체르토 중 느린 움직임을 보이는 몇몇 음악은 치료사가 이완을 유도하는 것처럼 판단할 수도 있지만 오히려 우울한 기분을 유발하는 경우도 있다.

환경음(environmental sounds)은 치매를 가진 사람들에게 혼란을 주기도 하고 소리의 소재(예: 새소리, 폭포 소리)를 찾게끔 사람들을 자극하기도 한다. 따라서 환경음은 노인들을 치료하는 상황에서는 적절하지 않을 수 있으며, 이완을 위해서 사용하려면 미리 시험해 보아야 한다.

세션의 마무리

음악이 끝나면 마지막 음악 여운까지 흐르도록 한다.

음악이 거의 끝나갑니다… 잠시 동안 이완된 느낌을 지닌 채 있으세요… 서서히 당신의 몸을 의식해 보세요. (보다 크고 역동적인 목소리를 사용한다)… 당신이 있는 이 방을 인식하고 안과 밖의 소리들을 인식합니다… (조금 더 큰 소리로) 그리고 이 방에 있는 사람들을 인식합니다(이는 다른 사람들이 그곳에 있음을 상기시킨다)… 팔과 다리를 쭉 늘려 스트레칭을 시작하세요(필요하다면 모델링 해 줄 수 있다)… 숨을 크게 들이쉬고 내쉬면서… 몸을 움직여 깨어나기 시작합니다… 그리고 준비가 되었을 때 눈을 뜨세요(만약 여전히 눈을 감고 있는 사람이 있다면).

언어적 진행

클라이언트에게 이완이 어떠했는지 물어본다. 이완된 느낌을 느꼈는가? 이완을 방해하는 것에는 어떤 것들이 있었는가? 음악에 대한 질문도 한다. 음악이 이완을 도와주었는가? 음악이 마음에 들었는가?

심리적 정신질환을 가지고 있는 사람을 위한 주의 사항

정신질환을 가지고 있는 사람들은 불안을 느낄 수 있다. 이런 경우에는 정확한 지시를 해 주는 것이 효과적이다. 세션 중에 눈을 감는 것을 원하지 않는 사람들이 있다면 눈을 뜨게 해서 안전하다는 느낌을 주는 것이 좋다. 만일 가만히 있지 못하는 클라이언트가 있다면 그룹의 다른 사람들에게 방해를 주지 않도록 치료사 옆에 앉히는 것이 좋다. 만일 치료사에게 직접 이야기하고 싶어 하는 클라이언트가 있다면 조용히 기다리라는 신호를 주고(예: 비난의 느낌 없이 손가락을 입에 갖다 대기) 치료사와 함께 있게 한다.

완화치료에서의 이완: 집단 상황

Karen Hamlett은 멜버른 베들레헴 병원 캘버리 헬스케어(Calvary Health Care)의 음악치료사다. 그녀는 완화치료 중인 환자들을 위해서 음악치료를 한다. 환자들은 질병의 증상에 따라 특별한 주의가 요구된다. Karen은 병원에서 봉사자들과 일하면서 이완 세션 접근법을 정립하였다.

배 경

이완 세션은 Karen(음악치료사)과 Nadine(사회복지사)에 의해서 시한부 인생을 살고 있는 환자의 통증을 완화시키는 데 사용되었다. 환자들은 나이, 진단, 인지적 · 신체적 기능, 질병의 진행, 그룹과 환경(입원 환자 또는 외래 환자)에서의 경험 수준이 다양했다.

개 요

각 세션은 음악을 사용한 이완에 대한 기본 소개로 시작된다. 완화 유도의 전체적인 개요와 음악 감상, 언어적이거나 창조적인 활동들이 포함되는 것을 설명한다. 환자들의 진단명과 연령대가 다양하므로 각자의 수준에 맞추어 참여하게 한다. 이 과정은 단순히 조용히 앉아 있는 것부터 음악 감상, 그리고 적극적으로 심상 활동에 참여하는 것까지 포함된다. 환자들이 고통스러워할 수도 있으므로 "만약 불안해지면 중간에 눈을 떠도 괜찮습니다." "잠시 쉬고 싶다면 쉬어도 좋습니다."와 같이 미리 방법을 제시해 준다.

유 도

유도는 호흡 훈련, 점진적 근육이완, 그리고 색 또는 '빛'을 가지고 하는 자율 훈련의 조합으로 진행한다. 다양한 기술을 조합하는 것은 한 세션 안에서 다양하고 폭넓은 이완기법을 환자들에게 소개하여 환자들이 자신의 집에서 사용할 수 있도록 도와주며, 외래 환자들이 자신만의 완화기법을 찾을 수 있도록 해 준다. 유도가 진행되는 동안 환자의 체력을 고려하는 것이 중요하다. 세션 동안 몇몇 환자는 산소를 공급받아야 할 수도 있고, 깊은 숨을 들이마시지 못할 수도 있다. 그러므로 "자신에게 편안한 만큼만 점진적으로 숨을 깊게 들이마시세요."라고 말해 주는 것이 중요하다. 이와 비슷하게 관절이나 무릎이 아프거나 부종이 있는 환자의 경우 근육이완 프로그램을 따라오기가 쉽지 않기 때문에 다른 옵션들을 제공하는 것이 좋다. 예를 들면, "만약에 근육에 힘을 주는 것이 불편하다면 몸의 각 부위에 주의를 집중하고 모든 긴장이 녹아 없어지는 것을 상상해 보세요." 많은 환자가 노환으로 인해 청력이 약한 경우 음악으로 인해 치료사의 소리를 못 들을 수 있으므로 유도하는 동안에는 음악을 틀지 않는다.

심 상

심상(imagery)을 하는 시간에는 '엄청난 양의 고통으로부터 벗어나, 아무런 도움이 필요하지 않은 상태로 해변을 따라 걷는 자신의 모습 상상하기'와 같이 자신의 증상과 관련된 이슈를 언급할 수 있는 주제를 포함하는 것이 중요하다. 심상에 관한 더 자세한 예는 5장을 보라.

음 악

완화치료 상황에서 환자들의 대다수가 노인일 때 제일 많이 사용되고 선호도가 높은 장르는 고전음악이다. 뿐만 아니라 주의 깊게 선별된 고전음악은, Tony O'Connor의 CD나 Cherie Ross의 〈Music for Dreaming〉 같은 뉴에이지 음악이나 환경 음악(ambient music)처럼 통증이 있는 환자들을 진정시키는 데 효과가 있다.

언어적 혹은 창조적 활동 진행

토론, 노래 만들기, 콜라주, 그림 그리기와 같은 다양한 활동은 환자들에게 경험을 제공해 줄 수 있다. 이러한 활동들은 환자의 질병을 이해하거나 상실감, 죽음에 관한 이슈, 삶과 가족에서의 변화 등에 대한 탐색을 이끌어 낼 수 있다. 환자들에게는 환경을 이해하고, 그룹 구성원들과 활동의 촉진자로부터 감정적인 지지를 얻거나 자신의 상황을 이해받을 기회를 제공할 수 있다.

완화치료에서 이완의 적용: 임상 사례

Matt Holmes는 멜버른 베들레헴 병원 캘버리 헬스케어의 공식 음악치료사다. 그는 마음챙김(mindfulness) 접근법을 적용한 이완 세션을 클라이언트들에게 활용하였다. 마음챙김 접근법의 실험과 원칙은 명상이나 철학적인 전통에 기원을 둔다. 예를 들어, 불교는 마음챙김 관점을 가진 많은 명상 훈련 전통을 가지고 있다. 최근 심리학자인 Jon Kabat-Zinn이 실험적인 방식으로 정신요법의 긍정적인 측면과 마음챙김을 적용하였다. 기본적으로 마음챙김은 판단 없이 현재의 상황에 정신을 집중한다. 변화 없이 있는 그대로를 바라보고 받아들이는 것을 강조한다. 이는 융통성 없이 목표만을 향해 '자동적으로' 달려가도록 습관화된 우리의 일반적인 인식방식과는 반대되는 것이다(Kabat-Zinn 2003; Melbourne Academic Mindfulness Interest Group, 2006). 마음챙김 접근법은 헌팅턴병을 가지고 있는 한 남자에게 적용되었다.

배 경

헌팅턴병(HD)을 가지고 있는 54세의 데이비스는 부인과 함께 살고 있으나 부인으로부터의 애정 결핍을 걱정하는 망상과 두려움이 점점 증가하여 치료를 받게 되었다. 환영에 사로잡혀 있을 때 부인을 협박하지는 않는다.

환자의 음악 선호

세션에 사용되는 음악들은 환자에 의해서 자연의 소리들이 담긴 CD에서 선정되었다. 환자가 사랑 관련 노래는 빼 달라고 요청하였기 때문에 치료사는 자연의 소리들이 담긴 음악이 부인이나 사랑에 관련된 주제와 거의 연관성이 없을 것이라 판단했다. 데이비드는 〈Echoes of Nature〉 앨범에서 숲의 소리를 선택하였다. CD는 한 시간가량의 아침 새소리와 생태 자연의 소리로 구성되어 있다.

이 유도법은 Smith(2005)의 ABC2 이완이론에서 채택된 것이며, 점진적 근육이완(PMR) 기법으로 시작하였다.

오늘은 다양한 근육을 부드럽게 조였다 풀었다를 천천히 반복하며 이완을 시도하겠습니다. 먼저 편한 자세로 바로 앉아서 발은 바닥에 올려놓으세요. 준비가 되면 눈을 감으세요.

먼저 손에 집중하는 것으로 시작하겠습니다. 주먹을 꽉 쥐세요. 근육에 힘을 단단히 주어 긴장을 극대화하세요. 그리고 이제 손을 풀어 주고 모든 긴장이 사라지도록 보냅니다. 손의 근육이 축 쳐지도록 내버려 두세요. 이제 모든 긴장이 빠져나가고 손이 이완됩니다. (이 지시를 전체적으로 여러 번 반복한다.)

이제는 팔에 집중해 봅시다. 팔의 아래 · 위 전체에 근육을 수축시켜서 어깨까지 닿게 합니다. 긴장을 극대화하세요. 그러고 나서 풀어 줍니다. 긴장이 녹아 내려 근육이 깊은 이완으로 진행되도록 합니다. (지시를 반복한다.)

이번에는 어깨에 집중하세요. 어깨 근육에 힘을 주어 어깨가 귀까지 올라가게 하세요. 그리고 근육에 최대한 힘을 주세요. 다시 힘을 쭉 빼고 긴장이 녹아 내려 어깨 근육이 이완되도록 유도합니다. (반복한다.)

이제 얼굴에 있는 근육에 집중하세요. 모든 근육에 힘을 주어 얼굴을 조입니다. 죄는 느낌을 극대화합니다. 그리고 풀어 주세요. 이제 긴장이 녹아 내리고 보다 깊이 이완됩니다. (반복한다.)

이번에는 다리에 힘을 주세요. 발가락은 바닥을 가리키게 하고 근육에 힘을 주세요. 긴장을 극대화합니다. 그리고 이제 힘을 뺍니다. 긴장이 발가락으로 빠져나가 점점 깊이 이완된 상태로 갑니다. 점점 현실로부터 멀어집니다.

마음챙김 이완

마음챙김 이완을 시작하겠습니다. 이 방에는 소리와 감각이 살아 있습니다. 지나가는 모든 것에 차분하게 반응해 보세요. 다른 것들에 대해 생각할 필요도 이유도 없습니다. 뭔가를 떠올리게 되면 부드럽게 언급한 후 잠시 제쳐두세요. 그리고 또 다른 것이 떠오를 때까지 편견 없이 들어 보세요. 멀리서 들리는 자동차 소리를 들을 수도 있고, 당신 주변에서 일어나는 일상의 소리를 들을 수도 있을 것입니다. 또는 이 방에서 흘러나오는 CD의 소리를 들을 수도 있습니다. 무엇이 되었든 그 존재를 부드럽게 언급한 후, 열린 마음으로 그것이 지나가도록 하면서 계속 소리를 들으며 오고 가는 순간들을 느끼세요. 지금부터 몇 분 동안은 점점 더 이완되면서 편견 없이 당신 주변의 소리들을 들어 보세요. 자, 이제 당신이 듣고 있던 모든 것을 놓아줍니다. 깊은 숨을 쉬고 팔과 다리를 스트레칭 하세요. 충분한 시간을 가진 후 눈을 뜨세요. 그럼 이제 마음챙김 이완이 끝났습니다.

고려 사항

• 이 사례에서는 헌팅턴병의 주된 증상인 경련 때문에 PMR을 단축하여

진행하였다. 음악치료사들은 경련이 환자의 이완을 방해하는 것을 원하지 않았기 때문이다. 단축판 PMR은 제한적인 인지 기능의 환자들이 훨씬 쉽게 이해할 수 있었다. 그래서 단축판 PMR은 헌팅턴병으로 인한 광범위한 신체적 제약이 따름에도 이완하는 과정에서 클라이언트 스스로 자신의 신체에 대한 통제권을 가질 수 있게 해 주었다. 이는 단순한 지시를 이해하는 것도 어려운 병의 증상을 고려해 볼 때 성공적인 사례임을 확인할 수 있다.

- 인지적으로 손상된 환자들에게는 다소 집중을 요구하여 이완 효과를 경감시킬 우려가 있는 너무 긴 심상이나 자율 유도법보다는 마음챙김 기법이 보다 효과적이다.
- 자연의 소리를 사용하는 것이 더 유용한 데에는 두 가지 이유가 있다. 첫째, 자연의 소리는 병원 기계들의 백색 소음과 주위 소리들을 흡수하고 차단해 준다. 둘째, 자연의 소리는 환자가 마음챙김 세션 동안에 집중하고 들을 수 있는 구체적인 것을 제시할 뿐만 아니라 필요할 경우 환자를 수용 음악치료로 다시 유도하기가 쉽다.

심장질환 재활 환자를 위한 이완과 음악

Karin Schou는 덴마크의 음악치료사로서 심장판막 수술을 받았거나 심장판막 수술과 관상동맥 우회술을 모두 받은 환자들을 대상으로 연구를 진행하였다. Schou 박사의 연구논문에서는 이완을 안내하는 효과를 입증하기 위해 심장 재활과정에서 느끼는 불안 수준을 대상으로 인도된 이완(guided relaxation)의 효과를 알아보기 위하여 무작위 대조실험(ramdomized controlled trial)을 진행하였다. 여기에서는 Schou 박사의 인도된 이완과 음악 기법에 사용된 프로토콜을 소개하고자 한다.

개 요

인도된 이완은 Bonny와 Savary(1973)의 원리에 기초를 두며 신체의 부분들과 전체의 이완에 초점을 둔다. 점진적 이완(Jacobson, 1938)은 심장질환 환자들의 휴식 욕구를 충족시킬 수 있는 기법 중의 하나로서 환자의 의식을 그들의 발부터 시작하여 온몸의 부분들로 점진적으로 이끌어 준다. 이 기법에는 심상의 단계가 포함되지 않는다. 세션이 끝날 무렵에는 환자들이 필요시 의료진의 도움을 받을 수 있다.

인도된 이완과 음악 세션 동안의 음악치료사를 위한 지침

다음 지침은 인도된 이완 세션에 필요한 음악치료사의 역할, 태도, 목소리의 음질과 속도 등에 관한 내용을 담고 있다.

- 역할: 음악치료사들의 주된 역할은 지지자가 되는 것이다. 치료실 밖으로부터 방해가 되는 소리가 들리거나 방해 요소가 있다면 음악치료사가 해결하여 없애 주어야 한다. 또한 세션이 시작되기 전에 '세션 진행 중'이라는 표지(시작과 끝 시간을 표기한)를 문 밖에 붙여 방해 요소를 사전에 차단해야 한다.
- 태도: 음악치료사는 환자와 공감적으로 연결되어 그들의 반응을 관찰해야 한다. 음악치료사는 환자를 안내하는 동안 자신 역시도 이완과정을 따라 실행한다. 이것은 환자뿐 아니라 치료사 내면의 소리까지 듣게 해 준다. 그들은 환자의 '감상'을 통해서 스스로도 '감상'이 이루어지게 된다.
- 음질: 음악치료사들은 대상 환자에 따라 자신의 목소리를 따뜻한 소리, 지지하는 소리, 둥글둥글한 부드러운 소리 등으로 변화를 줄 수 있다. 음악치료사들은 자신의 목소리를 낮은 음역으로 맞추기도 한다. 그러면서

도 편안하고 살짝 활기찬 목소리를 사용하는 것이 중요하다. 발음은 충분히 환자가 알아듣고 이해할 수 있어야 한다.

- 속도와 시간: 인도된 이완과정은 주어진 스크립트의 휴지부를 포함하여 30분간 진행된다. 휴지부는 말줄임표(…)로 표기될 것이다. 안내 속도는 차분해야 하며 가능한 한 환자의 호흡과 음악에 맞추어야 한다. 환자들이 취해야 할 행동을 지시할 때, 예를 들어 신체의 한 부위에서 다른 부위로 의식을 이동할 때 '자, 이제 ~를 인식해 보려고 합니다' 라는 표현은 환자가 숨을 들이마실 때 사용하는 것이 좋다. 또는 '~하세요' 라는 표현은 환자가 숨을 내쉴 때 사용하는 것이 좋다. 음악치료사들은 음악의 변화와 인식의 이동이 자연스럽게 맞물리도록 해야 한다.
- 안내를 위한 단어 사용: '이제' 라는 단어는 변화를 제시할 때 사용한다. 음악치료사들은 이 단어를 포함시킬 때와 제외시킬 때를 결정해야 한다. 규칙적으로 '이제' 라는 표현을 사용하는 것이 좋은데(세 번 중 한 번꼴로), 이것은 환자로 하여금 현재의 시간(지금 여기)을 인식시켜 줄 수 있다.
- 진행과정: 인도된 이완과 음악의 목적이 환자를 편안하게 휴식시키는 것이기 때문에 치료사들은 깊은 감정적 측면에 대해서는 관여하지 않는다. 음악치료사들은 다양한 답이 나올 수 있는 개방형 질문은 삼가야 한다. 만약 음악치료사들이 환자에게서 고통과 불편함의 징후를 관찰한다면(예: 찡그리기, 목소리 변화, 주먹 쥐기, 불규칙적인 호흡 패턴) 환자에게 말로 짚어 주며 편안하게 해 주어야 한다. 예를 들어, "만약에 몸의 어느 부분에 불편함이 느껴진다 해도 괜찮습니다. 그냥 음악을 들으면서 편안하게 있도록 시도해 보세요. 제가 당신을 안내하겠습니다."

인도된 이완과 음악

(첫 번째 세션, 본격적인 활동 전, 환자가 자신이 선호하는 음악을 고르도록 하는

동안) 환자가 이완할 수 있도록 편안한 자세로 침대에 눕게 한다.

■ 선호하는 음악 스타일 고르는 절차

다음은 환자가 이완을 위해 자신이 선호하는 음악을 고르는 절차를 기술한 것이다. 환자는 〈표 4-8〉에서와 같이 네 가지 스타일의 음악 목록에서 자신이 원하는 것을 고를 수 있다(음악 목록 중 일부 발췌).

음악치료사는 다음과 같이 말하면서 절차를 진행할 수 있다.

편안한 시간을 갖기 전에 먼저 당신이 이완하는 동안 듣기 원하는 음악을 고르도록 하겠습니다. 네 가지 스타일의 음악이 있습니다. 결정하기 전에 각 스타일의 일부분을 하나씩 들려 드리겠습니다.

〈표 4-8〉 음악 스타일의 예 1~4

CD 번호	음악 스타일	제 목	시 간	출 처
1	경음악	'Why worry'	0:40	Here Comes the Sun no. 6 Kaare Norge(RecArt 5941032)
2	고전음악	'Air'	0:40	Bonde et al. 2001, CD no. 25 Orchestre de Chambre Jean-Francois Paillard/Paillard (RCA Viktor 09026654682)
3	특수 음악	'Secret path'	0:40	Fairy Tales no. 2 Gefion Records (GFO 20136)
4	재즈	'love theme' (〈Cinema Paradiso〉 사운드트랙)	0:40	Beyon the Missouri Sky no. 11 Charlie Haden & Pat Metheny (Verve 537130-2)

첫 번째 예는 이런 스타일입니다(1번 예 들려주기). 이제 두 번째 스타일입니다(2, 3, 4번 스타일을 같은 방식으로 들려준다).

어떤 노래가 이완에 도움이 더 될 것 같습니까? (샘플 음악을 들려줄 때 환자가 필요로 하면 여러 번 들려줄 수 있다.)

음악을 시작하기 전에 음악의 크기가 적당한지 환자에게 물어봐야 한다. 네 종류의 음악 스타일은 똑같이 35분 길이로 구성하여 사용한다.

창이 있다면 커튼을 치고 불을 끈다(이완에 필요한 장비들을 다루는 데 문제없을 정도의 불빛만 남긴다.). 그리고 음악을 시작한다.

준 비

이제 긴장을 풀 시간입니다. 제가 안내해 드리겠습니다.

안경과 신발을 벗어도 좋습니다. 편안하게 침대에 누우세요. 옷을 느슨하게 풀어 주세요. 편안하게 누워 있기 위해 필요한 다른 뭔가가 있습니까? (환자에게 맞추어 침대를 조정해야 할 수도 있다. 필요하면 베개를 무릎이나 팔 아래에 놓아 주든지, 얇은 담요나 이불을 덮어 따뜻하게 해 준다.) 편안한 자세를 취하도록 시간을 드리겠습니다.

머릿속의 생각을 다 떨쳐 버리고 긴장을 풀 준비를 합니다. 이제 호흡에 주의를 기울여 보세요. 깊게 숨을 들이쉬고 내쉬세요. 지금 당신만의 리듬과 속도에 맞추어 최대한 깊게 숨을 쉬세요. 이제 호흡이 자연스럽게 진행되도록 두세요.

유 도

자, 이제 매트에 '몸'을 맡기세요… 마치 매트가 당신을 잡아 주고 있는 것처럼… 매트의 지지를 받는 것을 느끼세요… 매트가 당신을 잡아 주게 하세요… 그리고 당신을 지지하게 하세요… 당신 아래의 매트에 의해 충분히 지지받고 있습니다… 이제 당신의 마음과 몸을 이완시켜 편안한 상태로 만들어 주세요.

(이제) '발가락'과 '발'에 의식을 모으세요… 발가락과 발을 매트에 맡기세요… 마치 매트가 잡아 주고 있는 것처럼… 발과 발가락의 감각을 인식해 보세요… 그리고 이 감각을 느껴 보세요… 이제 그 감각은 떨쳐 버리고 발가락과 발을 매트 안으로 가라앉도록 내버려 두세요… 매트의 지지를 느껴 보세요… 발가락과 발이 매트 안으로 가라앉는 동안 매트가 당신의 발가락과 발을 잡아 주게 하세요.

(이제) '종아리'에 의식을 모으세요… 종아리를 매트에 맡기세요… 마치 매트가 종아리를 잡아 주는 것처럼… 종아리의 감각을 인식해 보세요… 그리고 이 감각을 느껴 보세요… 이제 그 감각은 떨쳐 버리고 종아리가 매트 안으로 가라앉도록 내버려 두세요… 매트의 지지를 느껴 보세요… 종아리가 매트 안으로 가라앉는 동안 매트가 당신의 종아리를 잡아 주게 하세요.

(이제) '허벅지'에 의식을 모으세요… 허벅지를 매트에 맡기세요… 마치 매트가 허벅지를 잡아 주는 것처럼… 허벅지의 감각을 인식해 보세요… 그리고 이 감각을 느껴 보세요… 이제 그 감각을 떨쳐 버리고 허벅지가 매트 안으로 가라앉도록 내버려 두세요… 매트의 지지를 느껴 보세요… 허벅지가 매트 안으로 가라앉는 동안 매트가 당신의 허벅지를 잡아 주게 하세요.

(이제) 당신의 '두 다리'에 의식을 모으세요… 두 다리 모두 매트에 맡기세요… 마치 매트가 다리를 잡아 주는 것처럼… 두 다리의 감각을 인식해 보세요… 그리고 이 감각을 느껴 보세요… 이제 그 감각은 떨쳐 버리고 두 다리가 매트 안으로 가라앉도록 내버려 두세요… 매트의 지지를 느껴 보세요… 다리가 매트 안으로 가라앉는 동안 매트가 당신의 다리를 잡아 주게 하세요.

(이제) 몸의 '하체 부분'에 의식을 모으세요… 몸의 하체 부분을 매트에 맡기세요… 마치 매트가 몸의 하체 부분을 잡아 주는 것처럼… 하체 부분의 감각을 인식해 보세요… 그리고 이 감각을 느껴 보세요… 이제 그 감각은 떨쳐 버리고

하체 부분이 매트 안으로 가라앉도록 내버려 두세요… 매트의 지지를 느껴 보세요… 몸이 매트 안으로 가라앉는 동안 매트가 당신의 하체 부분을 잡아 주게 하세요.

(이제) 몸의 '엉덩이'에 의식을 모으세요… 몸의 엉덩이를 매트에 맡기세요… 마치 매트가 몸의 엉덩이를 잡아 주는 것처럼… 엉덩이의 감각을 인식해 보세요… 그리고 이 감각을 느껴 보세요… 이제 그 감각은 떨쳐 버리고 엉덩이가 매트 안으로 가라앉도록 내버려 두세요… 매트의 지지를 느껴 보세요… 몸이 매트 안으로 가라앉는 동안 매트가 당신의 엉덩이를 잡아 주게 하세요.

(이제) '발바닥'에 의식을 모으세요… 몸의 발바닥을 매트에 맡기세요… 마치 매트가 몸의 발바닥을 잡아 주는 것처럼… 발바닥의 감각을 인식해 보세요… 그리고 이 감각을 느껴 보세요… 이제 그 감각은 떨쳐 버리고 발바닥이 매트 안으로 가라앉도록 내버려 두세요. 매트의 지지를 느껴 보세요… 몸이 매트 안으로 가라앉는 동안 매트가 당신의 발바닥을 잡아 주게 하세요.

(이제) '배'에 의식을 모으세요… 몸의 배를 매트에 맡기세요… 마치 매트가 몸의 배를 잡아 주는 것처럼… 배의 감각을 인식해 보세요… 그리고 이 감각을 느껴 보세요… 이제 그 감각은 떨쳐 버리고 배가 매트 안으로 가라앉도록 내버려 두세요… 매트의 지지를 느껴 보세요… 몸이 매트 안으로 가라앉는 동안 매트가 당신의 배를 잡아 주게 하세요.

(이제) '손가락과 손'에 의식을 모으세요… 몸의 손가락과 손을 매트에 맡기세요… 마치 매트가 몸의 손가락과 손을 잡아 주는 것처럼… 손가락과 손의 감각을 인식해 보세요… 그리고 이 감각을 느껴 보세요… 이제 그 감각은 떨쳐 버리고 손가락과 손이 매트 안으로 가라앉도록 내버려 두세요… 매트의 지지를 느껴 보세요… 몸이 매트 안으로 가라앉는 동안 매트가 당신의 손가락과 손을 잡아 주게 하세요.

(이제) '팔뚝'에 의식을 모으세요… 몸의 팔뚝을 매트에 맡기세요… 마치 매트가 몸의 팔뚝을 잡아 주는 것처럼… 팔뚝의 감각을 인식해 보세요… 그리고

이 감각을 느껴 보세요… 이제 그 감각은 떨쳐 버리고 팔뚝이 매트 안으로 가라앉도록 내버려 두세요… 매트의 지지를 느껴 보세요… 몸이 매트 안으로 가라앉는 동안 매트가 당신의 팔뚝을 잡아 주게 하세요.

(이제) '상완(어깨에서 팔꿈치 사이)' 에 의식을 모으세요… 몸의 상완(어깨에서 팔꿈치 사이)을 매트에 맡기세요… 마치 매트가 몸의 상완(어깨에서 팔꿈치 사이)을 잡아 주는 것처럼… 상완(어깨에서 팔꿈치 사이)의 감각을 인식해 보세요… 그리고 이 감각을 느껴 보세요… 이제 그 감각은 떨쳐 버리고 상완(어깨에서 팔꿈치 사이)이 매트 안으로 가라앉도록 내버려 두세요… 매트의 지지를 느껴 보세요… 몸이 매트 안으로 가라앉는 동안 매트가 당신의 상완(어깨에서 팔꿈치 사이)을 잡아 주게 하세요.

(이제) '양팔' 에 의식을 모으세요… 몸의 양팔을 매트에 맡기세요… 마치 매트가 몸의 양팔을 잡아 주는 것처럼… 양팔의 감각을 인식해 보세요… 그리고 이 감각을 느껴 보세요… 이제 그 감각은 떨쳐 버리고 양팔이 매트 안으로 가라앉도록 내버려 두세요… 매트의 지지를 느껴 보세요… 몸이 매트 안으로 가라앉는 동안 매트가 당신의 양팔을 잡아 주게 하세요.

(이제) '상체' 에 의식을 모으세요… 몸통과 가슴입니다… 상체를 매트에 맡기세요… 마치 매트가 몸의 상체를 잡아 주는 것처럼… 상체의 감각을 인식해 보세요… 그리고 이 감각을 느껴 보세요… 이제 그 감각은 떨쳐 버리고 상체가 매트 안으로 가라앉도록 내버려 두세요… 매트의 지지를 느껴 보세요… 몸이 매트 안으로 가라앉는 동안 매트가 당신의 상체를 잡아 주게 하세요.

(이제) '등' 에 의식을 모으세요… 등을 매트리스에 맡기세요… 마치 매트가 몸의 등을 잡아 주는 것처럼… 등의 감각을 인식해 보세요… 그리고 이 감각을 느껴 보세요… 이제 그 감각은 떨쳐 버리고 등이 매트 안으로 가라앉도록 내버려 두세요… 매트의 지지를 느껴 보세요… 몸이 매트 안으로 가라앉는 동안 매트가 당신의 등을 잡아 주게 하세요.

(이제) '윗등' '어깨' 그리고 '목 뒤' 에 의식을 모으세요… 윗등, 어깨 그리고

목 뒤를 매트에 맡기세요… 마치 매트가 몸의 윗등, 어깨 그리고 목 뒤를 잡아 주는 것처럼… 윗등, 어깨 그리고 목 뒤의 감각을 인식해 보세요… 그리고 이 감각을 느껴 보세요… 이제 그 감각은 떨쳐 버리고 윗등, 어깨 그리고 목 뒤가 매트 안으로 가라앉도록 내버려 두세요… 매트의 지지를 느껴 보세요… 몸이 매트 안으로 가라앉는 동안 매트가 당신의 윗등, 어깨 그리고 목 뒤를 잡아 주게 하세요.

(이제) '목'과 '목구멍'에 의식을 모으세요… 목과 목구멍을 느껴 보세요… 이제 그 느낌은 떨쳐 버리고 목과 목구멍의 긴장을 이완시키세요.

(이제) '턱'… '입'… '코'… '볼'… '귀'… '눈'… '이마'… '관자놀이'… 그리고 머리의 '두개골'에 의식을 모으세요… 턱… 입… 코… 볼… 귀… 눈… 이마… 관자놀이… 그리고 머리의 두개골을 의식하고… 감각을 느껴 보세요… 이제 그 감각을 떨쳐 버리고 이완해 보세요.

(이제) '얼굴'에 의식을 모으세요… 얼굴의 긴장을 풀어 줍니다. 머리를 의식하고… 마치 베개에 머리가 가라앉듯이… 마치 베개가 당신의 머리를 잡아 주는 것처럼… 베개에 머리를 맡기고 베개 속으로 가라 앉으며 이완해 보세요… 당신의 머리는 베개에 의해 충분히 지지받고 있습니다.

(이제) '몸 전체'에 의식을 모으세요… 몸 전체가 매트리스에 가라앉게 하세요… 매트가 당신을 잡아 줍니다… 당신의 몸이 이완되는 동안, 당신의 몸은 아래에 놓인 매트리스에 의해 충분히 지지받고 있습니다. 만약 몸의 어느 부분이건 긴장이 느껴지는 부분이 있다면… 힘을 빼고… 음악을 듣는 동안 몸 전체가 휴식을 취하도록 해 보세요.

저는 음악이 끝날 때까지 계속해서 당신과 함께 여기 앉아 있을 것입니다.

음악치료사는 조용히 클라이언트 곁에 머무르면서 환자의 호흡에 집중하고, 이완에 방해가 되는 요소가 있지는 않은지 살펴야 한다. 클라이언트에게 불편해 보이는 징후나 긴장의 모습이 나타나면 다음과 같이 언급해 준다. 예를 들면, "만약 당신의 몸 어딘가가 아직도 긴장되어서 조금 더 주의를 집중해야 할 부분이 있다면 괜찮습니다. 그곳에 다시 집중하여 긴장을 풀어 보세요. 음악을 들으면서 긴장을 푸세요."

음악이 끝날 때

음악이 끝나가고 있습니다… 당신 주변의 소리를 의식해 보세요… 손과 발을 천천히 움직이고 몸의 다른 부분들도 필요한 만큼 움직여 보세요… 아마도 약간의 스트레칭이 필요할 수도 있습니다… 시간을 충분히 가지세요. 준비가 되면 눈을 천천히 뜨세요(만약 여전히 눈을 감고 있다면)… 천천히 빛에 적응하시면서 조용히 주변을 둘러봅니다.

결 론

특정한 집단에 적용된 이러한 임상 사례들과 이 장의 시작 부분에서 설명한 이완 유도법을 함께 사용하려면 클라이언트의 필요를 고려하여 신중하게 사용해야 한다. 어떻게 응용하여 적용해야 할지는 각 상황에 맞춰 고려되어야 한다. 그럼에도 불구하고 예상치 않은 반대의 결과가 나올 수도 있으므로 치료사들에 의해 지켜져야 할 금기 사항들이 존재한다.

금기 사항

이완 유도 시 금기해야 할 사항에 대한 연구는 없으나, 다음의 몇 가지 사항이 성인 클라이언트들을 위한 이완 세션을 준비할 때 고려해야 하는 것들이다.

- 혼란을 느끼는 클라이언트는 추상적인 개념을 이해하기 어려울 수 있으

므로 따라 하기 쉽고 간단한 지시들을 준비하는 것이 좋다.

- 혼란을 느끼는 클라이언트는 호흡을 통해 색깔을 몸의 각 부분으로 보내는 것과 같이 상징적인 경험을 포함하는 이완과정에서 어려움을 느낄 수 있다.
- 환자들이 완화를 경험할 때 중간에 눈을 감는 데 불안함을 느끼거나 감시당하는 것 같다고 느끼는 경우 안전하다는 것을 알려 주기 위해서 눈을 뜨게 해도 좋다.
- 심장수술을 받은 환자들은 정확한 자세를 취하고 적절한 지지를 받아야 하는데 그렇지 못할 경우 불편함을 느낄 수 있다. 수술 환자들이 심호흡을 할 때에는 스스로가 편안함을 느낄 만큼만 숨을 쉬도록 요구하는 것이 좋다. 심장수술 후 재활 첫 단계에 있는 환자들은 가슴 통증이 있으므로 상체를 올린 자세를 취하게 한다.
- 이와 비슷하게, 신체장애를 가진 노인들 역시 정확한 자세와 적절한 지지(대개의 경우 베개를 사용)가 없으면 불편해할 수 있다.
- 환자들 중 산소호흡기와 같이 호흡을 돕는 기계를 사용해야 하는 경우도 긴장 완화를 위해 심호흡을 하다 보면 제한을 받거나 고통을 느낄 수 있다. 이 경우 깊게 호흡하는 것에 대한 지시를 피하거나 "할 수 있는 만큼만 숨을 들이쉬세요."라는 이야기를 반드시 해 주도록 한다.
- 양로원에 거주하는 노인들 중에는 다른 사람들 앞에서 몸의 다양한 부분에 정신을 집중하는 것이 어려운 사람들이 있을 수도 있다.

음악 선정

다음의 목록은 고전음악을 포함하여 다른 장르의 음악들을 포함하고 있는데, 이것들은 임상 현장에서 사용해 본 결과 효과를 나타낸 곡들이다. 치료사는 음악 목록을 선택하기 이전에 음악에 대해 주의 깊게 판단할 필요가 있다. 이 경우 2장에 언급된 3단계 과정을 사용할 수 있다. 다양한 음악이 존재하므로 적합한 한 가지를 선택하는 것이 중요하다. 예를 들어, Pachelbel의 〈D장조 캐논(Canon)〉 같은 음반은 빠르기에 따라 짧게는 4분에서 길게는 10분까지 다양한 형태로 존재한다. 〈Music for the Imagination〉 음반에서 많은 음악을 선정할 수 있다. 이는 10개의 CD로 구성되어 있으며 Bruscia가 개발한 것으로 바르셀로나(Barcelona) 출판사에서 낙소(Naxos) 음반사(www.barcelonapublishers.com)의 동의하에 만든 것이다. 〈Music for the Imagination〉에는 성인들의 이완에 적합한 음악이 많이 포함되어 있는데, 이 음반에서 발췌한 음악은 다음 목록에 * 표시를 해 두었다. 표시가 없는 트랙들은 다음 CD에서 추출하였다.

〈From Winner's Stillness〉, ABC (Aust) (ABC 461 728-2)

〈Meditations for a Quiet Night〉 (Nimbus NI 7007)

〈Meditations for a Quiet Dawn〉 (Nimbus NI 7009)

〈Music Therapy〉 (Erato 0630 11943-2)

짧은 음악 목록

(연주시간은 음반마다 달라질 수 있다.)

*Albinoni, 〈Concerto for oboe in D minor〉, 'Adagio', 5:23

*Bach, 〈Suite no. 3〉, 'Air', 5:15

*Bach, 〈Brandenburg Concerto no. 6〉, 'Adagio', 5:29

*Bach, 〈Christmas Oratorio, 'Shepherd's song'〉, 5:55

*Bach, 〈Concerto for Two Violins, 'Largo'〉, 8:56

*Beethoven, 〈Piano Concerto no. 5, 'Adagio'〉 7:45

Beethoven, 〈Romance no. 2 in F major〉, 9:47

*Bizet, 〈Carmen, 'Intermezzo'〉, 2:32

*Borodin, 〈Symphony no. 1, ‘Andante’〉, 6:12

Butterworth, 〈On the Banks of Green Willow〉, 6:07

*Chopin, 〈Piano Concerto no. 1 in E minor ‘Romance, Larghetto’〉, 9:19

Debussy, 〈Dances Sacred and Profane〉, 8:00

*Dvořák, 〈Czech Suite〉, ‘Romance’, 4:32

*Fauré, 〈Requiem〉, ‘In Paradissum’, 3:17

Gluck, 〈Orfeo and Euridice〉, ‘Dance of the vlessed spirits’, 2:44

Grieg, 〈Peer Gynt Suite〉, ‘Morining’, 4:00

Grieg, 〈Peer Gynt Suite〉, ‘Solveig’ s song’, 5:00

*Grieg, 〈Holberg Suite〉, ‘Air’, 5:44

*Grieg, 〈Cradle Song〉, 4:07

*Haydn, 〈Cello Concerto in C major〉, ‘Adagio’, 9:45

*Holst, 〈Planets Suite〉, ‘Venus’, 8:07

Korngold, 〈Much Ado about Nothing〉, ‘Garden scene’, 4:38

*Liadov, 〈The Enchanted Lake〉, 7:58

Mascagni, 〈Cavelleria Rusticana〉, ‘Intermezzo’, 2:59

Massenet, 〈Thais〉, ‘Meditation’, 5:47

Mozart, 〈Eine Kleine Nachtmusik〉, ‘Romance’, 6:03

Mozart, 〈Concerto for Flute and Harp〉, ‘Andantino’, 9:40

Mozart, 〈Piano Concerto no. 20 in D minor〉, ‘Romance’, 9:00

Mozart, 〈Piano Concerto no. 21〉, ‘Andante’, 7:15

Pachelbel, 〈Canon in D (from Music Therapy CD)〉, 7:07

*Puccini, 〈Madame Butterfly〉, ‘Humming chorus’, 2:46

Rachmaninov, 〈Songs op. 34〉, ‘Vocalise’, 6:51

*Ravel, 〈Pavane for a Dead Infant〉, 7:44

Respighi, 〈The Birds Suite〉, ‘The Nightingale’, 4:30

Respighi, 〈The Birds Suite〉, 'The dove', 4:30

*Respighi, 〈The Fountains of Rome〉, 'Villa Guilia at dawn', 4:28

*Respighi, 〈The Fountains of Rome〉, 'Villa Medici at sunset', 5:45

Saint-Saens, 〈Carnival of the Animals〉, 'The Swan', 3:07

Sor, 〈Etude op. 35 no. 2 for guitar〉, 2:20

Stamitz, 〈Cello Concerto no. 2 in A major〉, 'Romance', 6:51

Strauss, R., 〈Oboe Concerto in D major〉, 'Andante', 8:00

Tchaikovsky, 〈Romance in F minor〉, 5:46

*Walton, 'Touch her soft lips and part', 1:51

*Warlock, 〈Capriol Suite〉, 'Pieds en l' air', 2:21

긴 음악 목록

(보통 10분 이상의 길이)

*Debussy, 〈Prelude to the Afternoon of a Faun〉, 10:30

Dvořá, 〈Romance in F minor〉, 12:46

Pierne, 〈Concerstüke for Harp and Orchestra〉, 15:30

*Ravel, 〈Introduction and Allegro for Harp and Orchestra〉, 10:17

가벼운 고전음악

Galway, 〈Songs from the Seachore〉, 'Moon on the ruined castle', 4:00 (RCA GD80117)

Galway, 〈Songs from the Seashore〉, 'Lillaby', 3:30 (RCA GD80117)

영화음악

〈Out of Africa〉 (MCA Records MCAD-6158)

〈The Mission〉 ('Gabriel' s oboe', 'Brothers') (Virgin Records CDV 2402)

뉴에이지

Stephen Halpern, 〈Soft Focus〉 (Halpern Sounds HS 385)

Stephen Halpern, 〈Natural Light〉 (Halpern Sounds HS 834)

Daniel Kobialka (www.danielkobialka.com의 CD 목록 참조)

Tony O' Connor, 〈Mariner〉 (sounds of waves, seagulls)

Tony O' Connor, 〈Tales of the Wind〉 (팬 플루트)

Tony O' Connor, 〈Summer Rain〉 (birds, cicada sounds)

Tony O' Connor, 〈Rainforest magic〉 (bird calls)

Tony O' Connor, 〈Windseeker〉 (플루트)

(www.tonyoconnor.com.au의 CD 목록 참조)

음악치료 수용기법 **05**

음악, 시각화와 심상

수용 음악치료는 이완 상태에서 시각화와 심상을 음악과 통합하는 것으로, 이러한 형태에는 다양한 방법이 있다. Bruscia(1998a)는 '심상적 듣기(imaginal listening)'를 "특별한 의식 상태에 있는 동안 심상적 과정 또는 내적 경험을 일깨우고 지지하기 위한 음악 감상의 사용"이라고 정의한다.

왜 시각화와 심상이 음악과 연관되어 사용되는가

이완 세션에 참여할 때 클라이언트로부터 가장 흔히 보고되는 어려움 중 하나는 음악의 몰입을 방해하는 생각들이 끊임없이 존재한다는 것이다. 이런 생각들은 마치 해야 할 활동 목록을 훑어보는 것처럼 빠르게 변할 수 있다. 예를 들어, 음식을 만들기 위해서 쇼핑 목록을 작성하는 것과 같다. 만약 생각들이 빠르게 지나가면 뇌가 그것들을 처리하기 위해 속도를 내기 때문에 이완 상태로 이끄는 데 역효과를 낸다. 비슷하게 이미지들의 빠른 흐름(의식의 흐름)도 이완 상태를 방해한다.

음악치료를 하는 데 간단한 시각화를 포함하는 것은 뇌의 주의집중에 도움을 준다. 치료사가 클라이언트의 주의를 시각화 과정으로 돌리고, 클라이언트로 하여금 그것을 더 깊이 보도록 하면 실제로 집중하기 위해 시야가 좁아진다. 클라이언트를 집중시키는 것은 마음을 고요하고 잔잔하게 해야 하는 이완과정에서 필요한 부분이다.

복잡한 마음과 관련된 다른 기법은 '마음챙김(mindfulness)' 접근을 적용하는 것이다. 이것은 이미지와 생각의 흐름을 인지하고 그것들을그냥 흘려보내도록 하기 위해 고안되었다(4장 참조). 마음챙김 접근은 생각과 이미지들을 없애 버리거나 멈추도록 하기보다는 일단 주목한 다음 스쳐 지나가게 한다(Kabat-Zinn, 2003).

심상과 시각화는 통증과 스트레스를 관리해야 하는 입원 환자들에게 도움을 준다. 앞으로도 설명하겠지만, 환자에게 좋아하는 장소를 떠올리게 하는 것은 그들이 정신적으로 병원 침대 밖으로 나올 수 있도록, 일정 시간 동안 즐겁고 걱정을 내려놓을 수 있는 장소로 '탈출하도록' 도와준다.

마지막으로 심상은 아름다운 음악을 듣는 심미적 즐거움을 강화시킨다. 심상은 꿈의 소재로 표현되고, 우리가 즐거운 사건을 회상할 때마다 활성화된다. 따라서 심상은 우리의 정서적 건강과 행복에 중요하다.

치료 상황에서 심상을 효과적으로 사용하는 데 있어서 중요한 것은 심상이 무엇인가에 대한 클라이언트의 이해, 그리고 상상과 현실을 구별하는 클라이언트의 능력이다. 대부분의 클라이언트들은 따뜻하고 맑은 날을 상상하면서 몸이 따뜻해짐을 느낄 수 있다. 일상의 경험에 기반한 상상적 생각들에는 논리적 흐름이 존재한다. 그런데 클라이언트가 실재로부터 환상을 구별하는 데 어려움을 느낀다면, 또는 이미지에 집중하는 데 어려움이 있다면 더욱 복잡한 상상적 장면들은 문제가 될 수 있다. 따라서 앞으로 언급될 방법들의 경우 경험의 깊이나 치료사와 클라이언트의 역할이 달라질 수 있다. 제한된 집중력을 가지고 있는 클라이언트들을 대상으로 진행하는 치료사는 주제와 관련 없는 생각, 시각화, 지시된 음악 심상을 제거함으로써 안전한 경험을 제공해야 한다.

환상과 실재를 구분할 수 있고, 과정에 집중할 수 있으며, 이미지로부터 이해를 얻을 수 있는 클라이언트에게는 개별 세션 또는 그룹 세션(그룹 음악과 심상)을 통한 인도되지 않은 음악 심상과 인도된 음악 심상이 적합한 방법들이다.

이 장은 세 부분으로 구성되어 있다. 첫 번째 부분에서는 시각화와 지시된 음악 심상이 설명되어 있다. 이 두 기법은 모두 클라이언트가 치료사의 지시 또는 스크립트를 따르는 기법이다. 클라이언트는 음악을 듣는 동안 스스로 심상을 만들어 낼 필요가 없고, 어떠한 심상적 경험을 치료사에게 보고하지 않아도 된다. 이러한 방법들은 구조를 필요로 하는 클라이언트들에게 유용하며, 또한 대부분의 클라이언트들에게 매우 자유롭게 사용될 수 있다.

두 번째 부분에서는 클라이언트에게 심상을 만들도록 요구하는 기법들이 설명되어 있다. 이러한 기법들은 개별 세션에서 실행되는 '인도되지 않은 음악 심상(UMI)' 과 클라이언트 그룹과 함께 실행되는 '그룹 음악 심상(GrpMI)' 을 포함한다.

세 번째 부분에서는 '인도된 음악 심상(GMI)' 이 설명된다. GMI는 더욱 복잡한 '보니 방식에 의한 인도된 심상과 음악(BMGIM)' 의 단축 형태다. BMGIM은 레벨 3까지의 훈련을 마친 치료사에 의해서만 실행될 수 있다. 단축형(GMI)은 단지 레벨 1과 레벨 2 훈련을 마친 치료사도 실행할 수 있다. 〈표 5-1〉은 환경, 클라이언트와 치료사의 역할과 관련하여 기법들 간 차이점을 보여 준다.

〈표 5-1〉 환경 및 클라이언트와 치료사의 역할과 관련하여 기법들 간 차이점

	환 경	클라이언트의 역할	치료사의 역할
시각화	개인 또는 그룹	치료사의 지시를 따름	시각화에 대한 스크립트 제공
지시된 음악 심상	개인 또는 그룹	치료사의 지시를 따름	심상에 대한 스크립트 제공
인도되지 않은 음악 심상(UMI)	개인	음악에 대한 심상을 만들어 냄	음악 듣기 동안 능동적 역할 없음
그룹 음악 심상 (GrpMI)	그룹	각 그룹원은 음악에 대한 심상을 만들어 냄	음악 듣기 동안 능동적 역할 없음
인도된 음악 심상 (GMI)	개인	치료사와의 대화를 통해 심상 경험을 묘사함	클라이언트가 무엇을 경험하였는지 얻기 위해 질문하기(중재)

시각화와 지시된 음악 심상

클라이언트 또는 클라이언트 그룹을 위한 시각화와 심상을 소개하기 전에 이 방법이 적합한지 평가하는 것이 필수적이다. 이때 다음과 같은 점들이 고려되어야 한다.

음악과 심상 기법에 대한 환자의 적합성 진단

음악과 심상 기법의 적합성 진단은 클라이언트가 그들의 창조적 상상을 어떻게 바라보는지 알아보기 위해 필요하다. Samuels와 Samuels(1975)는 사람들이 눈을 감을 때 생기는 침묵을 다음과 같이 묘사하였다.

> 이미지와 생각들은 사람들의 마음속에 나타난다. 사람들은 마음의 눈으로 지난 사건들의 기억을 보고, 미래를 상상하며, 무엇이 일어날지 또는 일어나지 않을지 꿈꾼다……. [그럼에도] 많은 사람은 경험들이 실재라는 것을 부인한다(p. 5).

어떤 사람들의 경우 외부 현실이 안전할 수 있고 자신의 내면세계에 관해서는 거의 알지 못한다. 따라서 초기 세션은 심상기법이 적합한지 진단하도록 고안되어야 하고, 짧은 음악과 함께 간단한 이완 유도와 시각화 경험이 포함되어야 한다. 이것은 치료사에게 이들 기법이 클라이언트에게 적합한지를 결정할 수 있도록 충분한 정보를 제공할 것이다.

치료사는 클라이언트가 다음과 같은 사항을 할 수 있는지를 감독하고 진단해야 한다.

- 이완 유도를 들을 수 있고 지시를 따를 수 있다.
- 시각화를 제공할 때 치료사의 목소리에 집중할 수 있다.
- 이완 상태에서 의식이 각성된 수준으로 되돌아올 수 있다.
- 경험을 논의하고 그로부터 어떤 유익을 얻을 수 있다.

시각화

이 책에서 시각화(visualization)는 비교적 움직이지 않는 이미지나 짧은 연속된 이미지로 정의되고, 마음의 이완 상태를 깊게 하거나 강화시키기 위해 사용된다. 시각화의 예로는 꽃의 중심부, 일몰, 날아가는 새, 폭포, 해변을 감싸는 바다를 바라보는 것 등이 포함된다. 음악치료사는 호흡과 호흡의 리듬에 집중하는 이완 유도를 제공한다(4장의 이완 유도의 예 참조). 선택된 음악은 이완을 강화하기 위해 사용된다. 음악은 유도와 시각화 전체 과정에 걸쳐 연주된다(배경음악으로). 필요하다면 음악이 유도 이후에 연주될 수도 있다.

시각화의 예

■ 꽃

당신의 마음속에 꽃의 이미지를 떠올려 보세요… 가장 좋아하는 꽃을 떠올리세요… 그 이미지가 당신의 마음에 들어오도록 하세요…꽃의 모양을 주목하세요… 당신의 마음속에 꽃잎 모양을 그려 보세요… 꽃의 색깔을 떠올려 보고 그 색깔들이 다른 장소에서 어떻게 변할 수 있을지 주목해 보세요… 향기가 나는 꽃이라면 향기도 맡아 보세요… 그리고 지금 꽃의 중심에 집중하세요… 가장 중심에 주의를 기울이고 꽃의 색깔과 아름다움을 즐겨 보세요….

■ 바닷가

당신의 마음속에 바닷가의 가장 좋아하는 장소를 떠올려 보세요… 그 이미지가 당신의 마음에 들어오게 해 보세요… 바다의 색깔과 파도의 모양을 주목해 보세요… 당신 발 밑의 따뜻한 모래를 주목하세요… 당신 몸에 비추는 따뜻한 태양을 느껴 보세요… 당신은 바닷가의 잔잔한 파도 소리를 들으면서 따뜻한 모래 위에 누울 수도 있습니다… 당신 몸에 어떤 느낌이 드는지 주목해 보세요….

■ 날아가는 새

날아가는 새를 보고 있다고 상상해 보세요… 새의 이미지가 당신의 마음에 들어오게 해 보세요… 새의 모양과 형태를 주목해 보세요… 그리고 공기를 가르며 나는 새의 날개를 보세요… 날고 있는 새의 자유로움을 주목해 보세요… 그리고 당신 자신의 자유로움을 느껴 보세요….

음악 선정

시각화는 매우 짧기 때문에 음악 또한 매우 짧다(253쪽의 예 참조). 특히 긴 음악치료 세션의 한 부분으로 시각화가 사용된다면 5~10분 정도 길이의 음악이 적절하다. 음악치료사는 또한 클라이언트의 음악 선호도를 결정할 수 있고 음악이 시각화의 의도와 잘 맞는 것을 확인하면서 시각화 작업 동안에 그 음악을 사용할 수 있다.

시각화 작업의 마무리

음악이 끝났을 때 적절한 마무리는 다음과 같다. "지금 음악이 끝이 납니다. 이미지가 사라지도록 해 보세요. 당신은 나중에라도 이 이미지로 다시 돌아올 수 있다는 것을 기억하세요." 만약 치료 세션의 끝이라면 치료사는 클라이언트를 이완 상태에 남겨 둘 수 있다. 그러나 시각화가 긴 음악치료 세션의 일부분이라면 세션의 다음 부분으로 넘어가야한다.

적 용

음악과 함께 사용하는 짧은 시각화 작업은 노인요양시설의 만성 정신장애를 가진 사람들, 치료 세션이 짧은 병원 입원 환자들, 그리고 인지장애를 가진 신체재활센터의 환자들에게 적합하다.

임상 소례 **개별 세션 – 노인 간호**

T씨는 구세군 일원으로서 매우 구조화된 삶을 산 사람이다. 그는 노인요양기관에 옮겨졌고, 그의 방을 배정받았다. 치료진은 T씨가 얼마나 고립되어 있었는지에 대해 염려하였는데, 그는 항상 매우 긴장되고 초조해했다. 그에게 이완 훈련을 위한 음악치료가 소개되었다. 첫 번째 세션에서 호흡 이완이 사용되었다. 하지만 T씨는 깊게 호흡하는 것에 대해 이해할 수 없었고, 편하지 않은 짧은 호흡을 하게 되면서 더욱 긴장하게 되었다.

두 번째 세션에서는 점진적 근육이완(PMR) 유도가 사용되었는데 T씨에게 매우 잘 맞았다. 그는 지시에 잘 반응했고, 몸을 통해 쉽게 논리적 진행에 따라 주었다. PMR은 이어지는 세션에서 효과적으로 사용되었다. 그렇지만 치료사(Densie Grocke)는 심상이 이완을 더욱 강화시킬 수 있을지 궁금하였다. T씨와 상의할 때, 그는 북오스트레일리아의 가장 좋아하는 장소인 지구의 붉은 사막을 묘사하였다. '붉은 중심(red centre)'의 이미지는 PMR 세션의 마지막에 중심 이미지로 사용되었다. T씨는 이 심상이 밤에 잠자리에 들 때 도움을 주었다고 말했고, 치료진은 그의 긴장감이 감소한 것 같다고 보고했다.

지시된 음악 심상

Bruscia(1998a)는 '지시된 음악 심상(directed music imaging)'을 다음과 같이 정의한다.

> 클라이언트는 보통 변화된 의식 수준(altered state of consciousness)에서 음악을 듣는 동안 치료사가 제시하는 것을 마음속에 그린다. 이미지는 치료사 또는 클라이언트에 의해 선택될 수 있고, 정신적 또는 물질적인 것일 수 있다. 이미지는 특수하거나 개인적이거나 또는 일반적일 수 있고, 치료사

의 안내는 다양한 시간 간격을 두고 행해진다(p. 125).

지시된 음악 심상은 클라이언트에게 일종의 '여행'과 같은 긴 심상 스크립트를 경험하게 하는 효과적인 기법이다. 클라이언트가 이완 상태에 있는 동안 치료사는 클라이언트에게 심상 스크립트를 읽어 준다. 치료사는 클라이언트에게 이완 유도를 제공한다. 유도가 끝날 때, 음악치료사는 지시된 스크립트를 소개한다. 치료사가 스크립트를 읽어 주는 동안 음악이 배경으로 연주될 수도 있고 스크립트가 끝날 때 음악이 시작될 수도 있다. 제시되는 스크립트는 다음과 같다.

> 당신은 풀밭을 거닐고 있습니다… 날은 화창하고 풀은 당신의 발 밑에서 부드럽게 느껴집니다… 당신은 앞의 집을 보고 있습니다 … 집이 어떻게 생겼는지 주목해 보세요… 집에 가까이 다가서면서 당신은 정문에 다다르는 길을 보게 됩니다… 문까지 길을 따라 걷습니다… 문이 어떻게 생겼는지 주목해 보세요… 당신은 문을 엽니다… 안에 당신을 기다리는 특별한 사람이 있습니다… 그들을 보게 되어 기뻐합니다….

> 당신은 늦은 오후 해변에 앉아 있습니다… 해가 지고 있습니다… 새들이 하늘을 날고 있습니다… 점점 더 조용해집니다… 해가 물 위로 가라앉습니다… 해가 물 위로 아름답게 반사됩니다… 당신은 물가를 따라 걷습니다… 하늘의 색을 바라보세요… 그리고 물에 비친 모습을 봅니다.

개별화된 스크립트 만들기

심상 스크립트는 클라이언트에게 의미있는 특별한 장소를 기반으로 만들 수 있다. 한 예로 집의 정원을 그리워하는 입원 환자를 위해서 치료사는 정원에 관해 질문할 수 있다. 정원이 어떻게 생겼는가? 정원에는 어떤 꽃들이 자라는가? 정원의 색깔은 어떤가? 클라이언트가 가장 좋아하는 꽃향기는 무엇인가? 심상 스크립트는 그러한 정보로부터 만들어질 수 있다. 그리고 음악치료사는 이완 유도를 제공하고, 음악이 연주되고 있는 동안 스크립트를 읽어 주거나 스크립트가 끝날 때 음악을 들려줄 수 있다. 클라이언트의 집 정원의 예를 사용한 개별화된 스크립트는 다음과 같다.

> 당신이 집에 있는 정원에 들어가고 있다고 상상해 보세요… 당신은 길을 따라 걷습니다… 당신에게 특별한 장소인 장미 화단에 다가갑니다… 장미의 색깔을 주목하세요… 정원에서 당신이 가장 좋아하는 분홍 장미 앞으로 더 다가섭니다… 꽃의 향기를 맡기 위해 허리를 굽힙니다… 이제 다시 당신의 주변을 보세요. 그리고 정원에 있는 다른 꽃들을 주목하세요… 당신이 가꾼 정원의 아름다움을 느껴 보세요.

스크립트의 세부 사항은 세션이 여러 회 진행되면서 클라이언트가 치료사에게 말해 주는 정보에 근거해 바뀔 수 있다.

두 번째 예는 당신이 클라이언트/환자와 함께 가장 좋아하는 장소에 대해 논의하고, 제시된 단어들을 모두 포함하도록 스크립트를 쓸 수 있다. 그곳은 자연일 수도 있고 클라이언트의 집에서 가장 좋아하는 방과 같이 특별한 장소일 수도 있다. 집에서 가장 좋아하는 방의 예를 사용한 가상 스크립트는 다음과 같다.

> 당신 집의 거실에 있다고 상상해 보세요… 방의 색깔을 주목하세요… 그리고 방에서 가장 좋아하는 부분을 주목해 보세요… 커다란 편안한 의자, 선반 위의 책들, 특별한 사람에게서 받은 거울… 방에서 휴식을 취하고 싶은 장소를 찾아 보세요… 이제 당신이 휴식을 취하는 데 도움이 되도록 음악을 들어 보세요. (이때 음악을 시작한다.)

치료 세션 길이에 따른 적합한 음악 목록은 230쪽에 제시되어 있다.

심상 스크립트에서 부정적 경험 관리

치료사가 신중하게 클라이언트/환자에게 맞는 심상 스크립트를 선택한다고 해도 클라이언트가 심상에 부정적으로 반응할 때가 있다. 그 예는 Clair의 『노인을 위한 음악의 치료적 사용(*Therapeutic Uses of Music with Older Adults*)』(1996)에 기술되어 있다. 이 예시에서 학생 음악치료사는 호스피스 환자에게 스크립트를 읽어 주고 있었다. 스크립트는 일반적으로 사용되는 것으로 다음과 같이 시작된다.

> 아름답고 시원한 초원을 그려 보세요. 산의 높은 곳에 있습니다. 공기는 깨끗하고 신선하며 당신의 피부에, 시원하게 와 닿습니다. 모든 곳에 들꽃들이 있고, 무지개 색을 띠고 있습니다(Clair, 1996, p. 127).

충분한 준비 없이 떠나 요양시설에 온 것에 불안해하고 있던 환자가 다음과 같이 말하면서 스크립트에 대한 부정적인 반응을 드러냈다. "여기서 나를 꺼내 주세요. 나는 초원에 있는 것을 견딜 수 없어요. 내가 생각할 수 있는 것은 내 무덤 안의 잔디 밑에 누워 있는 것이에요. 얼굴에 쌓인 먼지 때문에 숨을 쉴 수가 없어요. 도와줘요! 그만해요!" (Clair, 1996, p. 127)

이 학생 음악 치료사는 음악을 듣는 동안 환자가 떠올리고 싶은 것이 있는지를 현명하게 질문하였다. 그러자 환자는 청소되지 않은 집에 대한 것들을 묘사하였다. 이 상황에서 치료사가 취한 행동은 매우 적절한 것이었다. 아무리 스크립트가 아름다운 이미지를 얘기한다고 해도 클라이언트는 스크립트와 반대되며 원치 않는, 임의적인, 본의 아닌 이미지들을 경험할 수 있다. 이러한 상황에서 치료사는 차분히 질문해야 한다. "당신은 무엇을 하고 싶은가요?" "당신은 어디에 가고 싶으세요?"라고 물음으로써 치료사는 클라이언트를 따라가야 한다. 예컨대, 클라이언트가 초원보다는 그녀의 집에 있고 싶어 하면 치료사는 다음과 같이 질문한다. "당신은 집이 어떻게 생겼는지 설명할 수 있나요?", 그 후 "당신은 지금 집의 어느 곳에 있나요?" 치료사는 클라이언트의 경험을 함께하면서, 그리고 클라이언트가 차분해지도록 도와주면서 클라이언트의 이미지를 따라간다.

인도되지 않은 음악 심상과 그룹 음악 심상

인도되지 않은 음악 심상(unguided music lmaging: UMI)과 그룹 음악 심상(group music and imagery: GrpMI)에서는 심상이 음악에 대한 응답으로 클라이언트의 내적 의식에서 생성된 것이라고 본다.

자생적 심상은 이미지들이 클라이언트의 무의식으로부터 나오고 클라이언트가 삶에서 겪고 있는 문제들을 나타내는 것으로 클라이언트(또는 치료사)에게 이해될 수 있다. Carl Jung은 환자들로 하여금 그들이 느끼는 것을 '내적 이미지 또는 실재로부터 형상화하고 외부 세계로 표현하도록', 더욱 세밀하고 깊이 있게 묘사하도록 격려하기 위해 그가 사용했던 방법인 '능동적 상상(Active Imagination)' 에 관해 광범위하게 기록하였다(O'Connor, 1990, p. 100).

Jung은 그가 해석을 제공하는 것과는 별도로 환자들로 하여금 이미지들이 무엇을 의미하는지 탐구하도록 격려하였다. 그는 또한 환자들이 그들의 내적 삶을 이해하는 것을 돕기 위하여 꿈의 내용과 꿈속의 이미지에 관해 높은 관심을 가졌다.

Hans Carl Leuner(1969)는 '인도된 감정적 심상(guided affective imagery: GAI)' 이라 불리는 기법을 개발하였는데, 이는 Helen Bonny가 '보니 방식에

의한 인도된 심상과 음악(BMGIM)' 기법을 만드는 데 영감을 주었다. GAI에서 Leuner는 진단 정보를 얻기 위한 수단으로 환자들에게 다음 10개의 이미지 세트를 사용하였다.

- 초원에서 휴식하기
- 산에 오르기
- 시내의 상류, 바다의 하류 따라가기
- 집 상상하기(환자의 성격을 표현하는 상징적 역할)
- 가까운 친척을 떠올리기(환자의 감정적 관계의 질)
- 성적 행동과 느낌을 표현하는 상황 떠올리기
- 사자 떠올리기
- 같은 성별을 가진 사람의 이름 말하기(환자의 자아 이상을 표현)
- 상징적 기호의 모습을 용이하게 하는 상황 떠올리기(예: 어두운 숲을 들여다보기)
- 초원의 모퉁이에 있는 습지 상상하기('그림자' 형상을 표현)

보니는 '심상(Imagery)'이라 불리는 그녀의 음악 프로그램 중 하나의 기초를 형성하기 위해 이들 이미지 중에서 6개를 택하였다. Leuner 의 10개 시나리오는 사람들이 개별 세션과 그룹 환경에서 '인도되지 않은 음악 심상'과 '인도된 음악 심상' 세션 동안에 갖게 되는 다양한 경험들을 표현하기에 중요하다.

심상 경험의 형태

클라이언트는 깊게 이완된 상태에서 음악을 듣는 동안 폭넓은 경험들을 하게 된다. 어떤 경험들은 시각화되어 나타나지만 다른 감각들 또한 활성화된다. 임상 경험에 기초해서 Grocke(1999a, 2005a)는 BMGIM 동안 클라이언트들이 갖게 되는 다양한 형태의 경험들을 포괄적인 목록으로 정리하였다. 〈표 5-2〉는 그 목록을 확장한 것이다.

〈표 5-2〉 심상 경험의 형태

시각적 경험	색깔, 모양, 장면 조각들, 완전한 장면, 인물, 사람, 동물, 새, 물(호수, 개울, 바다, 연못)
기억	유년 시절 기억, 중요한 사건, 중요한 사람과 느낌, 추억
감정과 느낌	감정과 느낌의 모든 영역: 슬픔, 행복, 기쁨, 비애, 공포, 분노, 놀라움
신체 감각	몸의 부분이 가벼움이나 무거움을 느낀다. 몸의 부분이 감각이 없어지고, 몸으로부터 분리됨을 느낀다. 떠오르거나 떨어지는 느낌, 어지러움, 몸이 다른 형태로 변하는 느낌들이 있다.
신체 움직임	클라이언트는 경험된 심상과 관련하여 몸의 움직임으로 표현할 수 있다. 예를 들면, 모양을 만드는 손, 이미지에 반응하여 팔을 들어 올림, 분노의 감정으로 주먹을 움켜쥠
체성 감각	몸 내부 장기 안의 변화가 경험된다. 예를 들면, 가슴이나 심장에 고통을 느낌, 내부 장기의 모양과 색깔 탐구, 몸 전체에 느껴지는 힘의 폭발
변경된 청각	음악이 멀리서부터 다가오는 것처럼 들린다. 음악이 매우 가까이 있거나, 한 가지 특정한 악기가 두드러진다.
순수 음악 전이	클라이언트는 전적으로 음악에 묻혀 있다(Summer, 1998).
음악으로의 연합과 전이	음악을 마지막 들었을 때의 기억들(예: 결혼식, 장례식), 음악을 연주할 때, 특히 클라이언트를 위해 연주할 때, 또는 들리는 음악을 실제로 연주할 때의 기억들
추상적 심상1	안개, 연기, 기하학적 형상 등
영적 심상과 영적 경험	빛을 향해 끌려감, 매우 가까이 존재하는 느낌, 가톨릭적 영적 인물이 되기: 수도사, 신부, 흘러내리는 긴 옷을 입는 여인
초인적 경험	몸이 작아지거나 커진다. 몸 깊숙이 변화를 느낀다(세포의 변화, 모양이 변하는 몸의 부분들). 사람이 다른 형태로 변한다. 예를 들면, 사람이 날아가는 새로 변하거나, 중요한 느낌 또는 사건을 갖고 있는 사람이 된다.
전형적 인물	전설 속의 인물들 또는 영화의 캐릭터들이 나타남. 예를 들면, 아서왕, 로빈 후드, 바이킹, 토착 남성/여성, 마녀, 마법사; 슈퍼맨, ET, 루크 스카이워커, 다스 베이더와 같은 영화 속 인물들; 또한 미키마우스, 도날드덕, 호머, 마지 심슨

대 화	클라이언트의 삶에서 중요한 인물들이 심상에 나타날 수 있고, 그들은 종종 메시지를 가지고 있어서 대화를 하게 된다. 예를 들면, 부모가 있다. 자아 세계는 인간의 형상(아기 또는 어른)이나 중요한 동반자(알버트로스, 독수리)로 형상화되고, 대화는 이러한 상들과 함께 이루어진다.
자신의 어두운 면	클라이언트가 즉각적으로 싫어하는 같은 성의 사람이 나타난다. 클라이언트가 사람의 어떤 측면들에 반응하는지를 발견하는 것은 도움이 된다. 그것이 클라이언트가 그 자신에게서 인지하기 싫어하는 부분을 될 수 있기 때문이다.
상징적 모양	긴 터널, 어두운 구멍, 새싹이 피는 씨앗. 이러한 모양과 이미지는 변화 또는 전이의 상징이 될 수 있다. 예언서나 삼지창 모양 같은 상징적 이미지는 종종 클라이언트에 대한 특별한 의미를 지니고 있다.

자기 형성 심상에 관여하는 기법에 대한 클라이언트의 적합성 평가

음악 심상을 클라이언트에게 장려하기 전에 그 방법이 적합한지, 그리고 클라이언트의 정신적·육체적 상태가 그 방법으로부터 유익을 얻을 수 있는지를 판단하는 것은 중요하다.

Summer(1988)는 기관 세팅에서의 인도된 음악심상(GIM) 기법 사용을 위한 지침을 마련했다. 이것은 음악과 심상에 대한 클라이언트의 적합성을 평가하기 위한 본보기로 보편적으로 받아들여지고 있다. 클라이언트는 다음과 같은 경우에 음악과 심상에 적합하다.

- 상징적인 생각을 할 능력이 있다.
- 상징적 생각과 실재를 구별할 수 있다.
- 치료사에게 그들의 경험을 보고할 수 있다.
- GIM 치료의 결과로서 긍정적인 성과를 얻을 수 있다(Summer, 1998, p. 32).

이 네 가지 기준은 매우 중요하다. 심상 경험에 참여한 몇몇 클라이언트는 부정적인 경험에 직면할지도 모른다. 물론 그런 부정적인 경험들이 무엇인지 이해하는 것에도 치료의 목적이 있지만, 클라이언트들이 그 경험에 압도될 수도 있고 병리학의 특정한 상태(예: 자폐, 정신이상 증세, 정신착란 등)를 보일 수도 있다. 그러므로 이러한 클라이언트들과의 음악과 심상 경험은 금지되어야 한다.

절 차

'인도되지 않은 음악 심상(UMI)'과 '그룹 음악과 심상(GrpMI)'의 두 가지 기법을 진행하는 중에 클라이언트가 변형된 의식 상태(altered state of consciousness: ASC)에 이르게 되는 것은 치료사가 제공한 이완 유도로 인하여 클라이언트가 깊이 이완되었음을 의미한다. 음악을 듣는 동안에 클라이언트는 자기형성 심상(self-generated imagery)에 관여된다. 음악이 끝나면 치료사는 변형된 의식 상태에 놓인 클라이언트(혹은 클라이언트 그룹)를 이끌어 내어 경험을 토론하게 하거나, 만다라 또는 자유 그림을 그리도록 하거나, 심상 경험의 다른 창조적인 표현(예: 찰흙으로 형상 만들기)을 하도록 유도한다. 클라이언트의 경험을 토론하게끔 이끌어 낼 때 치료사의 역할은 상징적인 생각이나 표현된 기술을 이해할 수 있는 것이며, 이를 위해서는 더 많은 훈련이 필요할 것이다. 가장 적절한 훈련은 BMGIM의 레벨 1(입문) 훈련이다. 이 방법의 훈련 프로그램들은 세계 도처에 제공되고 있다(www.bonnymethod.com/ami/training.html 참고).

인도되지 않은 음악 심상

인도되지 않은 음악 심상(UIM)에서는 "클라이언트가 변형된 의식 상태에 머무는 동안에 음악을 들으면서 치료사와의 대화나 지시 없이도 주제의 유무와 상관없이 자유롭게 상상할 수 있다. 주어지는 음악은 대개 짧다."

(Bruscia, 1998a, p. 125) 이 방법은 병원의 환자들을 위해 사용되거나 치료사와의 대화를 원치 않는 상황(예: 클라이언트가 피로를 느낄 때)에서 사용될 수 있다.

BMGIM의 공인치료사인 Marr(1998-1999)는 불치병에 걸린 여성에게 UIM 세션을 제공했고, 클라이언트는 그녀의 삶을 마무리하는 것과 관련된 수많은 이슈를 15회가 넘는 세션 동안 해결할 수 있었다. 음악은 BMGIM에 사용된 Bonny의 음악 프로그램에서 가져왔지만, 각 세션에서 음악은 15분만 포함되었고, 환자가 대화에 참여하지는 않았다. Marr는 그녀를 위해 짧게 이완을 유도한 후 선정된 음악을 들려주었다. 음악의 마지막에 Marr는 클라이언트를 변형된 의식 상태 이전으로 되돌리고 그녀가 경험했던 심상에 대해서 얘기했다.

절 차

UMI는 다양한 상황—병원, 노인요양시설, 정신건강센터, 재활센터 또는 다른 유사한 세팅—에서 시행할 수 있다. 치료사는 UMI 세션의 모든 세부사항에 대해 결정을 내리거나, 클라이언트가 좋아할 만한 이완 유도의 유형은 무엇인지, 무엇에 세션의 초점을 맞추어야 할지, 어떤 음악을 사용해야 할지에 대해 클라이언트와 상의할 수 있다.

UMI 방법의 절차는 다음 일곱 단계를 거친다.

① 클라이언트를 편안하게 하기: 클라이언트의 편안함은 클라이언트가 병원 침대에 있는지, 의자에 앉아 있는지, 푹신한 매트에 누워 있는지와 같은 세션의 환경에 따라 달라진다. 그 환경은 음악 심상 경험을 느끼기에 좋은 조건이어야 하는데, 예를 들면, 조용한 장소, (가능하다면) 방해하지 말라고 문에 표시하기, (병원에서 가능할지 모르지만) 흐릿한 조명이 필요하다. 클라이언트의 몸은 따뜻해야 하며, 이완되는 동안 몸이

차가워지면 몸을 덮을 수 있도록 담요를 준비한다. 담요는 클라이언트로 하여금 취약하다고 느끼지 않게 '심리적인' 보호막도 제공한다. 클라이언트가 침대나 바닥에 누워 있다면 베개가 필요하다.

② 세션의 초점 결정: 치료사는 클라이언트와 UMI 세션의 초점을 무엇으로 설정할지를 논의한다. 그것은 몇 가지의 주제를 가지고 활용하는 것이 도움이 된다. 만약에 주제가 산만하거나 모호하다면(예를 들어, 무슨 일이 일어날지 보자는 식으로), 클라이언트는 이 추상적인 방법을 심상과 맞물리게 하는 것이 어려울 것이다. 게다가 치료사는 클라이언트가 어떤 경험을 하는지 관찰하기도 어려울 것이다. 치료사는 '통증을 완화하는' 또는 '몸의 일부를 치료하는' '나 스스로의 시간을 가지는' 것과 같은 주제(또는 초점)를 찾고 이완 유도와 연결 짓고, 어울리는 음악을 찾는 방법도 있다. 이런 주제들은 클라이언트에게 "오늘은 무엇에 초점을 맞추는 게 좋을까요?" 와 같은 질문을 던져 찾아낼 수 있다. 1장에서 소개된 몇몇 언어적 기술을 사용하면서, 치료사는 무엇이 클라이언트에게 중요하며 세션의 초점을 어디에 둘지를 조사할 수 있을 것이다.

③ 적절한 음악 선정(클라이언트와 함께 혹은 단독으로): 치료사는 클라이언트에게 심상 경험에서 사용하고 싶은 음악(느리거나 보통 빠른, 밝거나 부드러운, 고전적이거나 환경적인)에 관해 물어볼 수도 있다. 또는 치료사가 보유하고 있는 CD 모음집에서 선택해야 할 것이다(클라이언트의 선택이 있든 없든). 이 절 마지막에 제시된 음악 목록을 참조하라.

④ 이완 유도: 앞서 4장에서는 이완 유도를 위하여 5분가량의 시간이 제공되는 짧은 세션의 경우, 또는 그보다 긴 세션의 경우에 따라 적용할 수 있는 여러 이완 유도기법이 소개되었다. 유도과정에서 중요한 것은 적절한 소리의 음질과 음색을 사용하고, 지시 사항은 여러 번 반복해 주면서 유도과정이 자연스럽게 진행될 수 있도록 하여 클라이언트를 가능

한 한 편안하게 만드는 것이다. 치료사는 유도과정의 마지막에 주된 심상을 소개한다. "당신의 몸[치료가 필요한 신체의 일부]을 의식하고 음악이 치료할 수 있게 하세요." "당신만의 공간의 이미지를 떠올리세요. 마음에 드는 장소이거나 특별한 장소가 될 수 있습니다. 당신 마음속 공간의 이미지를 가져오세요."

⑤ 음악이 흐르는 동안 클라이언트 관찰: 치료사는 몸의 움직임이나 얼굴 표정의 변화를 기록하면서 클라이언트의 음악 심상 경험을 관찰한다. 치료사는 클라이언트의 몸이 이완되어 보이는지 혹은 긴장되어 보이는지, 얼굴을 찌푸리고 있는지, 얼굴이 편안하고 고요한지 등을 통하여 클라이언트가 어떤 경험을 하고 있는지 예상할 수 있다. 이런 관찰들은 음악이 끝난 후에 뒤따르는 논의에 도움이 될 것이다.

⑥ 음악과 심상 경험의 종결: 음악과 심상 경험을 되뇌기 위해서 치료사는 음악이 끝나면 30초 정도 또는 음악 끝 부분의 긴장감이 사라져 버릴 수 있도록 기다린다. 그리고 "음악이 끝났습니다…. 잠시 동안 심상을 느껴 보세요. [이 과정은 클라이언트 자신이 경험한 심상에 주목하게 해 준다.] 그리고 점차 심상이 사라지게 두세요." 치료사는 깊이 이완된 상태로부터 클라이언트를 이끌어 낸다. "우리가 있는 방, 당신의 몸 아래 있는 매트(또는 의자)를 느껴 보세요…. 발가락과 손을 꼼지락거려 보세요 그리고 몸을 쭉 펴 보세요…. 그리고 준비가 되면 눈을 뜨세요…."

⑦ 클라이언트 경험의 토의 촉진: 경험에 대한 논의를 마무리 짓는다. 경험에 관해 질문하기 전에 클라이언트가 이완 상태로부터 나올 수 있도록 몇 분의 시간을 준다. 이완된 시간 동안 뇌의 분석적인 영역이 느려지고 경험을 표현하기 위한 단어를 찾기가 어려울 수 있다. 클라이언트가 준비된 것 같으면 "어떤 것이 마음에 들었나요?" 와 같이 열린 질문(open question)을 한다. 그 이후에 "음악의 어떤 점이 좋았나요?" 와 같이 음악에 대해 질문한다. 이 질문은 클라이언트의 선호 음악과 특정 유형의 음

악들에 어떻게 연관되어 있는지 알 수 있게 하여 이후의 세션에 도움을 준다. 또는 치료사는 클라이언트가 심상 경험을 그림으로 표현하도록 제안할 수도 있다. 자유 그림이나 만다라 그리기(종이의 중앙에 원이 그려져 있고, 클라이언트는 원의 내부에 그림을 그리거나 원을 기준으로 그리는 것)와 같은 방법이 사용될 수 있다.

그룹 음악 심상

그룹 음악 심상(GrpMI)에서 클라이언트 그룹은 치료사의 지시 없이 깊이 이완된 상태에서 음악을 듣지만, 대개 클라이언트의 과거 경험에 초점을 둔다. 음악 듣기가 끝나면 그룹은 일어난 심상에 대해 얘기를 나눈다.

GrpMI는 특별한 공통의 목적이나 비슷한 정체성을 가지는 그룹, 예를 들어 토착민(McIvor, 1998-1999), 고등학생(Weiss, 1996-1997), 위기의 청소년(Marek, 2002), 노인요양시설(Short, 1992; Summer, 1981), 수련회(Holligan, 2004a, 2004b; Marr, 2003), 정신병 치료(Erdonmez, 1997; Goldberg, 1994, 1995), 그리고 약물중독 클라이언트(Borczon, 1997)를 위한 치료 프로그램에 사용한다.

절차: 장면 세팅

GrpMI는 그룹 구성원들이 바닥에 누울 때 충분한 공간을 가질 수 있도록 넓은 방의 카펫 깔린 바닥에서 이루어져야 한다. 또는 클라이언트들이 원형으로 배열된 편안한 의자에 앉을 수도 있다. 대개 음악은 이완 유도 후에 즉시 연주된다(4장의 이완에 대한 상세한 설명 참조). 선정된 음악의 소요시간은 세션 상황에 따라 달라질 것이다. 심상을 자극하기 위한 음악 선정에는 역동적인 변화가 필요하지만, 음악의 종결부가 중요하다. 다시 말해, 정확한 끝맺음이 있어야 한다. 음악이 끝난 후에 각 그룹 구성원들은 만다라를 그리거나 그들의 경험에 관해 적는다.

절차 단계

절차는 앞의 개별 세션에서 소개한 7단계 모델과 유사하다. 그러나 그룹 대상 세션에서는 고려해야 할 추가 사항들이 있다.

① 그룹 구성원들이 기법에 적합한지 평가한다. 그룹 상황에서 각각의 구성원들은 그룹 과정을 붕괴시키지 않도록 그룹 내의 다른 사람들을 존중하여야 한다.

② 세션의 준비는 개별 세션에서 소개한 지침을 따른다. 조용한 장소, 방해하지 말라고 문에 표시하기, 매트가 깔린 편안한 바닥이나 편안한 의자, 음악을 잘 재생할 수 있고 그룹 구성원들이 잘 들을 수 있는 음향 시스템 등이 필요하다.

③ 세션의 주제를 결정하기 위해 그룹과 논의를 시작한다(뒤의 예 참조). 그룹 구성원들이 함께 지향하는 공통의 목표가 있거나, 구성원들을 한데 모이게 할 수 있는 공통의 목표가 있는 것이 도움이 된다. 치료사는 초점/주제에 관한 토론을 용이하게 하고, 그룹의 관점을 요약하여, 초점/주제를 제안한다. 이것은 그룹 구성원들로 하여금 심상이 어디에서부터 시작하는지에 대한 감각을 갖도록 도와주며, 심상 경험을 위한 기반을 제공해 준다.

④ 클라이언트들에게 가능한 한 편안하게 있도록 권하고, 편안한 의자나 방의 공간을 찾으라고 제안한다. 그룹 구성원들은 세션 동안 몸을 따뜻하게 하기 위한 담요와 머리를 기댈 베개가 필요하다. 방은 어둑하게 한다. 치료사는 그룹 구성원들이 가능한 한 편안해할 때 이완을 유도한다. 그리고 그룹 구성원들에게 자신의 몸이 어떻게 느끼고 있는지 주의를 기울여 보라고 하고, "다른 사람들로 인하여 주의가 분산될 수 있습니다."라고 언급해 준다. 그룹 구성원 중에 불안해하는 사람이 있거나 치료실 밖

에서 소음이 들리는 경우에 이런 지시가 도움이 될 것이다. 유도가 끝난 후 치료사는 "이제 여러분의 주의를 ~로 돌려보세요. 그리고 음악이 시작되면 음악이 심상 안으로 들어가게 하여 음악이 제안하는 대로 심상이 변화될 수 있게 하세요."라고 말하면서 주제에 주의를 집중할 수 있게 한다. 음악이 제안하는 대로 심상이 변화되도록 하라는 제안은 그룹 상황에서 중요한데, 치료사가 음악을 선택한 것이 개인이 아닌 그룹을 위해서였으므로 음악의 선택이 항상 좋을 수는 없기 때문이다. 때로 그룹의 구성원들은 그들이 느낀 마음속 이미지에 대해 언급하지만, 음악이 시작되면 그것이 이미지와 조화되지 않고, 심상은 끝나는 경우도 있다. 그래서 '음악에 따른 심상의 변화를 받아들인다'는 말이 중요하다. 각 사람의 경험에 따라 음악을 바꿀 수 없기 때문에, 클라이언트들이 음악에 맞게 심상을 변화시켜야 하는 것이다.

⑤ 그룹 경험을 관찰한다. 음악이 연주되는 동안, 치료사는 개별 그룹 구성원을 주의 깊게 관찰하고, 몸 상태의 어떤 변화나 얼굴 표정의 변화, 또는 각각의 여러 징후(예: 눈물, 기대거나 쪼그린 자세)를 기록한다. 음악을 다 듣고 논의하는 동안, 치료사는 클라이언트들이 느끼는 감정들을 확인하여 개별 구성원이 안전한 마음으로 세션을 끝내도록 해야 한다.

⑥ 음악이 끝났을 때, 치료사는 "음악이 끝났습니다. 마음에 떠오르는 심상을 받아들이고 서서히 사라지게 하세요."라고 말한다. 그룹 상황에서 치료사는 멀리 떨어져 앉아 있는 사람에게도 목소리가 잘 전달될 수 있게 해야 한다. 몇몇 그룹 구성원들은 여전히 변화된 의식 상태에 있기 때문에 그들이 현재 있는 장소를 상기시켜 줄 필요가 있다.

우리가 있는 방, 여러분의 몸 아래 있는 매트(또는 의자)를 느껴 보세요… 방 안의 사람들이 있습니다… 방 안의 소리도 들어 보세요(또는 방 바깥에서 들리는 소음이 있다면 그 소음도)… 발가락과 손가락을 꼼지락거려 보고, 다리와 팔을 움직여 보세요. 그리고 몸 전체를 스트레칭 해 봅니다… 그리고 눈을 떠 보세요….

때때로 그룹 구성원들은 같은 속도로 돌아오지 못하는 경우가 있다. 그러므로 치료사는 무슨 말인지 좀 더 민감하게 듣도록 날카로운 목소리로 제시해야 한다. 만약 클라이언트가 여전히 각성 상태로 돌아오지 않으면 그 클라이언트에게 가까이 다가가서 이름을 부른다. "○○ 씨, 이제 당신의 몸을 의식해 보세요. 다리를 움직여 보세요."

⑦ GrpMI 세션에서는 클라이언트들이 그들의 경험을 표현하기 위해 자유 그림이나 만다라를 그리는 것이 보편적이다. 치료사는 다음과 같이 언급함으로써 그림 그리기를 촉진시킬 수 있다.

여러분은 스스로 경험한 것을 그릴 수 있습니다. 경험한 것을 본 그대로 그릴 필요는 없지만, 경험한 것의 중요한 부분이 담겨 있으면 됩니다. 당신은 그 형상을 그릴 수도 있고, 색으로 표현하는 것으로 시작할 수도 있습니다.

이러한 지시는 그림에 자신이 없다고 느끼는 클라이언트를 도울 수 있다. 사람들이 조용한 가운데 그림을 그리게 하고 약간의 시간이 흐르고 나면 치료사는 "2~3분 정도 더 그린 후 함께 나눕시다."라고 말한다. 이러한 언급은 그림을 마무리하는 데 많은 시간을 소요하는 사람들에게 미리 경고해 주는 것이다. 만약에 그룹을 위한 시간에 제한이 있다면 치료사는 "아직 그림을 끝내지 못한 분이 있다면 마무리하십시오. 그동안 우리는 나눔을 시작할 것입니다." 또는 "당신은 집에 가서 그림을 끝내야 할 것 같아요. 그렇더라도 지금은 당신이 경험했던 것을 나눠 주세요."라고 말할 수 있다. 그런 다음 치료사는 그룹 구성원들이 그림을 가지고 심상 경험의 토론을 할 수 있도록 다음과 같이 언급한다. "당신의 그림에 대해 말해 주시겠어요? 무엇을 표현한 것인가요?"

인도되지 않은 음악 심상 및 그룹 음악과 심상을 위한 음악 선정

UMI와 GrpMI를 위해 선정되는 음악은 단순히 기분전환에 사용되는 음악보다 좀 더 역동적인 다양성을 가진다. 2장에서 기술한 것처럼, 심상을 위한 음악은 클라이언트의 심상을 자극하기 위해 기악 편성과 속도에서의 다양성을 요구한다. 그 목적은 변화를 만들거나 바꿀 수 있도록 창조적인 아이디어의 흐름을 유지하기 위한 것이다. 다음의 음악 목록은 클라이언트들의 심상을 일깨우는 데 성공적으로 사용된 것들로 구성되었다. (〈Music for the Imagination〉 CD(Barcelona Publishers)에서 발췌한 곡은 * 표시를 해 둔다.)

짧은 음악 목록(4~10분 이내의 길이)

* Bach, 〈Concerto for two violins〉, Largo, 7:00
* Beethoven, 〈Piano Concerto no. 5〉, 'Adagio', 6:36
Boccherini, 〈Cello Concerto in B〉, 'Adagio', 6:57
* Brahms, 〈Violin Concerto〉, 'Adagio', 8:38
Butterworth, 〈On the Banks of Green Willow〉, 6:07
Debussy, 〈Dances Scared and profane〉, 8:00
* Dvorák, 〈Czech Suite〉, Romanze, 5:12
* Fauré, 〈pavane for a Dead Princess〉, 7:44
* Haydn, 〈Cello Concerto in C〉, 'Adagio', 8:36
* Holst, 〈Planets Suite〉, 'Venus', 8:07
* Liadov, 〈Enchanted Lake〉, 7:58
Pachelbel, 〈Canon in D〉, 7:04
Respighi, 〈The Birds〉, 'The dove', 4:34

Respighi, 〈The Birds〉, 'The nightingale', 4:39
* Respighi, 〈The Fountains of Rome〉, 'Valle Guilia', 4:28
Respighi, 〈The Fountains of Rome〉, 'Villa Medici', 5:45

긴 음악 목록

* Brahms, 〈Piano concerto no. 2〉, 'Andante', 14:29
* Brahms, 〈Symphony no. 4〉, 'Andante Moderato', 12:40
* Debussy, 〈Prelude to the Afternoon of a Faun〉, 11:15
* D' indy, 〈Symphony on a French Mountain Air〉, 11:40
Pierne, 〈Concertstuke for Harp and Orchestra〉, 15:30
* Ravel, 〈Introduction and Allegro for Harp and Orchestra〉, 11:00
Smetana, 〈Ma Vlast〉, 'The Mouldau', 12:29
* Vaughan-Williams, 〈Fantasia on a Theme of Thomas Tallis〉, 16:15

그룹 음악 심상의 적용

토착 여성

McIvor(1998-1999)는 원형적인 이야기(archetypal story)에서의 영웅의 여정(Hero' s Journey)에 기초하여 마오리(Maori) 여성들을 위해 GrpMI 프로그램의 네 단계 세션을 발달시켰다. 그녀의 단계별 음악 선정은 다음과 같다.

• 사명 듣기: Strauss, 〈A Hero' s Life, Section 6〉 (발췌)
• 시작하기: Beethoven, 〈Piano Concerto no. 5〉, 'Adagio'
• 장애물과 조력자: Beethoven, 〈Symphony no. 9〉, 'Adagio'
• 목표 도달: Brahms, 〈Violin Concerto〉, 'Adagio'
Bach, 〈Concerto for Two Violins〉, 'Largo'

- 선물과 함께 돌아오기: Shostakovitch, 〈Quartet no. 3〉
  Wagner, 〈Lohengrin〉, 'Prelude' 1악장
  Sibelius, 〈Scaramouche〉

위기의 청소년

Marek(2002)은 위기에 빠진 아이들을 위해 청소년 아트캠프 기간 동안 GrpMI에서 영웅의 여정 개념을 통합시켰다. 세션은 캠프 장소 근처의 동굴에서 이루어졌으며, 6명의 남자 청소년들이 참가하였다. 숲길을 지나 동굴까지 걸어가는 시간은 마치 유도과정처럼 작용하여 동굴에 도착한 후 눕거나 바위에 앉았을 때는 이미 침묵의 분위기가 형성되었다.

첫 세션은 심상 동안 각자가 자신들에게 붙여 줄 전사 이름을 찾는 '이름 붙이기' 세션이었다(예: 모험가, 해적 아모스, 사자왕, 어부와 헤라클레스 등).

음악은 다음을 포함한다.

- Djam Leelii(아프리카 드럼), 〈Unwired-Acoustic Music from Around the World〉, NCOS ROOTS
- Strauss, 〈Death and Transfiguration〉, 'Transfiguration'

두 번째 세션은 '전쟁과 여행' 세션이며, 선정된 음악은 다음과 같다.

- Smoking Music, 무반주 아프리카 남성의 목소리, 'Red Ribbon', 〈Unwired-Acoustic Music from Around the World〉, NCOSROOTS
- Blakey, 〈Orgy in Rhythm〉, 'Elephant Walk'

GrpMI의 두 세션은 참가한 청소년들이 캠프에서 경험하는 다른 활동들, 예를 들어 동굴에서 잠을 잔다거나 하는 활동들에서 필요로 하는 강한 남성

상을 강화시켰다.

고등학생

Weiss(1996-1997)는 여자 고등학생들을 대상으로 GrpMI 세션을 진행하였다. 세션을 시작할 때, 여학생들은 현재 그들이 느끼는 감정에 관해 썼다. 그런 다음 각기 책상 위에 머리를 쉬게 하거나 바닥에 누웠다(선택은 그들이 했다.). 치료사는 그들을 유도하면서 한 곡으로 구성된 음악 듣기 단계로 옮겨갔다. 음악이 끝난 후에는 여학생들이 어떤 느낌을 가졌는지에 대한 글을 마무리하도록 했다. 이 세션은 학교의 40분 수업 일정 이내에 이루어졌다.

선정된 음악은 다음과 같다.

- 세션 1: Pachelbel, 〈Canon in D〉
- 세션 2: Copland, 〈Appalachian Spring〉 (발췌)
- 세션 3: Pierne, 〈Concertstücke for Harp and Orchestra〉
- 세션 4: Elgar, 〈Enigma Variations〉 no. 8 and no. 9
- 세션 5: Brahms, 〈Piano concerto no. 2〉, 'Allegro non troppo'
- 세션 6: Britten, 〈Simple Symphony〉, 'Sentimental Saraband' Vaughan-Williams, 〈Prelude on 'Rhosymedre'〉 Berlioz, 〈L' Enfance du Christ〉, 'Shepherd' s Farewell' Puccini, 〈Madame Butterfly〉, 'Humming chorus'
- 세션 7: Beethoven, 〈Piano concerto no. 5〉, 'Adagio' Vivaldi, 〈Gloria〉, 'Et in terra pax'
- 세션 8: Haydn, 〈Cello Concerto in C〉, 'Adagio'

여학생들은 GrpMI 세션이 긴장을 완화시켜 주고 도움이 된다는 것과 그들의 일상에 긍정적인 영향을 준다는 것을 발견했다. 중요한 이미지들은 기억되고 회상되었다. 그리고 한 학생은 자신의 꿈을 좀 더 이해할 수 있었다고 말했다. 이 여학생들은 모든 고등학생이 GIM에 참가해야 한다고 말했다.

노년층 클라이언트의 그룹 음악과 심상

Short(1992)는 뇌졸중, 시각장애, 심장질환, 관절염 및 이동장애를 포함한 신체적 장애를 가진 노년층 환자 그룹을 대상으로 18세션로 구성된 GrpMI를 이끌었다. 그녀는 4~12분 길이의 서양 예술 음악을 사용했고, 그룹 구성원들은 사별, 성, 노화과정과 같은 이슈들을 '생생하게' 묘사했다. Summer(1981)가 진행한 GrpMI 그룹은 15명으로 구성되었으며 한 시간 동안 진행되었다. 5분간 점진적 근육이완이 진행되었고, 이어서 Summer는 노년의 클라이언트들이 심상 경험으로부터 자기수용과 자기인식을 획득한다는 것을 발견했다. 그리고 환자들은 GIM의 정신치료학적 이점 외에도 예외 없이 음악을 즐겼다 (Summer, 1981, p. 41).

교회 수련회를 위한 그룹 음악과 심상

Marr(2003)는 교회 공동체를 대상으로 주기도문의 단어에 기초한 4세션의 GrpMI 세션을 이끌었다. 그녀는 기도를 네 부분으로 나누었고, 각 세션에서는 점차적으로 이전 세션에서 다룬 부분들을 더 추가했다. 즉, 첫 세션에서는 기도문의 첫 부분을 다루었고, 두 번째 세션에서는 첫 번째 부분과 더불어 두 번째 부분을, 그리고 세 번째 세션에서는 첫 번째, 두 번째, 세 번째 부분을 함께 다루었다.

세션은 7단계로 구성되었다.

① 한 주간의 삶에 대한 토론(그룹 전체가 다함께)
② 세션의 중심 문구 읽기
③ 이완 유도

④ 단어 다시 읽기(초점을 맞추어)
⑤ 음악
⑥ 각성 상태로 돌아오기
⑦ 경험의 처리(그림 그리기, 구두 토론)

음악 선정

Marr는 다음의 음악 선정을 제안한다(〈Music for the Imagination〉 CD에서 발췌).

- 세션 1: Borodin, 〈Symphony no. 1〉, 'Andante'
- 세션 2: Chopin, 〈Piano Concerto no. 1〉, 'Romanze'
- 세션 3: Rodrigo, 〈Concierto de Aranjuez〉, 'Adagio' Delius, 〈1st Acquarelle〉, 'Lento ma non troppo'
- 세션 4: Strauss, 〈Death and Transfiguration〉, 'Transfiguration'

종교적 수련회를 위한 이 세션 구조는 연속된 주제가 있는 GrpMI 세션에서 활용될 수 있다. 앞에서 제시된 7단계 세션 형식은 영감을 주는 모든 글이나 사계절, 또는 네 개로 구성된 주제(지구, 물, 공기, 불)를 탐색하는 데 사용될 수 있다.

Holligan(2004a)은 '평화'와 관련된 3세션의 세션을 위해 7단계 형식을 사용하였다. 첫 번째 세션에서 그녀는 불교 스님인 틱낫한의 저서 『평화로움(*Being peace*)』을 사용하였다. 두 번째 세션에서는 게일어(켈트어에 속하는 고대 아일랜드 언어-역자 주)로 된 축복의 노래 'Deep peace'를 주제로 하였고, 세 번째 세션에서는 '진정 바라는 것(Desiderata)'이라는 시를 읽었다. 그녀가 세 세션에서 사용한 음악은 다음과 같다.

- 세션 1: Massenet, 〈Orchestral Suite no. 7〉, 'Sous les Tilleuls' Bach, 〈Suit no. 3〉, 'Air'
- 세션 2: 'Deep peace', ABC(Australia), Swoon Collection Elgar, 〈Cello Concerto〉, 'Adagio'
- 세션 3: Beethoven, 〈Piano Concerto no. 5〉, 'Adagio' Vivaldi, 〈Gloria〉, 'Etin terra pax'

또 다른 시리즈의 세 세션에서 Holligan(2004b)은 '여성, 지혜 그리고 세계'를 반영하는 구조로 Vivian Elisabeth Glyck의 '나의 정원으로부터 배운 삶의 12가지 과업'을 영감을 주는 글로 사용하였다. 세션과 음악 선정은 다음과 같다.

- 세션 1: 겨울의 성장에 대한 감상
  Haydn, 〈Cello Concerto in C〉, 'Adagio'
- 세션 2: 인내는 미덕이다.
  Bach, 〈Concerto for two violins〉, 'Largo'
- 세션 3: 조화로움은 중요한 수단이다.
  Rodrigo, 〈Concerto de Aranjuez〉, 'Adagio'

약물중독 치료에서 클라이언트와 함께 하는 그룹 음악과 심상

Borczon(1997)은 GrpMI 세션을 위한 다른 모델을 클라이언트들에게 시행했다. 우선 세션에 들어오는 클라이언트들을 안정시키기 위한 준비 활동을 한다. 클라이언트들은 편하게 음악 청취를 할 수 있도록 베개(콩주머니)에 기댄다. Borczon은 클라이언트에게 8~10분 정도 이완 유도를 제공하고 첫 번째 음악을 들려준다. 그리고 음악이 끝나면 각 사람들에게 그들이 경험한 심상을 이야기해 보도록 요청한다. 심상에 대한 보고가 끝나면 다시 이완 상태로 집중할 수 있도록 하고, 두 번째 음악을 재생한다. 음악이 끝나면 클라이언트들이 느낀 심상을 보고하고, 다시 세 번째 음악을 들려준 후 이완 상태에 집중하게 한다. 이와 같은 방식으로 계속 진행한다. Borczon은 음악 스타일과 분위기의 범위에 따라 대략 2분가량의 음악을 사용한다. 예를 들면 다음과 같다.

- 세션 1: Michael Jones, 〈Mexican Memories〉 (처음 2분)
- 세션 2: Bernstein, 〈West Side Story〉, 'Cool'
- 세션 3: Chaquico, 〈Acoustic Highway〉
- 세션 4: Enya, 〈Watermark〉, 'River'
- 세션 5: Stravinsky, 〈The firebird〉 (마지막 2분).

Borczon(1997)은 그룹 구성원들의 심상 경험을 관찰하고 그 가운데 나타나는 어떠한 주제이든지 5개의 음악 목록에 반영할 수 있었다(pp. 89-116). 그는 세션이 '이완되고, 힘 있고, 통찰력 있고, 재미있을' 수 있다고 언급했다(p. 115). 그리고 클라이언트가 약물중독에 관련된 공통 관심사를 가지고 있기 때문에 전체 그룹이 통찰력을 가지도록 하는 데 도움이 되는 공통의 심상 경험이 나타난다고 언급했다.

그룹 음악과 심상의 적용

GrpMI 방법은 또한 필요로 하는 다른 상황에서도 적용될 수 있다. Goldberg(1994)는 정신과 입원 환자를 위한 적용안을 제시했다. 최대한의 심리적인 안전감을 제공하기 위해 Goldberg는 다음의 방식으로 세션을 수정했다.

- 환자들은 누워 있기보다는 의자에 앉는다.

- 음악의 형식과 다이내믹 범위는 제한적이다.
- 음악은 5~10분 정도로 한다.
- 유도 단계를 비롯하여 전체 경험은 음악적 단계 내에 포함된다.
- 음악이 시작되면 매우 짧은 이완이 주어진다.
- 음악 제시 단계 동안 언어적 구조를 제시하는 시간을 길게 잡는다.
- 음악이 지속되는 동안 환자들은 자신의 심상을 즉시 기록한다(Goldberg, 1994, pp. 26–27).

Goldberg는 급성 정신질환 환자들을 위해 다음과 같은 음악을 사용하였다.

- Daniel Kobialka CD
- Pachelbel, 〈Canon in D〉
- Bach, 〈Air on a G String〉

이와 유사하게 Blake와 Bishop은 외상후 스트레스 장애를 가진 환자들을 위한 적용안을 계획했다. 그 적용안에서는 다음이 요구된다.

- 짧은 이완시간(1~2분)
- 앉아 있는 자세 유지하기
- 유도의 목적과 심상에서의 높은 특수성
- 음악의 짧은 지속시간(10분 이내)
- 눈을 뜬 상태로 심상을 경험하고 글쓰기, 그리기, 움직임으로 표현하기
- 안전감, 타당성, 노력의 강화에 대한 강조(Blake & Bishop, 1994, p. 128)

인도된 음악 심상

Bruscia는 인도된 음악 심상(guided music imaging: GMI)에 대해 "클라이언트는 변화된 의식 상태에서 음악을 들으며 치료사와 함께 대화하면서 자유롭게 심상을 형성한다."라고 규정한다(Bruscia, 1998a, p. 125). GMI는 약 한 시간 반 정도 지속되는 긴 BMGIM 세션에서 응용된 형태다. GMI 세션은 보통 간결한 토의, 이완 유도, 짧은 음악(대략 10~20분 정도)으로 구성된다. 음악을 듣는 동안, 클라이언트는 심상에서 무슨 일이 일어났는지에 관해 치료사와 함께 대화한다. 그리고 음악이 끝나면 클라이언트는 만다라를 그리게 된다. 이 세션은 보통 한 시간 이내로 진행하는 것이 적당하다.

GMI는 BMGIM 세션과 다르게 짧은 음악을 사용하므로 클라이언트가 도달하는 심상 경험의 깊이에 제한이 있다(BMGIM에서 음악 프로그램은 보통 30~40분 정도 지속된다).

〈표 5-3〉에는 앞서 설명한 UMI와 GMI에서 클라이언트와 치료사의 역할이 비교되어 있다. 두 가지 방법의 기본적 차이점은 GMI에서는 치료사가 심상 경험에 관해 클라이언트와의 대화에 관여한다는 것이다. 그리고 적절한 중재를 만드는 기술이 요구되고, 음악치료사가 클라이언트를 대상으로 GMI 세션을 시작하기 전에 적어도 BMGIM 훈련의 레벨 1과 2를 마쳐야 할 것이 요구된다.

절 차

치료사는 세션의 주제가 무엇인지 클라이언트와 함께 토의한다. 만약 치료사가 BMGIM 훈련을 받지 않았다면 자연의 장소, 가장 좋아하는 장소와 같은 주제를 선택하는 것이 '안전'할 수 있다. 치료사와 클라이언트는 장면이나 경험을 대응시킬 수 있는 음악을 고를 수 있고, 그다음 치료사는 클라이언트

〈표 5-3〉 인도되지 않은 음악 심상(UMI)와 인도된 음악 심상(GMI) 비교

	클라이언트의 역할	치료사의 역할	요구되는 전문적 기술 레벨
인도되지 않은 음악 심상 (일대일 세션)	클라이언트는 음악을 듣고 음악에 대한 반응으로 심상을 갖거나 다른 경험들을 가질 수 있다.	치료사는 클라이언트와 대화하지 않지만, 음악에 대한 클라이언트의 반응을 관찰한다.	비록 BMGIM 레벨 1만 훈련받았을지라도, 수용 기술을 훈련받은 음악치료사들은 이 방법을 수행할 수 있다.
인도된 음악 심상 (BMGIM 세션의 단축형)	클라이언트는 음악에 대한 반응으로 어떤 심상이나 다른 경험들을 보고한다.	치료사는 간단한 중재를 하면서 대화 안에서 클라이언트와 관계하고, 음악과 심상에 대한 클라이언트의 반응을 관찰한다.	최소한 BMGIM 훈련 레벨 1과 2가 요구된다.

를 위해 이완 유도를 제공한다. 이완 유도의 마지막에 치료사는 클라이언트가 심상에 집중할 것을 지시한다. "자연의/가장 좋아하는 장소로부터 떠올린 심상을 당신의 마음으로 가져오세요." 그다음 음악에 집중할 수 있도록 인도한다. "음악이 심상과 결합하는 것을 허용하세요." 음악이 1분간 혹은 어느 정도 연주되면 클라이언트의 심상에서 무슨 일이 일어났는지에 관한 질문(중재)을 할 수 있다. 클라이언트는 자신에게 무슨 일이 일어나는지 묘사하고, 치료사와 클라이언트는 대화를 계속한다. 다음에 네 가지 예시가 있다. 이 중재들은 단지 제안이며 사용된 중재 유형을 설명하기 위해 예시된 것이다. 따라서 무조건 이 순서로 사용되어서는 안 된다.

음악의 마지막에 치료사는 "음악은 끝나 가고 있습니다. 심상과정을 마무리해 주세요. 다른 때에라도 얼마든지 지금의 상태로 돌아올 수 있습니다." (p. 149)라고 말한다. 클라이언트의 경험에 대해 치료사가 클라이언트와 함

께 언어적으로 진행하거나, 클라이언트가 자신의 경험에 대해 그림을 그릴 수 있다.

■ 예시 1

- **주제**: 자연 풍경에서
- **음악**: Respighi, 'The Nightingale'
- **이완 유도**: 짧은 유도에서는 "음악이 심상과 결합되게 하세요. 음악에 따라 심상이 변화하도록 내버려 두세요…."와 같은 언급을 포함한다.
  음악이 시작한 후 30초에서 1분 정도 기다리다가 중재를 시작한다.
- **중재 제안**
  - 풍경을 묘사할 수 있습니까? (모양과 색깔—장소에 대한 좋은 묘사를 이끌어 내기 위해 시도하라.)
  - 그곳에서 당신은 어떤 기분을 느낍니까?
  - 그 밖에 당신 주위에 주목할 만한 것은 무엇입니까?
  - 그것을 묘사할 수 있습니까? (색깔, 모양)
  - 그곳에 당신과 함께 누군가가 있습니까?

  음악이 빨라지거나, 부드러워지거나, 커지는 것과 같은 변화가 있을 때마다 다음과 같이 물어보라.
  - 지금 무슨 일이 일어나고 있나요?

■ 예시 2

- **주제**: 길(무엇처럼 보이는지, 거기서 어떻게 느끼는지에 관해 파악)
- **음악**: Debussy, 'Prelude Afternoon of a Faun'
- **이완 유도**: 짧은 유도에서는 "음악이 심상과 결합되게 하세요. 음악에 따라 심상이 변화하도록 내버려 두세요…."와 같이 언급한다.
- **중재 제안**: 음악이 시작한 후 30초에서 1분 정드 기다리다가 중재를 시작

한다.

– 길은 무엇처럼 보이나요? (색깔, 형태)

– 길은 무엇으로 만들어졌나요?

– 당신의 발 아래의 느낌은 어떤가요?

– 당신은 길을 따라 움직이고 있나요?

– 당신은 무엇을 보고 있습니까?

만약 길이 나뉘어져 있고, 언제든지 두 개의 길이 있다면 물어보라.

– 당신이 가기 원하는 길은 어느 쪽입니까?

음악이 빨라지거나 부드러워지거나 커지는 것과 같은 변화가 있을 때마다 다음과 같이 물어보라.

– 지금 무슨 일이 일어나고 있나요?

■ 예시 3

- **주제**: 물(바다, 호수, 강, 폭포)에 관해
- **음악**: Grieg, 〈Peer Gynt Suite〉, 'Morning'
- **이완 유도**: 짧은 유도에서는 "음악이 심상과 결합되게 하세요. 음악에 따라 심상이 변화하도록 내버려 두세요…." 와 같이 언급한다.
- **중재 제안**: 음악이 시작한 후 30초에서 1분 정도 기다리다가 중재를 시작한다.

– 물은 무엇처럼 보이나요? (작은 개울, 거대한 대양, 시원한)

– 물의 색깔은 무엇입니까?

– 그 밖에 당신이 관찰한 것이 있습니까? (뜨거운 태양, 파란 하늘, 강둑을 따라 자라나는 양치식물)

– 무엇을 느낍니까? (휴식을 취하는, 평화로운 등)

– 당신 몸의 어느 부분에서 그런 기분을 느낍니까? (몸 전체, 가슴에서)

■ 예시 4

• **주제**: 자연의 장소, 아마도 언덕 혹은 산에서

• **음악**: Respighi, 'The dove'

• **이완 유도**: 짧은 유도에서는 "음악이 심상과 결합되게 하세요. 음악에 따라 심상이 변화하도록 내버려 두세요…."와 같이 언급한다.

• **중재 제안**: 음악이 시작한 후 30초에서 1분 정도 기다리다가 중재를 시작한다.

– 당신은 무엇을 봅니까?

– 이 장소를 묘사할 수 있습니까?

– 거기서 어떤 기분을 느낍니까?

– 당신은 그 밖에 무엇을 관찰합니까?

짧은 악곡을 위한 중재

중재는 클라이언트의 심상 경험에 맞춰져야 한다. 만약 클라이언트가 시각적 심상을 보고한다면 이후의 중재들은 같은 양식이어야 하며 시각적 심상을 묘사하도록 요구한다. 만약 클라이언트가 외롭거나 슬프다고 느껴진다면 중재에서는 그 느낌에 관해 물어보아야 한다. 그러나 치료사는 그 감정에 과도하게 개입하지 말아야 한다. 그렇지 않으면 클라이언트가 너무 많은 질문에 대답해야 한다고 느낄 것이다. 이 경우 치료사는 지지적인 긍정의 중재를 사용할 수 있다.

■ 긍정의 중재

– 음~흠

– 흠

– 오…

■ 시각적 심상을 위한 중재
- 무엇처럼 보이나요?
- 색깔이 있나요?
- 모양이 있나요?

■ 느낌을 위한 중재
- 무슨 기분이 드나요?
- 당신 몸의 어떤 부분에서 그렇게 느끼나요?

■ 심상에서 사람이 등장할 때의 중재
- 당신이 아는 사람인가요?
- 그 사람에게 당신이 말하고 싶은 것이 있나요?
- 그 사람이 당신에게 말하고 있나요?

■ 심상에서 사람 그룹이 등장할 때의 중재
- 눈에 띄는 사람이 있나요? (만약 있다면 앞의 '심상에서 사람이 등장할 때의 중재'에 제시된 질문을 참조하라.)

■ 클라이언트가 심상이 떠오르지 않을 때의 중재
- 음악이 도와줄 수 있나요?
- 음악이 무엇인가 말하나요?
- 음악과 함께하면서 즐기세요.

인도된 음악 심상의 적용

GMI는 짧은 길이의 음악을 사용하므로 BMGIM 세션의 전체 길이와 다르며, 클라이언트가 심상 경험으로 갈 수 있는 깊이도 달라진다. 따라서 GMI는 보다 긴 BMGIM의 응용된 형태로서 사용될 수 있고, 시간 제한 때문에 선택될 수도 있다. GMI 세션은 한 시간 이내로 수행된다(Ritchey-Vaux, 1993). 만약 세션이 한 시간 이내로 정해져 있다면 GMI가 적합한 방법이다. 몇몇 BMGIM 치료사들은 BMGIM의 응용으로서 GMI를 언급하고, Ritchey-Vaux는 이렇게 짧아진 BMGIM의 한 형태가 한 시간 이내로 어떻게 맞춰질 수 있는지, 심리치료 세션에서 어떻게 연관될 수 있는지를 설명한다.

또한 BMGIM의 응용된 형식으로서 GMI는 외상후 스트레스 장애 환자(Blake, 1994; Blake & Bishop, 1994), 단기 급성 정신질환자(Goldberg, 1994), 뇌손상 환자(Goldberg, Hoss, & Chesna, 1988), 해리성 장애환자(Grocke, 2005b)에게 효과적이다. 이 네 가지 환자군을 대상으로 하는 BMGIM 세션에서는 공통적으로 세션의 길이가 수정되었다. 클라이언트가 이완된 상태로 들어가도록 충분한 시간을 주기 위하여 이완 유도시간은 늘어나고, 반대로 클라이언트가 변형된 의식 상태에서는 너무 깊게 이완되지 못하도록 시간을 줄였다. 네 가지 경우 모두에서 음악의 길이는 축소되고 형태와 스타일은 복잡하지 않았다. 음악을 듣고 심상을 나누는 동안 치료사는 더 지시적이 되고, 마지막 세션에서는 심상 장면을 제안한다(Goldberg et al., 1988). 클라이언트는 안전한 느낌을 갖기 위해서 자주 눈을 뜨는 경우가 있다(Blake, 1994; Blake & Bishop, 1994; Grocke, 2005b). 음악이 끝난 후의 토의에서 치료사는 환자의 심상과 회복과정 사이에 연결을 만들어 주어야 한다

일세션성으로 진행된 GMI 단회 세션(BMGIM의 응용된 형태로서)은 남편의 죽음에 대해 풀지 못한 감정을 가지고 있고 자신의 죽음에 대해서도 두려움에 직면하고 있는 치매 노인에게 도움을 주는 데 효과적이었다(Colegrove, 1995). 흥미로운 것은 이 GMI 세션에서는 이완 유도 없이 긴 음악을 사용한 것이다. 이 여성은 늦은 오후에 진행된 세션에서 '시간 혼동' (Feil, 1993) 상태에 있었고, 그녀에게 다가오는 사람들에 대한 두려움이 있었다. 이 여성이

자신에게 다가오는 사람들에게 직면하게 하고 그동안 치료사는 여섯 곡의 고전음악(Bonny에 의해 고안된 '심상' 음악 프로그램)을 사용하였다. 클라이언트는 "자신의 중심적인 두려움(죽음에 대한 두려움)에…… 마주 보며 직면해 갔다." (Colegrove, 1995, p. 45)

일회기성으로 진행된 GMI는 짧은 시리즈의 주제가 있는 세션으로 수행될 수 있다. 치료의 전체적인 계획을 클라이언트가 알도록 하기 위해 주제와 연관된 제목을 시리즈로 설정한다. Rachael Martin은 음악 시험에 연주불안 경험이 있는 다섯 명의 건강한 음악학과 학생들을 대상으로 6회의 GMI 세션을 진행했다. Martin은 세션마다 특별한 주제가 있는 6회의 세션 프로그램을 발전시켰다.

- 세션 1: 설문지 작성과 GMI 세션에 대한 소개가 이뤄지는 진단 세션
- 세션 2: 참여자들이 음악과 연관되면서 처음으로 떠오르는 영감
- 세션 3: 음악 연주에 대한 최고의 경험 떠올리기
- 세션 4: 음악 연주에 대한 최악의 경험 떠올리기
- 세션 5: 음악 연주에 대한 느낌과 미래 계획 발표하기
- 세션 6: 토의와 종료

음악과 연관되는 주요 심상은 이전의 세션에서 학생들이 그린 그림 중에서 선택되었다. 대략 한 시간 정도 지속되는 각 세션은 ① 토의, ② 주제 심상과 함께 이완 유도, ③ 짧은 음악(10~15분)으로 심상 인도, ④ 일상 상태로 되돌아오기, ⑤ 만다라 그리기나 언어적인 과정을 통한 통합으로 구성된다.

음악 선정

음악 선정은 보니 음악 프로그램으로 하고, 특정 주제와 부합되는 자연의 이미지를 반영하고 있는 구체적인 주제의 곡을 선택한다. 그것들은 다음을

포함한다.

- 세션 1: Debussy, 〈Danses Sacree et Profane〉 (9:49)
- 세션 2: Ravel, 〈Introduction and Allegro for harp, flute, clarinet and string quartet〉 (10:25)
- 세션 3: Debussy, 〈Prelude to the Afternoon of a Faun〉 (10:30)
- 세션 4: 주제 심상(음악 연주에 대한 최악의 경험)에 대한 감정을 차별화하기 위하여 세 가지 종류의 음악을 사용한다. 그 세 가지 선택은 다음과 같다.
  Holst, 〈Mars〉 (화난 느낌의 기억) (7:18)
  또는 Debussy, 〈String Quartette〉, 'Andantino' (불안) (8:09)
  또는 Dvorak, 〈Serenade in E major〉, 'Larghetto' (6:49)에 이어 Warlock, 〈Capriol Suite〉, 'Pieds-en-l'air' (슬픔)(2:21)
- 세션 5: Delius, 〈Koanga Suite〉, 'La Calinda' (4:07)에 이어 Bizet, 〈Carmen〉, 'Intermezzo' (2:59)
- 세션 6: 언어적 토의(음악과 심상 경험 없이)

다섯 명의 모든 학생은 다음과 같은 공통의 심상이 나타났다.

- 딱딱한 장벽이나 블록(예: 벽, 커튼이 닫혀진 무대, 얼굴들의 벽)
- 불안감이나 편안하지 못한 느낌
- 자신감을 되찾거나 성장하기(예: 보호하거나 격려하는 모습), 자연 풍경
- 연주하거나 공연하는 것에 대한 숙달된 느낌
- 색깔로 회상하기(예: 밝은 파랑, 빨강, 노랑)

학생들은 GMI를 통해 격한 감정으로부터 온화해지는 방법을 찾았다. 그

들은 빠르게 심상에 참여했고, 두 번째 세션부터 심각한 이슈들을 다루었다. 이야기를 한다거나 만다라를 그리는 경험의 과정을 통해 그들의 심상을 이해할 수 있었고, 이와 관련된 감정을 느낄 수 있었다. 참여자들은 음악으로부터 인생의 무대에서 연주하는 개념으로 범위를 확장하였고, 그 주제는 긍정적인 관점으로 향하였다. 또한 연주에서 얻어지는 이익은 다른 영역—예를 들면, 신뢰, 자아존중감, 어려운 상황에서의 극복, 자각—으로 전이되었다. 학생들은 이완되는 느낌이 증가되어 GMI 세션 후 며칠 동안에도 그러한 기분이 지속되었다. 그들은 모두 GMI를 가치 있는 방법이라 생각했고, 다른 이들에게도 그것을 시도해 보라고 권해 주었다(Martin, 2006).

의학에서의 인도되지 않은 음악 심상과 인도된 음악 심상

음악과 심상 방법은 마음, 몸과 영혼을 연결해 주는 중요한 수단으로 인정되고 있다(Bush, 1995, p. 48). 따라서 이 방법은 면역체계의 자극이 필요한 많은 경우의 치료에서 효과적으로 사용되고 있다. 이에 대한 설득력 있는 증거는 음악과 음악 심상이 면역 기능을 강화하고 통증의 인지를 감소시킨다는 것이다(Reilly, 1996; Rider & Achterberg, 1989; Tsao et al., 1991).

Achterberg(1985)는 암 환자를 위한 심상의 사용에 관해 설득력 있는 연구를 하였다. 그녀는 통증과 싸우고 질병에 대한 조절 감각을 얻고자 하는 환자들을 돕는 데 심상을 사용하였다.

절 차

① 환자는 질병에 관한 심상을 찾도록 격려되었다.
② 환자는 치료를 대표하는 심상을 찾도록 격려되었다.
③ 환자는 질병 심상에 상호작용하는/공격하는 치료 심상을 시각화하도록 인도되었다.

Achterberg는 그녀의 환자들과 일주일에 몇 시간씩 작업하면서 치료의 부분으로서의 심상과정을 강화하면서 그들을 도왔다. 그녀의 연구에서는 질병에 영향을 끼치고 치료에 영향을 끼치는 심상을 확인하였으며, 질병의 예후와 면역체계를 활성화시키기 위한 잠재성과 연관되는 패턴을 알아냈다. 좋은 예후를 나타내는 치료 심상은 슈퍼맨, 로빈 후드, 바이킹과 같은 영웅적이거나 전형적인 상의 강한 이미지를 갖는 경향으로 나타났다. 나쁜 예후는 치료 심상에서 약하고 특성이 없는 것(예: 하얀 솜털의 구름 등과 같이 '질병' 심상과 싸우기엔 약한 힘을 가진 것)으로 나타났다. 암의 심상이 불변적인 것(예: 석탄 덩어리, 잠수함 등과 같이 '공격' 하거나 부수는 데 어려움이 있는 것)으로 나타날 때는 결과가 좋지 않았다.

Rider(1985)와 다른 이들(Dileo & Bradt, 1999)은 Achterberg의 절차를 채택했고, 주도적인 방식으로 즉흥연주를 수행하면서 그 절차를 수정했다. 치료사는 환자에게 고통을 그 강도, 모양과 리듬으로 설명하도록 요청한다. 환자는 고통의 심상을 대표하는 악기를 선택한다. 환자는 고통에 직면하고 그것을 떨쳐 버리는 과정을 지날 때까지 그 악기로 즉흥연주를 계속 수행한다.

이와 비슷한 과정이 BMGIM에서도 사용되는데, 환자는 몸의 고통을 대표하는 심상을 발전시켜 나가고, 치료사는 심상의 질을 확장시켜 가는 음악을 선정한다. 클라이언트/환자가 아픔의 심상(또는 통증의 심상)을 느끼는 동안, 치료사는 아픔/통증의 차원(모양과 색깔, 그리고 심상에 관해 클라이언트가 어떻게 느끼는지)을 탐색할 수 있도록 클라이언트를 인도한다. 클라이언트는 심상으로 채워 가도록 격려되고, 다음과 같은 중재를 통하여 아픔/통증을 위한 '해독제' 를 찾는다.

- (몸의 일부분에서) 필요로 하는 것이 있는가?
- (몸의 일부분을) 가져올 수 있는가?
- 그 느낌은 어떤가?

- 지금 심상에 무슨 일이 벌어지고 있는가?
- 당신이 필요로 하는 무엇인가가 있는가?

금기 사항

임상 실습에서 통증에 직면하는 것은 항상 성공적이지만은 않다. 때로는 통증에 몰입해 병이 더욱 악화되기도 한다(Grocke, 2003). 그 에 대한 대안은 통증에 집중하는 것을 막기 위해 음악과 심상을 사용하는 것이다. 어떤 클라이언트들은 통증에 직면하고 그것에 집중하면서 통증을 '통과해' 진행하는 과정이 도움을 주는 데 반해, 다른 클라이언트들은 통증이 병을 악화시킬 수 있다. 그러므로 언제 어떤 대안을 사용해야 하는지는 명확하지 않다. 따라서 치료사는 클라이언트가 통증에 직면하도록 시도하기 전에 클라이언트의 아픔/통증의 신체적, 심리적 회복 수준을 진단하고 클라이언트가 심상에 관여하는 태도를 평가해야 한다. 통증을 찾는 심상 경험에 수반되는 필요한 회복력이 없는 클라이언트들은 병을 악화시키는 반면, 통증에 직면하기 위해 몸을 맡기고 그것을 통해 작용하는 클라이언트들은 통증으로부터 벗어나는 방법을 찾는다. 이 문제는 급성 통증과 만성 통증을 구별하려는 Dileo와 Bradt(1999)의 연구에서 자세하게 조사되었는데, '따뜻하고 차분한 목소리'에 의해 이완이 강화되는 것을 포함해 환자들을 위한 다섯 가지 치료방법이 제안되었다(Dileo & Bradt, 1999, p. 203).

결 론

음악과 심상의 방법은 성인 클라이언트들에게 다양한 방법으로 사용되었다. 심상 세션은 인도된 방식이나 인도되지 않은 방식이 사용될 수 있고, 개별 세션이나 그룹 경험으로 쓰일 수 있다. 선정된 음악의 지속시간은 세션의 흐름과 치료적 의도에 따라 달라진다. 또한 음악과 심상 방법은 각기 다른 대상군의 특수한 필요에 따라서 수정되거나 응용될 수 있다. 가장 중요한 것은 치료사가 이러한 치료방법을 적용하기 전에 그것을 위한 보다 폭넓은 훈련을 찾아야 한다는 것이다. 이에 적어도 BMGIM 훈련의 레벨 1과 2가 강하게 권장된다.

음악치료 수용기법 **06**

노래 가사 토의, 회상과 인생 회고

노래는 우리가 누구인지, 우리가 어떻게 느끼는지 표현해 주고, 타인과 친밀하게 해 주며, 홀로 있을 때에는 친구가 되어 준다. 노래는 우리의 신념과 가치를 명확하게 하고, 우리 인생의 증인이 되어 준다. 노래는 우리의 기쁨과 슬픔의 이야기들을 엮어 주고, 내면 깊은 곳의 비밀을 드러내며, 우리의 희망과 절망, 두려움과 환희를 표현한다. 노래는 우리의 음악 일기이자 우리 인생의 이야기다. 노래는 우리의 개인적인 성장에 관한 소리인 것이다(Bruscia, 1998b, p. 9).

도입과 정의

클라이언트가 자신에게 의미 있는 노래(또는 연주 음반)를 음악치료 세션에 가지고 와서 치료사 혹은 치료 그룹과 토의하는 음악치료 기법을 일컫는 용어들은 다양하다. 이 기법의 원리는 클라이언트가 노래 가사(또는 음악)를 통하여 자기 자신을 표현하고, 음악과 노래 가사에 자신의 감정을 투사(projection)한다는 데에 있다. 이 기법을 일컫는 다양한 용어는 다음과 같다.

- 노래 나눔(song sharing)
- CD 나눔(CD sharing, Skewes, 2000)
- 노래 분석(song analysis, Erdonmez, 1977)
- 노래기반 토의(song-based discussion, Holligan, 1995)
- 노래 (음악) 의사소통(song[music] communication, Bruscia, 1998a)
- 노래 (가사) 토의(song[lyric] discussion, Bruscia, 1998a)
- 노래 회상(song reminiscence, Bruscia, 1998a)

이 장의 뒷부분에서 언급되겠지만, 노래는 또한 음악 인생 회고(music life review) 기법의 수단으로도 활용된다.

이 장에서는 노래 (음악) 의사소통, 노래 (가사) 토의, 노래 회상과 음악 인생 회고에 사용되는 방법과 기술에 중점을 둘 것이다.

Bruscia(1998a)는 노래 의사소통과 노래 (가사) 토의에 대하여 유사한 정의를 내렸는데, 여기에서는 그 두 가지 기법의 미세한 차이를 설명하기 위하여 두 정의 모두를 제시하고자 한다. 먼저 노래 (음악) 의사소통의 정의는 다음과 같다.

> 치료사는 클라이언트에게 치료와 연관성이 있으면서 자신에 대한 것을 표현하거나 드러낼 수 있는 (녹음된) 노래(또는 음악)를 선택하여 가져오도록 요구한다. 혹은 클라이언트와 연관이 있으면서 대화를 나눌 수 있는 음악을 치료사가 선택한다. 그리고 치료사와 클라이언트는 선택한 음악을 함께 듣고 클라이언트나 그의 인생 또는 치료 주제에 대하여 음악이 이야기하고

있는 것을 살펴본다(p. 124).

노래 (가사) 토의의 정의는 다음과 같다.

> 치료사는 클라이언트에게 치료적인 연관성이 있는 주제를 토의하기 위한 출발점으로 작용할 수 있는 노래를 제시한다. 제시된 노래를 들은 후, (치료사나 다른 클라이언트들과의 대화를 통하여) 노래의 가사가 가지는 의미를 분석하고, 가사가 클라이언트 자신이나 그의 인생에서 가지는 연관성에 대해 검토하도록 요구한다(p. 124).

이 장에서는 이 두 가지 기법을 통합하여 세 단계로 구성된 치료기법을 발전시켰는데, 서로 다른 두 가지 기법을 포함하면서 개인치료 세션과 그룹치료 세션에 모두 적용할 수 있는 기법이다. 세 단계는 다음과 같다.

- 단계 1: 클라이언트(들)는 노래(또는 음악)를 선택하여 CD를 가져오거나 치료실 내에 있는 CD 목록에서 선택할 수 있다
- 단계 2: 치료사와 클라이언트(들)는 함께 음악을 듣는다.
- 단계 3: 노래에 대하여, 그리고 클라이언트(들)에게 노래가 어떤 의미를 가지고 있는지에 대하여 토의한 후 노래 가사를 분석한다.

이 장의 나머지 부분에서는 이렇게 세 단계로 통합된 기법을 언급하는 용어로 '노래 가사 토의(song lyric discussion: SLD)'를 사용할 것이다. 그리고 이론상, 역사상 근거와 이 기법을 구성하는 요소들에 대하여 정리하고자 한다.

노래 가사 토의

기본 이론과 역사

이 기법에 대해 기술하고 있는 초기의 연구문헌 중 하나는 『음악치료 저널(*Journal of Music Therapy*)』에 등재된 「음악치료사로서의 정신과 의사(Psychiatrist as music therapist)」(Baumel, 1973)다. 이 논문에서 Bamuel은 그룹치료 상황에서 치료 주제를 논의하기 위한 자극제로서 노래를 사용하는 여러 가지 방법에 대하여 개략적으로 서술하였다.

- 클라이언트는 자신에 대한 것을 반영하는 노래를 선택하고 치료사나 그룹에게 제시한다.
- 클라이언트는 그룹 내에 있는 누군가에 대한 감정을 반영하는 노래를 선택한다.
- 클라이언트는 그룹을 위한 노래를 선택한다.
- 치료사는 클라이언트(들)에 대한 자신의 감정을 전달할 수 있는 노래를 선택한다.
- 치료사는 특정 클라이언트에게서 감지되는 감정적, 치료적 이슈에 대한 치료사의 반응을 나타낼 수 있는 노래를 선택한다.
- 치료사는 그룹 내의 구성원들이 오랜 침묵 후의 저항이나 취약성 또는 다른 이유로 인하여 스스로 선택하기를 내켜 하지 않을 때 그룹 활동의 진행을 촉진하기 위해 노래를 선택한다.

비슷한 규칙들이 적용될 수도 있겠지만, 이러한 것들이 제일 우선되는 규칙이다. 여기에서는 이에 대해 자세하게 설명하고자 한다.

노래의 의미

노래의 가사가 사람들이 경험하는 일상의 상황들을 표현할 때, 그 노래는 '유명해지게(인기를 얻게)' 된다. 예를 들면 다음과 같다.

- 관계: 관계의 불확실한 시작("그(혹은 그녀)가 나를 좋아할까?")을 포함하여, 관계의 어려움("당신이 이렇게 말했을 때 나는 상처받았어."), 신뢰의 문제("나는 당신이 다른 사람과 함께 있는 것을 봤어."), 이별("이제 우린 끝났어." 혹은 "내가 당신 없이 어떻게 살 수 있을까?")
- 정체성: "나는 나이고 싶어.", (예: 'True colours' (Cyndi Lauper))
- 평화: 세계 평화를 이야기하는 노래들(예: 'Imagine' (John Lennon))
- 약물: 'Heroin' (Lou Reed), 'Mama's Tripping' (Ben Harper)
- 공격성: 분노와 공격적인 행동들을 말하고 있는 노골적인 가사들

Plach(1996)는 그의 저서 『그룹치료에서 음악의 창조적 활용(*The Creative Use of Music in Group Therapy*)』에서 1970, 1980년대에 유행했던 노래들의 방대한 목록을 제공하고, 그 노래들이 표현하고 있는 인생의 주제를 제시하였다. 총 46개 주제들을 제시하였는데 연인, 가족, 우정, 정체성, 자기수용, 생활방식, 중독과 약물 남용, 추억, 미래에 대한 기대와 같은 전반적인 정서가 포함되었다.

Standley(1991a)는 상담 주제에 따라 포괄적인 노래 목록을 제공한다. 포함된 주제들은 능동적 변화(active changes), 중독/약물 남용, 청소년기, 노화, 분노, 아동 학대, 위기 개입, 의사결정, 우울/외로움, 낙담(disappointment), 정서 관여(emotional involvement), 결혼, 문제 해결, 관계, 자살과 불치병/재해다(pp. 155-161). Baker와 Tamplin(2006)은 뇌손상 환자들의 재활과정에서 노래의 이해를 돕고(p. 117), 추상적인 사고(p. 125), 자기반영과 자기탐색(pp. 208-

214)을 돕기 위하여 사용한 노래 목록을 제공하였다.

대중적인 노래가 사람들의 인생과 연약한 모습들을 말해 주고 모든 연령대에 연관되어 있음은 의심할 여지가 없는 사실이다. 왜냐하면 노래의 가사가 연령이나 문화, 교육 정도에 상관없이 모든 사람에게 공통적인 인생의 단면들을 묘사하기 때문이다.

음악가

클라이언트가 대중 음악가(artists)들에게 매력을 느끼는 것은 흔한 일이다. 특히 자신의 정체성을 형성해 가는 시기에 있는 청소년일수록 더욱 그렇다. 사람들은 다음과 같은 여러 가지 이유로 음악가들에게 애착을 갖는다.

- 음악가는 사람들이 갖고 싶어 하는 특성을 대표해 주는 역할 모델(role model)이다.
- 음악가의 인생은 사람들에게 영향을 끼친다. 음악가의 인생 이야기는 (정확하든 정확하지 않든) 대중매체와 '인기 있는' 잡지, 인터뷰들을 통해 사람들에게 전해진다. 때로는 음악가의 인생 이야기가 사람들에게 감동을 주기도 하는데, 특히 음악가가 인생의 장애물을 극복해 낸 경우라면 더욱 그렇다. Delta Goodrem(호주의 여가수)은 2003년 호지킨병(Hodgkin's disease)에 걸려서 항암 화학요법과 방사선치료를 받는 시기를 겪어야 했다. 치료 기간 중에 머리카락이 빠지기도 했지만, 결국 그녀는 회복하여 음악계로 다시 돌아왔다. 암을 비롯하여 관련 질병으로 입원한 많은 젊은 여성은 Delta를 자신들이 달성하고 싶어 하는 목표인 회복을 대표하는 역할 모델로 정하고, 역경에 맞선 Delta의 태도 역시 존경하며 역할 모델로 세우고 있다.

  이와 비슷하게 Kylie Minogue가 유방암을 극복한 이야기도 호주와 영국의 많은 젊은 여성에게 귀감이 되어 왔다. '나는 이 병을 극복하고 말 거야.' 라는 Kylie의 자세가 대중매체를 통하여 널리 전달되었고, 비슷한 상황에 놓인 다른 여성들이 그녀와 같은 태도를 취할 수 있도록 자극이 되어 주었다.

반대 상황이기는 하지만, 사람들은 음악가의 약물중독 또는 일시적인 폭행(호텔 방을 부수거나 무대 위 혹은 아래에서 보이는 난폭한 행동) 등을 자신의 행동으로 동일시하기도 한다. 또는 음악가의 이미지를 닮아 가기도 하는데, Marilyn Manson(얼터너티브/고스[alternative/gothic])이나 헤비메탈(해골, 검정 또는 죽음의 이미지)과 같은 예를 들 수 있다.

〈표 6-1〉에는 최근의 노래 목록과 함께 가수명과 노래에 표현된 이슈가 제시되어 있다. 임상 현장에서 노래 가사 토의 기법을 사용하는 음악치료사들은 자신의 임상 경험에 기초하여 노래가 가지고 있는 이슈에 대한 자신의 해석을 반영한다. 그러므로 제시된 이슈는 모든 경우에 공통적이지 않을 수 있다. 다시 말해, 클라이언트들은 같은 노래도 각자의 관점에 따라 서로 다른 방식으로 이해할 수 있는데, 이러한 역동성이 이 기법을 치료적으로 가치 있게 만들어 준다.

〈표 6-1〉 노래, 가수 그리고 노래 가사에 표현된 이슈

노래 제목	가 수	노래에 표현된 이슈
Thank you	Dido	관계가 좋았던 시절에 대한 감사
My lover's gone	Dido	이별 후의 슬픔
Honestly OK	Dido	상실감과 외로움
I hope you dance	Ronan Keating	아이에 대한 희망과 꿈
Good riddance (Time of your life)	Green Day	예측할 수 없는 인생의 변화

Boulevard of broken dreams	Green Day	상실감과 외로움
American idiot	Green Day	대중매체와 국가에 대한 정치적인 발언
Wake me up when September ends	Green Day	우울과 죽음 (가수의 아버지가 9월에 죽음)
Stand by me	Ben E. King	우정
Nothing else matters	Metallica	우정과 신뢰
Teenage dirtbag	Wheatus	소외감, 인정받고 싶은 욕구의 표현
Affirmation	Savage Garden	신념과 소망의 표현
Yellow	Coldplay	사랑
Fix you	Coldplay	우정과 지지
Complicated	Avril Lavigne	불확실성과 10대의 좌절
Goodbye	The Spice Girls	상실감
Hit me baby one more time	Britney Spears	외로움과 후회
Smells like teen spirit	Nirvana	거만함을 통한 자기증오의 표현
Wishlist	Pearl Jam	신념과 소망의 표현
Six feet from the edge	Creed	자살 생각
Under the bridge	Red Hot Chilli Peppers	외로움, 약물 복용 시절에 대한 반성
Am I not pretty enough	Kasey Chambers	자기성찰, 정체성
Time to come home	Matchbox 20	잃어버린 관계의 회복을 위한 노력
Bitter	Jill Sobule	비판적인 사람들에 대한 비평
Born to try	Delta Goodrem	노력과 성취
I'll be there for you (〈Friends〉 주제곡)	The Rembrandts	우정
Superman	Five for Fighting	현재의 내가 아닌, 되고 싶은 것에 대한 열망
Please do not go	Violent Femmes	이별
Better man	Pearl Jam	불행한 관계 (종종 매맞는 여성으로 표현)
Hero	Mariah Carey	꿈을 좇는 것과 자기신념(self-belief)
Drive	Incubus	인생을 통제할 수 있는 능력, 두려움과 불확실성

Everybody hurts	REM	생존, 보편성(universality)
Nothing compares	Sinead O'Connor	이별
Walking away	Craig David	오해
My heart will go on	Celine Dion	죽음과 상실
Tired of sleeping	Suzanne Vega	우울

〈표 6-2〉에 나열한 음악들은 1970~1990년대 사이의 대표적인 노래들로 시대적 상황을 불문하고 보편적으로 사용될 수 있는 가사 내용을 담고 있어 아직까지도 치료 상황에서 사용되고 있다.

〈표 6-2〉 1970~1990년대의 대표적인 노래

노래 제목	가 수	노래에 표현된 이슈
The way we were	Barbara Streisand	회상, 향수, 추억
I am a rock	Simon and Garfunkel	정서적 위축(withdrawal)
You've got a friend	Carole King	관계의 지지
I never meant to hurt you	Barbara Streisand	관계-상처 입힌 것에 대한 죄책감
Yesterday	Paul McCartney	향수, 상실감, 후회
Imagine	John Lennon	세계 평화
Just the way you are	Billy Joel	관계-타인을 있는 그대로 받아들이기
Tears in heaven	Eric Clapton	죽음과 상실
Knockin' on heaven's door	Bob Dylan	자살 생각, 장례식
Father and son	Cat Stevens	가족관계
Wind beneath my wings	Bette Midler	'영웅'에 대한 감사와 존경, 주로 장례식에서 감사를 표현할 때 사용됨
Satisfaction	Rolling Stones	노력

각 노래에 나타나는 주제들을 보면 그룹 세션에서 충분히 토의를 이끌어 낼 수 있을 것으로 예상할 수 있다. 각 노래가 표현하고 있는 내용에 대해서는 다양한 해석이 존재할 수 있다. 이러한 다양한 해석이 노래 가사 토의 기법을 역동적인 치료 양식으로 만들어 준다. 영화 〈두 여인(Beaches)〉에서 Bette Midler가 부른 'Wind Beneath my Wings' 라는 노래를 예로 들어 보자. 영화에서 그녀는 성공한 음악가로 등장하는데, 이 노래는 그녀가 말기 암 상태인 남자친구를 위해 부르는 노래다. 영화에서 보인 노래의 의미는 우정으로 지지해 준 것에 대한 감사를 표현하는 것이었고, Midler는 친구의 지지 없이는 성공할 수 없었을 것이다("당신은 제 영웅이었다는 것을 몰랐나요?" "나는 독수리보다 더 높게 날 수 있어요. 당신이 내 날개를 받쳐 주는 바람이기에."). 그러나 이 노래는 점점 더 많은 의미를 갖게 되었다. 종종 장례식장에서는 인생에 대해 감사하는 의미를, 결혼식장에서는 낭만적인 사랑과 지지를 표현하는 의미를 가지게 되었다. 그리고 인생을 위협하는 질병이나 만성 질환(정신분열증 같은)과 투쟁하는 클라이언트들에게는 이 노래가 인생에 대한 공격과 장애물을 극복하는 데 필요한 힘을 표현하기도 한다.

이와 비슷하게 John Lennon이 부른 'Imagine' 은 원래 세계 평화에 대해 쓰인 곡이었으나, 요즘에는 장례식과 결혼식에서 연주되고 있다. 그리고 인생의 주요한 도전 과제가 앞에 놓인 클라이언트들이 선택하는 노래이기도 하다("질병이 없는 세상을 상상해 보세요."라는 생각을 반영해서). 그러므로 작사(곡)가가 특정한 의미를 가사에 부여하기 원했더라도 치료 상황에서는 클라이언트의 인생과 연관이 있는 어떠한 의미든지 투사할 수 있다. 이런 점에서 노래 가사 토의는 투사기법(projective technique)이라고 볼 수 있다(Erdonmez, 1977).

치료목적

노래 가사 토의 기법의 목적과 목표는 다음과 같다.

- 클라이언트, 특히 젊은층 성인에게 자신이 선호하는 장르와 음악가를 즐길 수 있는 기회를 제공한다.
- 어려운 감정을 음악가와 노래 가사에 투사하여 표현하고 토의함으로써 투사기법을 촉진시킨다.
- 클라이언트가 적절한 이슈들을 논의할 수 있도록 하는 데 음악을 촉매제로 사용한다.
- 노래 가사를 토의하는 과정을 통하여 통찰력(insight)을 촉진한다.
- 스스로 선택하고 자기를 표현할 수 있는 기회를 제공한다.
- 클라이언트가 현재의 이슈에 대한 자신의 감정을 이해할 수 있도록 돕는다.

절 차

재 료

치료 상황의 맥락에 따라 클라이언트는 자신이 소유하고 있는 CD 모음 중에서 좋아하는 노래를 가져올 수도 있고 음악치료실 내에 구비된 CD 모음 중에서 선택할 수도 있다.

클라이언트가 자신이 선호하는 음악을 선택할 수 있도록 치료실 내의 CD 모음은 다양한 영역의 노래를 포함하고 있어야 한다. 치료실 내의 CD는 음반 판매점에서처럼 케이스에 보관하여 음악가의 성별 혹은 그룹별로 (알파벳 순으로) 정렬할 수 있다. 솔로 음악가, 인기 있는 그룹, 또는 비틀즈(Beatles)와 롤링스톤즈(Rolling Stones) 같은 베테랑 가수들을 포함하여 대표적인 음악가들을 폭넓은 범위로 제공하는 것이 중요하다.

치료실에는 클라이언트가 음악을 최적의 상태로 듣고 심미적인 즐거움을 충분히 얻을 수 있도록 좋은 음향 장치를 갖추어야 한다. 스피커는 치료실 안에 적절하게 배치하여 소리가 치료실 내 어느 자리에든 동일하게 출력될 수 있어야 한다. 그룹 세션이라면 의자들은 원형으로 배치하는 것이 그룹 구성원들이 다른 구성원들을 의식할 수 있어서 토의를 용이하게 만들어 준다. 치료사는 소리 크기를 모니터링할 수 있도록 CD 플레이어 바로 옆에 위치한다.

개별 세션에서 치료사는 클라이언트 가까이에 앉을 수도 있고 마주 보고 앉을 수도 있다. 치료사가 앉는 위치는 치료의 진전 단계(depth), 클라이언트와 치료사 간의 신뢰감 형성 정도, 또는 클라이언트가 병원에 입원 중인지, 침대에 누워 있어야 하는지의 여부와 같은 치료적 맥락에 따라 달라질 수 있다.

준 비

노래 가사 토의 세션의 첫 시간에는 클라이언트들이 쉽게 적응할 수 있도록 치료사가 어떤 일이 일어날지, 왜 이러한 치료방법이 유용한지에 대한 정보를 알려 주어야 한다. 이 기법에는 다양한 수준의 치료적인 의도가 존재할 수 있다. 첫 번째 단계는 '활동' 중심 단계('activities'–based level)다. 이 단계에서는 클라이언트가 자신의 선호도에 따라 노래나 음악을 선택한다. 보다 심도 있는 단계에서는 클라이언트가 자신에게 의미를 지니는 노래를 선택하게 된다. 그리고 선택한 노래를 가지고 치료사나 그룹 구성원들과 그 의미에 대해 토의를 할 것이다.

활동중심 단계에서는 클라이언트에게 다음과 같이 설명해 줄 수 있다.

> 노래는 우리 인생에 중요하게 작용할 수 있습니다. 왜냐하면 노래가 절망, 상

실, 관계의 어려움, 자기탐색 등과 같이 모든 사람에게 공통적으로 나타나는 인생의 경험들에 대해 말해 주기 때문입니다. 이제 여러분은 자신이 좋아하는 노래들을 고를 것입니다. 그리고 여기서 함께 공유할 것입니다. 우선은 노래를 먼저 듣고, 노래와 관련하여 여러분이 중요하다고 생각하는 어떠한 내용이든 함께 토의할 수 있습니다. 우리가 함께 들을 노래를 선택해 주시겠어요?

이 단계에서는 클라이언트에게 '특별한 의미'를 가지는 노래를 선택하게 하여 치료적 의도가 뚜렷하게 드러나도록 하는 것이 아니며, 단순히 '좋아하는' 음악을 선택하게 하는 것이 중요하다.

클라이언트가 CD를 선택하면, 치료사는 들어 볼 트랙 하나를 고르라고 제안한다. 치료사는 노래를 듣기 전에 먼저 노래에 대해 무엇이든 말해 달라고 요청할 수도 있고, 왜 그 노래를 선택했는지에 대한 이유를 물어볼 수도 있다. 치료 절차에 대한 결정은 치료사가 클라이언트들에 대해 얼마나 알고 있는지, 다음 사항 중 해당되는 것이 얼마나 되는지에 따라 결정하면 된다.

- 개별 세션이든 그룹 세션이든, 만약 첫 번째 세션이거나 치료사가 SLD 기법을 처음 사용한다면 클라이언트에게 미리 설명을 요청하지 않는 것이 현명하다.
- 반면에 이러한 치료 접근은 뚜렷한 치료적 방향이 있음을 이해해야 한다.
- 노래를 듣기 이전에 노래에 대해 질문하는 것은 한참 정서적 반응과 의미 작용이 일어나고 있는 노래 중간에 질문하는 것과 마찬가지로 현명하지 못한 태도다. 게다가 음악을 듣기에 앞서 질문을 하면, "여러분은 아마도 이 노래를 좋아하지 않을 거예요."와 같은 방어적인 반응이 나올 수도 있다.
- 반면에 클라이언트와 치료사 모두는 음악을 듣는 동안 의미에 초점을 맞추는 것이 중요하다.

'활동중심' 세션과 '통찰지향(insight-oriented)' 세션의 차이점은 이 장의 뒷부분에서 더 상세히 논의될 것이다.

노래 듣기

치료사는 음량을 조절하는 데에 있어서 주도권을 갖는 것이 바람직하다. 음량은 노래 가사가 들릴 만큼 커야 하지만, 사람들(그룹 세션인 경우)에게 고통스러울 만큼 커서는 안 된다. 시끄러운 노래를 선택했거나 공격적인 성향을 가진 클라이언트는 노래의 음량을 높이기를 원할 것이다. 치료사가 음량 조절에 주도권을 가지고 있어야 이러한 상황을 조정할 수 있다. 음량 주도권이 클라이언트에게 있을 경우, 한번 노래가 시작되고 나면 클라이언트의 동의 없이는 소리를 줄이기가 어렵게 된다.

치료사는 클라이언트에게 음악을 듣는 동안에는 이야기하지 말고 들어야 한다고 안내해 주어야 한다. 노래를 듣는 분위기를 조성하기 위해서 CD를 재생하기 전에 조용한 시간을 만드는 것도 하나의 방법이 될 수 있다. 조용한 시간을 만드는 요령은 치료사가 우선 "이제 다 같이 음악을 들어요."라고 말하고, 음악이 시작되기 전에 사람들이 침묵하기를 기다렸다가 어떤 음악이 나오게 될지 기대하는 분위기를 조성하는 것이다.

관 찰

음악을 듣는 동안 클라이언트가 가사를 곰곰이 생각하고 음악에 감동을 받을수록 그룹 내에는 뚜렷한 연결고리가 형성된다. 치료사는 클라이언트 혹은 그룹 구성원들이 음악과 어떻게 관계를 맺고 있는지 주기적으로 관찰해야 한다. 노래를 선택한 클라이언트는 취약함을 느끼는 조짐을 보일 수도 있다. 노래를 선택한다는 것은 클라이언트 자신의 무언가를 드러내어 여과 없이 내보내거나 치료사 또는 다른 사람들에 의해 해석되는 것을 의미하기 때문이다. 또한 치료사는 그룹 구성원들에게도 노래가 의미 있게 작용하는지 알아보기 위하여 그들의 신체언어와 얼굴 표정을 살펴야 한다. 이러한 관찰은 노래에 대한 토의를 할 때 도움이 된다.

노래의 마무리 관리

노래가 끝나면 노래의 의미를 물어보고 공유하기 이전에 대부분 생각에 잠기는 시간이 생기게 된다. 이때 치료사는 질문을 제시하여 노래에 대한 토의를 자극할 수 있다. 이러한 질문들(다음에 제시된 것과 같은)은 토의의 수준을 단계적으로 심화시킬 수 있다. 자연스럽게 토의가 흘러가도록 진행할 수 있다면 그것들을 반드시 순서대로 제시할 필요는 없다. 지지적인 답변 또는 반영과 함께 균형 잡힌 질문을 할 수 있다면(1장에서 언급한 것처럼) 자유롭게 토의를 진행해도 된다.

- 1단계 질문은 음악에 대한 것이다.
  - 이 음악/노래의 어떤 점이 좋습니까?
  - 연주자 혹은 밴드에 대해 어떻게 생각하십니까?

이 질문들은 음악과 연관된 수준에서 토의를 유지시켜 준다. 치료사는 클라이언트가 선호하는 장르나 연주자에 대한 정보를 얻을 수 있고, 클라이언트가 노래의 가사를 탐색하고 싶어 하는지의 여부를 살펴볼 수 있다.

- 2단계 질문은 노래의 의미에 대한 것이다.
  - 노래의 가사 중에서 특별히 의미 있게 다가온 부분이 있습니까? 그렇다면 어떻게 다가왔습니까?
  - 노래가 (가사가 아닌) 다른 방면으로 의미 있게 다가왔습니까? 그렇다면 어떻게 다가왔습니까?
  - 노래가 인생에서의 특별한 누군가 혹은 특별한 사건을 떠오르게 했

습니까?

이 질문들은 노래의 의미에 초점을 맞추고 있으며, 가사를 통하여 클라이언트에 대한 정보를 알아낼 수 있다. 이런 정보는 클라이언트의 현재 인생의 상황과 관련될 가능성이 높다.

- 3단계 질문은 현재 클라이언트의 인생에서 일어나고 있는 사건과 노래의 의미 간 연관성에 대한 것이다.
  - 노래를 듣는 중에 지금의 인생과 연관시킬 만한 것이 있었습니까?
  - 오늘 왜 이 노래를 가지고 오셨습니까?
  - 노래가 어떤 기분을 들게 합니까?
  - 노래를 들었을 때 어떤 생각 혹은 이미지가 떠올랐습니까?

때로는 클라이언트가 자신의 인생과 노래에 대해서 즉시 이야기하기를 원할 수도 있다. 그러나 상처받기 쉬운 사람들도 있을 수 있다. 이런 경우 위의 1단계, 2단계의 질문들을 거친 다음에야 보다 개인적인 질문에 익숙해질 수 있음을 주지하고 있어야 한다.

노래를 듣는다는 것은 뇌의 경험일 뿐 아니라 때로는 매우 감정적이고 신체적인 경험이라는 것을 기억하고 있어야 한다. 클라이언트들은 노래가 그들의 현재 인생에 대해 많은 부분을 말하고 있음을 실감할 수 있으며, 토의하는 동안 자신들이 무방비 상태라고 느낄 수 있다. 그래서 어느 단계의 질문이 적합할 것인지 결정하기 위해서는 클라이언트의 신체언어를 '읽는 것'이 필수적이다.

토의의 확장

그룹 상황에서 노래 가사 토의가 진행된다면 질문들은 그룹 구성원들을 향해 열려 있어야 한다. 예를 들면 다음과 같다.

- 여기 계신 다른 분들께서는 이 노래에 대해 어떻게 느끼셨습니까?
- 노래에서 표현하고 있는 다른 의미가 있습니까?
- 노래에 대해 더 말할 것이 있으신 분 계십니까?

그룹 상황에서 다른 사람들이 자신이 제시한 노래에 대해 언급할 때, 클라이언트들은 부분적으로 취약함을 느낄 수 있다. 그룹이 클라이언트의 발언에 둔감하게 반응하거나 혹은 빈정대거나 부정적인 경우, 클라이언트가 스스로 선택해 온 노래와 그 의미를 대하는 태도에 영향을 끼칠 수 있다. 그뿐 아니라 잠재적으로 그룹 내에서의 클라이언트의 입지에도 영향을 끼칠 수 있다. 앞에서도 언급했듯이, 노래는 매우 강력하기 때문에 깊은 의미를 가질 수 있는 것이다.

만일 그룹이 (시간이 흘러도 구성원이 변하지 않는) 폐쇄집단(closed group)이라면, 클라이언트는 치료사나 그룹 구성원들에 의해 주어지는 도전에 익숙할 수 있다. 그리고 노래를 선택하는 과정을 기대할 것이다. 구성원들이 자주 변경되는 그룹에서는 클라이언트가 도전받는 것에 어려움을 느낄 수 있으므로 치료사가 토의에 대하여 적극적으로 방향을 제시해야 할지도 모른다. 치료사는 타인의 신념과 가치, 선호 사항에 대하여 관대해질 수 있다는 것을 예를 들어 보여 줄 수 있다. 다음과 같이 말하는 것도 가능하다. "우리는 서로의 관점을 존중하는 것이 중요합니다." "이 노래가 조에게 의미가 있는 것으로 보이지요. 그렇기 때문에 우리는 그녀의 느낌을 존중한다는 것을 표현해 줄 필요가 있어요." 이런 언급들은 그룹치료 과정을 포함하며, 동시에 그룹 구성원들에게 타인의 기분을 헤아릴 수 있는 섬세함을 가르쳐 준다.

토의의 마지막 부분에서는 노래를 준비한 사람을 인정해 주는 것이 좋다.

노래를 준비해 주시고 함께 공유해 주셔서 감사합니다.

왜 이 노래가 당신께 중요한 의미가 있는지 알겠어요.

이 노래에 대해 이야기하는 것이 당신을 이해하는 데에 도움이 되었습니다.

또한 여기 계신 몇몇 분들께도 의미가 있는 것 같네요. 준비해 주셔서 감사합니다.

동영상

노래가 동영상으로 전달된다면 그에 대한 느낌도 함께 토의될 수 있다. 동영상은 노래와 관련된 여러 이미지와 잊을 수 없는 느낌을 남기기도 한다. 토의가 진행되는 동안 클라이언트에게 의미 있는 시각적인 이미지들이 전달될 수 있는 것이다.

임상 소례 | 샐 리

샐리에 대한 사례는 노래 가사 토의에 포함되는 과정들을 보여 주고, 노래가 클라이언트의 인생에 미치는 강력한 역할에 대해 보여 준다. 이 사례에서 클라이언트는 선택적 함묵증(electively non-verbal)을 보이지만, 그녀가 선택하는 노래가 그녀의 정서와 심리 상태를 명확하게 표현하였다. 노래가 그 자체로 명료한 뜻을 전달하기도 했지만, 자기표현(self-expression)의 대안적인 수단으로 사용되었다. 다시 말해, 샐리가 그룹에게 알리거나 공개하지 못하는 감정이 노래에 투사되었다.

열여섯 살인 샐리는 계속되는 자살 시도로 정신과 병동에 수용되어 있었다. 열두 살 때만해도 샐리는 성공적인 학교생활을 하고 있었지만, 서로 다른 아버지를 둔 형제 둘, 자매 둘과 함께 집안의 상황이 매우 불안정해지기 시작했다. 가정에 안정적인 부모 역할을 담당하는 사람이 없었다. 샐리는 종종 자살 시도를 했는데, 이것은 임상적으로 볼 때 소극적 공격성(passive aggressive)으로 해석할 수 있었다. 예를 들어, 샐리는 그녀와 상호작용하고자 시도하는 모든 접근에 화난 듯한 침묵(angry silence)으로 반응했다. 이러한 태도는 개인치료 세션과 그룹치료 세션의 면담 상황에서 드러났다. 그녀는 매주 진행되는 노래 가사 토의 세션을 즐거워하는 듯 보였으나, 즉흥 세션이나 음악 이완 세션에는 참여하려 하지 않았다.

샐리는 음악치료 그룹에 제시할 노래로 매주 같은 곡을 선택했는데, 그 곡은 Richard Carpenter와 John Bettis([1969] 2006)가 만들고 Karen Carpenter가 부른 'Eve' 라는 곡으로 많이 알려지지 않은 곡이었다. 노래 가사는 낮은 자아상(self-image)을 표현했으며, 이것은 샐리가 자신을 어떻게 바라보는지에 대한 명확한 그림을 제공해 주었다.

> 이브, 난 믿을 수 없어요.
> (Eve, I can' t believe)
> 당신의 말이 의미하는 것을
> (That you could mean what you just said.)
> 당신이 누구인지 떠올려 봐요.
> (Think of what you are)
> 당신이 얼마나 현실에서 멀리 왔는지
> (How very far you are from being real.)
> 거울을 봐요, 아무것도 볼 것이 없어요.
> (Look into the mirror, nothing there to see,)
> 이브, 당신이 정말로 그를 떠났다는 게 믿을 수 없어요.
> (Eve, I can' t believe you' d really leave him.)

가사에서는 정체성이 형편없이 정의되고 있다("아무것도 볼 것이 없어요." "당신이 얼마나 현실에서 멀리 왔는지"). 음악의 선율은 화음에 맞추어 꽤 서정적인 흐름을 갖고 있는데, 반복되는 화음 반주와 함께 느리게 진행되면서 음악을 슬픈 분위기를 형성한다.

2절은 더욱 부정적인 성향을 표현한다.

> 이브, 넓은 하늘이 당신의 집이 될 순 없겠죠.
> (Eve, I wouldn' t lie, the open sky is not your home)

그 아무리 넓더라도 현실은 여기 돌멩이들 가운데 머물러 있어요.
(Wide as it may be, reality is here among the stones)
장미 가시들이 현실을 덧붙여 주지요.
(Thorns among the roses add to what is real)
이브, 당신은 이곳 가시들 사이에 피어 있는 장미입니다.
(Eve, you are a rose among the thorns here.)

"당신은 이곳 가시들 사이에 피어 있는 장미입니다."라는 가사는 이브를 조금은 긍정적인 시각으로 바라보지만, 그녀가 여전히 가시들 사이에 놓여 있음을 표현한다. 그리고 "현실은 여기 돌멩이들 가운데 머물러 있어요."라는 가사는 척박하고 힘든, 생명이 없는 현실을 나타낸다.

간주 부분은 다음과 같은 가사를 포함하고 있다.

그녀의 슬픈 얼굴을 보세요, 얼마나 외로워하는지.
(Notice how her image saddens, how lonely she' s become)
겨울이 오기 전에 단 한 번이라도 그녀가 행복해하는 걸 보고 싶어요.
(Just once I' d like to see her happy, before the winter comes.)[1)]

가사는 잃어버린 행복과 외로움을 주제로 하면서 우울한 분위기를 표현하고, '겨울이 오기 전' 이라는 가사로 점점 인생이 끝나 가고 있음을 암시하고 있다.

샐리는 매 세션에서 이 노래를 들려주었고, 매주 노래의 의미에 대해서는 침묵으로 일관했다. 가사는 그 자체로 샐리가 투사하고 있는 형편없는 자아상을 명확하게 표현해 주고 있었다. 그러나 그녀는 말을 하려 하지 않았고, 그녀가 감정을 표현하도록 중재를 시도할 때마다 완전히 무시되었다.

---

1) Richard Carpenter가 이 노래를 여동생인 Karen을 위해 만든 것인지, 누가 노래를 불렀는지, 누가 신경성 식욕부진과 싸워 왔는지 추측해 보는 것은 흥미로운 과정이 될 수 있다. "거울을 봐요, 아무것도 볼 것이 없어요."와 같은 일부 가사는 왜곡된 신체상을 갖는 신경성 식욕부진의 증상을 암시하고 있다.

침묵하기를 선택함으로써 소극적 공격성을 나타내는 클라이언트와 치료를 진행하는 것은 어려운 작업이다. 잘 훈련된 치료사가 아니라면 클라이언트가 반응을 보이지 않는 것으로 인하여 치료사도 그룹도 좌절할 수밖에 없고 약이 오를 수밖에 없다. 샐리에게 사용되었던 중재들을 다음에 나열하였다. 이 중재들은 샐리가 침묵으로 방어하는 것을 무너뜨릴 수는 없었지만, 일반적인 중재가 어떠한 궤도를 그리며 진행되는지에 대하여 보여 줄 수 있다.

첫 번째 중재에서는 항상 "노래의 어떤 점이 좋아요?"라고 묻거나, "이 노래가 당신에게 매우 중요한 노래인 것 같아요. 여기 있는 사람들에게 왜 당신에게 중요한지 조금만이라도 말해 줄 수 있어요?"라고 묻는다.

그리고 가사의 의미를 탐색하기 위한 전형적인 중재를 제공한다. "노래 가사의 일부가 조금 슬픈 것 같아요. 그렇지 않나요?"

"나는 카렌 카펜터가 그녀의 자아상과 투쟁을 하고 있었다는 것을 기억합니다. 당신은 카렌의 음악에 대해서, 또는 그녀가 인생의 문제들을 다루었던 방식에 대해 하고 싶은 말이 있나요?"

다른 방안은 샐리가 음악에 대해 말하고 싶지 않다는 것을 설명해 주는 것이다. 이런 형태의 중재는 행동을 촉진한다. 예를 들어, "노래에 대해 별로 말하고 싶지 않은 것 같군요. 보통 그룹 상황이 편하지 않은 사람들이 그렇던데요, 당신도 그런 건가요?"

이 시점에서는 그룹으로부터 도움과 지지를 얻을 수 있다. 예를 들어, "샐리가 제시한 노래에 대해 말하고 싶은 사람이 있으신가요?"라고 물을 수 있다. 그룹 구성원들은 그들이 샐리를 슬프고 외롭다고 바라보는 것과 노래 가사와의 공통점을 말하기도 하였다. 그러나 그룹의 다른 사람들에게 대답을 요청하는 상황에서도 샐리는 침묵으로 일관했다.

몇 주의 시간이 흐른 뒤, 샐리는 여전히 같은 노래를 선택했고 토의에 대하여 아무 말도 하지 않았다. 그룹 구성원들은 지지적인 발언을 해 주는 것에도 지치기 시작했고, 특히 그들의 세심한 노력을 샐리가 무시하는 것에 더욱 지쳤다. 구성원들은 샐리에게 점점 적대적인 말을 하기 시작했고, 그녀를 토의에 참여시키려고 노력하는 것에 지쳤다고 말했다. 그리고 이러한 행동 패턴이 계속되었다.

결국 샐리의 태도를 바꾸고자 했던 그룹 역동이 치료적인 중재와 전혀 상관없이 흘러가 버렸다. 그러던 중에 새로운 환자가 병동에 들어왔는데, 샐리와 같은 나이에 형편없는 자긍심(self-esteem)과 자살 시도라는 샐리와 같은 이슈를 가지고 있는 소녀였다. 두 소녀는 친구가 되어 함께 어울리기 시작했다. 새로 들어온 소녀가 다른 사람들과 의사소통을 하자, 샐리도 천천히 마음을 열기 시작했다.

샐리는 "당신의 진정한 색깔은 빛나고 있어요(Your true colours shining through)."라는 가사와 정체성을 강조한 'True colours' 라는 새로운 노래를 선택했다. 샐리는 그녀의 상황에 대해 이야기하기 시작했고, 그녀의 인생에서 유일한 양육과 안정감을 제공해 준 할머니의 죽음이 그녀가 병원에 들어오게 된 촉매 역할을 했음을 이야기했다. 할머니가 없는 상황에서 그녀는 완전한 외로움을 느꼈다. 결국 샐리는 'Eve' 라는 노래가 그녀 자신에 대해 말하고 싶은 모든 것을 표현하고 있기 때문에(노래가 그 자체로 모든 것을 표현했기 때문에 사실 그녀는 말로 표현할 필요가 전혀 없었던 것이다) 의미 있는 노래라고 말하게 되었다. 샐리의 경우 처음에 노래와 가사에 대해 말할 수 없었지만, 이것이 클라이언트들의 전형적인 반응은 아니다. 대개 클라이언트들은 그룹 상황에서 자신이 가져온 노래를 공유하고 싶어 한다. 그 노래가 그룹 내의 다른 사람과도 연관된 노래라면 클라이언트에게는 힘을 실어 주는 경험이 되기도 한다. 만약 그룹 구성원들이 노래에 대해 저항적인 태도를 보인다면, 비록 치료적인 목표는 클라이언트가 자기 생각을 스스로 말하게 하는 것이라 할지라도 치료사가 클라이언트를 지지해 주어야 한다.

노래 가사 토의의 효과를 얻을 수 있는 대상

노래 가사 토의는 기본 단계에서부터 통찰지향(insight-orientated) 단계까지 토의의 단계를 조정할 수 있으므로 다양한 기능 수준을 보유한 클라이언트들에게 적용할 수 있다. 여기서는 Wheeler(1983)가 개략적으로 기술한 세 단계로 이루어진 음악치료 기법을 중점적으로 다루고자 한다.

- 활동중심(activity-based) 세션에서는 밴드, 가수 또는 음악에 대한 클라이언트의 선호도와 같이 오로지 음악에만 초점을 맞춘다.
- 통찰지향(insight-oriented) 세션에서는 클라이언트에게 가사가 갖는 의

미와 노래에 대해 느끼는 감정이 어떠한지에 초점을 맞춘다.

- **재구조화**(re-constructive) 세션에서는 음악이 클라이언트의 인생에서 차지하는 의미와 신체적 경험을 살펴본다.

중요한 것은 적절한 단계와 깊이로 토의에 접근하고 참여할 수 있도록 치료사가 클라이언트로부터의 단서들을 주의 깊게 들어야 하는 것이다. 만약 클라이언트가 음악이 그의 인생에서 차지하는 의미에 대해 즉시 토의하기를 원한다면 그 때가 곧 치료사가 참여해야 하는 단계인 것이다.

중요한 것은 개괄적으로 언급한 앞의 '단계들'이 융통성을 갖고 있어서 클라이언트들이 같은 세션에 있더라도 서로 다른 단계에 머물 수 있다는 것이다. 치료 순간에 클라이언트의 필요, 클라이언트-치료사 관계의 본질, 그룹-클라이언트 관계에 중점을 두는 것이 중요하다.

공격 성향의 클라이언트/가사 다루기

가장 어려운 치료적 도전 과제들 중 하나는 클라이언트가 노래를 선택하고 제시할 때 언어적인 공격성을 나타내거나 노래 가사가 공격적인 내용을 담고 있는 경우다. 클라이언트가 치료실 내 CD 모음에서 노래를 선택하는 경우는 노래의 내용이 치료사에 의해 통제될 수 있다. 그러나 개별 세션이든 그룹 세션이든 클라이언트가 스스로 음악을 준비해 오게 되면 공격적인 가사를 담고 있는 노래를 가지고 오는 것이 가능해진다.

공격적인 가사들은 치료사의 가치(1장 참조)를 시험할 수 있고 동요하게 만들 수 있으며, 심지어 공격적인 노래에서 묘사되는 메시지, 특히 가사가 타인에 대한 폭력을 정당화하는 경우 화가 나게 할 수도 있다. 이런 경우 가사에 대해 나타날 수 있는 반응들을 통제하면서 얼마 동안은 클라이언트의 관점을 이해하도록 노력하고 클라이언트의 설명을 듣는 것이 필수적이다. 폭력적인 노래는 분노의 표현이라는 관점으로 토의할 수 있으며, 이에 대한 전형적인 중재방법은 "노래 가사가 매우 화난 것처럼 들리네요. 이것이 당신이 느끼는 감정인가요?"라고 묻는 것이다.

만약 그룹 상황에서 공격적/폭력적 노래가 제시될 경우, 다른 구성원들이 노래가 연주되는 동안 혼란스러움을 느낄 수 있으므로 치료사가 주의 깊게 다룰 필요가 있다. 클라이언트가 노래에 대한 자신의 감정을 말하게 되면, 치료사는 "다른 사람들은 이 노래에 대해 어떻게 느끼십니까?"라고 말함으로써 토의를 시작할 수 있을 것이다. 이렇게 토의를 여는 질문은 부정적인 응답만큼이나 긍정적이고 지지적인 응답도 이끌어 낼 기회를 제공한다.

경우에 따라 치료사는 클라이언트가 공격적인 노래에 대해 자유롭게 표현하도록 허용하는 것과 그룹의 선(善, the good)을 위하는 것 사이에서 결정을 내려야 한다. 노래가 그룹 구성원들에게 고통을 주고 있다면 노래를 점점 사라지게(fade out) 만들어야 한다. 노래가 여성을 향한 폭력을 정당화하고 있어서 그룹 내의 여성 클라이언트들이 괴로움을 느끼고 있는 경우가 그 예다. 노래의 내용이 다른 사람들에게 영향을 끼친 점에 대해 클라이언트에게 알려 주는 것도 의미 있는 작업이다. 이것은 본질적으로 그룹 세션의 기능이 대인관계를 배우는 수단이 된다는 것을 보여 준다(Yalom, 1970).

클라이언트가 그룹 상황에 어떤 노래를 가지고 왔는지 치료사가 먼저 파악하고 있는 것도 매우 유용하다. 그러면 가사가 지니는 공격적인 주제에 대하여 그룹 구성원들에게 사전에 경고해 주는 것이 가능할 수 있다. 혹은 클라이언트가 다른 음악을 가져온 것은 없는지 이야기해 볼 수도 있다.

우울 성향의 클라이언트/노래 다루기

만약 클라이언트가 우울 성향을 담고 있거나 자살에 대한 주제를 담고 있는 노래를 그룹 내에서 공유할 경우에도 비슷한 상황이 발생할 수 있다. 그룹이 재구조화 단계에서 작업을 하고 있고 그룹 응집력(group cohesion)이 높을 때에는 그룹 내에서 자살에 대한 공개 토의를 갖는 것이 가능하다. 그러나 활동중심 단계에서 작업을 하고 있다면 그룹이 상호 지지하고 존중하는 환경을 형성하지 못했을 수 있으므로 자살에 대한 심도 있는 토의를 하는 것은 부적절하다.

(만약 그룹이 토의를 하면서 의미 있는 수단으로 지지를 하지 못한다면) 치료사는 클라이언트에게 노래가 불러일으키는 감정에 대해 질문하고, 클라이언트의 답 속에 담긴 단서를 취하면서 노래의 진행을 촉진하거나 자살과 거리를 두고 토의가 진행되도록 유도할 수 있다. 그리고 (그룹이 강한 응집력을 가지고 있다면) 더 심도 깊은 토의를 할 수 있도록 권장할 수 있다.

자살에 대하여 이야기하는 것은 감정적인 소모가 큰 일이므로 치료사가 이러한 토의를 경험해 본 적이 있거나 보조치료사가 드와주는 경우에만 토의가 촉진되도록 해야 한다. 근본적으로 자살에 대한 어떤 토의든 조심스러울 필요가 있다. 토의를 끝낼 때는 치료 상황에 깊이 들어와 있음을 알려 주고, 그룹 구성원들로부터 지지받고 있음을 환기시켜 주면서 '지금-여기(here-and-now)' 상태로 이끌어 주어야 한다.

세션의 길이와 횟수

세션의 길이는 여러 가지 요소—노래 가사 토의가 세션의 유일한 기법인지(한 시간 정도를 차지하는 경우), 치료 세션의 일부에 해당하는 기법인지(SLD에 할애되는 시간이 20~30분인 경우) 등—에 의해 결정된다.

한 시간 세션인 경우 노래 4~5곡이 제시되고 토의될 수 있다(세션의 길이는 개별 세션인지 혹은 그룹 세션인지에 따라서도, 제시되는 노래의 길이에 따라서도 다양해질 수 있다.). 만약 세션 중에 다루어야 할 노래가 더 있다면 각 토의의 시간이 짧아지게 되는데, 이 경우 토의의 수준이 피상적인 수준에 그칠 수 있다. 가끔은 제시된 노래가 모든 구성원에게 연관되는 것일 수 있는데, 이 경우 한 시간 전체를 노래 한 곡에 할애할 수 있다(예를 들어, Cat Stevens의 'Father and Son' 과 같은 노래는 50분가량의 토의도 유도할 수 있다.). 이런 경우 치료사는 준비해 온 노래를 제시하지 못한 사람들에게 "우리는 오늘 조가 준비한 노래로 시간을 많이 보냈어요. 그 노래가 이 그룹의 많은 사람과 연관이 있었기 때문입니다. 그래서 안타깝게도 모든 사람의 노래를 듣지 못했어요. 그러나 다음 세션에서는 이번 시간에 노래를 들려주지 못한 사람들부터 시작할 것입니다." 라고 말해 주어야 한다. 물론 다음 시간에는 참석하지 못하는 사람들이 있을 수 있고, 이전 세션에서 준비한 곡이 아닌 다른 곡을 준비해 올 수도 있다.

노래 가사 토의의 적용

John Hedigan은 약물재활 거주시설인 오디세이하우스(Odyssey House)에서 일하는 음악치료사다. 주간 음악치료 세션은 즉흥연주와 노래 가사 토의의 두 가지로 구성된다. 노래 가사 토의에는 45분이 할당되며, 한 사람만이 노래를 제시하고 토의를 길게 가진다. Hedigan은 클라이언트에게 어떤 노래를 들려줄 것인지 미리 물어보고, 그룹 구성원들이 가사를 공유할 수 있도록 미리 복사하여 나누어 준다. 이것은 노래를 듣는 동안 그룹 구성원들이 노래에 표현된 감정을 듣는 한편 가사에 대해 깊이 생각할 수 있도록 도와준다. 오디세이하우스의 치료 그룹은 폐쇄집단이며, 클라이언트는 그룹 세션을 경험해 본 적이 있는 사람들이다. 그러므로 그룹 구성원들이 노래 가사에서 표현하고 있는 이슈들에 대해 이야기하기를 기대할 수 있다. 지난 몇 년 동안 그룹 구성원들이 제시했던 노래들과 사람들이 토의하기를 원했던 주제들은 〈표 6-3〉에 나열되어 있다.

〈표 6-3〉 오디세이하우스에서 제시된 노래

노래 제목	음악가	클라이언트에게 주는 의미
Not my kind of scene	Powderfinger	외로움과 상실
These days	Powderfinger	인생에 대한 통제력 상실
Creep	Radiohead	비교의식
Still haven't found what I'm looking for	U2	상실감과 인생의 의미 찾기
I want to know what love is	Foreigner	인생에서 느끼는 마음의 고통, 사랑받지 못함
Imagine	John Lennon	장례식
Nothing man	Pearl Jam	외로운, 슬픔, 상실감
Rescue	Echo and the Bunnymen	도움을 갈구함
Family portrait	Pink	아이의 관점에서 보는 가족의 붕괴
What I am	Edie Brickell	받아들여지기를 원함
The boxer	Simon and Garfunkel	멋진 인생을 위한 투지
How do I live without you?	Leanne Rimes	의존, 과거를 보내기 싫어하는 마음
Always	Bon Jovi	불멸의 사랑
Because of you	Kelly Clarkson	학대, 화, 비난의 결과로 느끼는 두려움
Amazing grace	(traditional)	장례식 노래, 신앙 안에서의 강함과 결속력
Changes	David Bowie	인생의 예측 불가능성을 수용함
Cats in the cradle	Ugly Kid Joe	아버지와 아들의 관계
Dyer's eve	Metallica	부모에 대한 분노
I will survive	Cake	역경과 맞서는 인생
The logical song	Supertramp	불확실한 자아정체성, 인생에 대한 두려움, 어린 시절의 천진난만함
Indifference	Pearl Jam	관계와 약물 복용에 대한 양가감정

Throw your arms	Hunters and Collectors	사랑 노래
Crash and burn	Savage Garden	인생의 방식에 대한 후회
My home town	Bruce Springsteen	젊은 시절의 회상
Sweet child o' mine	Guns N' Roses	관계의 회상
I' ll be missing you	P. Diddy	장례식 노래, 관계의 상실
He's my brother	The Hollies	관계의 상실, 인생의 예측 불가능성
Unsatisfied	The Replacements	인생의 불만족
I can see clearly now	Hothouse Flowers	미래에 대한 희망
Baker St	Foo Fighters	도심 거리에서의 약물 복용
Space oddity	David Bowie	환각, 약물 복용
True faith '94	New Order	인생과 살아감에 대한 두려움
Fame	Irene Cara	미래에 대한 희망
Staying alive	Bee Gees	인생의 방식에 대한 슬픔, '그저' 살아 있음
Wonderful world	Herman's Hermits	첫아이 탄생에 대한 회상
Edge of reality	Elvis	인생의 고통
Semi charmed life	Third Eye Blind	인생에 대한 기대
One	Metallica	통제력의 상실, 혼돈, 죽기를 원하는 마음
Perfect day	Lou Reed	헤로인 복용의 기쁨을 회상
If I can dream	Elvis Presley	미래에 대한 꿈, 낙관주의
Given to fly	Pearl Jam	미래에 대한 희망
A perfect day	Fisher-Z	약물 복용 이전의 좋은 시절에 대한 회상
Two less lonely people in the world	Air Supply	사랑 노래(어떤 클라이언트는 두 사람을 죽이려는 협박으로 해석했다!)
November rain	Guns N' Roses	결혼식 날에 대한 회상
Everybody hurts	REM	인생의 고통, 보편성
Feel	Robbie Williams	사랑받기를 원하는 마음
A good heart	Feargal Sharkey	타인에게서 좋은 점을 찾고자 애쓰는 마음

Fire and rain	James Taylor	험난함과 후회
My immortal	Evanescence	불멸의 사랑, 지지
She talks to angels	Black Crowes	약물 복용의 고통
Comfortably numb	Pink Floyd	약물 복용
My happiness	Powderfinger	인생의 문제가 변하기를 희망
Scar	Missy Higgins	후회, 실수로부터 배움
Angels	Robbie Williams	아이들을 향한 사랑

개별 세션을 위한 적용

노래 가사 토의는 개별 세션 맥락에서도 사용할 수 있는데, 음악을 듣는 도중 또는 듣고 난 후에 능동적인 음악 만들기 활동으로 확장할 수 있다. 클라이언트와 치료사는 음반이 재생될 때 함께 노래를 따라 부르면서 치료적인 관계를 보다 강화할 수 있다. 또한 음악치료사는 기타나 피아노 반주를 제공하면서 노래를 함께 부르도록 제안할 수도 있다.

때로는 노래 가사 토의가 개별 세션의 초기 단계에서 치료적 관계를 형성하는 수단으로 유용하게 사용된다. 치료사가 클라이언트가 선호하는 음악에 대해 관심과 이해를 나타낼 때 신뢰가 형성되고, 클라이언트는 보다 많은 정보를 털어놓게 되며 음악과의 관계를 형성하는 데 더욱 고무될 수 있다. 이것은 즉흥연주나 노래 만들기와 같은 다른 음악치료 기법으로 이끌어 갈 수 있게 해 준다.

노인 간호 분야에서의 노래 회상

노래 가사 토의와 유사하게, 노래 회상(song reminiscence)은 노래와 연관된 인생의 사건들을 돌아보도록 활용할 수 있다. 노래 회상은 Bright의 저서 『노인 간호에서의 음악(*Music in Geriatric Care*)』(1972)에서 처음으로 언급된 기법이다. 보통은 클라이언트가 선호하는 노래들을 부르고 난 후 노래와 연관된 토의를 진행한다. 클라이언트의 기능 수준에 따라 다음과 같은 언어적 중재가 이루어질 수 있다.

- 이 노래의 어떤 점이 마음에 드세요?
- 이 노래가 만들어진 시기에 당신의 인생에는 어떤 일이 있었습니까?
- 당신에게는 이 노래가 어떤 의미를 가집니까?
- 이 노래는 당신의 인생에서 중요했던 어떤 것을 떠올리게 합니까?

치료사는 노래에서 주요 가사들을 찾아서 클라이언트에게 관련된 경험이 있는지 물어볼 수 있다. 노인 세션에서 사용된 노래 목록 중에서 'Cruising Down the River on a Sunday Afternoon' 이라는 노래는 "강에서 보트를 타고 떠내려가 본 적이 있나요?" 라는 질문을 자연스럽게 이끌어 낼 수 있다. 그러면 클라이언트는 자신이 보트를 탔던 기억이나 다른 사람이 보트를 타는 것을 구경했던 기억 또는 '항해' 에 대한 어떤 경험이든 회상할 수 있다.

연구 결과, 노인 클라이언트들이 선호하는 노래들은 그들이 20~30대였을 때 나왔던 노래들이었다. 그러므로 클라이언트들은 나이가 들수록 노래 목록이 늘어나게 된다. 그렇기에 치료사는 매우 다양한 노래 목록에 친숙해져 있을 필요가 있다. 〈표 6-4〉에 제시된 노래들은 1940, 1950년대에 20~30대였던 사람들, 즉 현재 70~90세 정도인 사람들에게 적합한 노래들이다.

〈표 6-4〉 토의를 위한 노래 제목과 주제

노래 제목	토의를 위한 주제
Pack up your troubles	어떤 고민들을 꽁꽁 싸매 버리고 싶으신가요? 그 고민들을 어떻게 했으면 좋겠습니까?
I'm forever blowing bubbles	인생의 긍정적인 면을 바라보기
Lili Marlene	제2차 세계대전의 회상
If you were the only girl in the world	낭만적인 노래
Beautiful dreamer	좋은 시절을 꿈꾸기
Oh what a beautiful morning	영화 〈Oklahoma〉 – 이 영화를 보셨나요?
It's a long way to Tipperary	연인을 향해 떠나는 여행
We'll meet again	연인을 볼 수 없는 불확실함, 종종 떠올리는 슬픔
My bonnie lies over the ocean	연인이 돌아오기를 원함
Daisy, Daisy give me your answer do	청혼에 대한 유쾌한 노래
Amazing grace	신앙 안에서의 안도감
Abide with me	장례식에서의 노래, 죽음을 대면할 수 있도록 지지
Mine eyes have seen the glory	전쟁 찬가(battle hymn)
Tie a yellow ribbon round the old oak tree	연인의 귀향을 기다림
As time goes by	회상, 영화 〈Casablanca〉

음악 인생 회고

노래 회상과 비슷하게, 음악 인생 회고(music life review)는 클라이언트와 치료사가 클라이언트의 인생 여정을 표현해 주는 중요한 노래들을 따라가는 기법이다. 회고는 어린 시절의 노래부터 시작하여 학창 시절, 청소년기, 연애 시기, 결혼, 자녀의 탄생, 인생에서 겪은 어려움, 기념일, 그리고 클라이언트가 현재 경험하고 있는 인생을 대표하는 노래들로 이루어진다.

인생 회고기법을 처음으로 사용한 것은 O'Callaghan(1984)이 항암치료를 받고 있는 사람들을 대상으로 진행한 것이다. 인생 회고는 클라이언트가 자신의 인생이 가진 고유성을 개괄적으로 바라보고 주요한 사건들을 확인할 수 있게 해 준다. O'Callaghan은 클라이언트와 함께 노래 부르는 방법을 택했지만, Bruscia(1998a)는 주요 노래들을 테이프 또는 CD에 녹음하여 클라이언트가 언제든지 자신의 '자전적이면서 치료적인 이야기'를 들을 수 있도록 하였다(Bruscia, 1998a, p. 120).

임상 소례 | **노인 간호 세션에서의 인생 회고**

레이첼 넨딕은 노인요양시설에 거주하는 사람들을 대상으로 일하는 음악치료사다. 메리라는 여인은 자신의 인생에 대한 이야기를 쓰고 싶어 했고, 레이첼의 도움으로 그들은 음악을 통한 인생 회고를 작성하였다. 레이첼은 "내가 관찰한 바에 의하면, 메리는 겉보기에 갈수록 더욱 연약해지고 있었다. 그러나 메리는 그녀의 이야기를 나와 공유하면서 놀라울 만큼의 투지와 기운, 열정을 보여 주었다."(Nendick, 2005, p. 13)라고 언급했다. 메리는 우울증을 극복한 일, 홍수와 자녀의 탄생 등과 같은 인생에서의 주요한 사건들을 회상했다. 그녀가 이러한 사건들을 특정 노래들과 연관시키고 인생의 특별한 경험들에 관해 회상함에 따라, 레이첼은 그 노래들을 메리와 함께 불렀다. 메리의 이야기는 노래를 부를 때마다 더욱 풍부해졌고, 그녀는 각 사건에 대해 더 많은 것을 기억하게 되었다. 회고록이 완성되고 나서 레이첼은 노래 가사를 포함하여 이야기를 타이핑하여 작성하였고, 완성된 『음악 인생 회고록(*Music Life Review*)』을 메리와 가족들에게 보여 주었다. 그리고 메리의 가족들이 필요할 때 그녀와 연락이 닿을 수 있도록 연락처도 기재하였다.

4년 뒤에 레이첼은 예기치 못하게 메리의 아들과 연락이 되었고, 메리가 죽음을 맞이했다는 사실을 알게 되었다. 그는 가족들이 메리의 인생을 생생하게 추억할 수 있어서 『음악 인생 회고록』을 소중히 여기고 있다고 말해 주었다. 또한 그는 메리가 살아 있을 때 레이첼과 함께 가졌던 관계가 정말 특별했다고 말하곤 했으며 장례식에서도 언급되었다고 전해 주었다.

결 론

이 장에서는 노래가 가지는 치료적인 의미에 대해 살펴보았다. 이는 특히 노래를 들은 후 노래 가사를 가지고 토의하는 방법과 연관되어 있었다. 이러한 방법으로 노래를 사용하는 것은 노래에 존재하는 정서적인 연관성을 확장시킴으로써 노래 회상과 음악을 통한 인생의 회고를 가능하게 해 준다. 노래를 들을 때 정서적인 연결고리가 음악-선율, 화음, 음악 강도, 연결음이나 화음이 제공되는 '주제(home)' 를 통해 강력하게 형성되는 한편, 단어(가사)는 의미를 전달하는 역할을 한다. 그러므로 가사와 음악이 함께 합해지면 인생의 모든 단계와 모든 연령대의 사람들에게 의미를 갖는 하나의 예술 형태가 창조되는 것이다.

음악치료 수용기법 07

지각적 청취와 음악 감상

도 입

음악은 병원, 보호시설, 양로원, 학교 그리고 지역복지관에서 여러 가지 이유로 아동, 청소년, 성인 클라이언트들에게 '연주된다'. 일반적으로 음악은 공동체나 사회문화적인 집단과 클라이언트를 이어 주기 위한 수단으로서 여가를 위한 배경음악이나 '오락(entertainment)'을 위해서 제공된다. 또한 자극을 제공하기 위해서 또는 진정 및 이완 효과를 위해서 제공되기도 한다. 이러한 목적들은 임상적인 주요 목적이 되며, 클라이언트가 얻을 수 있는 수용적 경험의 유형에 대하여 Bruscia가 언급한 것들이기도 하다 (Bruscia, 1998a, p. 121). 또한 명백한 것은 장애를 가진 사람들을 돌보는 직원, 간병인, 부모들이 자신들의 즐거움과 기쁨을 위해서 라디오를 대중음악 채널에 맞추거나, CD의 경우 일상적인 배경음악을 재생하고 있다는 것이다. 이러한 이슈를 뒤로 하고, 누군가는 정확하게 이해되지 않은 채 일상에서 일반적으로 남용되고 있는 음반 또는 '배경음악(musak)'에 대해 고민을 해 봐야 한다. 이런 배경음악들은 슈퍼마켓, 주유소, 쇼핑센터, 극장, 음식점을 비롯하여 병원이나 사회복지관 등과 같은 보호시설에서 사용되고 있다. 이 음악들은 유행을 따르고, (스피커를 통해 나오는) '녹음(된)' 음악이며, 매우 빈번하면서도 지속적으로 흘러나온다.

그러므로 음악의 기능과 유형, 더 구체적으로는 어느 정도의 음량으로 음악을 들려주어야 클라이언트가 최적의 반응을 보이고 집중과 흥미를 갖게 될지에 대해 고민해 보는 것이 중요하다. 수용 음악치료에서는 음반이 사용되는 것이 특별한 가치를 지닌다. 그래서 이 장에서는 음악치료 세션에서 이완 효과를 제공하고, (사람 사이의) 상호작용에 대한 기대를 멈추고 개인 또는 그룹 클라이언트의 주의집중과 의식 상태에만 초점을 맞추려는 목적으로 음반을 어떻게 사용할 수 있는지에 대하여 서술하고자 한다. 음반이 학습장애를 가진 사람들에게 사용될 경우에는 보다 많은 관심을 기울여야 한다. 그 이유는 그들이 갑자기 들려오는 특정한 또는 특수한 소리에 주의를 뺏기기 쉽기 때문이며, 그들이 음악을 듣고 흥미를 느낄 때 겉으로 표현되거나 관찰되는 반응이 음악적 선호도를 나타내는 것이 맞는지의 여부를 평가해야 하기 때문이다.

이 장에서는 지적장애를 가진 클라이언트와 노인 클라이언트를 대상으로 음반을 다루는 것에만 초점을 맞추었지만, 음반 목록은 그룹과 개별 세션 모두에서 다양한 범위의 치료 세션에 포함될 수 있다. 현재는 초기 고전음악에서 20세기 음악까지, 민속 음악에서 헤비록까지, 오페라에서 뮤지컬까지 아우르는 다양한 스타일과 장르의 음악들이 치료 현장에서 풍부한 경험적 자원을 제공하고 있다.

선정된 음악의 가치를 평가하는 원리

음반을 가지고 클라이언트를 대상으로 치료 세션을 진행할 때, 특히 지적장애를 가진 사람을 대상으로 할 때는 다음과 같은 여러 질문이 제기될 수 있다.

- 클라이언트는 언제 듣고 있고, 언제 듣고 있지 않는가?
- 클라이언트가 음악에 집중하고 있다는 것을 어떻게 알 수 있는가? 그리고 클라이언트는 얼마나 오랫동안 집중할 수 있는가?
- 어떤 형식의 음악이 클라이언트의 주의를 얻기에 가장 효과적인가? 그리고 왜 그런가?
- 클라이언트의 지각 능력과 주의집중 시간을 결정하는 데에 음악의 음량이 중요한 역할을 하는가?
- 장애의 유형, 즉 지적장애가 클라이언트의 듣는 능력, 또는 클라이언트가 듣고 있음을 겉으로 표현하는 것에 영향을 끼치는가?
- 들려주는 음악이 클라이언트에게 얼마나 익숙한지가 음악에 집중하고 흥미를 갖는 것에 영향을 끼치는가?

적합한 음악 선정과 재생 그리고 유의 사항

음악치료에서 선택되는 음악의 적합성과 유의 사항에 대한 임상적 보고나 연구는 좀처럼 이루어지지 않았다. 음반을 사용하는 것은 '비외과적인/침해하지 않는(non-invasive)' 방법이며 해가 전혀 없는 '안전한' 중재방법이라고 간주되어 왔다. '침해하지 않는' 이라는 말은 주로 신체적인 중재에 사용되지만, 원치 않는 자극이 들어오는 것이 마음을 '침해(invade)' 하는 것으로 적용해 볼 수 있으므로 심리학적인 중재에서도 동일하게 사용할 수 있다. 보호시설에서 음반을 배경 자극 또는 이완제로 사용하는 것은 좋은 접근이라 사료된다. 그러나 사람의 인생에서 발생하는 대부분의 자극과 마찬가지로, 사람들은 현재 일어나고 있는 상황이나 연주되고 있는 것을 즐기기 위해서 소리의 강도나 지속시간에 대한 통제권을 갖기를 원한다. 음반에도 같은 적용을 할 수 있는데, 얼마나 오랫동안 또는 얼마나 크게 무언가를 들어야 하는지에 대한 통제권이 없다면 사람들은 통제력 부족으로 인한 무관심과 무기력함이 증가될 것이다. 이것은 애초부터 자극이 없었던 것과 마찬가지로 좋지 않은 영향을 끼치게 된다.

그러므로 음악을 감상하는 클라이언트 개개인의 반응을 분석할 때에는 두 가지 유의 사항을 염두에 두어야 한다. 첫째, 들려주는 음악의 역동에 대한 전체적인 반응이 고려되어야 하며, 음악의 길이, 크기, 음원의 근접성에 따른 인내심의 정도가 평가되어야 한다. 둘째, 음악의 형식과 특성에 대한 반응이 고려되어야 한다. 치료사들은 클라이언트들이 좋아할 것이라고 예상되는(그러나 치료사 자신의 개인적인 취향에 기초한) 음악에 반응을 보일 것이라고 생각하겠지만, 음악은 다음과 같은 지표에 의해 신중하게 선택되어야 한다.

- 긍정적인(좋아하는) 반응을 쉽게 알아챌 수 있는 행동 지표
- 부정적인(싫어하는) 반응을 쉽게 알아챌 수 있는 행동 지표
- 불안 또는 괴로워하고 있음을 쉽게 알아챌 수 있는 행동 지표
- 주의를 집중하고 있음을 나타내는 잘 알려진 특징
- 주의가 산만해져 있음을 나타내는 잘 알려진 특징
- 의도적인 방해 행동임을 나타내는 잘 알려진 특징

개별 세션과 그룹 세션에서의 음악 감상 프로토콜

세션에서 음반을 사용하는 절차는 다음의 다섯 단계로 규정될 수 있다.

① 치료적인 역할 규정
② 장소 준비
③ 중재의 도입
④ 중재의 관찰
⑤ 중재의 마무리

치료적 기능의 정의와 관찰 항목의 정립

왜 음악 감상을 세션에 사용하려고 하는가? 이 기법을 사용하는 치료적인 목표 또는 방향성은 다음의 예와 같이 확립해야 한다.

- 클라이언트의 요구
- 이완 효과
- 부담감 감소를 위한 심리적 공간 만들기
- 서로 다른 형식의 음악에 대한 클라이언트의 반응 탐색

우선적으로 치료의 목표를 세우는 것은 치료의 유효성을 평가하기 위한 기준을 세우는 것을 용이하게 해 준다.

클라이언트가 음악을 정말 잘 듣고 있는지를 관찰하고 해석하는 것은 사람들이 음악을 들을 때 나타내는 일반적인 행동을 보이고 있는지에 대한 판단, 그리고 클라이언트의 듣기 능력에 영향을 준다고 알려져 있는 증상들에

대한 지식에 근거하여 이루어진다. 이것은 분명 어려운 일이며, 클라이언트가 음악에 집중하고 흥미를 느끼고 있는지에 대한 평가가 확실하고 정확하게 이루어지기 위해서는 신중해야 할 부분이기도 하다. 치료 세션에 참여하는 클라이언트들은 저마다 매우 독특하고 다양한 행동 특성을 가지고 있다. 그러하더라도 병리학적 증상과 밀접하게 연관된 특성 또한 존재하기 마련이다. 예를 들어 보면, 왔다 갔다 하거나 안절부절못하는 것, 끊임없이 질문하는 것과 같은 불안 행동은 불안신경증(anxiety neurosis)을 가진 클라이언트나 주의력결핍 과잉행동장애(ADHD)를 가진 아이들에게 나타나는 특성이다. 그리고 몸을 흔들거나 자기자극 행동을 하는 것은 중도 지적장애를 가진 클라이언트에게서 나타나고, 혼동(confusion)은 치매 클라이언트에게서, 통증은 암 환자들에게서 공통적으로 나타난다. 클라이언트가 얼마나 집중하고 흥미를 가지고 있는지에 대하여 정확하게 관찰하여 결론을 얻으려면 다음에 제시하는 사항을 참고하는 것이 유용할 것이다.

- 클라이언트가 앉아 있는 상태에서 아무런 자극이 주어지지 않고 어떠한 상호작용에도 관여되거나 요구되지 않을 때의 행동을 기초로 행동 범위의 기준선을 만든다.
- 이미 알려진 병리학적 증상들 중에서 음악을 들을 때 지장을 줄 수 있는 사항들에 대하여 클라이언트나 간병인과 이야기한다.
- 일반적으로 클라이언트가 주변 환경에 주의를 기울이거나 흥미를 보일 수 있음을 고려한다.
- 클라이언트가 듣고 있거나 듣고 있지 않음을 알려 줄 수 있는 일반적인 행동 특성들을 알아본다.

관찰을 통해 얻은 결과에는 다음과 같은 다양한 항목이 포함될 수 있다.

- 음악을 들려주기 이전의 준비하는 시간에 음악을 듣고 있는 것처럼 보이는 시간이 있는지에 대한 관찰
- 주목할 만한 행동의 감소 혹은 증가
- 얼굴 표정이나 신체 반응(신체언어)으로 표현되는 정서적인 반응의 관찰
- 클라이언트의 각성 또는 이완 상태에 따른 음악 감상의 효과

중재를 위한 준비와 관찰을 위한 공간의 준비

음악을 듣기 위한 환경을 갖추는 것과 관찰에 필요한 몇 가지 척도들도 준비가 다 된 것 같지만, 적절한 시행을 위해서는 여전히 갖추어야 할 사항들이 있다.

- 조명의 밝기를 낮추고 외부에서 다른 소리 자극이 들어오지 못하도록 차단하여 음악 감상을 위한 최적의 분위기를 조성한다.
- 방해물로 작용할 수 있는 것들이 다 제거되었는지 확인한다.
- 클라이언트로 하여금 음악을 듣는 것 이외에 다른 활동을 할 것처럼 보이지 않도록 하기 위하여 이전 세션에서 사용했던 악기들은 보이지 않게 치워 놓는다.
- 음악을 최적의 상태로 재생할 수 있도록 좋은 음향 시스템을 갖추고, 최적의 효과를 얻을 수 있는 위치로 클라이언트의 자리를 정한다.
- 치료사는 개인 혹은 그룹 클라이언트를 관찰할 수 있는 위치에 자리 잡아야 하지만, 클라이언트들로 하여금 자신들이 관찰당하고 있다고 느껴지는 자리여서는 안 된다.
- 무엇을 진행할 것인지에 대하여 클라이언트에게 간단한 언어로 설명한다. 구두언어 표현이 어려운 클라이언트에게는 시각적인 단서나 몸짓을 사용하는 것이 적절하며, 그림교환 의사소통체계(pictures exchange com-

munication system: PECS)나 E-TRAN 보드(eye gaze boards)를 사용할 수 있는 클라이언트라면 이와 같은 보완대체 의사소통 도구들을 사용해도 좋다.

중재의 도입

음악 감상을 시작할 때는 몇 가지 고려해야 할 '기정사실' 이 있다.

- 세션에서 음악 감상 이전에 어떠한 활동을 진행했든지 음악 감상을 위한 고요하고 수용적인 분위기 조성을 위하여 이전 활동의 영향을 제거할 수 있는 심리적인 공간이 필요하다(이를 가리켜 '자극투여 중지기간(wash out period)' 이라고 하기도 한다). 음악 감상 이전에 신체적인 활동을 했거나 즉흥음악 만들기를 했다면 특별히 지켜져야 한다.
- 클라이언트가 구두언어를 이해할 수 있는지의 여부와 상관없이, 치료사는 무엇을 하려고 하는지에 대해서 항상 설명해 주어야 한다. 다음과 같이 간단하게 설명해 줄 수 있을 것이다.

우리는 이제 한 곡의 음악을 들을 거예요.
여기에 앉아서 들을 거예요. 제가 CD 플레이어를 켜는 동안 몇 분 정도 편안하게 계신 다음 음악이 나오면 즐겁게 들으시면 됩니다.
음악을 들을 때는 모두 자리에 앉아서 조용히 합니다.
오늘 우리는 [제목] CD 중에서 들으려고 해요(CD 표지를 보여 주며). 약 4분 정도 듣게 될 겁니다.

단순한 설명을 제시하거나 혹은 플레이어에 넣기 전에 CD를 잠시 들어서 보여 주는 시각적인 단서는 그룹 구성원들로 하여금 앞으로 진행할 것에 대하여 주의를 집중하도록 도와준다. 가능하면 음악이 흘러나오고 있는 위치를 항상 가리켜서 보여 주는 것이 유용한 방법이다. 중도의 지적장애, 정신질환, 치매 클라이언트들을 대상으로 음악 감상을 진행할 때 가장 중요하게 다루어지는 논점 중 하나는 즉흥음악과 라이브 음악이 소리의 근원을 이해하는 데에 훨씬 효과적이라는 것이다. 기타 줄이 튕겨지는 것을 정확하게 볼 수 있고, 신체를 통해 기타의 진동을 느끼며, 기타 줄 위에 놓인 손가락의 움직임을 통해 만들어지는 소리를 들어야 소리의 원인-결과를 이해할 수 있기 때문이다. 음반이 가지는 약점은 그 음악이 '검은' 스피커 상자에서 기이하게 흘러나오는 소리라고 인식된다는 것이다. 때로 중도장애를 가진 클라이언트들은 소리의 근원지를 알 수 없을 뿐더러, 어떻게 교향악단의 음악 또는 헤비메탈 대중음악 그룹의 음악이 검은 상자에서 흘러나오는지 이해하지 못할 수도 있다. 그러므로 소리의 근원지를 확인시켜 주고 스피커를 가리켜 주는 것은 주의를 집중시키게 하는 또 하나의 방법이 된다.

- 음악을 재생할 때 특별히 음량이 커서 클라이언트가 깜짝 놀랄 만한 소지가 있다면 조절할 필요가 있다. 치료사가 소리에 과민반응을 보이는 사람들(hyperacoustics)과 세션을 진행하기 위해서는 갑작스럽고 예기치 못한 큰 소리의 영향을 세심하게 살필 수 있도록 훈련되어 있어야 한다.
- 음량은 전적으로 통제될 수는 없지만, 들려주는 곡에 대하여 치료사가 충분히 잘 알고 있다면 사람들이 견디기 힘들 만큼 불편한 큰 소리가 예기치 못하게 나타나는 순간을 알 수 있다. 이런 경우에는 음량을 점진적으로 키워 주는 것이 한 방법이 될 수 있으며, 대부분의 음향 시스템에서는 리모컨으로 음량을 조절할 수 있다. 심지어 특정 부분에 이르렀을 때 데시벨(dB) 단위까지 소리를 조절할 수 있는 것도 있다. 그렇지만 음악은 커졌다 작아졌다 하는 성향이 있으므로 음악을 듣는 내내 음량을 고정시키려 하기보다 그 변화 정도를 설명해 주는 것이 좋다. 이것은 소리에 대

해 과민반응을 나타내거나 청각장애를 가진 클라이언트처럼 음량의 정도가 제일 중요한 인자로 작용하는 경우에만 관련이 있다. 노인 클라이언트와 진행할 때에는 소리에 대한 내성이 지난 30~40년간 비례적으로 증가해 왔음을 기억해야 한다. 그래서 디스코텍 소리 수준이나 개인 스테레오 시스템에서의 소리에 대한 내성이 증가한 노인들은 때로 젊은 사람들에 비해 은은한 음량으로 듣기를 선호한다.

노인들과 진행할 때에는 소리에 대한 민감성과 인지 상태를 주의 깊게 확인해야 한다. 이것은 청각장애와 같은 맥락에서 고려될 필요성이 있다. 하지만 노인에게서 청각 손상이 진행된다는 점을 감안하여 청각이 퇴행될 때 흔히 잃어버리는 주파수는 높은 주파수라는 것을 알아야 한다. 그렇기에 음량을 키우는 것은 단순히 낮은 주파수를 증폭시키는 것밖에 되지 않고, 소리를 왜곡시키는 결과를 야기할 것이다. 그러므로 중재를 진행할 때에는 개개인의 청력에 주의를 기울이는 것이 필수적이다.

뒤에서 언급하겠지만, 연구에서는 음량이 클 때 집중이 더 안 되고 잘 안 듣게 되는 반면 은은하게 들려줄 때는 집중력이 증가하는 것으로 나타났다.

중재의 관찰

음악을 감상하는 동안에 관찰을 진행하는 것은 음악이 부정적인 영향을 끼치고 있지는 않은지 확인하기 위한 것이기도 하며, 클라이언트의 반응을 기록하거나 측정하기 위한 것이기도 하다. 관찰 내용은 클라이언트가 어떻게 반응하는지에 대한 설명과 특히 음악 선호도에 대한 증거가 되기 때문에 그 자료들을 수합하는 것이 중요하다. 치료사들은 음악을 들려주는 동안에 그들이 클라이언트와 능동적인 상호작용이 일어나도록 하기 위해 참여하는 것이 아니며, 고요하면서도 조용하게, 신중한 관찰자로서 있어야 한다는 것을 확실히 해야 한다.

관찰을 통해 클라이언트가 명백하게 드러내는 다양한 행동을 확인할 수 있는데, 주의집중, 표정, 호흡, 신체언어, 신체 활동, (무의식적인) 버릇, 전형적인 행동 특성, 몸을 흔들거나 손가락을 빙빙 돌리기, 머리 흔들기, 만지작거리기, 옷이나 피부 또는 머리를 잡아 뜯기, 자해 행동 등이 있을 수 있다.

이러한 행동들을 평가하고 클라이언트가 이러한 습관성 행동을 하면서 음악을 듣고 있는지 판단하고자 한다면 클라이언트 개개인의 차트를 참고해야 한다. 특히 자폐를 가진 경우에는 무의식적인 버릇(mannerism)과 의식적인 행동들을 병리적인 행동 특성으로 받아들여야 한다.

중재의 마무리

음악 재생이 끝나면 어느 정도 침묵의 시간을 갖는 것이 중요하다. 이 순간은 음악에 대하여 생각하거나 음악이 끝난 후의 공명 상태(post-resonance)를 위한 시간이므로 매우 중요하다. 음악이 소리 '그리고' 침묵의 혼합체이므로, 침묵은 소리와 균형을 이루는 필수적인 요소다.

음악 연주가 끝났더라도 누군가는 여전히 듣고 있거나 집중하고 있을 수 있으며, 음악적인 경험으로부터 무언가를 얻고 있을 수 있다는 것을 주목해야 한다. 음악이 멈추면 누가 이런 시간을 보내고 있는지 살펴보는 것도 흥미로운 일이다.

이후에는 잠재적인 피드백이 제공되는 시간이 이어진다. 그룹 내에 구두언어 표현이 가능한 클라이언트가 있으면 그들이 무엇을 들었는지, 음악이 연주될 때 좋았는지 싫었는지에 대해 이야기할 수 있다.

영향을 주는 요인

지적장애를 가진 사람들을 대상으로 주의집중과 듣기, 이완, 심상을 위하여 음악을 사용하는 데는 여러 요소가 영향을 끼칠 수 있으며, 이들 요소에 의해 다양한 차이가 나타날 수 있다.

- **환경**: 주위의 소음, 날씨, 조명, 난방 혹은 다른 요인들은 음악 감상에 영향을 미칠 수 있다. 만약 밝고 화창한 날이라면 방 안에 그늘이 많이 지게 되어 음악을 감상하는 사람들의 주의가 쉽게 분산될 수 있다. 건물 안에서 들리는 다른 소리들도 주의를 산만하게 하는 요인이 될 수 있다.
- **치료사 또는 보조치료사**: 치료사나 보조치료사는 클라이언트들이 음악을 듣고 있는 동안에 영향을 끼치지 않고 주의가 분산되지 않도록 중립적인 위치를 취하고자 아무리 노력해도 우연하게 클라이언트의 관심과 주의를 흐트러트릴 수 있다. 클라이언트 관찰에 과도하게 집중하게 되면 거리를 두어야 한다는 사실을 잊은 채 너무 가깝게 앉을 수도 있다. 또한 클라이언트들이 치료사와 상호작용을 시도하기 시작하며 유발되는 기침과 같은 불수의적인 반응들도 사람들의 주의집중을 쉽게 방해하고 분산시키는 요인이 된다.

이것은 두 가지 구체적인 예다. 이 외에도 영향을 끼칠 수 있는 다양한 변수가 존재할 것이다.

지적장애 클라이언트를 위한 음악 감상

그룹치료에서는 대개 발달장애나 지적장애를 가진 사람들을 대상으로 다양한 그룹 활동이나 치료적인 경험을 계획하게 된다. 흔히 그룹치료는 '안녕하세요' 라는 인사말이나 인사 노래로 시작하여 악기 활동이나 즉흥 경험으로, 혹은 노래 부르기와 이완 순서로 진행해 나갈 것이다. 이러한 치료적 경험들 속에서 다른 활동들을 멈추고 오로지 음악 감상에만 집중하기 위하여 시간 제한을 두고 흥미로운 음악을 사용하는 것은 매우 유용하고 중요하다. 개별 세션은 이와 질적으로 달라지게 되는데, 세션 안에서 일어나는 다른 사건들과 마찬가지로 세션의 구조와 속도가 클라이언트 개인의 치료적인 필요와 목적에 맞게 조절된다. 그렇더라도 음악을 감상하는 동안에는 (일대일의) 상호작용을 유지하고 싶어 하는 치료사의 '바람' 을 줄이는 것이 치료적인 유익 면에서 더 많은 가치를 지닌다. 그룹 세션에서는 이완, 주의집중을 위해서 혹은 음악 선호도와 반응을 확인하려는 목적으로 음악 감상 '활동' 이 세션의 진행상황 동안 한 번 또는 여러 번 도입될 수 있다. 지적장애 아동 및 성인들을 대상으로 하는 그룹치료에서는 수용적인 경험을 얻기 위해서 고요하고 기능적인 움직임이 없는 시점이 필요한지 판단하고, 세션 내에 도입할 적합한 때를 결정하는 것이 치료적으로 중요한 사안이다. 이후에 중재방법을 설명하는 부분에서는 음악 감상 활동에 대한 선택 방안들과 환경 조건들이 언급될 것이다.

학습장애를 가진 사람들과 그룹치료를 진행하면서 매우 다양한 형식과 장르의 음악을 사용하는 경우에는 그들을 둘러싸고 있는 환경에 대한 반응을 확인하고 주위에 거슬리는 소리들이 얼마나 많이 있는지 살펴보는 것에 민감할 필요가 있다. 우리의 일상적인 환경이 소음으로 가득 차 있다는 것은 의심할 여지가 없다(Wigram, 1983). 특별히 언어 전 단계(pre-verbal)에 있는 아동의 경우와 신체언어, 표정, 일상적인 활동 수준(general activity level)에서의 의사소통에 의존하는 사람들을 대상으로 할 때는 서로 다른 유형의 음반에 대해 어떻게 반응하는지 주의 깊게 살펴보아야 한다. 예를 들어, 클라이언트가 몸을 흔드는 것은 음악적 자극을 즐거워하고 있다는 징표가 될 수도 있지만, 중도지적장애를 가진 클라이언트들에게는 신경질 나고 귀찮고 때로는 침해받는다고 여겨지며 불쾌한 느낌을 주고 성가신 자극을 피하기 위한 자기자극의 표현일 수 있다. 1970년대 말에서 1980년대 초까지 수행된 한 연구에서는 주의를 집중시킬 수 있는 음악의 형식을 알아보기 위하여 제시되는 음악의 스타일과 크기에 초점을 두고 살펴보았다(Wigram, 1983). 이 책에서는 이 연구의 일부분을 소개하려고 한다. 우선은 두 가지 형식의 음악이 모두 순수하게 수용적인 목적을 위해 사용될 수 있음을 보여 주고, 이 책이 기법에 관한 책인 만큼 연구에서 제시된 기법도 함께 제시하고자 한다.

음악 선정: 임상/연구 사례

지적장애를 가진 사람들에게는 서로 다른 형식의 음악들이 다양한 범위의 반응을 일으킬 수 있으므로 특정한 곡이 다른 곡에 비해 주의집중에 있어 보다 효과적이라고 말하거나 특정한 곡에 대해 나타날 수 있는 반응들을 일반화시키는 것은 불가능한 일이다. 클라이언트들은 각자 음악에 대한 좋고 싫음의 선호도를 가지고 있으며, 이 방법에서는 음악 선호도가 매우 중요한 이슈가 된다. 그런 만큼 '음악 청취' 활동을 그룹이나 개별 치료에 도입할 때 중요한 것은 클라이언트의 선호도가 표현되고 있는지 찾아내는 것이며, 이것을 클라이언트를 돌보는 사람들이나 클라이언트가 머무는 환경 속에서 어떤 식으로든 음악을 제공하는 사람들에게도 알려 주어야 한다.

1979~1981년에 시행된 한 실험연구는 꽤 많은 다양한 범위의 전통 음악뿐 아니라 고전음악, 가벼운 고전음악(light classical), TV 광고음악, 영화음악

에 대하여 지적장애를 가진 아동, 청소년, 성인들이 나타내는 반응을 살펴보았다(Wigram, 1983). 특정한 장애나 병리를 가진 클라이언트들이 성악과 기악에 차별화된 반응을 보이는지 알아보기 위하여 제시되는 음악을 성악과 기악으로 분류하였다. 〈표 7-1〉에는 이 연구에서 사용된 매우 다양한 스타일을 가진 17개의 곡이 제시되어 있다.

매우 유명한 이 곡들은 듣기에 즐겁고 쉬운 선율을 갖고 있으며 다양한 스타일과 장르를 포함하고 있다.

〈표 7-1〉 연구에서 사용된 음반 목록

	곡 명	출처/작곡가
1	Elizabethan serenade	Ronald Binge
2	The ash grove	웨일즈 전통 민요
3	In the hall of the mountain king	Grieg, 〈Peer Gynt Suite〉
4	Moto perpetuo	Paganinni(플루트)
5	Oh what a beautiful morning	Rogers and Hammerstein, 〈Oklahoma〉
6	Eidelweiss	오스트리아 전통음악(German singing group)
7	Wedding march	Rogers & Hammerstein, 〈Sound of Music〉
8	Oklahoma	Rogers & Hammerstein, 〈Oklahoma〉
9	Fossils	Saint Saens, 〈Carnival of the Animals〉
10	Tannhauser march	Wagner, 오르간을 위한 편곡
11	Come into the garden Maud	Michael Balfe & Tennyson
12	Nuns' chorus	Rogers & Hammerstein, 〈Sound of Music〉
13	An die Musik	Franz Schubert 곡, Frida Leider 노래
14	Laudate dominum	Mozart, 〈the Solemn Vespers of the Confessor〉
15	Big country	〈The big country〉의 영화음악
16	The Alamo	〈The Alamo〉의 영화음악

방법

연구는 중등도(moderate), 중도(severe), 최중도(profound) 지적장애를 가진 아동, 청소년, 성인을 위한 대규모 보호시설에 거주하는 클라이언트들을 두 그룹으로 나누어 진행하였다. 11명의 청소년(12~18세)으로 구성된 그룹 1은 모두 복합장애를 갖고 있었고, 주로 뇌성마비와 최중도 학습장애를 갖고 있었다. 구성원 중에는 저긴장형(hypotonia)을 비롯하여 경직형(spastic)과 무정위형(athetoid) 뇌성마비도 있었고, 한 명은 스터지-웨버증후군(Sturge-Weber syndrome)이었다. 그룹 내 모든 참여자는 언어 전 단계에 해당됐다. 17명의 청년으로 구성된 그룹 2는 보행이 가능했으며, 자폐 스펙트럼 장애(autism spectrum disorder), 다운증후군, 중도 지적장애, 그리고 2명의 무정위형 뇌성마비와 같이 다양한 증상을 가진 클라이언트들로 구성되었다.[1] 그룹 2에 속한 클라이언트들의 다수는 주의집중이 어렵고 과잉 행동을 보였으며, 때로는 폭력적인 행동을 나타내기도 했다. 이 그룹에서는 구두언어가 제대로 발달하지 않은 사람이 네 명이었으며, 주로 반향어(echolalic)를 보였다.

음악 감상 활동은 그룹 음악치료 세션 중 대개 중반부에 진행되었다. 음악에 대한 반응 차이를 알아보기 위하여 같은 곡이 각각 다른 음량(작게, 크게)으로 두 번씩 제시되었다.[2] 음량은 음향 시스템을 통해 각각 60~70dB와

---

1) 이 시설에서 1970년대 중반에 연구가 시작된 이래, 연구자는 병원에서 진행되는 프로그램의 그룹 음악치료에 종종 참여하였다. 이 그룹은 아동과 청소년을 대상으로 하는 병원의 주간 보호 프로그램으로 등록되어 있었다. 지금으로서는 그렇게까지 다양하고 여러 가지 진단을 받은 많은 사람으로 구성된 그룹과 세션을 진행하는 것이 상상하기 힘들다. 프로그램을 맡은 담당자들은 모두 세션에 참여하였으며, 대개 네 명의 담당자들이 추가적으로 60분 동안의 음악치료 세션에 '보조치료사' 또는 조력자로 참여하였다.

2) 당시에 연구자는 시설의 음향 시스템을 통하여 흘러나오는 음악을 살펴보고, 식사시간을 비롯한 일상생활에서 거주자들이 어느 정도의 음량(dB)에 평균적으로 노출되어 있는지 살펴보기 위하여 비공식적인 조사를 진행하였다. 매일 같은 시간에 측정이 이루어졌고, 음향 시

80~90dB의 음량 범위로 설정되었다. 선택된 음악마다 곡 자체의 세기 변화가 있기 때문에 정확하게 설정하기 힘든 면이 있지만, 예비연구를 통해 스피커에서 나오는 음량을 정확하게 측정한 후 클라이언트들이 스피커로부터 같은 거리를 유지할 수 있도록 반원 형태로 자리를 배치하였다. 이러한 배치는 음악 감상 중에 클라이언트가 음악에 집중하고 있는지 관찰하는 것뿐만 아니라 (다소 대략적인 방법이기는 하기만) 음량의 변화가 클라이언트의 주의집중에 어떤 영향을 주는지 측정하는 것에 효율적이었다. 이 연구는 단독적으로 시행된 연구라기보다는 실제 치료 세션에서 진행된 현장연구였다. 중재는 앞의 설명대로 준비가 된 후에 이루어졌다.

관찰과 측정

클라이언트가 전적으로 음악을 듣고 있는지 혹은 들으면서 다른 것을 생각하거나 다른 것에 몰두하고 있지는 않은지에 대하여 평가하는 것은 주관적일 수밖에 없으며, 클라이언트에 대한 지식과 일반적으로 주의집중을 할 때 나타나는 징표들을 참고하는 수밖에 없다. 그렇더라도 사용하기에 가장 실용적이고 측정 가능한 척도는 음악에 얼마나 오랫동안 초점을 맞추고 있고 집중하고 있는 것처럼 보이는지를 단순히 측정하는 것이다. 클라이언트가 집중하고 있다는 것은 음원을 뚫어져라 쳐다보는 클라이언트의 눈을 보고 확인하거나, 또는 클라이언트가 평소보다 평온한 상태로 있고, 다른 사물로 주의를 돌리지 않으며, 산만하지 않은 상태를 유지하는 것으로 알 수 있다. 시간을 측정하는 것은 가장 선호되는 방법이기도 하다. 분리된 두 그룹

스템을 통해 흘러나오는 음악과 더불어 라디오, (종종 오랜 시간 동안 흘러나오는) 텔레비전의 소음, 진공청소기, 거주자들이 내는 소리들이 포함되었다. 그리고 일정 기간 동안 평균적으로 들리는 수준을 얻기 위해 소음계(sound level meter)가 사용되었다(Wigram, 1983).

〈표 7-2〉 음반을 듣는 클라이언트의 반응 기록 차트

클라이언트 이름	첫 번째 곡을 들은 시간	의 견	두 번째 곡을 들은 시간	의 견
1				
2				
3				
4				

범례: 0 = 전혀 집중하지 않음, 1 = 곡의 1/4을 집중함, 2 = 곡의 2/4를 집중함, 3 = 곡의 3/4을 집중함, 4 = 곡 전체에서 집중함.

의 관찰자들은 각자 두세 명의 클라이언트를 맡아 관찰하고는 얼마 동안 집중하는지 기록하기로 했다.

〈표 7-2〉는 범례를 사용하여 간단하게 기록하도록 만든 관찰 차트로서 관찰자들이 클라이언트가 음악에 집중하는 시간을 대략적으로 기록할 수 있게 해 준다.

신속한 표기를 위하여 범례를 사용하는 한편, 클라이언트에 대한 평가를 뒷받침할 만한 행동이나 근거를 기록할 수 있도록 의견 작성을 위한 칸이 주어져 있다. 선택된 음악들은 두 그룹 모두에게 두 종류의 음량(60~70dB 또는 80~90dB)으로 제시되었고, 결과값은 평균을 내었다.

결 과

이 연구의 결과는 〈표 7-3〉과 〈표 7-4〉에 제시하였는데, 들려준 음악을 성악과 기악으로 분류하고 각 곡을 서로 다른 음량으로 들려주었을 때 주의를 집중하고 청취하는 시간을 표시하였다. 이들 표에 제시된 수치들은 음악이 두 가지의 데시벨 조건으로 제시됐을 때 클라이언트들이 집중하는 시간을 합산한 후 백분율로 표시한 것이다. 주의집중 정도를 나타내고 있는 수치

는 곧 클라이언트들의 선호도를 보여 주는 것이기도 하다.

〈표 7-3〉에는 그룹 1의 클라이언트들을 관찰한 수치를 기록하고 백분율로 환산하였다. 제시된 음악은 성악곡과 기악곡으로 분류하였다. 그룹 1은 60~70dB로 제시되는 성악곡에 평균 39%, 80~90dB로 제시되는 성악곡에는 평균 50%의 집중을 나타내어, 같은 곡을 좀 더 세게 들려줄 때 더욱 집중하는 것을 알 수 있었다. 기악곡을 들려주었을 때 브이는 집중의 차이는 그보다 덜했는데, 60~70dB로 제시될 때 44%, 80~90dB로 제시될 때는 51%였

〈표 7-3〉 제시된 음악의 종류와 크기에 대한 그룹 1의 반응 백분율

곡 명	성악/기악	60~70dB	80~90dB
Elizabethan serenade	성악곡	45	57
The ash grove	성악곡	63	60
Oh what a beautiful morning	성악곡	50	22
Eidelweiss	성악곡	25	33
Wedding march	성악곡	40	61
Oklahoma	성악곡	30	58
Come into the garden Maud	성악곡	38	61
Nuns' chorus	성악곡	34	56
An die Musik	성악곡	33	37
Laudate Dominum	성악곡	32	55
목소리 음악에 대한 평균 반응 백분율		39	50
〈The Big Country〉 주제곡	기악곡	34	45
〈The Alamo〉 주제곡	기악곡	48	68
Italian symphony	기악곡	47	51
Hall of the mountain king	기악곡	58	35
Moto perpetuo	기악곡	50	55
Fossils	기악곡	35	56
Tannhauser	기악곡	35	47
악기 음악에 대한 평균 반응 백분율		44	51
전체 평균		41.5	50.5

다. 전체적인 평균값을 보면 음량에 따라 집중하는 정도가 9% 차이를 보였으며, 음량이 클수록 더욱 집중했음을 알 수 있었다. 비율검정(test of proportions)에서는 p=0.0152(95% 신뢰구간: 0.5580441-0.9532704, 표본 측정치: p=0.82)로 음량에 따라 유의한 차이를 나타내었다.

이 그룹은 다소 쉽게 산만해졌는데, 그래서 아마도 주의집중을 돕기 위해 음악의 음량이 조금 더 커야 했는지도 모른다. 또한 구성원들이 다양한 신체장애를 가지고 있었기 때문에 음량이 크지 않을 때 신체적인 요인(경직, 통증)이 추가적으로 주의를 분산시키는 역할을 했을 수 있다. 제시된 곡의 목록에서 알 수 있다시피, 연구에서는 다양한 음악을 제시하여 음악 선호도를 확인하고자 했다. 성악곡이나 기악곡이나 거의 동일한 선호도를 나타냄을 알 수 있었다. 특이할 만한 점이라면 'The Ash Grove' (웨일즈 전통 민요)와 몇몇 곡은 두 가지의 음량 수준 모두에서 흥미를 끌었다는 점이다. 작은 소리보다는 큰 소리에서 집중을 더 이끌어 내는 곡들이 많이 있는 반면, 경우에 따라 큰 소리보다는 작은 소리에서 집중을 더 이끌어 내는 곡들도 있다. 그러므로 음악의 특정 스타일과 음량 수준이 클라이언트의 주의집중에 영향을 끼친다는 결론을 이끌어 낼 수는 없다. 명백하게 다양성이 존재하기 때문에, 비록 이 그룹이 큰 소리를 선호했다고 하더라도 특정한 음악에 대한 반응은 병리학적 증상에 상관없이 클라이언트마다 다양할 수 있다는 것을 늘 염두에 두어야 한다. 그룹 1의 복합장애의 정도와 조건을 고려할 때 여기서는 음악의 음량이 큰 것이 클라이언트의 집중을 유지시킬 수 있었으나, 일상생활과 환경에서 '배경음악'으로 음악이 사용되는 방식은 이와는 또 다른 차원임을 고려해야 한다.

〈표 7-4〉는 그룹 2의 클라이언트들을 관찰한 관찰자들이 기록한 수치를 나타낸다. 수치는 백분율로 환산되었다. 제시된 음악은 성악과 기악으로 분류되었다.

그룹 2는 60~70dB로 제시되는 성악곡에서 52%의 집중을 나타내고

〈표 7-4〉 제시된 음악의 종류와 크기에 대한 그룹 2의 반응 백분율

곡 명	성악/기악	60~70dB	80~90dB
Hoere Lied Elizabeth	성악곡	45	38
The ash grove	성악곡	67	58
Oh what a beautiful morning	성악곡	61	53
Eidelweiss	성악곡	53	26
Wedding march	성악곡	50	45
Oklahoma	성악곡	38	60
Nuns' chorus	성악곡	51	45
목소리 음악에 대한 평균 반응 백분율		52	46
Big Country	기악곡	57	50
Alamo	기악곡	36	33
Italian symphony	기악곡	53	23
Hall of the mountain king	기악곡	46	56
Moto perpetuo	기악곡	43	20
Fossils	기악곡	64	46
Tannhauser	기악곡	38	30
악기 음악에 대한 평균 반응 백분율		48	37
전체 평균		50	41.5

80~90dB로 제시되는 성악곡에서는 46%의 집중을 나타내어, 같은 곡이라도 작게 제시되었을 때 보다 집중할 수 있음을 보여 주었다. 기악곡을 들려주었을 때는 소리의 크기에 따른 집중의 차이가 더 컸는데, 60~70dB에서는 48%, 80~90dB에서는 겨우 37%의 집중을 보였다. 전체적으로 음량에 따른 집중의 차이는 9%였으며, 그룹 1과는 반대로 음악이 조용할 때 더욱 집중하였다. 음량에 따른 집중의 차이는 비율검정에서 p=0.0161(95% 신뢰구간: 0.5615066-0.9748606, 표본 측정치: p=0.35)을 보이며 유의미한 결과를 나타냈다.

이것은 그룹 1과는 상반되는 결과였으므로 관찰자들에게 굉장한 흥미를 불러일으켰다. 관찰자들이 느낀 그룹 1과의 차이점은 음악을 크게 들려줄 때 상당수의 구성원들(특히 자폐 스펙트럼 장애 클라이언트들)이 흔들기, 손장난, 배회하기, 전형적인 언어적 · 행동적 특성과 같이 다양한 자기자극 행동을 보인 것에 반해, 같은 음악이 보다 작은 소리로 제시되자 이러한 행동들은 사라지고 보다 명백하게 집중하는 모습을 보인 것이다. 보다 조용한 환경이 클라이언트로 하여금 고요한 상태를 유지하게 하여 이완되고 집중할 수 있도록 자극하는 것처럼 보였다. 당시에 클라이언트들의 거주환경(학습장애를 가진 사람들을 장기간 수용하는 대형 병원)을 고려해 본다면, 앞에서도 우려했듯이 긍정적인 반응을 일으키기보다는 복잡하게 하고 끊임없이 들려오는 소리 자극의 '스위치를 끄는' 것이 신체 활동에 주목할 만한 변화를 가져올 것이라고 예상할 수 있다. 최근의 논의들 중에는 자폐 스펙트럼 장애를 갖고 있는 사람이 자극들로 인해 과부하되면 연관된 정보를 찾는 것과 정보를 처리하는 과정을 구분하는 것에 어려움을 겪는다는 것이 주목되고 있다.

음반이 수용 음악치료 세션의 일부분으로 사용되든 혹은 배경음악으로 사용되든, 음악의 음량은 항상 심사숙고하에 결정되어야 한다. 이 연구의 결과는 중도 및 최중도의 지적장애 클라이언트 그룹(또는 개인) 음악치료 세션의 과정으로 확장하여 활용할 수 있을 것이다.

요 약

전체적으로 이 장에서는 음악 감상 세션에서 음반을 사용하는 것에 대한 제안과 지침들, 그리고 클라이언트들이 음악을 인지하고 집중하는지의 여부를 파악하기 위한 방법들을 제공하였다. 앞에서 제시한 연구에서 사용된 곡들 중 특정한 곡을 사용하려면 치료 맥락에 맞추어 결정해야 한다. 그리고 수용적인 기법을 적용할 때 음악의 선정은 언제나 개인적인 선호도에 따르는 것을 목표로 한다. 그렇지만 여전히 음악의 선택에 영향을 주는 근본적인 이슈는 치료제로서의 음악의 실제적인 기능에 대한 것이다. 치료에서는 정확히 무엇을 할 것이 기대되는가? 우리는 토의와 연구를 통해 주위를 에워싸는 환경적인 음악은 종종 이완과 '흥미'를 위한 배경으로 제공되고 있다고 추측할 수 있다. 이러한 음악들은 즐겁게 해 주고, 기분을 풀어 주며, 재미를 주기 위해서 제공되는 것으로 알려져 있다. 그렇다면 치료적인 목적으로 음악을 선택할 때에는 이보다 더 구체적인 필요를 만족시켜 줄 수 있어야 한다.

- 슬픔에 잠겼을 때는 위로하기 위하여
- 분노했을 때는 진정시키기 위하여
- 두려움에 빠졌을 때는 안심시키기 위하여
- 혼란과 근심에 빠졌을 때는 평온해지기 위하여

음악을 들려주는 것은 위와 같은 정서 상태에 영향을 미칠 수 있다. 또는 고요하고 평화로운 음악 감상 환경을 조성하는 것에서 그칠 수도 있다. 이 장은 음악 감상 세션에 대한 조언으로 마무리하고자 한다. 음악 감상의 영향력은 음악을 듣기 직전 기대하게 만들어 주는 침묵의 시기와 음악이 끝난 후 반영을 위한 시기를 통하여 두 배가 된다. 음악이 재생되기 직전과 직후에 제공되는 침묵은 시끄러운 현대 세상에서 잃어버린, 주위의 상황과 사물을 경험하는 방법을 되찾게 해 줄 것이다.

음악치료 수용기법 08

수용 음악치료와 예술 매체

수용 음악치료에는 클라이언트가 내면의 감정을 비언어적으로 표현할 수 있도록 음악을 창조적인 예술 매체와 함께 결합한 기법이 있다. 이 장에서는 다양한 연령대를 대상으로 하는 음악 콜라주와 음악, 그리기, 이야기를 결합한 기법(MDN)을 포함하여 음악과 예술이 결합된 기법들을 살펴보고자 한다. 각 접근방법들에는 설명과 함께 그림판들을 제시한다.

음악 콜라주

콜라주(collage)는 삽화, 사진, 색지나 옷의 조각 또는 다른 재료들(글씨나 그림을 그려 넣는 것도 포함하여)을 종이나 판지 위에 배열하여 만드는 작품을 말한다. 음악 콜라주(music collage)는 클라이언트가 음악을 들으면서 자신의 기분이나 상황을 상기시키는 것들을 그림으로 표현하는 것이다. 이 경우 음악치료사는 창조적이고 영감을 주는 분위기를 제공할 수 있도록 적절한 음악을 선택해야 한다. 일반적으로 사용되는 음악은 창의력을 촉진하고 클라이언트의 심상에서 변화를 자극하기 위하여 역동적인 변화를 포함하고 있다. 개별 세션에서든 그룹 세션에서든 음악은 치료적인 과정을 반영하기 때문에 주의 깊게 선택해야 한다.

Susan Munro는 그녀의 저서 『완화/호스피스 간호에서의 음악치료(*Music Therapy in Palliative/Hospice Care*)』(1984)에서 말기 환자와 진행하는 콜라주 기법에 대해 언급하였다. Munro는 말기 환자가 그림을 여러 장 그리는 것을 보고 음악과 예술을 함께 사용하면 잘 반응할 것이라고 판단하고 콜라주를 사용해 보기로 결정했다. 또한 환자 내면의 갈등하는 감정들을 투사하고 그것을 보다 명확하게 바라보기 위한 방법으로 콜라주를 선택했다. 그녀는 책에서 이때 다루었던 콜라주를 묘사하였는데, 임상 사례에 따르면 클라이언트의 가장 예민한 이슈는 콜라주에서 가장 작게 표현한 그림—작은 아이—과 연관이 있었다. 흥미로운 것은 Munro가 선택했던 음악이 슈베르트의 〈현악 4중주 D단조〉 '죽음과 소녀(Death and the Maiden)' 중에서 '안단테 콘 모토(Andante con moto)' 였다는 것이다. 환자가 가진 두려움은 자신이 매우 어린 나이에 부모님의 죽음을 홀로 견디어 낸 것처럼, 자신이 죽은 뒤에 엄마 없이 남겨질 열두 살짜리 딸에 대한 것이었다. 음악이 내면의 이슈를 불러일으킨 것은 우연의 일치일 수도 있고, 슈베르트가 작곡한 곡과 그에 사용된 Matthias Claudius의 시 '죽음과 소녀(Der Tod und das Mädchen)'에 감명을 받아서일 수도 있다. 이유야 어찌되었든 선택된 음악은 환자의 슬픔과 절망을 표현하는 필수 요소로 작용했다.

콜라주 기법은 많은 클라이언트에게 적절하게 사용할 수 있는데, 그중에서도 특별히 효과적인 대상은 다음과 같다.

- 노인 간호를 받는 클라이언트(322쪽의 임상 소례 참조)

- 정신질환 성인(클라이언트의 기능 수준에 따라 다름)
- 완화치료를 받는 클라이언트
- 성인 입원 환자
- 개인적인 성장을 원하는 클라이언트
- 사별을 당한 아동과 청소년(334쪽의 임상 소례 참즈)

개별 세션에서 음악 콜라주는 클라이언트가 커다란 종이 위에 스스로 콜라주를 만들어 내는 방식으로 사용될 수 있다. 그룹 세션에서는 프리즈(frieze)처럼 긴 종이(예: 3m 정도 길이의)에 콜라주를 만든 후 벽에 전시할 수 있다. 다음에서는 각각의 접근방법들과 콜라주를 만드는 데 배경음악으로 사용할 수 있는 음악에 대한 정보를 제시하고자 한다.

클라이언트 적합성

콜라주는 다음과 같은 클라이언트들에게 적합하다.

- 콜라주를 만드는 과정을 이해하며 어느 정드 자신의 의사 표현력을 가지고 그림을 선택하는 것이 가능한 클라이언트
- 집중이 가능하며 콜라주를 만드는 데에 있어 의미 있는 방식으로 그림을 나열할 수 있는 클라이언트
- 콜라주 기법을 통하여 가치와 통찰을 얻는 것이 가능한 클라이언트

콜라주는 불안 또는 충동 행동을 보이는 클라이언트나 이런 방식의 작업에 집중하는 데 제약이 따르는 클라이언트에게는 시행하기 어렵고 비효율적이다. 그러나 뒤의 치매로 진단받은 여성에 대한 임상 소례는 클라이언트가 혼동을 보이는 시기일 때에도 이 기법을 사용할 수 있다는 가능성을 시사해 준다.

재료

콜라주에는 다양한 범위의 예술 재료가 포함될 수 있다.

- 자연, 스포츠, 여행, 정원, 새, 동물, 패션 사진을 포함하고 있는 다양한 주제의 잡지와 신문들: 잡지와 신문들은 연령대별 관심사를 포함하며, 성별에 따른 흥미의 차이를 고려하여 그림을 제공하는 것이어야 한다. 개인 사진과 같이 개인적인 연관성이 있는 그림을 사용하는 것도 가능하다. 그룹 세션에서는 잡지들이 넓게 흩어져 있어야 클라이언트들이 마음에 드는 그림을 쉽게 선택할 수 있다. 클라이언트들은 음악을 듣는 동안 서너 개의 잡지를 빠른 속도로 훑어볼 수 있다. 그러므로 선택할 수 있는 잡지가 충분히 마련되어 있어야 한다.
- 가위와 풀: 콜라주에 그림들을 나열하는 데 필요하다. 가위를 잘 다루지 못하는 클라이언트가 있으면 가위로 자르는 것을 도와줄 수 있다. 어떤 클라이언트들은 잡지에서 그림을 조심스레 찢어내는 것을 좋아하기도 하고, 찢겨진 부분의 매끄럽지 않은 느낌을 좋아하기도 한다.
- 크레파스, 사인펜, 색연필 등: 클라이언트가 콜라주에 단어나 삽화를 넣고 싶을 때 사용할 수 있다.
- 큰 종이: 콜라주를 만들기 위한 종이로, 책상 위에서 콜라주를 만든다면 A3 크기가 적절할 것이다. 클라이언트가 큰 종이를 모두 사용하기를 원하지 않는다면 일부분에만 만들게 해도 되고, 종이를 반으로 접어서 사용하게 해도 된다.
- 수미터의 종이: '프리즈' 콜라주를 만들기 위한 종이로, 미술용품 판매점에서 구할 수 있다. 3m의 프리즈는 8~10명의 사람들이 함께 콜라주를 만들기에 충분한 길이다.

절 차

콜라주는 카펫이 깔린 넓은 방에서 만드는 것이 제일 좋다. 넓은 공간을 제공하고 사람들이 제각각 편안하게 넓은 공간을 차지하고 작업할 수 있기 때문이다. 그러나 클라이언트들은 앉은 채로 책상에서도 만들 수 있으며, 특히 노인요양시설에서 책상이 부착된 휠체어에 앉아서 생활하는 클라이언트들에게도 적용이 가능하다. 어린 클라이언트들은 카펫 바닥에서 진행하는 것이 가능하다.

콜라주 기법은 세 단계(stage)로 구분되며, 각 단계는 다시 여러 절차(step)로 세분된다. 1단계는 콜라주에 사용할 그림을 고르는 단계, 2단계는 콜라주를 만드는 단계, 3단계는 콜라주에 대해 토의하는 단계다.

단계 1: 콜라주 재료 선별

■ 절차 1

먼저 치료사는 클라이언트(들)에게 진행과정을 설명한다. 치료사는 다음과 같이 말할 수 있다.

> 이 시간에 우리가 음악치료에서 사용하려고 하는 방법은 배경으로 흐르는 음악을 듣고, 그에 맞는 이미지를 그림과 사진들 속에서 찾아내는 것입니다. 이제 음악을 듣기 시작할 것인데요, 자신에게 흥미를 주거나 끌리는 그림, 이미지들을 골라 보겠습니다. 원하는 그림이 나오면 잡지에서 잘라 내도 되고, 우선 페이지를 조용히 찢어 놓은 다음 나중에 세밀하게 잘라도 됩니다.

■ 절차 2

어떤 과정이 일어날지에 대해 설명하고 나면 언제 음악이 시작될지 알려주고, 처음 몇 분간은 잡지를 넘겨 보지 말고 음악을 들어야 한다고 설명한다. 그룹 세션에서는 그림을 찢어 낼 때 조용히 해야 함을 상기시켜 준다.

■ 절차 3

음악을 들려준다. 음악이 시작되면 클라이언트(들)는 자신이 선택한 잡지들에서 이미지/그림을 선택하기 시작할 것이다. 이 과정에 약 10~20분 정도가 할애될 수 있다. 이 시간 동안에 치료사의 역할은 클라이언트와 상호작용하지 않고 그 자리에 존재해 주는 것이다. 그리고 치료사는 주제들이 표출되고 있는지 보기 위하여 사람들이 어떻게 참여하고 있는지, 어떤 종류의 그림들이 선택되고 있는지를 관찰하여야 한다.

■ 절차 4

음악이 끝나면 치료사는 클라이언트가 손에 잡고 있는 잡지들을 빠르게 살펴보고, 마무리할 수 있도록 몇 분 정도의 여유를 준 다음 멈추도록 지시한다.

단계 2: 콜라주 만들기

■ 절차 1

음악이 끝나고 클라이언트들이 잡지에서 그림을 선택하는 과정도 마치게 되면 다음과 같이 두 번째 단계에 대한 설명을 제시할 수 있다.

> 이제 잡지는 옆으로 치우고 음악을 다시 한 번 듣겠습니다. 이번에 음악을 들을 때에는 선택했던 그림들을 가지고 어떤 방식이어도 좋으니 원하는 대로 나열하세요. 그림 위에 단어를 적어 놓을 수도 있고, 삽화나 모양을 그려 넣을 수도 있습니다. 음악이 끝나고 콜라주가 완성됐다고 느껴지면 콜라주에 대하여 이야기 나누어 보겠습니다.

■ 절차 2

콜라주를 만드는 동안에는 토의나 이야기 없이 진행해야 훨씬 좋은 작품이 나온다는 것을 클라이언트에게 상기시켜 주고, 콜라주 만들기 작업이 끝나면 토의를 할 수 있다고 알려 준다. 그리고 선정한 음악을 다시 들려준다.

■ 절차 3

반복하여 들려준 음악이 끝나면 클라이언트(들)가 콜라주를 완성할 수 있도록 몇 분을 더 준다. 그리고 콜라주에 제목을 붙여 볼 것을 제안한다.

단계 3: 콜라주에 대한 토의

■ 절차 1

클라이언트(들)가 콜라주에 대해 설명하는 단계다. 그들에게 어떤 이미지가 자신을 표현하고 있는지, 그리고 그 이미지들이 무엇에 대한 것인지 설명하게 한다. 치료사는 흥미롭거나 평범하지 않은 특정한 색깔이나 모양에 대해 언급할 수 있다. 치료사는 다음과 같이 개방된 중재(openended interventions)를 해야 한다.

> 이 특별한 그림에 대해 좀 더 말해 줄 수 있나요?
> 콜라주에서 표현하고 있는 것 중에서 특별히 중요한 것은 무엇인가요?
> 이 이미지들 중에 당신의 삶에서 일어난 사건을 이야기하고 있는 것이 있을까요?

각 사람들이 콜라주에 대해 이야기하기를 마치면, 치료사는 "콜라주에 대해 많은 것을 이야기해 주셔서 감사합니다."와 같이 마무리의 말을 할 수 있다.

■ 절차 2

세션을 마무리할 때가 되면 대부분의 클라이언트가 콜라주를 갖고 싶어 하지만 그렇지 않은 사람들도 간혹 있다. 클라이언트가 마음을 바꿀 것을 대비해서 치료사는 당분간 콜라주를 보관하고 있는 것이 좋다! 클라이언트가 콜라주를 간직하고(그리고 가져가고) 싶어 한다면 빠르게 콜라주를 스케치하고 콜라주에 적힌 중요한 말들을 메모해 놓는 것이 나중에 참고할 때 도움이 된다. 또는 클라이언트의 동의하에 콜라주를 디지털카메라로 촬영하는 것도 가능하다.

성인 클라이언트를 위한 음악 선정

음악 콜라주에 사용되는 음악은 클라이언트의 연령대, 음악 선호도, 혹은 치료사와 이야기한 적이 있었다면 그 이슈가 무엇인지에 따라 달라질 수 있다.

음악에는 역동적인 움직임이 있어야 한다. 변화가 거의 없고 매우 느린 이완 음악은 이미지들을 선택하는 데에 별다른 자극을 주지 못한다. 콜라주 기법에서 사용하기 좋은 음악은 ABA 형식, 소나타 형식, 또는 주제와 변주곡 형식처럼 대조되는 분위기를 포함하면서 반복되는 형식의 곡이 좋다. 지금부터는 적절한 서양 고전음악 작품 세 가지와 함께 음악을 고를 때 살펴봐야 할 사항들을 제시하려고 한다. 예로 들은 세 가지 작품은 성인을 대상으로 하는 콜라주 작업에 적합하다.

슈베르트의 〈죽음과 소녀〉 중 안단테 악장은 매우 느리게 시작하지만 움직임을 자극하는 반복적인 리듬 주제가 바탕을 이루고 있다. 이 악장은 중반부에 가서 역동적으로 큰 폭의 변화를 나타내며 강도를 키워 나간다. 중반부를 지나는 동안 클라이언트는 훑어보고 있던 잡지에서 이미지들이 튀어나오는 것처럼 느껴질 수 있다. 그러고 나면 음악이 첫 번째 주제 부분(A)을 반복한다. 이 부분은 보다 조용한 분위기를 자아내기는 하지만 중반부의 강도를 가로지르는 듯한 이 과정이 클라이언트로 하여금 경험을 통합하는 시간을 갖게 한다.

Pierne의 〈하프와 오케스트라를 위한 협주곡(Concertstücke for Harp and Orchestra)〉은 Helen Bonny가 개발한 GIM의 상호관계치료(GIM Relationship) 프로그램에서 사용되는 곡이다. 대략 14~16분 정도의 길이(연주자나 녹음의 종류에 따라 차이가 있지만)로 되어 있다. 협주곡은 각각 두 거의 주제를 가지고 있는 세 부분으로 이루어져 있으며, 낭만파 스타일로서 정서를 자극하는 곡이다. 이 작품에서도 변주는 등장한다. 협주곡의 절정에서는 매우 조용하고 가냘픈 분위기였던 하프의 카덴차(cadenza)와 대비를 이룬다. 이 작품의 중반부에서는 점음표와 현악기의 피치카토가 어우러져 장난스러운 부분도 등장한다(Grocke, 2002). 작품은 전반적으로 음악적인 다양성과 흥미를 가지고 있어서 상상력을 자극한다. 이 음악에 맞추어 만들어진 콜라주들은 대개 자연의 풍경 혹은 동작의 이미지(춤을 추는 사람, 날고 있는 새 등)를 갖고 있다.

Vaughan-Williams의 음악도 콜라주에 적합한 이미지들을 자극하기에 효과적이다. 그의 음악은 인상주의 스타일을 갖추고 있지만, 많은 작품이 영국 민요와 민속춤을 바탕으로 만들어졌다. 민요는 대부분 단순한 구조를 가지는데(ABA 형식), 보통 첫 번째 부분이 반복하여 제시되고 그 사이의 중반부는 대조적인 분위기를 형성하기 때문에 콜라주에 활용하기 좋다. 〈노포크 광시곡(Norfolk Rhapsody)〉은 세 부분으로 이루어져 있다. 첫 번째 부분은 인상주의적(impressionistic)이며 잊을 수 없는 선율(haunting melody)로 시작된다. 그러나 중반부는 밝고 마치 뱃사람의 춤과 같은데, 이 부분은 도입부의 조용한 부분이 한 번 반복된 후에 나타난다. 작품에서 나타나는 이러한 대비는 콜라주와 같은 표현적인 창조과정에 적합하다. 콜라주에 유용하게 쓰일 수 있는 다른 작품들은 다음과 같다.

- Debussy, 〈Prelude to the Afternoon of a Faun〉, 10:00
- D'Indy, 〈Symphony on a French Mountain Air〉, 1악장, 11:52
- Grieg, 〈Peer Gynt Suite〉, 'Morning' 과 'Anitra' s dance' , 9:00
- Handel, 〈Concerto for Lute and Harp〉, 1악장, 12:00
- Humperdink, 〈Hansel and Gretel〉, 'Overture' , 8:42
- Rachmaninoff, 〈Piano Concerto no. 2〉, 1악장, 11:00
- Rimsky-Korsakoff, 〈Scherehrezade no. 2〉, 'The young prince and princess' , 9:36
- Vaughan-Williams, 〈In the Fen Country〉, 17:38
- Vaughan-Williams, 〈The Lark Ascending〉, 14:42
- Vaughan-Williams, 〈Norfolk Rhapsody〉, 11:46

〈스타워즈〉를 비롯하여 John Williams가 작곡한 영화음악들, Benny Goodman, Glenn Miller, Jaques Louissier와 같은 (바흐의 음악을 재즈 스타일로 재구성한) 재즈 빅밴드의 음악도 특히 노인 클라이언트 대상의 콜라주 작업에 적합하다.

개별 음악 콜라주

초점 찾기

콜라주를 시작하기 전에 사전 토의를 통해 세션의 초점을 찾는 과정이 필요하다. 이것은 클라이언트의 마음속에서 당시에 가장 중요한 것을 포함하는 것일 수도 있고, 진행되고 있는 치료과정 중에 포함된 주제일 수도 있다. 입원 환자들은 종종 집을 그리워하기에 이것이 콜라주의 공통된 주제가 되기도 한다. 스트레스나 통증을 갖고 있는 클라이언트들은 종종 (그로부터 벗어날 수 있는) 여행의 그림이나 이미지를 선택한다. 클라이언트가 음악에 동화되면 흐르는 물, 춤추는 사람, 날고 있는 새와 같은 움직임의 이미지들이 공통적으로 나타난다.

콜라주 작업을 개인적으로 진행하는 것은 치료사가 클라이언트와 (나란히 또는 반대편에) 필연적으로 가깝게 앉아 있어야 함을 의미한다. 클라이언트는 자신이 매료되었던 그림에 대해 치료사에게 이야기하고 싶어 할 수도 있다. 그런데 이는 음악으로부터 주의를 분산시키므로 이러한 대화는 최소한으로 줄이려고 노력해야 한다. 병원에서 클라이언트와 세션을 진행할 때는 그림을 나열하고 풀로 붙이는 과정을 치료사가 도와주어야 할 수도 있는데, 이때도 대화는 최소한으로 줄여서 클라이언트에게 음악이 가장 기본적인 지지 자극이 되도록 한다.

노인요양시설에 거주하는 클라이언트와 콜라주를 만들 때에는 대답을 요구하는 질문이나 말로 인하여 치료사가 대화에 이끌릴 수 있다. 자연을 담은 그림들은 "오, 너무 멋있지 않나요."와 같은 클라이언트의 반응을 일으킬 수 있고, 치료사는 그에 대한 반응으로 "네." 또는 '멋지네요."라고 말할 수 있을 것이다. 그러나 음악을 듣는 데에만 집중할 수 있도록 긴 대화로 들어가는 것은 삼가도록 해야 한다.

임상 소례 **치매에 걸린 노부인**

스미스 여사는 노인요양시설에 거주하는 치매 환자다. 그녀는 음악을 사랑하여 음악치료사(Denise Grocke)가 그녀의 방문 앞에 나타나면 즉시 매우 리듬적인 패턴으로 손뼉을 치면서 노래 부르기 활동에 대한 기대를 표현했다. 스미스 여사는 정원 가꾸기에 열정적이었으며 그녀의 집에 대한 자부심이 컸다. 그녀는 집을 그리워했고, 가끔 남편이 집으로 데려가면 '변화' 되었으며, 행복에 겨워 미소를 짓거나 큰 소리로 웃곤 했다. 그리고 다시 요양시설로 돌아오면 기쁨을 잃었다.

스미스 여사가 모든 종류의 음악을 좋아했기 때문에 음악치료사는 종종 음악 콜라주 기법을 사용하였다. 그녀를 편안한 의자에 앉히고는 함께 잡지를 넘겨보곤 했다. 그녀가 특히 꽃과 집 그림들에 끌려 했으므로 치료사는 이런 이미지가 많이 실려 있는 잡지들을 선택했다. 스미스 여사는 이 그림들을 보면서 잠시 멈추곤 했고, 치료사는 특별히 마음에 드는 것이 있는지 물었다. 그리고 음악치료사는 그녀가 마음에 들어 하는 그림을 조심스럽게 찢어 냈다. 이때 선택한 음악들은 1930년대부터 1940년대까지의 노래로서 배경음악으로 조용히 흘러나왔다. 함께 여섯 개 정도의 이미지를 골랐을 때 그녀에게 종이 위에 그 이미지들을 나열해 보도록 제안했다. 신기하게도 그녀는 그렇게 하는 일에 자부심을 가졌다. 그런 다음 치료사는 그 이미지들을 종이에 붙였다. 그러고 나서 그 콜라주는 그녀의 침대 옆에 놓였다. 그녀가 아침에 제일 처음 보게 되는 것이 꽃들과 오래된 집의 이미지였다. 간호사의 말에 의하면 스미스 여사는 자신의 콜라주를 바라보는 것을 즐거워했다. ([그림판 8-1]에 스미스 여사의 콜라주를 재현하여 제시한다. 컬러 그림판을 보려면

[그림판 8-1] 노인요양시설에 거주하는 여성이 만든 콜라주 복사본

웹사이트[www.jkp.com/catalog/book.php/resources/ 9781843_04131]를 방문하라.)

스미스 여사와 작업하면서 음악치료사는 가끔 음악이 정말 필요한지에 대해 의문을 가진 적도 있었다. 몇 번은 (CD 플레이어가 작동하지 않아서) 음악 없이 콜라주 기법을 시도할 때가 있었다. 그럴 때마다 그녀는 주의가 산만해졌고, 잡지를 보는 데 집중할 수 없었으며, 고개를 돌려 외면하거나 앞뒤가 맞지 않는 달을 중얼거렸다. 그러므로 그녀에게 음악은 구조와 견제 역할을 하는 필수 요소였으며, 배경으로 흐르는 음악은 그녀로 하여금 집중하고 참여할 수 있도록 만들어 주었다.

임상 소례 **음악 콜라주에서의 금기 사항**

존스 여사는 스미스 여사와 같은 요양시설에 거주하고 있었다. 그녀 역시 치매로 진단받았고, 음악을 사랑해서 친숙한 노래들을 부르며 음악치료사(Denise Grocke)와 강한 눈맞춤을 하곤 했다. 치료사는 콜라주가 존스 여사에게 도움이 되고 치료적인 수단이 될 것이라고 생각했다. 그러나 결과적으로 그녀에게는 콜라주를 확실히 금해야 한다는 것이 밝혀졌다. 혼동 상태였던 존스 여사는 잡지를 들고 조각조각 찢기 시작했다. 그녀는 어떠한 이미지에도 이끌리지 않았으며, 콜라주 활동은 그녀의 혼동 상태를 더욱 가중시킬 뿐이었다. 그러므로 콜라주는 혼동 상태를 보이는 사람들한테는 항상 적합한 것은 아니며, 각 사람들에게는 이 기법이 도움이 될지 아닐지에 대하여 사정하는 과정이 필요하다. 존스 여사에게는 좋아하는 노래를 부르는 것이 음악치료 중재에서 사용할 수 있는 최고의 방법이었다.

그룹 음악 콜라주

그룹 음악 콜라주가 개별 음악 콜라주와 다른 점은 그룹에서의 진행과정이 치료적인 영향에 기여한다는 것이다. 그룹 구성원들은 다음의 조건을 만족해야 한다.

- 한 시간 동안 집중할 수 있다.
- 자신의 경험에 대하여 이야기할 수 있다.
- 콜라주 기법을 통해 통찰력을 얻는 것이 가능하다.
- 그룹치료 행동의 기본적인 규칙들(예: 순서 지키기, 타인의 말 정중하게 듣기, 다른 사람들이 콜라주 만드는 것 방해하지 않기 등)을 안다.

그룹의 초점 찾기

그룹에게 가장 적절한 음악을 선택하기 위해서는 진행 당시에 각 사람들이 관심을 갖고 있는 것이 무엇인지, 그리고 어떤 기분 상태가 만연해 있는지에 대해 알고 있는 것이 도움이 된다.

'폐쇄' 그룹(특정한 치료 이슈를 가지고 형성된 그룹으로 새로운 구성원들에게 '개방'되지 않음)인 경우, 일상적으로 일어나는 일들 중에서 초점을 찾으면 된다. 그것은 그룹이 당시에 함께 치료받고 있는 것들과 연관된 것(예: 신뢰, 관계, 문제해결 능력, 통증 등)일 수 있다.

음악 선정

음악 선정은 그룹의 연령과 음악 선호도에 따라 달라진다. 예를 들어, 청소년들은 앞서 언급했던 고전음악들보다는 (합성된 음향을 사용하는) 뉴에이지 음악과 대중음악에 더 연관되어 있다. 그렇더라도 음악은 역동적인 변화와 대비를 갖고 있어야 한다(예: 느림-빠름-느림 또는 빠름-느림-빠름의 진행). 음악의 길이는 약 10분 정도로 하며, 어떤 음악이 적합한지에 대해 그룹 구성원들이 함께 토의하는 것이 적절하다.

2005년에 멜버른 대학교에서 음악치료 수업을 들은 학생들은 그룹 음악 콜라주의 예시로 자신들이 만든 콜라주를 이 책에 제시하는 것에 동의했다. 학생들은 실험적으로 진행했던 음악치료 수용기법 수업에 참여하였다. 그들은 치료 그룹이 아니었으며, 학생들의 경험에 초점이 맞추어져 있었으나 각

학생들과 관련 있는 치료적 이슈들은 다루지 않았다. 학생들 자신의 예술작품(콜라주)을 친구들과 공유하도록 하는 실험적인 세션이었다. 그들은 콜라주에 대한 글을 썼고, 여기에 제시된 콜라주들은 허락하에 게재되었다.

이 세션에서 사용한 음악은 Vaughan-Williams의 〈노포크 광시곡〉이었다. 이 작품은 서로 다른 분위기를 묘사하고 있는 세 부분(조용함-밝음-조용함)으로 되어 있다(더 자세한 설명은 319쪽 참조). [그림판 8-2]에서 [그림판 8-5]까지의 콜라주에서는 몇 가지 두드러지는 특징들이 있다. 콜라주 1([그림판 8-2])의 제목은 '삶의 아름다움에 대한 고찰' 이다. (이 장에서 제시된 다른 콜라주들과 마찬가지로 컬러 그림판을 보려면 웹사이트[www.jkp.com/catalogue/book.php/resources/9781843104131]를 방문하라.) 이 콜라주를 만든 학생은 다음과 같이 기술했다.

> 콜라주는 저의 감정을 반영하고 터뜨릴 수 있는 공간을 제공해 주었습니다. 저의 내면에는 자신과 다투면서 이리저리 분산되는 생각들이 많았습니다. 자아정체성의 이슈와 분투를 벌이고 있는 내 견에서는 참자아(true self)와 이상자아(ideal self) 사이에 갈등이 있었습니다. 사람들 사이에 들어갈 공간을 찾기도 어려웠습니다. 저는 저 자신을 이해할 필요가 있었습니다. 어려움과 직면했을 때는 연인의 품으로 달려가 숨으려 했습니다. 이상주의, 야심과는 달리 현실의 자신감 없고 불충분한 제 모습을 두고 참 많은 갈등이 있었습니다. 제가 생각했던 삶의 목적이 충족되지 않은 것 역시 두려움으로 다가왔습니다.
>
> 그러던 중 흘러나오는 음악이 생각의 방향을 바꾸어 주었습니다. 아마도 제 삶에 주어진 축복을 상기시켜 긍정적으로 생각할 수 있게 한 것 같습니다. 제가 작은 것에 집착해 왔다는 것도 깨달았습니다. 그리고 제게 주어진 장점들을 헤아려 보기 시작했습니다. 마음의 평화를 찾을 수 있었으며, 회복할 수 있는 휴식을 찾았습니다.

이 학생은 콜라주를 만든 후 자발적으로 시를 지었는데, 이것은 자신의 감정을 보다 예술적으로 표현하는 방법이 되었다. 학생의 시 역시 허락하에 제시한다.

삶의 아름다움에 대한 고찰

잠에서 깨어나
거울에 비친 나를 바라봅니다.
아름다움은 찾아볼 수 없고…… 벌거벗었으며……… 아무것도 걸치지 않았습니다!
그래서 나는 옷을 입고,
때로는 다른 모자를 써 보기도 합니다.
그러고 나면 의문이 들어요…….
이대로 숨어 버리거나 아니면 그저 하루를 즐겨 버리면 어떨까라고요.

나의 도피처인 연인의 품이 그립습니다.
두려움 없이 숨을 수 있는 곳이 어디에 있을까요?
시간은 그저 째깍거리며 가고 있는데,
그러면 또다시 의문이 들어요. 나의 시간과 삶을 잃어버린다면……
그리고 내가 해야 할 일을 하지 않는다면 어떨까라고요.
가끔은 자유를 동경합니다.
단지 좀 더 높은 곳으로 날아가 버리고 싶어요…….
그러면 삶이 변화되는 순간을 경험할 수 있기를 원하죠.
어쩌면 내 앞에 놓인 삶 때문에 나타나는
단순한 과잉반응일지도 몰라요,
사랑받고 있는 삶에서 신뢰를 잃을 필요는 없잖아요.

그럼요, 내가 찾는 것은 죽음이 아니에요.
사랑하는 사람들과의 조화로운 화음을 내어
삶이라는 교향곡을 연주하고 싶은 거예요.

그러면 앞을 보기 위해 눈을 떠야겠지요…….
쉼…… 쉼…… 그리고 삶에서의 평안이 바로 쉴 곳임을.

[그림판 8-2] '삶의 아름다움에 대한 고찰' 콜라주

콜라주 2([그림판 8-3])의 제목은 '여행'이다. 이 콜라주를 만든 학생은 다음과 같은 설명을 덧붙였다.

익숙하지 않은 음악이었지만 너무 아름다웠습니다. 그래서 바라보기에 가장 감동적인 두 가지 이미지인 하늘과 바다가 바로 떠올랐습니다. 음악은 오르락내리락하면서 흐름이 있는 것처럼 보였고, 때로는 보다 강하게 솟아오르는 것 같았습니다. 그러다가 어느 시점에서는 다시 흘러가듯 떠다

[그림판 8-3] '여행' 콜라주

냈습니다. 흐르는 물과 자연, 하늘의 이미지들이 떠올랐습니다.

저는 적당한 그림을 찾을 거란 사실에 회의적이었음에도 잡지를 뒤적이는 데에 매우 집중했던 것을 기억합니다. 그리고 물, 하늘, 물에 비친 하늘, 무성한 자연, 비, 일몰, 날아오르는 독수리, 아름다운 자연 속에서 기뻐하고 있는 사람들의 모습까지 발견하였습니다. 저는 그 이미지들이 음악에 어울리도록 부드럽고 유연해야 한다고 느껴서, 사진들의 모서리를 잘라내어 뾰족한 부분을 없앴습니다. 그런 다음 사진을 배열했는데, 물의 이미지를 맨 아래 한가운데에 중심이 되게 놓고, 그 위에는 수면을 향해 수영하고 있는 사람, 밝은 꽃들과 무성한 숲의 이미지를 나열하고, 맨 위에는 하늘의 이미지들을 배치했습니다. 마치 깊은 곳에서 높은 곳으로 향하는 여행 같았습니다. 그래서 이 콜라주의 제목이 '여행' 입니다. 아마도 이 '여행' 은 마음을 설레게 하는 목적지를 찾아 새로운 길로 떠난다는 점에서 새로운 직업을 찾아 떠나는 저의 여행과 유사합니다.

여러 그림을 겹쳐서 만든 콜라주 3([그림판 8-4])의 제목은 '먹이를 찾아 배

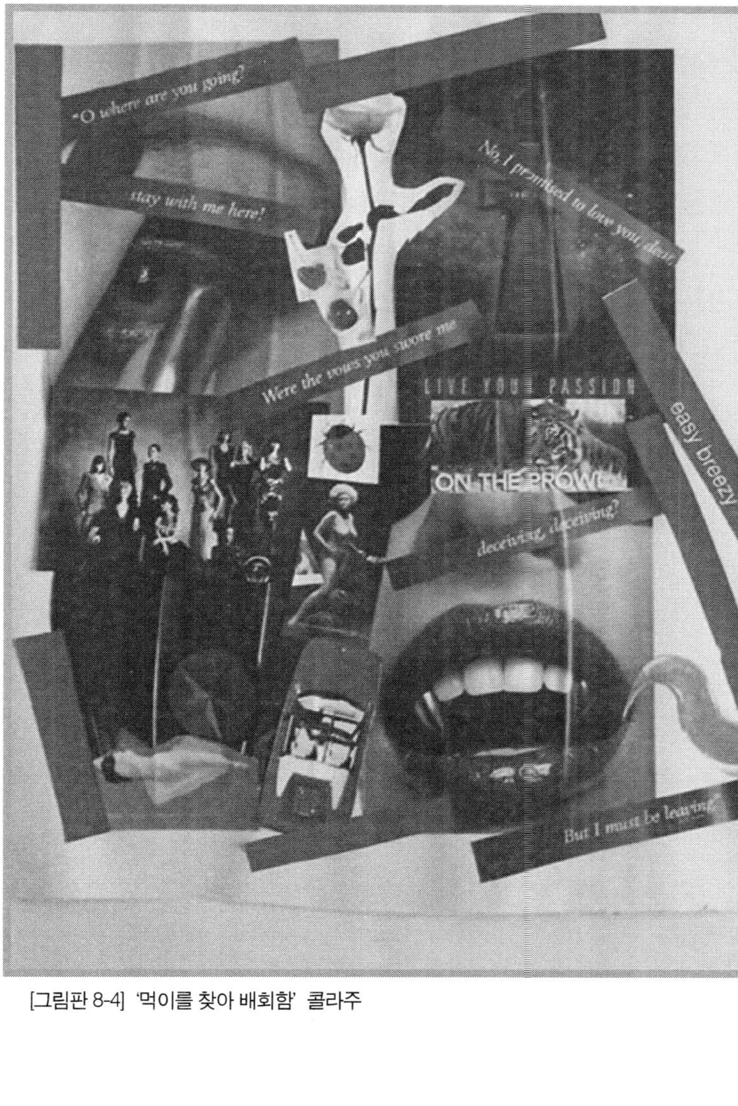

[그림판 8-4] '먹이를 찾아 배회함' 콜라주

회함' 이다. 이 작품을 만든 학생의 설명은 다음과 같다.

> 콜라주를 만드는 동안 저는 그다지 많은 생각을 하지 않았습니다. 그저 음악을 듣고 눈에 띄는 그림들을 골랐습니다. 그리고 콜라주를 완성하고 나서야 당시에 제가 있던 곳과 제가 어떻게 느끼고 있었는지에 대하여 그림들이 정확하게 표현하고 있다고 생각했습니다. 예술적인 작품으로서, 저는 제가 만든 작품이 정말 마음에 듭니다.

'빨간 옷의 여인' 이라는 제목의 콜라주 4([그림판 8-5])에는 그림들이 각각 떨어져 있고, 가운데에 있는 선명한 빨간색 옷을 입은 여인의 이미지만 제외하고는 모든 그림이 검정색으로 표현되었다. 콜라주에 대한 학생의 설명은 다음과 같다.

> 저는 콜라주를 만드는 동안 흘렀던 음악에 대해서는 많이 기억하지 못하지만 콜라주를 만들기 위해 집중했던 것은 기억합니다. 바깥 부분은 방

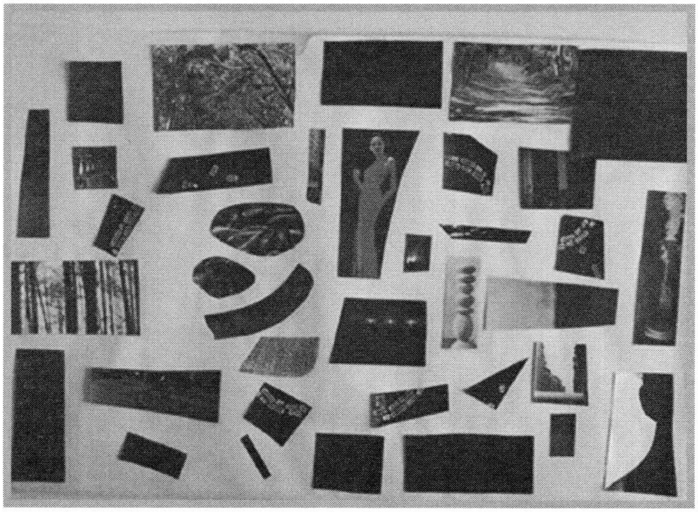

[그림판 8-5] '빨간 옷의 여인' 콜라주

어를 표현하기 위한 차가운 느낌의 검정과 흰색의 이미지를 따뜻한 음식 이미지와 함께 사용하였고, 안쪽 부분은 불의 이미지로서 매력적이고 아름다운 여인을 중심에 배치했습니다. 저는 이것이 좋든 싫든 표면 아래에 숨어서 꽤 지배적인 영향력을 미치고 있는 내면의 기초적인 동물적 욕구/충동을 표현했다고 생각합니다.

그룹 '프리즈' 콜라주

그룹 콜라주의 또 다른 형태는 프리즈나 벽화 같은 커다란 콜라주를 만드는 것이다. 하나의 커다란 콜라주를 만들기 위해서는 서로 협력하여 공동 작업을 하는 과정이 필요하다. 종이의 길이는 3m 정도 되어야 하지만, 방이나 책상(들)의 크기에 적절하게 맞는다면 크기는 상관이 없다. 방법은 그룹 콜라주를 만드는 방법과 비슷하다. 다양한 잡지와 신문들이 함께 제공되고, 방 안에서 종이를 펼쳐 놓기에 충분한 공간이 제공되며, 특히 카펫이 깔린 바닥이 좋다.

초점 찾기

그룹 프리즈 콜라주에서는 초점을 결정하는 것이 중요하다. 제일 효과적인 초점은 대비를 이루는 것들(예: 시작과 끝, 전진과 정체)이다. 초점은 그룹 내에서 토의를 통하여 도출하는데, 치료사는 다음과 같이 말함으로써 이 과정을 촉진할 수 있다.

> 다 같이 만들어 보고 싶은 것이 있나요?
> 지금 여러분의 마음속에 가장 중요한 것은 무엇입니까?

각 사람들이 초점으로 잡을 것에 대하여 제안하면, 치료사는 그 생각들을 수용하면서 그룹 구성원들이 말하는 것들 속에 주제가 나오고 있는지의 여부를 감지할 수 있어야 한다. 그런 다음 치료사는 다음과 같이 제안할 수 있다. "여러분 중 누군가가 X에 대해 초점을 맞추기를 원하는 것처럼 들려요. 다른 사람들은 Y에 초점을 맞추고 싶어 하고요. 아마도 우리는 두 가지 주제(혹은 서너 가지 주제)를 함께 수용할 수 있을 것 같아요. 이 커다란 콜라주에서 각각의 주제가 차지할 구역을 나누어 볼까요?"

그룹은 콜라주를 함께 '공유' 한다는 것에 동의해야 한다. 예를 들어, 다른 그림이 붙어 있는데 그 위에 자신의 그림을 겹쳐서 붙이기를 원하는 사람이 있다면 어떻게 할 것인가? 이것은 단순한 문제처럼 들릴지 모르겠지만 어떤 사람들에게는 협상이 필요한 문제가 될 수 있다. 그리고 치료적인 이슈가 될 수도 있기 때문에 콜라주를 만들기 전 혹은 만드는 중이나 만들고 난 후에라도 이런 일이 발생한다면 어떻게 할 것인지에 대하여 토의해 볼 수 있다.

절 차

그룹 프리즈 콜라주를 만드는 절차는 315~318쪽에 개괄적으로 설명한 단계 1~3(처음 8개의 절차)과 동일한데, 그룹 구성원들이 각자 위치한 구역에서 음악을 들으면서 음악을 반영한다고 여겨지는 그림들을 잡지에서 골라낸다. 그리고 음악이 끝나면 선택한 그림들을 콜라주에 배열하기 시작하는데, 이때 음악을 두 번째로 들려준다. 음악이 끝나면 작업을 마무리할 수 있도록 시간을 준다. 이 과정에서는 다소 시간이 소요될 수 있다.

진 행

그룹 구성원들에게 자신들이 맡은 콜라주 부분에 대한 설명과 함께 여러 사람과 콜라주를 만들면서 경험한 것에 대해 이야기해 달라고 요청한다. 진행의 마무리 단계에서는 커다란 콜라주를 어떻게 처리할 것인지 결정해야 한다. 보통 병원에서 같이 생활하는 그룹인 경우는 콜라주를 병원의 벽에 붙이기도 한다. 일회성으로 모인 그룹인 경우 는 한 사람이 콜라주를 가지거나 혹은 각자가 맡은 부분을 나누어 가질 수도 있다.

한 번은 콜라주를 없애기로 결정한 그룹도 있었다. 이것은 콜라주를 마무리 지을 때 흔치 않은 방법이다. 그러나 당시의 그룹 진행이 매우 힘들었기 때문에 사람들은 마무리한 후 그룹을 떠나고 싶어 했다. 그래서 콜라주를 없애 버리는 것은 곧 그룹 과정을 끝내고자 하는 그들의 감정을 반영하는 것이었다.

사별을 경험한 아동을 위한 음악치료와 콜라주

Melina Roberts는 사별을 경험한 아동들을 위해서 가정방문 음악치료를 제공하는 베들레헴 병원(Bethleham Hospital)의 캘버리 건강센터(Calvary Health Care)의 음악치료사다. Melina는 음악과 예술 활동을 활용하는 프로그램에 대해서 다음과 같이 설명한다.

프로그램에 대한 서술

진행된 세션들의 초점은 음악치료 활동에 맞춰져 있기는 했지만, 음악과 함께 진행한 여러 예술 활동들이 애도과정(grieving process)에 도움이 되는 듯했다. 때로는 세션 중에 아이들이 음악치료 활동으로부터 휴식을 필요로 하는 듯 보였기에, 음악치료에서 예술 활동으로 전환했다가 다시 음악으로 돌아오는 것은 더할 나위 없이 자연스럽고 보완적인 진행이었다.

음악과 함께 진행하는 예술 활동은 비언어적 표현, 반영, 토의, 회상을 위한 치료적인 공간을 제공하기 위해 사용되곤 했으나, 음악치료 목적으로부터 동떨어지지는 않았다. 음악치료 활동이 끝나고 아이들이 예술 활동에 집중하기 시작할 무렵이 되면 깊은 슬픔에 대한 이슈와 생각, 기억과 감정에 대한 토의가 자유롭게 시작되는 것을 자주 목격할 수 있었다.

임상 소례 감정 표출을 위한 즉흥

여섯 살의 '엘리너'는 할아버지의 죽음으로 인한 혼란과 슬픔을 경험하고 있었다. 집에서 음악치료 세션이 진행되는 동안, 음악치료사는 엘리너에게 몸에서 느껴지는 감정들을 설명하도록 요청했다. 아이는 그 감정들을 힘들고 졸린 것이라고 표현했다. 그런 다음 엘리너에게 다양한 타악기들을 살펴보고 하나씩 연주해 보고는 '슬픔'이라는 감정과 잘 맞는 악기를 고르게 했다. 엘리너는 조심스럽게 다섯 개의 악기를 골라서 한쪽으로 모아 놓았다. 음악치료사가 슬픈 것은 어떤 소리를 내는지 묻자, 엘리너는 자신이 슬플 때 조용함을 느끼는 것처럼 슬픈 것은 느리고 조용할 것이라고 대답했다. 그런 다음 엘리너는 음악치료사가 연주할 악기를 몇 개 선택하고 자신이 연주할 악기는 남겨 놓았다. 음악치료사는 슬픔과 어울리는 음악을 만들어 보자고 제안했고, 치료사와 엘리너는 엘리너의 제안대로 조용하고 느리게 연주하면서 슬픈 소리를 자유롭게 즉흥연주 하기 시작했다. 즉흥연주가 마무리되자, 엘리너는 음악이 슬픈 소리를 냈다고 말하고는 이제는 다른 것을 하고 싶다고 했다. 음악치료사는 슬픔이 어떤 소리를 내는지 '들었으니', 아마도 슬픔이 어떤 모습을 하고 있을지 그림으로 그릴 수도 있을 거라고 말했다. 엘리너는 미소를 짓고 자신의 방으로 가서 연필과 사인펜을 가지고 와서는 그림 그리기 활동을 시작했다. 엘리너는 그림을 그리는 동안 디즈니 음악을 배경으로 듣고 싶어 했으며, 그릴 때 사용할 재료에 대해 꽤 까다로웠다. 예를 들어, 크레용은 '부드러워서 슬픔'을 그리는 데에 사용하기 좋지만, 연필은 '너무 사각거린다'고 했다. 엘리너는 은은한 분홍색과 복숭아색의 파스텔을 조심스럽게 선택하였다. '슬픔' 그리기는 풍경화처럼 긴 곡선으로 표현되었다.

임상 소례 가계도 만들기

'트리샤' 역시 여섯 살로, 양아버지가 죽고 나서 음악치료에 의뢰되었다. 트리샤의 가족 구성은 이복형제자매, 양조부모 등 꽤 복잡했고, 트리샤는 가족 구성원들이 어떻게 연관되어 있는지 확실히 알지 못했다. 트리샤는 여섯 살임에도 대중음악들을 좋아했고, 〈펩시 히트곡(Pepsi Hits)〉 앨범과 〈라이온 킹〉 CD를 듣는 것을 좋아했다. 그리고 음악치료 세션에서 듣기 원하는 음악을 항상 직접 선택했다.

트리샤가 그린 가계도의 사본은 [그림판 8-6]과 같다. 가계도가 복잡해서 완성하는 데까지 다섯 세션이 소요되었다. 첫 번째 세션에서는 가장 가까운 가족 구성원들을 확인했으며, 그 외의 가족들을 명확하게 구분하는 것은 트리샤의 엄마가 도와주었다. 트리샤의 외할아버지는 돌아가셨고, 양아버지의 어머니인 친할머니도 돌아가셨다. 여섯 살짜리 아이에게는 가족 구성이 혼란스러울 수밖에 없는데, 재혼으로 맺어진 가족인 경우는 더욱 그렇다. 트리샤는 가계도 중에 일부 가족들의 경우 사진을 찾아서 붙였고, 사진이 없는 일부 가족들의 경우는 각 사람을 나타내는 그림을 그려 넣었다. 가계도의 최종 수정본에서는 크레용으로 잎사귀 안을 색칠했다. 아이는 마치 관계가 점점 가까워지는 것을 의미하는 듯 가계도 그림을 손으로 따라 그리는 것을 좋아했다.

다른 아이들과 가계도를 그릴 때에는 납작하게 누른 꽃잎이나 스티커 또는 종이를 뭉쳐서 가계도 위에 붙이기도 했다. 많은 아이들은 이름에 선을 긋는 것으로 그 사람이 죽었다는 것을 표현했다.

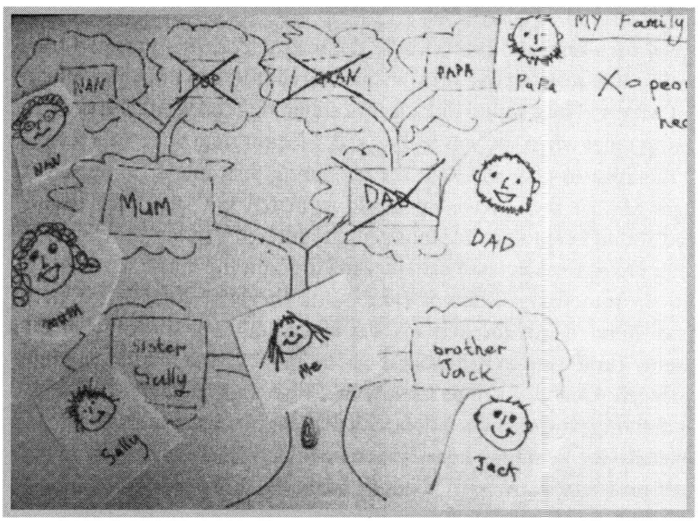

[그림판 8-6] 트리샤의 가계도

이 외에도 사별을 경험한 아동에게 활용할 수 있는 음악과 예술 활동은 다음과 같다.

- 가족 구성원들이 제일 좋아하는 음악을 듣거나 고인을 위한 노래 만들기
- 가족과의 특별한 추억(예: 소풍, 휴가 기억)에 대한 그림 그리기
- 자기 모습 그리기. 이것은 아동이 자신을 어떻게 인식하고 있는지를 볼 수 있게 해 주는 활동이다.
- 사색적인/분위기를 반영하는 배경음악이 흐르는 동안 장례식 그림 그리기, 또는 장례식에 적합할 것 같은 노래를 만들거나 즉흥연주 하기. 한 예로 너무 어려서 아버지의 장례식에 참석하지 못한 아동이 있었는데, 그 아동은 장례식에서 어떤 일이 일어나는지 알고 싶어 했다. 그래서 음악치료 세션에서는 장례식에 적합할 것 같은 음악을 아동이 선택하고, 아동이 생각하는 장례식의 모습을 그림으로 그렸다.
- 고인을 위하여 '천국에 있는 사람들' 그리고 '천국의 음악' 만들기

음악 선정

수용 음악치료 세션을 진행하기 위해서는 아동이 원하는 음악을 선정해야 한다. 아동들이 선정한 음악들 중에는 다음과 같은 곡이 있다.

- Saint-Saens, 〈Carnival of the Animals〉
- Prokofiev, 〈Peter and Wolf〉
- 디즈니 영화(〈신데렐라〉 〈백설공주〉 등) 음악들은 길이가 길면서도 느리고 부드럽고 아름다운 선율을 갖고 있다.

음악, 그리기, 이야기를 결합한 기법

음악, 그리기, 이야기를 결합한 기법(music, drawing and narrative: MDN)은 뉴질랜드에서 자격을 갖춘 BMGIM 치료사 Joanna Booth에 의해 창안된 기법이다. MDN 기법에서는 이야기를 만들기 위하여 세 가지 예술 매체(음악, 그리기, 이야기)가 결합된다. MDN은 "BMGIM을 확장하여 적용할 수 있고, 이전에 가능했던 것보다 더 융통성을 갖고자 하는 욕구를 해결해 준다." (Booth, 2002, p. 44). MDN는 개별치료 과정에서 활용되며, 클라이언트가 자가치료(self-therapy)로 사용할 수도 있다.

MDN는 의자에 비스듬하게 누워서 진행하기를 원치 않는 클라이언트, 이미 이미지들로 과중한 부담을 받아 상처받기 쉽거나 몸이 안 좋거나 매우 지친 클라이언트, 그리고 전반적인 BMGIM 세션의 적용이 알맞지 않은 클라이언트들에게 적합하다. 이 기법은 그룹 상황에서도 효과적으로 적용할 수 있다. 클라이언트의 역할은 음악을 듣고, 그림을 그리고, 이야기를 쓰는 것이다. 그래서 MDN은 클라이언트가 약 한 시간 정도 집중할 수 있고 그림이나 이야기 매체 안에 자신을 표현할 수 있을 때 적용 가능하다.

MDN은 음악을 듣고 난 후에 음악이 상기시키는 이미지를 그림 그리기와 이야기 만들기 과정을 통하여 형상화하는 방법이다.

재 료

클라이언트는 오일 파스텔, 단단한 판(널빤지 같은)이 붙어 있는 A3 크기의 무늬 없는 종이, 글씨를 쓸 용도의 펜을 사용하게 된다.

그룹 세션을 위한 절차

클라이언트들에게 탐색하기 원하는 주제나 초점을 각자의 경험에 비추어 생각해 보라고 요청한다. 클라이언트들에게 바닥이든 책상이든 편안한 곳에 자신만의 자리를 잡도록 요청한다(그룹의 다른 사람들로부터 멀리 떨어져도 괜찮고 가까이 있어도 괜찮다.). 주제 선정(어느 정도 선택을 허용하는)과 이완기법을 포함하여 간략한 유도과정을 가진 후 적절한 음악 프로그램으로 이어지도록 한다. 클라이언트들에게는 음악에 자신을 맡기고 종이 위에 색을 칠하게 한다. 음악이 그들을 움직이게 하여 색깔을 선택하게 하는 것이다. 각 프로그램의 첫 번째 음악은 종이 위에 색깔의 움직임을 부추길 수 있도록 구성된/선택된 음악이다. 음악이 끝나고 나면 클라이언트들이 자신의 그림을 마무리할 수 있도록 필요한 만큼 시간을 허락한다. 많든 적든 원하는 만큼 그려도 된다는 것을 이해시켜 주고, 반드시 예술적인 작품을 만들어야 한다고 느끼지 않아도 됨을 확인시켜 주어야 한다. (설령 예술적인 작품을 만들어 냈다 해도) 이것은 클라이언트 각자를 위하여 좋은 일이다.

이제 두 번째로 음악을 들려준다. 이번에는 클라이언트들이 마음에 떠오르는 순서대로 그림에 대한 이야기를 적는다. 두 번째 음악 청취는 회상을 가능하게 하며, 클라이언트가 자신만의 순서대로 진행하면서 탐색 가능한 새로운 장면 또는 방안을 제시하여 그리기 경험을 확장시킬 것이다. 클라이언트들이 원한다면 새로운 통찰의 결과로 그림에 세부적인 것을 추가할 수 있다. 이야기 만들기를 위해서도 마무리하는 시간을 허용해 준다.

그런 다음 치료사는 사람들을 원으로 모이게 하고, 원하는 사람들을 대상으로 각자의 그림과 이야기를 치료사와 구성원들과 나누게 한다. 치료사의 역할은 설명을 덧붙이려 하지 않고 집중해서 이야기를 듣는 것이다. 그러나 클라이언트가 그림과 이야기에 대하여 설명하는 것을 보다 확장시키기 위한 질문을 할 수는 있다. 예를 들어, "이 색깔/모양이 묘사하는 것에 대하여 좀 더 말해 줄 수 있나요?" "이 이야기에 대해 더 말해 줄 것이 있나요?"와 "~일 때는 기분이 어땠나요?" 같이 질문할 수 있다. 또는 그룹을 소그룹으로 나누어서 활동을 진행한 후 다시 큰 원으로 모여서 간단하게 다같이 나누어도 좋다.

개별 세션

BMGIM에서와 마찬가지로 2인 1조 세션(dyad session)을 위해서 치료과정은 개인과 그의 현재 환경에 맞추어 조정된다. 클라이언트와 치료사는 초기 토의과정을 거쳐 치료의 초점을 맞춘다. 이완 유도가 진행되면 적절한 음악 프로그램과 연결하여 초점을 보다 확장시킨다. 클라이언트는 음악이 끝날 때까지 원하는 만큼 그림을 그린다. 어떤 클라이언트-치료사 관계에서는 그림 그리는 동안의 상호작용이 적절할 수 있지만, 이것은 드문 경우로 대개는 클라이언트를 긍정해 주면 된다. 그림에 대한 이야기를 적는 활동에서는 같은 음악을 두 번째로 들려준다.

그런 다음 클라이언트는 치료사에게 자신이 적은 이야기를 소리 내어 읽어 주는데, 이 시간은 감정적이 될 수도 있음을 염두에 둔다. 이어서 이야기에 대한 토의를 진행한다. 치료사는 세션 전체에 대해 기록하고, 세션이 끝난 후에는 다양한 악구에 맞추어 어떤 그림이 그려졌는지 사진을 찍어 남겨 놓아야 한다. 클라이언트에게는 복사본을 가지고 원하는 만큼 바꾸거나 첨가 또는 삭제할 수 있게 한다. 이 모든 것은 클라이언트에게 매우 긍정적인 것으로 증명되었다. 치료사와 클라이언트 모두 세션과 그 발전과정에 대한 가치 있는 기록을 갖게 되는 것이다.

음악 선정

MDN은 '취약하고 허약한 클라이언트들을 위한 온화한 단기 프로그램'

(Booth, 2002)을 포함하여 자체적인 음악 프로그램들을 가지고 있다. 이 프로그램들은 BMGIM 프로그램보다 짧은 50분 정도의 시간이 소요된다. 이 기법에 적절한 음악은 변화무쌍한 다이내믹을 가지고 있거나 빠르기, 리듬, 악기 편성 등에서 변화를 보이는 서로 다른 부분들을 포함한다. Booth는 MDN에 활용할 수 있는 14개의 프로그램을 만들었는데, 다음은 그중 네 개를 허락하에 제시한 것이다.

- 평온한 프로그램(Booth, 2002), 소요시간 16:36
  Vaughan–Williams, 〈Romanza for Cello and Orchestra〉
  Vaughan–Williams, 〈Serenade to Music〉

- 장엄한 프로그램(Booth, 2003), 소요시간 20:39
  Vaughan–Williams, 〈Piano Concerto in C〉, 'Romanza'
  Koechlin, 〈Seal Lullaby〉
  Vaughan-Williams, 〈Flos Campi〉, vi

- 온화하게 흘러가는 프로그램(Booth, 개인적 담화), 소요시간 17:00
  Prokofiev, 〈Romeo and Juliet Suite〉 no. 1, 'Madrigal'
  Brahms, 〈Symphony no. 2〉, 3악장
  Copland, 〈Rodeo Suite〉, 'Corral nocturne'
  Debussy, 〈En Bateau〉 (플루트와 하프 편곡)

- 장난치며 춤추는 사람(Booth, 개인적 담화), 소요시간 20:24
  Vaughan–Williams, 〈The Lark Ascending〉
  Vaughan–Williams, 〈Fantasia on Greensleeves〉

절차 상의

클라이언트(들)가 자신의 이야기를 말하고 그 이야기가 자신에게 어떤 의미가 있는지 말하면, 치료사는 적절한 경청 기술을 모델링해 주어야 한다. 그 기술은 다음을 포함한다.

- 클라이언트에게 그 이야기가 어떤 의미가 있는지, 표현되는 감정이 얼마나 강한지 감지한다.
- 그 이야기 속에 어떤 감정이 표현되고 있는지 감지한다.
- 클라이언트가 사용하는 단어를 사용하여 반응해 준다.
- 클라이언트의 이야기를 해석하려 하지 말고, 클라이언트가 느끼는 대로 이야기하도록 해 준다.
- 클라이언트가 경험한 긍정적이고 부정적인 감정들을 확인한다.
- 그림에 표현된 다양한 주요 요소에 관심을 보인다.
- 감정적으로 '함께 있으면서(being there)' 자연스럽게 반응해 준다.

MDN은 그림 그리기와 이야기 만들기가 가능한 클라이언트라면 적절하게 사용할 수 있으며, 이 기법을 통하여 치료적인 이득을 얻을 수 있을 것이다.

결 론

이 장에서는 음악과 다른 창조적인 예술 매체가 결합된 다양한 기법들에 대해 설명하였다. 이렇게 결합된 접근법들은 아동/클라이언트들이 자기표현을 하는 데 있어 보다 많은 다양성을 허용한다. 음악치료 세션에서 만들어진 콜라주나 가계도와 같은 예술작품은 오래 지속되는 추억이 될 수 있으며, 아동이나 성인 클라이언트의 개인적인 이슈를 해결하는 데에 도움을 줄 수 있다.

음악치료 수용기법 09

수용 음악치료에서의 진동음향치료

도 입

진동음향치료(vibroacoustic[VA] therapy)는 치료적 목적을 가지고 '진동(vibration)'과 '음향(acoustic sound)'을 사용하는 경우를 통칭하는 용어다. 진동음향치료는 중재를 수행하는 전문가가 음악치료사이며, 치료적 목표를 달성하기 위하여 특별히 임상적인 이유로 음악/소리 자극을 치료 수단으로 중재하는 음악치료 방법이다. 클라이언트가 음악 만들기에 창조적으로 참여할 수 없거나 능동적인 역할로 참여할 수 없을 때 사용할 수 있는 수용적인 접근법이다. 또한 사인파(sinusoidal) 진동의 저주파수로 만들어진 음악이 치료적 요소로 작용하기도 한다.

많은 형태의 진동음향치료가 현존하고 있어서 때로는 음악치료사로서의 자격을 갖추지 않은 임상가나 보조자들에 의해 시행되기도 한다. 이 책에서는 수용 음악치료를 정의할 때 음악치료사가 담당하는 치료적인 접근과 치료적 기술이 필요하다는 것을 강조하려고 한다. 이 장에서 설명하고 있는 절차들은 치료적 효과를 달성하기 위하여 사인파 진동의 저주파수 소리와 음악을 함께 사용하는 진동음향치료에 해당한다. 저주파수의 소리 진동과 음악의 형태를 함께 사용하는 방법은 여러 영역에서 응용할 수 있으며 그 효과를 증명할 수 있는 새로운 접근법이다. 최근에 진행되는 연구들은 진동음향치료가 치료사와 환자 사이의 치료적인 관계를 요구하고 음악적인 경험을 포함하는 체계적인 중재법이라는 것을 보여 주고 있다. 또한 이 기법은 음악치료의 한 형태로 포함될 수 있는지와 관련하여 Bruscia(1998a)가 제시한 분류 척도를 만족시킨다. 지금까지 보고된 논문, 연구 자료, 책들을 통하여 진동음향치료에서 사용하는 장치들에 대해 고려할 점, 치료 지침, 금기 사항을 비롯한 임상 보고와 연구 결과들을 확인할 수 있다(Hooper, 2001; Wigram, 1997b; Wigram & Dileo, 1997a, 1997b).

기본 이론

진동음향치료는 노르웨이의 Olav Skille 교수의 독창적인 경험주의 임상연구, 영국의 Tony Wigram, 미국의 Chesky와 Michel, 핀란드의 Lehikoinen, 그리고 세계 도처의 여러 사람에 의해 행해진 실험연구들의 결과물로서 1980년대에 시작되었다. 치료의 한 형태로서 진동을 사용하기 시작한 것은 훨씬 이전으로 거슬러 올라가며, 물리치료사와 작업치료사 같은 다양한 임상가에 의해 다양한 조건에서 적용되어 왔다(Boakes, 1990; Carrington, 1980; Darrow & Gohl, 1989; Griffin, 1983; Hagbarth & Eklund, 1968; Madsen, Standley, & Gregory, 1991; Moller, 1984; Pujol, 1994; Standley, 1991b; Stillman, 1970; Wigram, 1996, 1997a; Wigram, McNaught, & Cain, 1997; Yamada et al., 1983). 진동음향치료의 원리와 방법은 국제 음악의학 학술대회(International Society for

Music in Medicine)에서 Skille에 의해 처음 정립되었다(Skille, 1982). 당시 Skille은 30~120Hz의 사인파 진동의 저주파수 음압(sound pressure) 파동과 음악을 섞어서 치료적 목적으로 사용하는 방법을 설명하였다. 노르웨이에서 진행된 Skille의 실험은 그가 노르웨이 북단에 있는 특수학교 교장으로 있을 때 시작되었다. 그가 가르치던 아이들 중 일부는 지체장애를 가지고 있었는데 뇌손상으로 인하여 매우 심한 근육 긴장을 나타냈다. 그들은 교사들이 옷 입기, 식사, 씻기 그리고 일상적인 다른 기능들을 수행하기 위해 아이들을 움직이게 하려 할 때 매우 고통스러워했다. 굳은 경련과 근긴장도가 아이들에게 불편함을 초래하였다. Skille은 아이들이 때로 음악에 이완되는 것을 발견할 수 있었는데, 특히 깊고 강한 음색을 갖고 있는 음악에 이완되는 것을 볼 수 있었다. 그의 초기 실험들에서는 커다란 저음 스피커(bass woofers)를 덮고 있는 공기주머니 위에 아이들을 앉혔다. 공기주머니는 폴리스티렌 재질의 구슬로 가득 차 있었고, 커다란 스피커에서 나오는 소리 진동을 꽤 효과적으로 전달해 주는 매체로 작용하였다. 아이들은 이런 자세에서 상당히 이완되었으며, Skille이 시도했던 노르웨이 전통 음악을 비롯하여 가벼운 고전음악과 재즈 음악 그리고 여러 다양한 종류의 음악에서 의미 있는 결과가 나타났다(Skille, 1986, 1989a, 1989b, 1992).

Skille은 이 실험을 한 단계 더 발전시켜서 특별히 제조한 침대를 사용하였다. 그는 진동음향치료를 동작 활동과 함께 사용하였는데, 아이들을 침대 위에 눕히고 그들의 관절이 운동 범위를 유지할 수 있도록 움직여 주면서 저주파수의 진동으로 인한 편안하고 즐거운 경험을 주고자 했다.

Skille은 보다 많은 침대를 만들어 놓고, 노르웨이의 다른 동료들로부터 뇌졸중으로 인한 신경장애를 가진 사람들, 심각한 학습장애, 심지어 월경곤란증(dysmenorrhoea)을 가진 여성들까지 다양한 조건의 클라이언트들을 지원받았다. 초기의 이 실험들의 결과는 그에게 확신을 주었다. 그는 이 연구를 자폐증, 만성 요통 및 두통, 편두통을 가진 사람들, 낭포성 섬유증과 천식, 폐기종을 포함한 폐질환을 가진 사람들, 그리고 일반적인 신체질환을 가진 사람들에게 적용하였다. Skille은 실제 임상 현장에서 진동촉각(vibrotactile) 자극과 진동음향 자극의 효과성을 탐구한 교육자이자 음악가이며 임상가였다.

시간이 흐르면서 다수의 사람들이 이 실험의 결과를 임상 현장에 도입하였고, 그 결과 Skille의 실험과정에 대한 연구들이 시작되었다.

치료의 원리

진동음향치료 방법을 적용할 때 공통적으로 적용되는 음악의 주요 효과들은 다음과 같다.

- 일반적으로 낮은 주파수는 이완을 촉진하는 반면, 높은 주파수는 긴장을 유도한다.
- 느린 빠르기를 가지고 리듬적으로 중립적인 음악은 평온함을 유도하는 반면, 강한 리듬 박자가 있는 음악은 에너지와 활동을 유도할 수 있다.
- 부드러운 음악은 진정시키고 가라앉히며 이완시키는 반면, (높은 진폭의) 큰 소리의 음악은 각성과 의식 상태를 불러일으킨다.

이것은 일반적인 사람들의 반응이므로 공통적인 원리로 일반화할 때 물론 예외가 있을 수 있다. 그러나 진동음향치료 방법을 적용할 때에는 국가를 불문하고 전 세계적으로 이러한 공통적인 원리를 가지고 진행한다.

진동음향치료에서 두 번째로 중요한 사항은 가청 영역의 주파수를 사용한다는 것과 신체에 가장 효과적으로 전달되는 진동을 갖는 주파수의 소리를 사용한다는 것이다. 어떤 소리 진동이든지 같은 공명 주파수(resonant frequency)를 갖는 소리가 있으면 감응공명(sympathetic resonance) 원리를 따르게 되어 있다. 진동음향 연구에서는 여러 클라이언트를 대상으로 꾸준하게 같은 결과를 낼 수 있는, 다시 말해 치료에 일반적으로 사용할 수 있는 주파수(30~80Hz) 범위에 대한 증거들을 찾아냈다. Wigram(1996)은 신체 각 부위가 주파수 진동에 반응하는 정도의 평균치를 찾아냈는데, 배, 허리, 천골(sacrum)부터 다리까지 이르는 신체의 아랫부분에서는 20~50Hz 사이의 주파수에 유의미한 반응이 나타나는 것을 발견했다. 그중에서도 40Hz의 주파수는 허벅지와 다리 아랫부분에서 유의미하게 작용했다. 가슴과 머리 부분은 40~70Hz 사이의 주파수에 유의미한 반응을 보였다. 그러나 신체의 특정 부위에 따라 일반적으로 반응하는 특정 주파수 진동 범위가 있다고 하더라도 피험자가 주어진 진동에 대해 감각을 경험하는가의 여부는 주어진 주파수에 얼마나 많이 노출되었는가에 따라 달라질 수 있다. 이 연구들로부터 얻을 수 있는 유일한 결론은 신체의 특정 부위에서 서로 다른 주파수에 반응을 나타낸다는 몇몇 증거들과 30~80Hz 사이의 낮은 주파수의 소리가 신체 전체를 대상으로 진동을 느끼고 경험할 수 있게 한다는 것이다.

연구와 이론적 틀

진동음향치료에 대한 연구는 임상가들과 여러 다른 분야의 전문가들이 다양한 신체장애와 심리적 문제에 음악 진동과 소리 진동이 긍정적인 효과를 준다는 것을 보고한 이래로 시작되었다. 음악은 이미 의학적인 치료에 효과적으로 사용되어 오고 있었고(Dileo, 1999; Spintge, 1982; Spintge & Droh, 1982; Standley, 1995), 통증을 감소시키고(Brown, Chen, & Dworkin, 1991; Chesky, 1992; Chesky & Michel, 1991; Curtis, 1986), 스트레스를 감소시키며(Maranto, 1994), 정서적인 욕구를 충족시킨다(Bonny & Savary, 1973; Clark, 1991; Goldberg, 1995)는 증거들이 보고되고 있었다. 노르웨이와 영국에서 발달한 진동음향치료에서는 사인파 진동을 가진 25~75Hz 사이의 낮은 주파수와 이완 음악을 조합하여 저음 스피커를 통해 전송하였으며, 이것이 환자가 앉아 있는 의자 혹은 누워 있는 침대로 곧장 전달되게 하였다.

Skille의 임상적인 시도에서 보고한 관찰 기록에서는 근육 긴장도, 심장박동률, 그리고 일반적인 신체 상태를 대상으로 다양한 긍정적인 효과들이 나타났다(Skille, 1989). Skille은 다양한 정신적 · 신체적 장애와 질병에 대한 그의 임상 경험에 대해 많은 결과를 발표했다. 높은 근긴장도와 심한 경직을 보이는 아동 · 청소년은 진동음향치료를 통하여 신체적으로 이완되는 효과를 보였다. 뿐만 아니라 천식, 낭포성 섬유증, 폐기종, 위궤양과 순환장애(poor circulation), 그리고 수술 후 회복기에 있는 등 다양한 신체질환을 가진 사람들과 심지어 불면증, 불안, 자해 행동, 우울증과 스트레스, 자폐증 등의 광범위한 발달장애와 같은 심리적인 질환을 가진 사람들을 대상으로도 그 효과가 검증되었다(Skille, 1992; Skille & Wigram, 1995).

임상적 적용

진동음향 장치의 준비

진동음향 장치를 설치하는 것, 특히 침대에 설치하는 것은 어려운 일은 아니다. 진동음향 장치는 침대나 의자에 설치할 수 있으며, 중요한 것은 낮은 주파수의 저음 스피커를 침대나 의자 안에 설치해야 한다는 것이다. 침대에 치료 시스템을 적용하는 것은 쉽다. 4cm의 두께, 최소 80cm의 너비와 200cm의 길이를 가진 단단한 나무판이 필요하고, 직경이 25cm인 동그란 구멍이 4~6개 정도 뚫려 있어야 하며, 스피커를 그 아래에 부착해야 한다(스피커의 표면이 위로 향하도록). 그리고 평평하고 부드러운 철망을 스피커의 윗부분에 부착한다(사람이 앉으면서 스피커의 표면을 손상시키는 것을 막기 위하여)([그림 9-1] 참조).

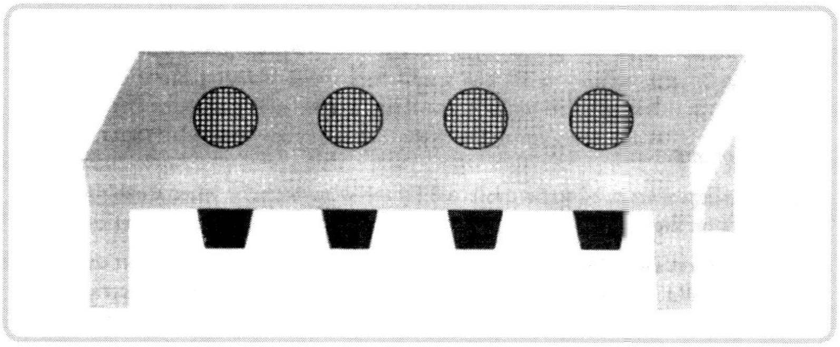

[그림 9-1] 진동음향 침대, 측면

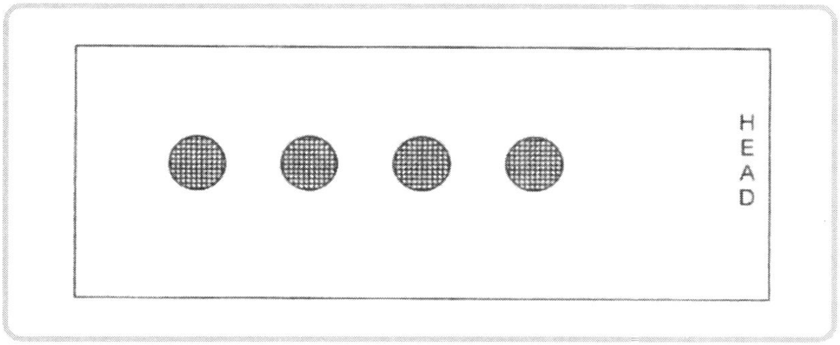

[그림 9-2a] 진동음향 침대, 상단면

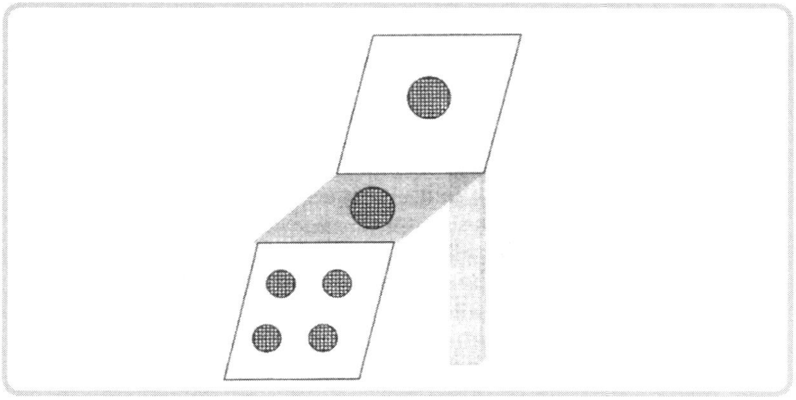

[그림 9-2b] 진동음향 의자

30Hz까지도 내려가는 낮은 주파수의 음을 효과적으로 내기에는 8인치 확성기를 사용하는 스피커들이 가장 적합하다. 스피커들은 침대 안에 네 개가 일렬로 늘어서도록 배치한다([그림 9-2a] 참조). 또는 의자를 사용할 경우 여섯 개의 스피커를 사용하는데, 하나는 등 쪽에, 하나는 엉덩이 부분에, 그리고 나머지는 양쪽 다리의 위/아래 부분에 하나씩 배치한다. 이때 다리는 기댈 수 있도록 의자에서 확장된 판을 만들고 그 부분에 스피커를 배치한다([그림 9-2b] 참조).

배치 시 고려 사항

- 사람이 침대 위에 앉거나 누울 때, 스피커들은 철망으로 보호한다.
- 스피커들은 평평한 곳에 놓여야 하며, 상체 부분에 놓이는 스피커는 머리 바로 아래에 놓이면 안 된다(낮은 주파수의 음들이 직접적으로 머리 쪽으로 발산되면 머리에 '둔한' 느낌이 들거나 심지어 두통까지 유발할 가능성이 있다.).
- 스피커들은 같은 간격으로 배치한다.
- 스피커를 포함하는 침대 표면은 4~5cm 두께, 낮은 밀도의 재질로 구성한다.
- 스피커는 사인파 진동의 낮은 주파수 음을 만들어 낼 수 있는 증폭기(amplifier)에 연결되어 있어야 한다.
- 낮은 주파수의 음과 보완하여 사용할 다양한 종류의 음악을 재생하기 위하여 CD 플레이어를 사용할 수 있다(이 장 마지막에 제시된 음악 목록을 참조하라.).
- 신체 활동들을 지지해 주기 위하여 베개를 사용할 수도 있는데, 이때 베개는 폴리스티렌 구슬로 가득 채워져 있는 것으로 한다.
- 머리에 많은 진동이 전달되는 것을 막기 위하여 성긴 밀도의 베개를 머리 아래에 배치한다.

소프트웨어

이전의 진동음향치료에서는 사인파 진동의 저주파수 소리와 이완시키고 진정시키는 형태의 음악이 함께 녹음된 카세트테이프가 사용되었다. 이것은 다양한 종류의 음악을 사용하는 것에 매우 제한적이었는데, 이런 테이프를 만들기 위해서는 사인파 진동을 만들어 내는 기능과 사인파 진동과 소리를 음악에 혼합하는 기능이 동시에 필요했기 때문이다. 요즘에는 이 방법이 사인파 진동의 저주파수 음을 만들어 내는 CD를 사용하는 것으로 변경되면서 필요에 따라 바꾸어 주며 효과적인 치료 도구로 사용할 수 있게 되었다.

컴퓨터 신호를 가지고 매우 간단하게 사인파 음을 만들어 내는 것도 가능해졌으며, 컴퓨터의 CD-ROM을 사용하여 녹음할 수도 있다. 만약 소리를 특정한 음이나 화음에 맞추고자 한다면 진동음향 범위 내에서 그 음에 맞는 주파수를 사용할 수 있는데, 이는 여러 연구와 경험에서 밝혀낸 결과다(〈표 9-1〉 참조).

사인파 진동의 소리와 작곡된 음악의 화음을 서로 합할 때 불편하거나 거슬리는 불협화음을 피하기 위해 그 조합의 일관성을 확인하는 연구가 진행되기도 하였다(Skille, 1986, 1989a, 1989b; Skille & Wigram, 1995). 44Hz 정도 혹은 그 이하의 소리에서는 기본을 이루고 있는 사인파 진동의 소리가 음악의 화음과 불일치해도 그다지 두드러지지 않으며, 어떤 경우에든 특별히 그런 목적을 갖고 만들어지며, 조정되지 않는 한 음악은 같은 화음으로 일치하지 않는다. 훈련된 음악가들은 그런 불일치를 눈치 챌 수도 있을 것이다. 44Hz 이상의 소리에서는 불일치할 경우 좀 더 뚜렷하게 표시가 난다. 그러나 이제까지 진행된 연구나 치료 상황에서 피험자와 클라이언트들이 이러한 현상을 문제점으로 제시한 적은 없었다.

〈표 9-1〉 진동음향치료에서 사용된 주파수

음	주파수(Hz)
B	31
C	33
C#	35
D	37
D#	39
E	41
F	44
F#	46
G	49
G#	52
A	55
A#	58
B	62
C	65
C#	69
D	73
D#	78

중재기법과 임상 절차

최근의 진동음향치료 절차는 다양하게 이루어지고 있으며, 이러한 형태의 치료를 진행할 때 적용되는 특별한 지침은 없다. 현재까지의 연구들이 서로 협력하여 이루어진 것이 아니고 제각기 이루어진 것이므로 환자들에게 유용하게 작용할 수 있는 지침들도 제한적이다. 그러나 진동음향치료가 어떤 질병에 가장 효과적으로 적용될 수 있을지에 대한 증거들은 있다.

영국의 국립병원에서 진동음향치료가 발달함에 따라 치료사들은 치료 절차 정립에 대한 필요성을 느끼게 되었다. 초기 진동음향치료의 치료 절차에 대한 내용들은 출판되지 않았다. 하지만 하퍼베리(Harperbury) 병원에서 사용했던 치료 매뉴얼은 문서화되어 있었다. 보다 최근에는 진동음향치료를 의뢰, 진단, 치료하는 것에 대한, 그리고 치료 시 금기 사항에 대한 지침 및 실천 사항에 대한 문서 작업들이 이루어졌다(Wigram & Dileo, 1997b).

현대에 와서 진동음향치료 절차는 보다 확립되어 이전의 방법으로 진동음향치료를 시행했던 사람들도 최근의 방법들을 사용하고 있다. 최근의 방법과 지침은 문서화되어 있다(Wigram, 1995). 진동음향치료 단계는 클라이언트가 충분히 준비되도록 한 후, 적절하게 시작하여 치료를 적용하고, 치료 후의 과정을 거쳐 세션을 종료하는 것에 이르기까지의 치료과정에 해당하는 모든 요소를 포함한다.

치료의 과정은 다음 여섯 단계로 정립될 수 있다.

① 세션의 준비
② 치료 소개
③ 치료 시작
④ 치료 관찰
⑤ 치료 종료
⑥ 치료 후 과정

단계 1: 세션의 준비

- 진동음향 장치를 사용하는 치료의 준비 단계로서 클라이언트를 위한 침대 또는 의자를 주의 깊게 준비해야 한다.
- 만약 치료 도중에 방해물이 존재하면 치료는 역효과를 낼 수 있으므로 준비과정이 중요하다.

- 지체장애 클라이언트들에게는 적절하고 정확한 지지가 필요한데, 베개나 받침목(wedge) 같은 지지물이 사용될 수 있으므로 준비해 놓아야 한다. 클라이언트들이 한쪽 방향으로 구르는 것을 막기 위하여 측면에서 지지하고 무릎 밑부분에서 지지해 줄 것이다(바로 누웠을 때 척추에 가해지는 압력을 예방하기 위하여).
- 치료실은 편안해야 하며, 클라이언트가 눕거나 앉는 위치는 조용해야 하고(뚜렷한 시각 자극이 없는 곳) 잘 준비되어 있어야 한다.
- 장치들은 미리 설치해야 하고, 전통적인 방법으로 음악과 저주파수의 소리가 혼합된 진동음향 테이프를 사용하는 경우든 혹은 주파수 CD와 음악이 각각의 시스템에서 나오는 경우든 소리 장치들은 정확한 시점에서 시작할 수 있어야 한다.
- 소리 장치들은 '0' 단계(무음)로 되어 있어야 한다. 이는 진동음향 테이프가 큰 소리로 재생되기 시작하면 환자들이 소리에 의해 또는 저주파수의 불안정한 진동으로 인해 갑자기 놀랄 수 있으므로 중요한 사항이다.
- 저음조절 장치도 역시 '0' 단계로 되어 있는지 확인한다.
- 소리 자극은 편안한 정도의 크기에 도달할 때까지 점진적으로 커져야 한다.
- 진동음향치료를 처음 시작할 때에는 치료에 앞서 자극을 먼저 경험해 보고 적당한 음량을 측정해 보는 과정이 필요하다. 이는 다른 클라이언트에게 적용할 때 또다시 거쳐야 하는 과정이다. 특히 어리거나 약한 클라이언트에게는 출력되는 음량을 낮게 고정해야 할 필요가 있다.

단계 2: 치료 소개

- 진동음향치료의 초기 세션에서는 앞으로 어떻게 치료가 진행될 것인지 설명해 준다.

- 금기 사항(뒤 내용 참조)들을 설명해 주고, 클라이언트가 치료에 참여할 수 있는지의 여부는 세션마다 다를 수 있음을 확인시켜 준다(예를 들어, 클라이언트의 염증이 진행되고 있는 상태이면 중재에 참석할 수 없음을 알려 준다.).
- 저주파수의 소리에 대해 설명해 준다.
- 음악 선정과정: 음악 선호도를 확인하는 것은 치료에서 매우 중요한 단계다. 음악을 선정하는 데에 참고해야 할 지침은 362~365쪽에 제시되어 있으며, 선정할 수 있는 음악의 예는 372~374쪽에 있다.
- 치료사의 역할을 설명한다. 이 과정에서는 클라이언트마다 다른 반응을 보일 수 있다. 어떤 클라이언트에게는 치료사가 치료실에 머물면서 대기하고는 있으나 치료를 방해할 수 있는 상호작용은 하지 않는 것이 적절할 수도 있다. 치료사는 다음과 같이 말할 수 있다.

> 이번 35분의 시간 동안 편안히 휴식을 취하시고, 환자분의 선호도에 따라 선택된 음악을 들으세요. 저는 여기에 함께 있겠습니다. 그러나 이 시간 동안 우리는 이야기를 하면 안 돼요. 음악을 들으면서 쉬세요. 저는 책을 읽고 있겠습니다.

- 환자는 주어지는 자극이 불편하거나 거슬리면 일어나고 있는 상황에 대해 한 번 더 확인하고 싶어 할 수도 있고, 때로는 치료 위치에서 벗어날 수도 있다.
- 중도 지체장애 또는 최중도 정신장애를 갖고 있는 환자들의 경우는 이처럼 상황을 확인하는 단계가 필요하며, 이때 치료사의 음색이나 사용 단어들이 성공적인 세션을 위한 환경을 만들어 낼 수 있다. 이것은 다른 형태의 치료들과 마찬가지로 환자-치료사 관계를 형성하는 부분이다. 사람들은 자신을 치료하도록 치료사를 신뢰하며, 치료사가 행동하고 상

호작용하는 방법에 대해 점검할 필요가 있는 것이다.

- 세션을 시작하는 단계에서 적절한 환경을 조성하는 것은 매우 중요하다.
- 조명은 낮은 단계로 설정하고, 환자가 치료실의 환경에 만족하는지 확인한다.

단계 3: 치료 시작

- 자극은 점진적으로 시작되어야 하며, 환자에게 가장 효과적인 음량까지 조심스럽게 증가시켜야 한다.
- 음악 자체에만 반응하는 시간은 매우 짧아야 하며, 점차 저음의 주파수에 반응하는 시간을 증가시키는 것이 중요하다.
- 경험에 의하면 임상 질환이 없는 사람들 중 일부는 처음부터 꽤 강한 자극을 원하고, 그 크기와 강도가 점점 증가하기를 원하는 경우도 있다.
- 치료를 시작한 지 약 10분 후에 자극의 강도가 너무 강하지는 않은지 확인한다.
- 치료를 시작할 때에는 저주파수의 음이 부드럽고 불쾌감 없이 제시될 수 있다. 그러나 얼마간의 시간이 지나고 나면 강한 영향을 주는 것으로 나타난다. 그러므로 각 환자들에게 어느 정도의 소리 강도가 적당한지 확인하는 시간이 필요하다. 이를 확인했더라도 환자들이 치료에 올 때마다 같은 소리에 대하여 매번 똑같은 반응을 보이지는 않음을 알아야 한다.
- 환자들은 심리적 · 생리적 상태에 따라 보다 강하거나 보다 약한 강도의 자극을 원할 수 있다. 이것이 정밀한 과학은 아니므로 환자들에게 제공하는 소리 강도에 대한 특별한 지침은 없다.

단계 4: 치료 관찰

- 이 과정은 환자들에 따라 달라질 수 있다.
- 치료가 진행되는 동안, 어떤 환자들에게는 방해되지 않는 범위 내에서 확신과 안정된 느낌을 줄 수 있도록 치료사가 치료실에 머무르는 것이 필요할 수 있다.
- 또 다른 환자들은 프라이버시를 가지면서 주의가 산만해지지 않도록 치료사가 치료실을 떠나 있는 것이 더 적절할 수 있다.
- 보다 장애가 심하거나 정신장애가 있는 환자의 경우에는 치료가 진행되는 동안 환자들을 관찰해야 한다.
- 환자들로 하여금 '지켜보고 있다' 는 느낌이 들게 해서는 안 된다.
- 치료사는 방해되지 않도록 앉아 있으며 환자를 관찰하는 것처럼 보이지 않는 것이 좋다.
- 자신의 반응을 말로 표현할 수 없는 환자들의 반응을 측정하기 의해서는 얼굴 표정과 신체 움직임을 점검하여야 한다.

단계 5: 치료 종료

- 치료를 종료할 때에는 환자와 치료사 사이의 관계가 중요하다.
- 환자들은 진동음향치료 동안 종종 꽤 깊은 이완 상태로 들어가기도 한다. 그들은 잠이 들 수도 있고, 꿈을 꿀 수도 있으며, 치료를 끝낼 무렵에는 약해져 있는 상태로 느낄 수도 있다.
- 환자들은 변형의식 상태(altered state of consciousness: ASC)로 들어갈 수 있다. 이때에는 치료사가 재확인해 주고 지도해 주며 지지해 주는 과정이 필요하다.
- 치료 종료 단계에서는 환자의 반응에 대한 평가를 한다.

- 지체장애 환자들에게는 치료로 인하여 향상 혹은 결핍된 것이 있었는지 확인할 때 신체 움직임을 도와줘야 할 수도 있다.
- 환자가 진동음향치료 세션 후 다시 활동적인 상태로 돌아오는 데는 시간이 조금 걸릴 수 있다.
- 어떤 사람들은 세션 후 2~3분 정도의 휴식이 필요할 수도 있다.
- 환자들은 앉아 있거나 누워 있거나 깊은 잠이 들 수도 있는데, 치료 위치(침대/의자)를 벗어나 스트레칭과 움직임이 필요하다.
- 경험과 연구들에 의하면 진동음향치료를 진행하는 동안에는 심장박동률과 근육 강도가 감소될 수 있다. (그리고) 30분 이상 누워 있게 되면 혈압의 감소를 보이기도 하는데, 이렇게 충분히 이완된 상태에서 나오려면 시간이 필요하다.
- 때로는 환자들이 세션 중에 도달했던 깊은 상태로부터 '회복' 되기 위하여 침대 또는 의자에 앉아 있으면서 안정을 요할 때 약간은 감정적이 될 수 있다. 이때에는 치료사가 환자들의 욕구에 집중해야 하며, 환자에게 너무 많은 말을 하거나 많은 요구를 하지 말고 돌보아야 한다.

단계 6: 치료 후 과정

- 어떤 경우에 진동음향치료는 다른 치료의 전 단계로 사용되기도 한다.
- 물리치료의 치료 전 단계로 효과적으로 사용되어 왔는데, 의식 상태에서 이완 상태로, 저긴장 상태로 들어가기 위해 효과적인 방법이다. 그리고 언어 심리치료(verbal psychotherapy)의 치료 전 단계로도 활용될 수 있다.
- 환자가 치료 중에 잠이 들면 세션 상황을 떠나기 전에 잠시 휴식시간을 갖게 하는 것이 좋다.
- 마지막으로 치료 후에 장치들을 확인하면서 조절 장치들을 다시 '0' 단

계로 돌려 놓아야 한다.

세션의 횟수와 소요시간

치료과정은 치료받는 환자들과 사용하는 장치들에 다라 달라질 수 있다. 문헌과 매뉴얼에서 밝힌 치료 장치에 대한 설명은 치료과정에 대한 정보에 비해 부족하다(Wigram, 1995).

진동음향치료를 받는 시간은 치료를 받는 사람에 따라 다양하다. Skille(1982)은 10~40분의 치료를 추천했다. Wigram(1993)은 환자가 침대/의자에서 견딜 수 있는 시간에 따라 치료시간이 확연하게 영향을 받는 환자의 경우를 제외하고는 30~40분의 치료시간을 사용했다.

효과적이거나 적절한 치료시간에 대한 연구는 없다. 진동음향치료의 초기와 전통적인 치료에서 사용했던 테이프의 녹음시간은 25~40분이다. 하퍼베리 병원에서 사용한 치료 테이프와 CD는 45분이었다.

피험자들에게 이완을 유도하는 여러 방법과 접근은 종종 30분 단위의 치료로 이루어졌다. 점진적 이완(progressive relaxation: PR) 과정을 포함하여, 음악을 사용한 점진적 이완(progressive relaxation with music: PRM), 중간 이완(intermediate relaxation: IR), 음악을 사용한 중간 이완(intermediate relaxation with music: IRM), 정신 이완(mental relaxation: MR)과 자기 이완(self-relaxation: SR)과 같은 다양한 접근법이 30분 세션에 효과적이었다. Miller와 Bornstein(1977)이 이러한 다양한 방법을 사용한 비교연구에서는 음악 자체가 이완 효과를 강화하는 것으로 보이지 않았다. 확인된 모든 조건이 이완 상태에서 근육 강도를 측정하는 EMG 결과뿐 아니라 불안 척도에서도 유의한 변화들을 나타내었다. 모든 조건에서 세션 시간은 30분이었다. 짧은 기간의 이완 다음에는 불안 정도와 근육 긴장도에서 유의미한 감소가 있었다. 이에 근거하여 그리고 임상적인 경험에 비추어 이 장에서 언급하는 대부분의 연구들의 경우 30분 치료시간을 갖고 진행했으며, Wigram에 의해 수행된 연구의 일부는 40분까지 진행하기도 하였다. 이 장에서는 서로 다른 치료시간을 두고 그 효과를 조사하고자 한 것은 아니다.

저혈압과 같은 특정한 장애를 갖고 있는 환자들을 다룰 때는 '과다투여(overdosing)'를 막기 위해 주의를 기울여야 한다. 예를 들어, 하퍼베리 병원에서 심한 경직과 골반 탈구 증상을 가진 65세 여인을 평상시 사용하는 변형된 휠체어에 눕힌 상태로 경직과 근긴장도를 줄이기 위한 진동음향치료를 진행하였다. 그런데 4주 동안 치료를 진행하면서 그녀가 세션 후에 완전히 의식을 되찾기까지 걸리는 시간이 세션을 거듭할수록 점점 길어진다는 것을 발견하였다. 그리고 치료가 진행될수록 허약해지고 기운이 없어지는 것처럼 보였다. 그녀를 일주일에 세 번씩 치료하는 것은 '과다 투여' 하는 것임이 판명되었고, 신체적인 영향을 끼치게 되자 치료시간은 주 1회로 감소되었다(뒤의 금기 사항 참조).

진동음향치료에서 사용되는 음악의 선정

매우 다양한 종류의 음악이 진동음향치료에 사용될 수 있다. 자극성 또는 진정성 음악을 구분할 수 있는 척도도 여러 가지다. 진정성의 음악은 전형적으로 부드럽고, 온화하며, 평이하고, 느리고 기본적인 리듬을 사용하며, 높은 음의 소리나 강세가 없다. 가장 중요한 특징 중 하나는 음악이 얼마나 예측 가능한가다. 연구들에 의하면 사용된 음악이 안정적이고 예측 가능하며 일관적이면, 흥분 상태를 감소시키고 고요와 이완 상태를 촉진할 수 있다(Wigram, 2004).

다음에는 자극성의 음악을 사용할 때와 진정성의 음악을 사용할 때 얻을 수 있는 주요 효과들이 나열되어 있다. 이들 항목은 자극성의 음악과 진정성의 음악을 정의하는 데 필요한 주요 요소이기도 하다(Wigram, 2004, p. 215).

자극성 음악과 진정성 음악을 정의하는 주요 요소

자극성 음악의 주요 요소

- 빠르기의 예측 불가능한 변화
- 크기, 리듬, 음색, 음조, 화음에서의 예측 불가능하거나 갑작스러운 변화
- 다양한 변화를 가지는 음악 구조
- 예상하지 못한 불협화음
- 예상하지 못한 강세
- 거친 음색
- 음악의 구조와 형식의 결여
- 갑작스러운 악상 변화(accelerandos, ritardandos, crescendos, diminuendos)
- 예상하지 못한 쉼

진정성 음악의 주요 요소

- 안정적인 빠르기
- 크기, 리듬, 음색, 음조, 화음이 안정적이거나 점진적인 변화
- 일관적인 음악 구조
- 예측 가능한 화음 변화
- 적절한 리듬
- 예측 가능한 선율 진행
- 음악 요소들의 반복
- 구조와 형식
- 온화한 음색

• 강세가 거의 없음(Wigram, 2004에서 발췌)

진동음향치료에는 여러 가지 서로 다른 스타일과 장르의 음악이 사용될 수 있다. 그리고 음악을 사용하는 목적은 신체적 · 정신적으로 이완 상태를 경험하도록 촉진하고 지지하는 것이다. 앞에 열거한 요소들이 제공되는 것이 중요하며, 개인적인 선호도에 맞게 음악이 선정되어야 한다. 잘 알려진 고전음악, 뉴에이지 음악, 이완을 위한 음악, 부드러운 재즈가 적합하다. 클라이언트가 헤비메탈, 펑크 또는 강한 리듬의 음악을 선호하더라도 이러한 음악들은 이완 촉진에 적합하지 않다. 그렇다고 리듬적인 음악을 배제하라는 것은 아니다. 안정적이고 강약이 있으며 일관적인 리듬 패턴이 있는 보통의 음악들은 매우 이완적인데, 바로크 음악과 고전음악에서와 마찬가지로 대중음악에서도 이러한 특징을 발견할 수 있다.

앞에 열거한 스타일을 가진 음악을 찾아내는 것은 비교적 쉽다. 음반 가게에 가도 대개 이완 음악들을 다량으로 진열해 놓은 것을 볼 수 있다. 그러나 이런 음악들은 전문적으로 훈련받은 자격 있는 치료사들에 의해 선정된 것들이 아니다. 더구나 대부분은 실험연구를 통하여 치료적인 효과를 검증받은 것이 아니다.

고전음악은 여러 부분이 조직과 스타일에서 다양한 변화와 다이내믹을 포함하고 있기 때문에 이완 음악으로 분류하기가 쉽지는 않다. 이 장 끝의 음악 선정 목록은 진동음향치료에 적합한 고전음악을 제시하고 있다.

금기 사항

수년 동안 진동음향치료가 발달하면서 다수의 금기 사항이 제기되었다. 금기 사항들은 이론적인 고려 사항과 더불어 실제로 진동음향치료를 진행하면서 클라이언트가 보인 부정적인 반응을 경험한 결과를 바탕으로 한다. 특히 급성 염증 환자, 정신질환, 임신, 뇌출혈, 출혈 상태, 혈전증, 저혈압을 가진 사람들, 또는 심장박동 조절기를 착용한 환자들을 대상으로 치료를 진행하면 안 된다는 것은 앞에서도 언급한 바 있다(Wigram, 1995). 여기서 제시된 금기 사항들은 어느 정도는 가정에 바탕을 두고 있으며, 증대되는 이론적인 지식과 함께 최근의 연구와 임상 경험에 의해 축적된 내용들이다. 진동음향치료가 뇌출혈이나 출혈 상태의 환자에게서 출혈을 증가시키거나 손상을 야기한다는 증거는 없다. 사실 진동음향치료는 급성환자 전문병원에서 심장수술 후 환자의 통증을 감소시키기 위한 이완제로 작용하도록 사용되어 왔다. 이러한 의학적인 상황에서 내부 출혈을 악화시켰다면 치료 가능성은 없었다고 보아야 할 것이다.

최근에는 진동음향치료가 부정적인 반응을 야기할 수 있는 조건들에 대한 증거들뿐 아니라 어쩌면 당연한 주의 사항들이 제기되고 있다. 이에 따라 다음과 같은 경우에서는 진동음향치료가 금기시되어야(혹은 의학적인 조언이 따라야) 한다.

- **급성 염증**(acute inflammatory conditions): 귀앓이, 치통, 척추원반탈출증으로 인한 요통까지 포함하는 이 증상은 치료가 통증을 더 악화시킬 수 있는 급성 단계에 해당한다. 또한 급성 단계에 해당하는 류마티즈 관절염은 진동음향, 진동촉각 자극에 부작용을 나타낸다. 급성 염증 상황에 있는 모든 경우에서 조언을 구하고 이미 받고 있는 치료에 주의를 기울이는 것이 중요하다.
- **심장박동 조절기**(pacemakers): 심장박동 조절기를 착용하고 있는 환자들은 자기장(magnetic field)에 노출되면 안 된다. 심장박동 조절기의 기능에 영향을 줄 수 있기 때문에 강한 자기장이 있는 방범 시스템도 지나면 안 된다는 것은 이미 알려진 사실이다. 그러므로 심장박동 조절기를 착용하

고 있는 환자들을 대상으로는 진동음향치료를 시행하지 않도록 한다.

- 정신질환(psychosis): 그들이 받고 있는 자극의 형태를 이해할 수 없는 정신질환 환자들에 대한 관찰 보고들이 있어 왔는데, 진동음향치료가 편집증적 사고 또는 불안감을 유발한다는 것이다. 다른 사람들에게는 편안하고 주로 즐거운 자극이면서 완벽하게 이완할 수 있는 내부 진동의 느낌이 그들에게는 신체 내부를 침입하는 자극으로 인식될 수 있다. 이는 그들로 하여금 이런 경험에 부정적으로 반응하게 만들 수 있다. 그러므로 진동음향치료를 정신질환 환자들에게 시행하려면 치료사가 환자들을 잘 알고 있고 어떤 일이 진행될 것인지를 설명할 수 있어야 한다. 또한 치료 도중 환자가 매우 부정적으로 반응할 때는 치료를 즉시 중단해야 한다.
- 임신(pregnancy): 진동음향치료가 태아(임신 9주 이후)에게 해를 끼친다거나 또는 아기의 정상적인 성숙과 출산에 장애를 유발한다거나 하는 경험적 보고를 통한 명백한 증거는 없다. 하지만 임신한 여성, 특히 임신 초기 3개월간을 대상으로 진동음향치료가 해롭지 않다는 것을 증명하기 위한 연구가 수행된 적도 없었다. 결과적으로 이러한 자극의 영향에 대하여 더 알려질 때까지는 임신한 여성들을 대상으로 진동음향치료를 하는 것은 삼갈 필요가 있다.
- 급성 신체 조건(acute physical conditions): 진동음향치료가 급성 신체 조건의 사람들에게 반드시 제한되어야 하는 것은 아니다. 진동음향치료가 현재 받고 있는 중재에 방해 또는 다른 영향을 끼치는 것을 막기 위하여 의사나 상담가에게 현재 어떤 치료들이 진행되고 있는지 확인해야 한다. 이미 클라이언트가 다른 종류의 치료를 받고 있다면 진동음향치료를 더 진행하기 전에 진단 세션에서 좀 더 신중하고 엄격하게 관찰해야 한다.
- 긴장 항진(hypertonia): 일부 연구들에서는 진동음향치료가 수축기와 확

장기 혈압 모두를 감소시켰다. 긴장 항진으로 고생하는 환자들은 이미 저혈압을 가지고 있기 때문에 진동음향치료로 인하여 혈압을 더 낮추게 되면 무기력과 무감각, 반응의 결여를 일으킬 수 있다.

이러한 내용들 외에도 다른 금기 사항이 있을 수 있다. 그리고 여기서는 중재로 인한 부작용에 대해서는 언급하지 않으려 한다. 진동음향치료가 어떤 조건에서든 공격적인 치료인 적이 없었고, 비침투적이고 이완을 주며 즐거운 치료라는 측면을 강조하려고 한다.

진동음향치료의 임상적 적용

진동음향치료는 매우 넓은 영역을 대상으로 효과적으로 적용될 수 있으며, 일부 연구들은 그 효과성을 지지하기 위한 증거를 제시하기 위하여 진행되었다. 이러한 중재의 첫 번째 대상은 중도 지체장애 환자들, 특히 뇌성마비로 인한 근육 경직과 굳은 경련을 가진 환자들이었다.

1980년대 중반에는 진동음향 장치가 생산되지 않았다. 그래서 대부분의 경우 임상적인 용도로 제작되었다. Skille의 진동음향치료 매뉴얼에서는 "윤리적인 이유로 이 장치들을 환자들에게 시도하기 이전에 치료사와 보조자들이 미리 경험해 보는 것은 중요하고 또 꼭 필요한 일이었다."(Skille, 1986, p. 22)라고 언급하였다. 보고서에서 언급한 초기의 실험들은 치료가 다양한 신체 조건에 영향을 끼친다고 하였다. 이런 식으로 진동음향치료의 다양한 적용이 알려지기 시작하였다.

여러 해에 걸친 치료 세션을 통한 실험과 임상 보고들을 통하여 진동음향치료는 과학적으로 유의미한 것이기 이전에 도움을 줄 수 있는 것으로 소개되었다. 반복하여 실행된 연구들이 거의 없었지만, 진동음향치료에 대한 어느 정도의 객관적인 연구들은 진행되어 왔다. 그리고 매우 넓은 범위에 적용되어 왔으며, 많은 경우에서 긍정적인 효과들이 보고되었다.

연구 결과들을 대조해 보면 네 가지의 주요 병리학적인 영역으로 나눌 수 있다.

- 통증장애(pain disorders)
- 근육 조건(muscular conditions)
- 폐질환(pulmonary disorders)
- 일반적인 신체질환(general physical ailments)

통증장애

산통(colic pains), 내장질환, 섬유조직염(fibromyalgia), 편두통, 두통, 요통, 월경통, 월경곤란증(dysmenorrhea), 월경전증후군(premenstrual tension), 목과 어깨 통증, 다발성 신경염(polyarthritis), 류마티즘을 대상으로 진동음향치료를 효과적으로 사용할 수 있었다는 관찰 보고들이 있어 왔다(Skille, 1989b, 1992).

이러한 조건들을 대상으로 수행된 치료들 중 일부는 성공적이었다. 조건에 따라 사용 가능한 주파수는 다양하게 제시되었다. 예를 들어, 편두통과 두통 환자들을 대상으로는 70~90Hz의 주파수 사용을 추천하였던 반면, 다발성 신경염 환자들을 대상으로는 40~60Hz의 주파수 사용을 추천하였다. 요통은 50~55Hz의 주파수로 치료를 진행하였다. 50편 이상의 보고서들이 50% 이상의 섬유조직염 환자들에게서 성공적으로 통증을 감소시킬 수 있었음을 보고하고 있다(Skille, 1989a). Skille(1992)이 정한 관례적인 제안 외에 특정 주파수들을 특정 조건에 사용하는 것에 대한 객관적인 증거는 없으며, 진동음향치료의 단기적 · 장기적 효과를 언급한 보고서는 없다. 앞의 추천 사항들은 경험적인 작업과 관찰 보고들에 바탕을 두고 있다.

이와 연관된 소수의 실험연구들이 있었는데, 한 연구는 통증 감각기와 수용기에 끼치는 음악 진동의 효과를 분석한 Chesky와 Michel(1991)의 연구다. 그들의 연구에서는 통증 수용기에 음악 진동 테이블(MVTTM)을 사용하여 특정 주파수 범위(60~600Hz)에서 자극을 주었을 때 피험자의 통증 인식 수준이 감소하였다는 유의미한 효과를 발견했다(Chesky, 1992). Chesky와 Michel은 통증을 감소시키는 것으로 알려진 주파수 범위(대략 100~250Hz) 내에서 좀 더 큰 진동을 만들어 내도록 조정된 장치를 사용했다. 이 연구에서는 음악 진동이 혈관 확장을 촉진하는 효과를 보고했다. Chesky와 Michel(1991)에 의해 통증 감소를 대상으로 시행된 연구들은 음악과 조절된 진동이 함께 작용하는 것이 음악만 존재하는 것보다 상당히 그리고 유의미하게 통증 감소 혹은 위약효과(placebo effect)를 가져오는 데에 효과적이라고 보고하였다.

근육 조건

진동음향치료는 근육 문제를 돕기 위하여, 특히 근육 문제가 통증을 유발하는 조건에 있는 경우에 사용되어 왔다. 임상가들은 뇌성마비의 근육 경직을 감소시키는 데 관심을 보였다. 뇌성마비는 지나친 흥분 상태, 높은 또는 갑작스러운 자극으로 인해 경련 상태를 일으킬 수 있어서 이완을 유도하는 차분한 음악이 도움이 될 수 있다. 진동음향치료를 사용한 일부 치료에서는 세션 중에 혹은 세션이 끝난 직후에 능동적인 물리치료 단계를 포함시키기도 하였다.

진동음향치료에 긍정적인 반응을 보이는 또 다른 신체 조건은 다발성 경화증, 레트 증후군(rett syndrome), 근경직(spasticity)과 근운동과다증후군(muscular over-use syndrome)이다(Wigram, 1996). 영국의 허트포드셔에 있는 하퍼(Harper) 아동병원에서 이뤄진 레트 증후군 아동과 성인을 대상으로 한 연구에서는 진동음향치료가 클리닉에 참석하는 대부분의 환자들에게서 긍정적인 반응을 보였다. 그 연구를 요약해서 설명하면, 고전음악과 민속음악을 38~44Hz의 주파수와 혼합 사용하여 15분간 진행한 세션에서 이완의 정도가 증가하고 불안이 감소하였으며, 손 잡아뜯기 행동 및 과호흡(hyperventilation)의 감소를 관찰할 수 있었다(Wigram, 1997a; Wigram & Cass, 1995).

근육통으로 고생하는 사람들을 대상으로 한 관찰 보고는 흥미롭다. 특정 근육 그룹에서 통증치료를 진행하는 중에 나타난 한 가지 현상은 환자들이 자극에 의해 이완됨에 따라 손상이 있는 특정 근육군뿐 아니라 주변의 다른 모든 근육군 또는 근섬유까지 이완되는 것을 경험한다는 것이었다. 이에 따라 처음 손상 입은 부위의 통증과 불편함이 상대적으로 증가되기도 했다(앞의 금기 사항 참조).

폐질환

진동음향치료는 천식, 낭포성 섬유증, 폐기종, 이염성 뇌백질 디스트로피병(metachromatic leucodystrophy)을 포함하여 특정 심장질환들에서도 효과가 있음이 보고되었다. 이염성 뇌백질 디스트로피병과 낭포성 섬유증은 비슷한 증상을 나타내는데, 환자들은 폐를 깨끗이 유지하기 위하여 폐 분비물이나 가래를 토해 내는 과정에서 어려움을 겪는다. 여기서 진동음향치료는 환자들을 도와 폐에 진동을 생성하고 기침 반응을 일으키는 점액을 이동시켜 일시적으로 기침을 억제하는 효과를 갖는다. Skille은 노르웨이에서 이 질환을 가진 네 명의 아이들을 대상으로 매일 진동음향치료를 실시한 결과를 1994년 말에 보고하였다(Skille & Wigram, 1995).

천식 문제는 진동음향치료를 통해 감소되었는데, 보다 쉽게 숨을 쉬면서 씨근거리는 것이 감소하고 폐 안의 가래의 점성을 감소시켰다. 심각한 천식 조건은 때로 기관지의 경련을 야기하는데, 진동음향치료의 진경성(spasmolytic) 효과가 천식 공격의 심각성을 감소시키는 데에 도움을 주었기 때문이다. 폐질환에 주는 효과에 대한 증거들은 아직 관찰 보고로만 지지되고 있다.

일반적인 신체질환

진동음향치료는 수술 후 회복기의 혈액 순환 저하와 스트레스와 관련된 질환인 욕창(decubitus ulcers)을 치료하는 데에 사용되었다. 진동음향치료는 혈압과 심장박동률을 감소시키는 데에 효과적이고 혈액 순환을 향상시키는 것으로 나타났다(Skille & Wigram, 1995). 혈액 순환이 잘 안 되어 다리에 보랏빛의 멍이 들었던 것이 진동음향치료를 받으면서 보다 건강한 분홍 또는 선홍 빛으로 변했다. 혈압에 대한 진동음향치료의 효과를 연구한 것은 다수이나 보고된 효과들이 일관적이지 않다(Saluveer & Tamm 1989; Skille, 1986).

결 론

진동음향치료는 심리적인 과정과 생리적인 과정 모두에 영향을 끼친다. 음악은 뇌에 수용되고 처리되며 이해된다. 그리고 정서적인 과정과 연합하여 심리적인 과정을 자극한다. 동시에 신체적인 효과가 나타난다. 또는 심리적 활동이 음악과 만난 결과가 신체 활동에 능동적인 효과를 불러온다. 더 나아가 진동음향치료에 대한 임상실험 연구들은 음악이 우리에게 심리적인 수준에 영향을 주는 증거들을 규명했을 뿐 아니라 신체적인 반응도 측정했다. 진동음향치료는 사인파 진동의 저주파수 음의 형태로 신체적인 자극을 주는 중재이기 때문에 그 연구들은 사용하는 주파수 범위 내에서 소리의 효과에 대한 증거들을 찾아냈다. 음악과 소리의 심리적이고 생리적인 효과는 음악치료와 음악을 활용한 의학의 한 방법으로 그 중요성이 점점 증가하고 있다.

진동음향치료는 의심할 여지 없이 부작용이 거의 없는 즐거운 형태의 치료방법이다. 그러므로 여러 임상 상황에서 이를 적용하기를 제안해 볼 수 있다. 노르웨이의 Skille 그리고 유럽과 미국의 다른 연구자들에 의한 경험적인 연구와 그 진보는 다양한 조건에서의 진동음향치료의 적용을 살펴볼 수 있게 하였다. 그러나 중요한 것은 보완적인 이완치료와 비교하거나 또는 통제조건(치료 기간)을 정해 놓고 진동음향치료의 효과 측정과 함께 객관적인 연구를 명백하게 진행하는 것이다. 이완 음악의 효과는 영향력이 매우 클 수 있다. 그리고 선행 연구들로부터 음악 자체가 불안 수준을 감소시키고 이완을 촉진시키며 변형의식 상태(ASC)의 발달에 꽤 강한 영향을 제공한다는 것은 알려져 있다(Bonny & Savary, 1973; Goldberg, 1995; Grocke, 1999a).

진동음향치료가 혈압 감소에 끼치는 효과를 분석한 보고들이 있었는데 그 결과들은 다양했다. Chesky와 Michel(1991)은 Skille(1986, 1989a, 1989b), Saluveer와 Tamm(1989), Lehikoinen(1988)의 연구를 보완하기 위하여 시행한 연구에서 혈압과 심장박동률이 유의미하게 감소하는 것을 발견하였다. 실험연구들에서는 이런 관찰 보고들이 단순히 조용한 환경, 정신적 · 신체적 휴식, 음악, 또는 이들이 다양하게 섞이면서 영향을 미친 것은 아니었음을 보여 준다(Chesky & Michel, 1991; Wigram, 1996). 신체적인 영향과 마찬가지로 각성 수준과 심장박동률의 감소 그리고 기분 상태의 변화 또한 이 치료방법의 타당성을 증명해 주었다(Wigram, 1996). 진동음향치료는 치료적인 접근, 치료적인 관계 그리고 적절한 치료적 전략을 포함하며, 결과가 측정 · 관리되고 음악치료사에 의해 중재되는 수용적인 방법이다.

진동음향치료를 위한 고전음악 선정: 음반 목록

〈표 9-2〉는 진동음향치료에서 진정과 이완을 제공하기 위해서 배경음악으로 적절하게 사용될 수 있는 고전음악의 선정 범위를 보여 준다. 어떤 작품들은 강도와 빠르기에 있어서 다양성이 존재하기는 하지만, 이 작품들은 모두 오케스트라 또는 실내악으로서 진정과 이완을 촉진할 수 있도록 모두 안정적이고 예측 가능한 구조를 포함하고 있다. 연주나 녹음 형태는 다양할 수도 있다. 여기에서는 문화적인 선호도와 개인적인 취향의 문제인 음악의 선호도에 따른 분류는 반영하지 않았다. 44Hz 이하의 저주파의 소리를 선택했을 때, 불협화음이 뚜렷하게 나타나지는 않는다(앞에서 언급했듯이 훈련받은 음악가들만이 눈치 챌 수 있을 정도). 44Hz 이상의 주파수에서는 저주파의 소리와 화음의 부조화가 좀 더 두드러질지도 모른다(예: 55Hz의 A음과 G장조의 곡이 사용되는 경우).

〈표 9-2〉 진동음향치료를 위한 고전음악 목록

작곡가	곡 명	조 성
Bach, Johann Sebastian	〈Concerto in D Minor〉 for 2 violins and orchestra, 2악장	F장조
	〈Prelude no. 1〉	C장조
Barber, Samuel	〈Adagio〉 for strings	Bb단조
Beethoven, Ludwig van	〈Cello Sonata no. 3〉, 2악장	A단조
	〈Sonata no. 8〉 for piano ('Pathetique'), 2악장	Ab장조
	〈Symphony no. 5〉, 2악장	Ab장조
	〈Symphony no. 6〉, 2악장	Bb장조
	〈Symphony no. 6〉, 5악장	F장조
	〈Symphony no. 7〉, 2악장	A단조
	〈Symphony no. 9〉, 3악장	Bb장조
	〈Concerto no. 5〉 for piano, 2악장	B장조
	〈Romance no. 2〉 for violin and orchestra	F장조
Berlioz, Hector	〈Harold in Italy〉, 2악장	E장조
Boccherini, Luigi	〈Quintet for strings〉, 3악장	A장조
Borodin, Alexander	〈Quartet no. 2〉 for strings, 3악장	A장조
Brahms, Johannes	〈Piano Concerto no. 2〉, 3악장	Bb장조
	〈Violin Concerto〉	F장조
	〈Symphony no. 1〉, 2악장	E장조
Chopin, Frederic	〈Concerto no. 1〉 for piano, 2악장	E장조
	〈Concerto no. 2〉 for piano, 2악장	Ab장조
	〈Nocturne in B flat minor〉, op. 9 no. 1	Bb단조
	〈Nocturne in E flat〉, op. 9 no. 2	Eb
	〈Nocturne〉, op. 32 no. 2	Ab장조
	〈Nocturne〉, op. 37 no. 1	G단조
	〈Nocturne〉, op. 50 no. 2	F#장조
	〈Nocturne〉, op. 55 no. 1	F단조
Debussy, Claude	〈Prelude to the Afternoon of a Faun〉	E장조

Delius, Frederick	'On hearing the first cuckoo in spring'	A단조
	'A walk to the paradise garden'	Eb장조
Dvořák, Anton	〈Serenade for Strings〉, 1악장	E장조
	〈Symphony no. 9〉, 2악장	Db장조
Elgar, Edward	〈Concerto for Cello〉, 3악장	Bb장조
	〈Serenade for Strings〉, 2악장	C장조
Fauré, Gabriel	〈Elegy〉 for cello and orchestra	C단조
	〈Sicilienne〉 for cello and piano	G단조
Gluck, Christoph	〈Orpheus and Eurydice〉, 'Dance of the blessed spirits'	F장조
Grieg, Edvard	〈Concerto〉 for piano and orchestra, 2악장	Db장조
	〈Holberg Suite〉, 2악장 saraband	G장조
	〈Holberg Suite〉, 4악장 air	G단조
	〈Peer Gynt Suite no. 1〉, 2악장	B단조
	〈Peer Gynt Suite no. 2〉, 4악장	A단조
	〈Sonata〉 for violin and piano, 2악장	E장조
Handel, George Frideric	〈Messiah〉, 'Pastoral symphony'	F장조
Haydn, Franz Joseph	〈Symphony no. 104〉, 2악장	G장조
Ketelbey, Albert	'In a monastery garden'	F장조
Listz, Franz	〈Liebestraum no. 3〉	Ab장조
Mahler, Gustav	〈Symphony no. 5〉, 'Adagietto'	F장조
Mascagni, Pietro	'Intermezzo' from 〈Cavalleria Rusticana〉	F장조
Massenet, Jules	'Meditation' from 〈Thais〉	D장조
Mendelssohn, Felix	〈Violin Concerto〉, 2악장	C장조
	〈Fingal's Cave〉, overture	B단조
Mozart, Wolfgang Amadeus	〈Clarinet Concerto〉, 2악장	D장조
	〈Concerto〉 for flute, harp and orchestra, 2악장	F장조
	〈Horn Concerto〉 K447, 2악장	Ab장조
	〈Quintet in A〉 for clarinet and strings, 2악장	D장조
	〈Serenade in G〉 for strings, 2악장	C장조
	〈Symphony no. 40〉, 2악장	Eb장조
	〈Symphony no. 41〉, 2악장	F장조

Rachmaninoff, Sergei	〈Concerto no. 2〉 for piano, 2악장	E장조
	〈Sonata in G minor〉 for cello, 2악장	C단조
Ravel, Maurice	〈Pavanne for a Dead Infanta〉	E단조
Schubert, Franz	〈Symphony no. 5〉, 2악장	Eb장조
	〈Symphony no. 8〉, 'unfinished', 2악장	E장조
Strauss, Johann	〈Blue Danube〉	D장조
	〈Emperor Waltz〉	C장조
	〈Tales of the Vienna Woods〉	F장조
	〈Roses from the South〉	F장조
Tschaikovsky, Peter	〈Concerto〉 for piano, 2악장	Db장조
	〈Concerto〉 for violin, 2악장	G단조
	〈Symphony no. 4〉, 2악장	Bb단조
Vaughan-Williams, Ralph	〈Fantasia on a Theme of Thomas Tallis〉	G단조
	〈The Lark Ascending〉 for violin and orchestra	G장조
Wagner, Richard	〈Seigfried Idyll〉 for orchestra	E장조
Warlock, Peter	〈Capriol Suite〉, 2악장	G단조
	〈Capriol Suite〉, 5악장	G장조

음악치료 수용기법 **10**

음악과 동작

도 입

수용 음악치료는 다양한 증상을 가진 다양한 연령대의 사람들을 대상으로 동작을 촉진시키기 위하여 음악을 사용하는 것을 포함한다. Bruscia는 이러한 방법을 '유리드믹 감상(eurhythmic listening)'이라고 말한다(1998a, p. 123). 이러한 목적으로 사용될 때는 치료적 목표를 달성하기 위하여 자발적인 동작이든 보조를 받는 동작이든 이를 촉진하는 데에 선택된 음악이 직간접적으로 영향을 끼친다. 서로 다른 훈련을 받은 교사나 치료사들이 동작 활동을 위한 배경음악으로 음반을 사용하는 예는 많이 볼 수 있다. 이 장에서는 중도와 최중도 중복장애를 가진 클라이언트들의 동작을 격려하고 지지하며 촉진하기 위하여 음반 또는 라이브 음악을 사용하는 경우를 모두 언급하려고 한다. 중복장애를 가진 아동과 성인을 우선적으로 고려하여 설계된 음악과 동작 프로토콜에서는 사용 가능한 정확한 동작과 관련 음악을 구체적으로 제시하는 치료 프로토콜을 제공할 것이다.

지체장애 클라이언트를 위한 음악과 동작

일반적으로 지체장애는 운동성(mobility), 체중부하(weight-bearing), 관절 가동 운동(mobilisation), 그리고 신체 활동에 있어서 어려움을 갖는다. 지체장애는 출생 전 산소결핍증(prenatal anoxia)으로 인한 뇌손상부터 부분마비를 초래하는 뇌졸중까지 그 증상이 다양하다. 그러나 어떤 영역의 지체장애든지 음악과 동작은 근긴장도 감소, 이완 촉진, 운동 범위의 유지 또는 확장에 기여할 수 있다.

경직과 경련

뇌성마비를 지닌 아동, 청소년, 성인들은 대개 굴근(굽힘근, flexor) 또는 신근(펴짐근, extensor)의 경련으로 인해 근육 강직을 경험한다. 경련은 다음과 같은 경우에 일어날 수 있다.

- 신체적인 경우: 움직임에 대한 반응
- 통증: 신체에 느껴지는 통증
- 심리적인 경우: 일반적인 불편함, 스트레스, 흥분, 곧 일어날 일에 대한 기대감이나 통증에 대한 일반적인 두려움

때로 경련은 외부 자극에 의해 유발되기도 하는데, 예를 들어 예기치 못한 행동을 하는 사람을 대할 때 발생하기도 한다. 경련을 유발하는 공통 인자들로는 근처에서 갑자기 지나가는 사람들, 예상치 못한 사람들과 무언가를 해

야 하는 것, 대하기 불편하거나 어려운 사람들과 신체적인 일을 해야 하는 것 등이 있다. 예를 들어, 지체장애 클라이언트를 들어서 옮길 때는 대개 목소리 또는 비자발적인 근육 활동을 일으키면서 경련 반응을 일으킨다.

굴근 경련을 겪는 중도 경직을 가진 사람들이 공통적으로 경험하는 것은 시간의 흐름에 따라 운동 범위가 퇴행하는 것인데, 이는 결과적으로 연골(특히 무릎과 팔꿈치, 손목, 발목)의 고착된 구축(fixed contractures)으로 진행되어 장애가 심해진다.

음악이 동작을 촉진한다

음악은 효과적으로 동작을 촉진할 수 있다. 음악은 군대의 행진이나 발레, 무대에서의 춤과 노래, 에어로빅 등과 같은 동작 활동에 다양하게 사용되고 있다. 음악은 사람들이 운동하는 장소인 체육관이나 헬스클럽에서 통상적으로 사용된다. 사람들은 음악이 리듬 패턴을 유지하게 하고 사람들에게 흥미롭게 들을 소재를 제공하기 때문에 음악 자극이 운동에 도움이 된다는 것을 안다. 고전적인 발레에서부터 현대적인 무용에 이르는 춤의 전통을 보면 알 수 있듯이, 음악의 구조(특히 리듬의 구조)는 사람들이 시도하는 동작의 틀을 제공하여 동작의 창조를 위한 효과적인 동기부여 자극제가 될 수 있다.

사지마비 뇌성마비 클라이언트들에게는 경련이 외부 자극에 대한 비자발적인 방어체계다. 경련이 중요하게 다루어져야 하는 이유는 통증을 유발하고, 경련이 연장되면 근육에 젖산을 축적하여 이 또한 통증을 유발할 수 있기 때문이다. 이러한 통증을 피하기 위해서는 젖산의 축적을 풀고 순환시키기 위하여 근육을 움직이고 운동을 해야 한다. 뇌성마비의 한 형태인 불수의 운동형 뇌성마비(athetoid)는 비자발적인 굴근 · 신근 운동을 유발하는 근긴장성 동요(fluctuating muscle tone)가 공통적으로 나타난다. 두 가지 형태의 뇌성마비 모두 (음악 중재에 대한 클라이언트의 반응이 수용적인 경우) 음악 자극에 대한 동작 활동은 클라이언트로 하여금 동작을 허용함과 동시에 동작에 활동적으로 참여하도록 자극하고 촉진하는 데에 효과적이다. 이 방법은 클라이언트가 그들 자신의 비자발적인 동작에 대한 통제권을 가질 수 있도록 '구조'를 제공한다.

음악과 동작 접근

특정 클라이언트 집단에 적용할 음악과 동작 프로토콜을 개발할 때, 동작의 순서는 논리적인 흐름을 만족할 수 있도록 주의 깊게 계획되어야 한다. 예를 들어, 운동 범위를 충분히 사용하도록 팔 동작을 격려하고 촉진하려면 팔 동작 범위의 증가를 위한 동작에 앞서서 어깨 관절을 느슨하게 하고 이완하는 것부터 진행해야 할 것이다.

어떤 음악과 동작 접근에서든 사용되는 음악의 적합성과 연관성은 서로 다른 유형의 동작을 효과적 · 성공적으로 이끄는 데에 중요하다. 특히 음악의 스타일, 박자, 음색은 신중하게 선택되어 개별 동작에 적용되어야 하는데, 그 성공은 음악이 얼마나 동작의 모양과 시간대에 잘 맞았는가에 달려 있다. 음악이 라이브로 연주된다면 치료사 혹은 연주자가 어떻게 연주하는가가 음악의 효과에 영향을 줄 수 있다. 수용과정은 클라이언트가 동작을 수행하는 동안 음악 자극을 듣고 동화되는 과정이다. 따라서 동작은 음악적 구조로부터 지지를 받고 동기부여가 되어야 한다. 음악은 클라이언트를 감싸고 지지하며, 음악의 리듬과 형식은 수행되는 동작의 리듬 및 구조와 조화를 이루어야 한다. 여러 가지 면에서 치료사의 역할이 클라이언트가 반응하도록 도와주는 것이라면, 클라이언트와 음악 사이의 연관성은 클라이언트가 동작을 수행하는 데에 필요한 노력과 신체 반응을 촉진한다.

• 제일 중요한 것은 모든 사람에게 리듬과 박자가 촉진 자극이라는 점이다. 박자와 리듬은 인간의 뇌에서 가장 원시적인 영역에 도달하여 우리가 듣는 음악의 빠르기에 무의식적으로 박자를 맞추는 시상 반사(thalamic reflex)를 유도한다. 그러므로 음악은 시도하는 동작과 근본적으로 연관된 리듬을 유지하고 박자가 맞아야 한다.
• 음악의 선율과 화성은 클라이언트의 흥미와 지각을 독려하고 촉진하며 발달시켜야 한다. 화성과 선율의 질적인 면은 직접적으로 측두엽(temporal lobe)에 영향을 끼쳐 회상, 연상, 예상, 기대와 같은 작용들을 조장한다. 음악에 명확한 선율 구조가 있을 때, 클라이언트는 음악의 형식을 따라갈 수 있고 그것이 예측 가능하다고 느낄 것이다. 이것은 음악에 대한 동작 반응을 촉진하는 데에 매우 중요하다.
• 음악의 스타일과 음색은 동작의 목적이 이완에 있느냐 혹은 자극에 있느냐에 따라 조정될 수 있다. 음악이 어떻게 연주되는지, 또는 음악이 (녹음된 경우라면) 스타카토, 리듬, 박자, 강세, 빠르기의 증감, 음량의 강약과 같은 것들 중 어떤 것들을 포함하고 있는지는 동작 활동을 촉진하는 데에 매우 중요한 요소가 된다.

이들 요소 중 어느 하나라도 부적절하게 제시되면 기대하거나 예상했던 반응에 역효과를 낼 수 있는데, 특히 동작의 속도와 관련되어 있을 때 더욱 그렇다. 예를 들어, 누군가가 행진하고 있는데 한계점 이상으로 빠르기가 증가하면 행진이 불가능해지면서 그 사람은 매우 빠르게 걷거나 달려야 한다. 그렇게 되면 동작에서 안정성을 유지하는 것은 갈수록 어려워진다. 수동적인 동작 활동에서 가장 중요한 요소는 안정성과 일관성을 가진 리듬 또는 선율 자극을 제공하는 것이다. 빠르기가 느리거나 또는 느려질 때는 강박에 강조를 두어야 한다. 만약 박자와 리듬이 엄격하게 지정되지 않은 채 너무 빠르게 연주되면 치료사가 클라이언트의 수동적인 동작에 음악을 사용하는 것이 어렵고, 클라이언트도 동작을 음악에 맞추는 것이 점점 어려워진다.

뇌성마비 클라이언트를 위한 음악과 동작

뇌성마비는 과다긴장형, 과소긴장형, 불수의운동형과 같이 다양한 특성과 형태를 나타낸다. 뇌성마비 클라이언트들의 운동기능장애는 외상 부위의 손상 정도에 따라 달라지기 때문에 같은 뇌성마비라도 증상이 완전하게 같은 사람은 없다. 그러나 신체 증상에서의 공통적인 특성들은 존재한다.

- **과다긴장형**(hypertonic) 클라이언트는 다양한 근육군에서 과도한 근긴장도를 갖는다.
- **내전근 경련**(adductor spasm)을 가진 클라이언트는 가위 모양의 다리(scissoring of legs)를 갖는다. 이 증상은 옷 입기, 화장실 가기, 씻기 등의 기술을 다루기 어렵게 만드는 한편, 고관절 탈구(hip dislocation)의 위험이 있다.
- 뇌성마비 클라이언트의 대다수는 일반적으로 **신근 경련**(extensor muscle spasm)을 갖는다. 중요한 신근군에서 예민한 반응을 나타내어, 클라이언트는 갑자기 무릎을 곧추 펴고 골반을 뻗고 척추와 머리를 뻗으며 경직된다. 극단적인 경우 목을 뻗고 입을 열어 혀를 밀어낸다. 신근 경련의 이런 증상을 최소화하기 위해서는 침착하고 조용한 접근이 유용하다.
- 이와 정반대의 반응을 나타내는 경우는 **굴근 경련**(flexor spasm)이다. 굴근군에서 과도한 근긴장도를 나타내면서, 클라이언트들은 오랜 시간 앉아 지내게 되고 마침내는 의자에 고착된 자세(chair-shaped)를 보일 수 있다. 이러한 유형의 클라이언트들에게는 충분한 지지와 이완이 필요하다. 누군가가 굽힌 근육을 펴려고 한다면 오히려 더 세게 구부리며 문제를 더욱 증가시킨다.

- **과소긴장형**(hypotonic) 클라이언트들은 낮은 근긴장도의 '물렁물렁한(floppy)' 근육을 가진다. 그래서 과소긴장형인 사람들은 종종 모든 것에 무관심한 것처럼 보이기도 한다. 그들은 동작에 대한 의욕이 부족하며, 때로 움직이려는 시도를 보이더라도 자세를 안정적으로 유지할 수가 없다. 그들에게는 활기 있고 자극적인 접근이 필요할 것이다.
- **불수의운동형**(athetoid) 클라이언트들은 지속적으로 비자발적인 동작을 만들어 낸다. 그들은 특정 동작을 시도하기 위해 자세를 유지하는 데에 도움을 필요로 한다. 그들은 대개 잘 흥분하기 때문에 자발적인 동작을 성공적으로 이끌어 내기 위해서는 차분한 접근이 필요하다.
- **관절 기형**(joint deformities)은 현재의 상황뿐 아니라 점점 약화되는 예후까지 가장 큰 도전이 될 수 있다. 바람받이 둔부기형(wind-swept hips)이 공통적인 특성으로 나타난다. 골반 하나는 외전(abducted)되어 바깥쪽으로 회전되며, 다른 골반 하나는 내전(adducted)되어 안쪽으로 회전된다. 이것은 종종 양쪽 무릎의 고착된 굴곡 변형(flexion deformities)과 연관된다. 외전된 골반은 안정적이지만, 내전된 골반은 탈구될 위험에 처하므로 이 증상의 클라이언트와 동작 활동을 진행할 때에는 염두에 두어야 한다. 바람받이 둔부기형은 종종 **척추측만증**(scoliosis)을 야기하는 **골반 흔들림**(pelvic obliquity)과 연관된다. 이러한 조건에서는 척추가 한쪽으로 휜 커다란 C자형 만곡을 형성한다. 이것은 클라이언트가 머리를 '중심에서 벗어난' 방향으로 하면 S자형 만곡이 될 수도 있다. 갈비뼈가 오목한 부분에 밀집하게 되고 호흡이 감소한다. 심각한 경우 척추가 회전하여 심각한 결함을 일으킨다.

청소년은 성인이 되면서 몸이 무거워지고 체격이 커지면 결국 경직이 증가하는 문제를 갖게 된다. 이것은 치료사가 그들을 움직이게 하는 것이 쉽지 않음을 의미한다. 그들이 스스로 움직이는 것이 어려워지면 기형을 발달시키게 되고, 결국에는 기형이 고착화된다. 많은 클라이언트들이 휠체어를 사용한다. 그들은 이동성을 유지하기를 원하는데, 이제부터 언급할 동작계획(schemes of movements)이 그들의 이동성 욕구를 충족시키도록 도울 수 있다.

동작계획

음악과 동작으로 얻을 수 있는 가능성을 고려하면 다음의 두 가지 요소가 중요하다.

- 동작은 즐거워야 한다. 건강한 사람들은 걷고 몸을 뻗고 돌아다닌다. 지체장애를 가진 사람들도 움직이는 과정 혹은 움직이는 것을 스스로 돕는 과정을 통해 즐거울 수 있다.
- 치료 세션은 바닥에서 편안하면서도 단단한 매트를 놓고, 클라이언트의 머리에는 받침목이나 베개를 놓은 상태로 시행된다. 이 자세는 클라이언트와 치료사 모두에게 편안하게 치료를 진행할 수 있게 해 준다.

음악 삽입

음악은 클라이언트의 동작 속도에 맞추기 위하여 라이브로 연주되어야 하는데, 알려진 연주 목록이나 즉흥음악이 사용될 수 있다. 이미 여러 번에 걸쳐 세션을 많이 경험한 클라이언트에게는 라이브 세션을 녹음하여 사용할 수도 있다. 그러나 사전에 녹음된 음악 CD는 거의 대부분의 경우 리듬과 빠르기의 충분한 유동성을 포함하고 있지 않아서 클라이언트와 치료사가 일반적으로 음악의 구조, 특히 빠르기에 맞추기 위해 음악에 동작을 적응시키고 절충하게 된다. 라이브 음악으로 진행하면 치료사가 클라이언트 그룹의 빠르기와 스타일에 음악을 적용시키기가 훨씬 쉽다. 가장 '신체장애 정도가 심각한' 클라이언트가 수행할 수 있는 속도에 음악의 빠르기를 맞추는 것이 중요하다. 사람들로 하여금 보다 빠른 속도에 맞추게 하는 것은 불가능하고 치료적으로 역효과를 내는 반면, 모든 사람이 속도를 낮추어 움직임을 실행하는 것은 가능한 일이다.

만약 즉흥음악이 사용된다면 리듬의 기초, 선율과 악구(phrase)의 구조, 예측 가능성을 제공할 수 있도록 음악적 형식 안에서 구성하는 것이 중요하다. 리듬과 악구법(phrasing)은 전체 동작 활동 안에서 예측 가능한 반응을 발전시키는 데에 기초적이다. 기존의 노래와 연주 목록을 사용하는 것이 매우 적절하며, 특히 동작 활동에서 적절한 핵심 단어를 써서 목소리를 사용하게 하는 것이 중요한 경우라면 더욱 효과적이다. 앞에서 언급한 지체장애의 퇴행을 저지하는 동작들을 수행하는 것은 음악적 요소 안에서 격려해 주고 동기를 부여하는 과정을 필요로 한다. 그러므로 음질, 음악의 구조와 순서는 클라이언트가 시도하려는 생리적인 과정에서 촉매제로서 매우 강력한 매개체의 역할을 담당해야 한다. 클라이언트를 동작 경험에 끌어들이고 참여하게 하려면 음악적인 동기부여, 특히 예측 가능한 동기부여가 이루어져야 한다.

동작 프로토콜상의 각 동작은 뒤에서 설명되며, 더불어 음악의 스타일과 사용할 음악의 예가 제공될 것이다. 여러 나라에서 치료사들은 즉흥음악을 치료적으로 사용하기 위해 경험을 쌓고 기술을 연마하고 있는데, 즉흥음악을 사용하거나 노래 혹은 작곡된 음악을 적용하는 것은 자격을 갖춘 치료사에게 기술과 훈련을 요구한다. 즉흥음악이 음악과 동작 활동에 사용될 수 있으며, 음악의 빠르기와 강약, 제시되는 방법에 대한 정보는 음악 스타일에 대한 부분에서 언급될 것이다. 그런데 클라이언트가 동작을 예견하는 것이 필요한 상황에서는 예측 가능한 음악적인 '구조'를 사용하는 것이 더 바람직하다(Wigram, 2004, p. 117). 그러므로 음악 목록의 예를 제공하는 부분에서는 노래나 악기 목록의 예만 제시될 것이다.

치료적 역량과 책임

앞에서는 음악과 동작 활동을 진행하는 데에 필요한 음악적 능력과 훈련의 중요성, 그리고 음악치료사들이 즉흥음악 기술을 응용하는 방법에 대해 어떤 식으로 훈련받는지에 대해 언급하였다. 이 프로토콜의 서로 다른 동작들에 대한 자세한 설명을 보면 이러한 형태의 중재를 수행할 때 생리학적 분야의 지식과 훈련의 수준도 필요하다는 것을 알 수 있을 것이다.

이러한 동작들의 대부분을 수행하기 위해서는 음악치료사들이 뇌성마비(또는 출생 전이나 출생 중, 출생 이후 뇌손상으로 인한 신체장애), 외상성 뇌손상(사고로 인해 신체장애가 발생한 경우), 또는 동작과 관련된 척수 손상(또는 관련 부위의 손상)과 관련된 장애 분야에 대해 전문적인 물리치료사들로부터 지침을 받는 과정이 필요하다. 이 프로토콜은 1980년대 초에 처음으로 사용되었는데, 음악치료사와 물리치료사가 두 학문 분야의 치료목표를 충족시키는 프로토콜을 만들기 위하여 협력하여 접근한 것으로서, 공동의 교육을 포함하는 '함께 훈련받기(co-training)' 의 형태를 만들어 냈다. 음악치료사는 신체 다루는 방법을 많이 배워야 했으며, 물리치료사들은 박자와 박자 분할(part-metres)뿐 아니라 음악적 구조와 빠르기에 대하여 배워야 했다. 그리고 그룹 세션에서 일대일 치료를 도와주는 사람들은 양쪽 분야의 관점을 모두 배워야 했다(Wigram & Weekes, 1985).

이러한 지식과 기술이 한번 습득되면 치료사 또는 조력자(helper)들은 지체장애 클라이언트를 안전하고 적절하게 도울 수 있다. 이러한 유형의 치료 접근에 참여하는 클라이언트들은 적절한 전문가들에 의해 다루어질 필요가 있다. 음악치료사가 임상 경험과 기술을 더 연마할수록 자신의 분야에서 좀 더 적절한 평가를 내리는 것이 가능해지나, 여전히 어느 정도의 한계를 가지게 된다. 그러므로 클라이언트의 신체 상태에 대한 음악치료 이외에 물리치료사의 진단과 간호사(또는 다른 전문가)의 보고 사항을 신중하게 연구해야 한다.

그러므로 이제 제시할 중재 프로토콜을 수행할 수 있는 능력의 수준이란 학제 간 훈련과 지식을 쌓는 것을 의미하며, 제시되는 동작들은 이러한 훈련 없이 중재가 이루어져서는 안 될 것이다.

음악과 동작 프로토콜

세션의 시작: 인사 노래

활동 근거

우리는 서 있는 장소가 바닥이나 의자 또는 어떤 형태든지 표면에 적응하는 능력을 당연하게 여긴다. 그러나 많은 지적장애 또는 지체장애 클라이언트에게는 그 정도를 여하하고 세션이 시작될 때 바닥에 눕히는 것이 불편하고 염려되는 취약한 일일 수 있다. 어떤 클라이언트들은 동요되거나 불안해할 수도 있다. 이런 경우 '인사 노래(Good Morning Song)'는 클라이언트들을 차분하게 하고 안심시키는 역할을 한다. 그리고 세션의 시작을 알리고 클라이언트와 치료사 간의 신뢰와 믿음을 촉진시킬 수 있다.

동작 설명

'인사 노래' ([그림 10-1] 참조)는 짧고, 조성음악(tonal music)으로 이루어진다. 먼저 그룹 전체를 대상으로 두 번 부르고, 다음에는 클라이언트의 특성이나 세션 당시의 기분에 맞추어 셈여림, 음색, 때로는 조성에 변화를 주면서 그룹 내 각 클라이언트들을 대상으로 두 번씩 부른다. 이 때 동일한 음악을 사용하는 것은 클라이언트들이 친숙한 노래에 이완되는 것을 돕기 위해서도 유용하다.

음악 스타일

노래의 셈여림과 스타일은 클라이언트 각 개인에 맞추어 조정되어야 한다. 보다 열정적이고 외향적인 클라이언트에게는 좀 더 크고 흥미로운 형태의 노래가 필요한 반면, 내성적인 클라이언트에게는 온화하고 부드러운 접근이 필요하다. 빠르기는 항상 클라이언트 개인에게 맞추어 다양하게 적용한다.

음악의 예

Wigram이 사용한 '인사(hello)' 노래가 [그림 10-1]에 제시되어 있다.

좋은 아침/좋은 오후 여러분
좋은 아침/좋은 오후 여러분
좋은 아침/좋은 오후 여러분
음악시간이에요

좋은 아침/좋은 오후… 찰리
좋은 아침/좋은 오후… 찰리
좋은 아침/좋은 오후… 찰리
음악시간이에요

'인사' 노래의 더 많은 예를 찾아보려면 노도프 로빈스 노래 모음집(Nordoff Robbins Play songs)을 참고하면 된다. 일반적으로 음악치료사들은 그들 자신이 사용할 인사 노래를 만든다. 클라이언트의 인지 수준과 장애 정도에 따라 만들어지는데, 이때 그룹의 필요와 개인의 필요에 적용할 수 있도록 신중하게 만들어져야 한다.

Piano
Good morn - ing to every - one, good morn - ing to every - one, good
(Client name),
Pno.
morn - ing to every - one it's mu - sic to - day. Good
morn - ing to every - one, good morn - ing to every - one, good
(Client name), (Client name),
morn - ing to every - one it's mu - sic - to day.
(Client name),

[그림 10-1] 인사 노래

이어지는 동작들은 논리적인 순서가 포함되어 있으며, 신체의 오른쪽 부위를 움직인 다음에 왼쪽 부위를 움직이는 것으로 한다.

① 오른쪽으로 척추 회전
② 오른팔 견갑대(shoulder girdle) 동작
③ 오른팔 동작
④ 왼팔 견갑대 동작
⑤ 왼팔 동작
⑥ 왼쪽으로 척추 회전
⑦ 한쪽에서 다른 쪽으로 구르기
⑧ 다리 튕기기(bouncing legs)
⑨ 오른쪽 다리 구부리고 펴기
⑩ 왼쪽 다리 구부리고 펴기
⑪ 골반을 밖으로 회전하기(hip abduction)
⑫ 골반 기울이기(pelvic tilt)
⑬ 누워서 골반 늘이기(prone lying and hip extension)
⑭ 발 마사지
⑮ 헤어짐의 노래

다음에서 설명되는 동작들 중 오른쪽, 왼쪽의 순서로 진행하는 일부 동작들은 서로 연관되기 때문에 중복 기술을 하지 않았다.

동작 1, 6: 척추 회전 (a) 클라이언트가 오른쪽에 눕기, (b) 클라이언트가 왼쪽에 눕기

활동 근거

척추 회전 동작은 클라이언트가 휠체어에 장시간 앉아 있음으로 인해 한쪽으로 몸이 구부정해지기 쉬운 상황을 제지하는 효과를 주기 위하여 진행된다. 클라이언트의 이런 환경이 척추를 휘어지게 하고, 자세 잡기와 동작에 어려움을 증가시켜 잠재적인 C자형 만곡 또는 척추측간증을 유발할 수 있기 때문이다. 척추 회전 동작에서는 의자에 앉아 있거나 서 있는 자세에서 신체의 하지는 바닥에 고정시키고 체간의 가장 윗부분을 왼쪽 또는 오른쪽으로 회전시킨다. 이 동작은 척추의 유연성을 유지시킨다.

동작 설명

이 동작은 먼저 왼쪽으로 누운 상태로 시행하고, 그다음에 오른쪽으로 누운 상태로 시행한다. 클라이언트가 편안하게 자세를 취했는지 확인해야 하는데, 한쪽 다리를 약간 구부리고 머리/목은 쭉 뻗어서 기도가 확보될 수 있도록 한다. 클라이언트의 한 손은 엉덩이 위에, 다른 한 손은 흉벽을 덮고 있는 견갑대 앞에 올리고 척추를 수동적으로 회전한다. 치료사는 적당하게 압력을 가하면서 엉덩이 위에 놓인 손은 부드럽게 누르고, 흉벽과 견갑대 위에 놓인 손은 잡아당긴다. 이 활동으로 척추는 비틀어지면서 회전한다. 치료사는 클라이언트가 편안하게 진행할 수 있는 한도 내에서 부드럽게 움직임의 범위를 확장시켜 나간다.

음악 스타일

음악은 중간 정도 느린 빠르기에서 느린 빠르기로 2/4 또는 4/4 박자여야 한다(♩=72). 부드럽게 시작하는 것이 중요하며 연속성을 가지고 동일한 빠르기를 유지해야 한다. 척추 회전은 클라이언트가 동작이 일어날 부분에 악센트를 줄 수 있는 강한 리듬이 필요하다.

사용될 수 있는 음악의 예

■ 노 래

- 'Early one morning'
- 'Fish goin' to swim' (뮤지컬 〈Showboat〉 수록곡)

■ 악 기

- Grieg, 〈Peer Gynt Suite〉, 'Morning'
- Rubinstein, 〈Melody in F〉

동작 2, 4: 오른팔, 왼팔 견갑대 동작

활동 근거

신체장애 클라이언트들 중 특히 높은 근긴장도를 가진 이들과 척추측만증 클라이언트들에게는 어깨의 긴장과 뻣뻣함이 흔히 나타난다. 주요 관절인 견갑대를 느슨하게 풀어 주고 이완시키는 것은 팔 동작의 도입부로서 중요한 역할을 담당한다.

동작 설명

오른팔, 왼팔 견갑대 동작은 두 단계로 이루어진다. 클라이언트는 등을 바닥에 대고 가능한 한 반듯이 눕는다. 치료사는 손을 클라이언트의 어깨 관절 위에 올리는데, 한 손 위에 한 손을 포개어 올린다. 그러고 나면 견갑대의 한쪽 편이 클라이언트의 뻣뻣함에 의해 리듬적으로 움직인다. 그리고 두 번째 단계로 치료사가 부드럽게 원을 그리면서 천천히 견갑대를 회전시키는 데, 클라이언트가 편안해하는 한도 내에서 점차 그 범위를 확장시킨다.

음악 스타일

음악은 중간 정도 느린 빠르기에서 느린 빠르기로 4/4 또는 12/8 박자여야 한다(♩=88).

매우 지지적이고 이완적인 스타일의 음악이 효과적이다. 부드럽게 연주되는 래그타임(ragtime) 또는 느린 당김음 음악이 매우 효과적인 것으로 증명되었다.

사용될 수 있는 음악의 예

이 동작에 래그타임과 같은 음악 목록을 사용한다면 고요하게 천천히 이완된 스타일로 연주하는 것이 중요하다.

- 〈The Gladiolus Rag〉
- 〈The Entertainer〉

동작 3, 5: 오른팔, 왼팔 동작

활동 근거

주요 관절(견갑대)을 풀어 준 후 다음 단계로 양팔 각각을 한 번에 하나씩 작업하는데, 이것은 팔의 운동 범위를 유지하기 위한 단계다. 고유수용성 신경근 촉진법(proprioceptive neuromuscular facilitation: PNF)에 의하면 팔의 운동 범위를 최대한 사용해야 한다. 그러나 뇌성마비를 가진 클라이언트들과 함께 활동을 진행할 때는 가능한 운동 범위에 대한 기대치를 조정할 필요가 있다.

동작 설명

누워 있는 클라이언트의 머리를 지지해 주고, 클라이언트의 다리는 가능한 한 신체의 중앙선에 위치하도록 한다. 팔 한쪽을 잡고(다른 팔 동작은 두 번째 견갑대 동작 다음에 시행한다) 팔꿈치를 굽혔다 펴고, 팔뚝을 안팎으로 돌린 다음, 어깨를 원을 그리며 부드럽게 움직이면서 시작한다. 오른팔, 왼팔 동작은 클라이언트의 능력에 따라 수동적인 동작이 될 수도 있고 지지를 받아서 움직이는 능동적인 동작이 될 수도 있다. 치료사는 클라이언트의 팔이 자신의 반대편 어깨에 닿을 때까지 팔을 움직여 주는 리듬 있는 짧은 단계들을 점차적으로 진행한다. 이 단계 다음에는 클라이언트의 손이 원래 위치로 돌아가도록 내려놓는다. 움직일 수 있는 범위는 클라이언트의 장애 정도에 따라 달라진다. 양팔의 손상 정도가 다르다면 우선은 더 많이 손상된 팔부터 시작할 것을 추천한다. 마지막으로 클라이언트가 목표물을 향해 팔을 뻗는 동작이 능동적이고 자발적으로 이루어질 수 있도록 시간을 준다.

음악 스타일

만약 이 동작이 팔꿈치나 팔뚝의 굽혔다 펴는 동작과 같이 단순히 어깨 너비의 중간 영역에 제한된 동작이라면 리듬적인 음악을 사용하여 꽤 리듬감 있는 동작을 만들어 볼 수 있다. 그러나 우리는 동작을 최대한 범위로 움직이도록 시도할 것이므로 음악의 악구에 맞추어 동작의 구조를 갖춰야 한다. 동작은 맥박보다는 악구의 맥락에서 리듬적으로 이루어질 것이다. 이 동작에는 단순한 노래 가사가 효과적이다. 음악은 느려야 하며, 악구는 동작과 같은 형태로 상승과 하강 스타일을 포함하고 있어야 한다. 이 동작의 마지막 부분인 자발적인 동작의 발달에서는 음악이 자체적인 리듬을 빼고 자발적인 동작의 리듬을 따라가야 한다. 즉흥적으로 점점 세게와 점점 여리게를 사용하여 상승 또는 하강 악구를 사용하면 효과적이다.

사용될 수 있는 음악의 예

이 동작에서 사용될 수 있는 노래는 'I'd like to Teach the World to Sing(In Perfect Harmony)' (1971년 코카콜라의 TV 광고용 노래로 Billy Davis가 만들고 뉴 시커스[The New Seekers]가 불렀다)의 선율로 부른다. 처음의 네 줄이 반복적으로 사용된다.

허공에 네 팔을 들라
그리고 위아래로 움직이라
허공에 네 팔을 들라
그리고 위아래로 움직이라

동작 7: 한쪽에서 다른 쪽으로 구르기

활동 근거

한쪽에서 다른 쪽으로 구르기 활동의 목적은 척추를 움직이고 머리와 상체의 자발적인 동작을 촉진하기 위한 것이다. 오른쪽에서 왼쪽으로 90° 돌리는 것처럼 척추를 비틀어 운동하는 것을 촉진하는 것은 마치 척추 회전 단계와 비슷하다. 이 동작의 차이점은 상체와 머리를 다른 편으로 움직이기 위해 클라이언트의 자발적인 참여를 촉진한다는 것이다.

동작 설명

모든 베개와 받침목들을 제거하고 클라이언트가 바로 누운 자세로 동작을 시작한다. 치료사는 클라이언트의 왼쪽 다리를 안전하게 붙잡고, 오른쪽 다리를 구부려서 부드럽게 왼쪽으로 움직여 클라이언트가 자신의 왼쪽으로 몸을 틀게 한다. 만약 클라이언트가 몸을 트는 것을 힘들어할 경우 오른쪽 어깨 아래를 약간 부드럽게 잡아 주는 것이 도움이 될 것이다. 다시 클라이언트의 등을 바로 중앙에 눕히고, 이번에는 왼쪽 다리를 구부려서 오른쪽으로 가져가는 방식으로 같은 동작을 반복한다. 골반이 아탈구 또는 탈구된 클라이언트가 이 동작을 진행할 때에는 특별한 보호가 필요하다.

음악 스타일

음악은 4/4박자여야 한다(♩=56).

이 동작 역시 악구 안에서 리듬을 느끼는 것이 필요하다. 매우 뚜렷한 첫 박은 기대할 수 있는 목표를 제공한다(즉, 예측 가능하게 한다). 장애의 정도와 범위에 따라 클라이언트는 한 마디 내에서 구를 수도 있고 두 마디 내에서 구를 수도 있다. 즉흥적으로 연주하든, 노래를 부르든, 또는 작곡된 목록을 사용하든 음악은 스타일이 포괄적이어야 한다.

사용될 수 있는 음악의 예

- 'Climb every mountain' (한 악구에서 한 번 구르기)
- 'My bonnie lies over the ocean' (한 악구에서 한 번 구르기)

1976년에 나온 'I am Sailing' (Gavin Sutherland 작사, Rod Stewart 노래)을 이 동작에 적용하는 것이 이상적이다. 노래의 처음 네 소절이 사용될 수 있다.

나는 굴러, 나는 굴러, 나는 굴러, 바닥에서
나는 굴러, 나는 굴러, 나는 굴러, 바닥에서

동작 8: 다리 튕기기

활동 근거

다리(혹은 신체의 어느 부위든)의 경직 정도가 높을 때 적용할 수 있는 한 가지 방법은 부드럽게 경직을 '흔들어 버리는' 것이다. 다리와 함께 주요 관절을 풀어 주는 골반대(pelvic girdle) 운동[1]은 견갑대 운동처럼 쉽지는 않으므로 부드럽게 다리를 위아래로 튕겨 준다. 부드럽게 다리를 작은 범위 내에서 굽혔다 펴는 것도 근육 경직을 줄이는 데 효과적인데 이는 다음 단계의 다리 구부리고 펴기 동작의 준비 단계가 될 수 있다.

동작 설명

클라이언트는 머리가 지지된 상태로 똑바로 눕는다. 치료사는 무릎과 발목의 뒷부분에서 다리 아랫부분을 지지하고 골반은 급힌다. 다리를 위아래로 튕기면서 달성되는 효과는 치료사가 다리를 잡고 있는 방식에 따라 달라진다. 만약 다리 아랫부분이 충분히 지지되면서 부드럽게 위아래로 움직이면, 과다긴장형 클라이언트에게는 이완을 유도할 것이다. 경직을 감소시켜 무릎을 펴는 것이 가능해지기 때문이다. 그러나 과소긴장형 클라이언트에게는 적게 지지되어야 다리가 위로 움직일 수 있고, 다시 지지받기 전에 다리를 살짝 떨어뜨리는 것이 가능하다. 이 과정에서 근육의 경직도는 증가할 수 있다. 치료사는 자신의 등이 불필요하게 앞으로 당겨지지 않도록 적절하게 위치를 잡았는지 확인해야 한다.

---

1) 골반대를 느슨하게 하는 운동으로 3세에서 8, 9세의 아동을 대상으로 체격이나 장애의 정도에 따라 시행된다. 제시된 동작 프로토콜 중 '골반 기울이기' 부분에 기술되어 있다.

음악 스타일

음악은 적절하게 활기찬 빠르기로 2/4 또는 4/4 박자여야 한다(♩=112).

이 활동은 매우 리듬적인 동작이다. 이 동작에서는 음악의 빠르기가 중요한 역할을 담당한다. 경련을 유도할 정도로 너무 빠르면 안 되고, 근육이 비자발적으로 이완되도록 촉진할 만큼은 빨라야 한다. 마찬가지로 과소긴장형 클라이언트와 함께 진행하는 경우 치료목적이 근육의 경직도를 증가시키려는 것이라면, 음악은 클라이언트가 리듬에 맞추어 움직일 수 있을 만큼 충분히 느려야 하고 지나치게 빠르면 안 된다.

사용될 수 있는 음악의 예

- Offenbach, 〈Orpheus in the Underworld〉, 'Can-Can'
- John Philip Sousa, 'Colonel Bogey march'
- Hendel, 〈Queen of Sheba〉, 'Cornish floral dance'

동작 9, 10: 오른쪽, 왼쪽 다리 구부리고 펴기

활동 근거

다리 튕기기 활동으로 다리 근육이 풀리고 나면 오른쪽, 왼쪽 다리 구부리고 펴기 동작으로 다리의 최대 운동 범위를 유지하는 것에 중점을 둔다. 고유수용성 신경근 촉진법(PNF)에 따라 동작에서 운동 범위의 최댓값을 활용하도록 한다. 그러나 팔을 사용했을 때와 마찬가지로, 뇌성마비(경직형 또는 불수의운동형) 클라이언트에게는 운동 가능한 범위에 대한 기댓값이 조정되어야 한다. 편마비와 사지마비를 가진 클라이언트에게 다리 근육 긴장도를 감소시키고 운동 범위를 유지시키는 것은 고착된 구축이 일어나지 않도록 예방하는 차원에서 중요하다. 신근 반발(extensor thrust)을 보이는 클라이언트에게는 치료목적이 신근 경련을 없애고 다리를 굽히도록 유도하는 것인 반면, 굴근 경련(flexor spasm)을 보이는 클라이언트에게는 가능한 한 다리를 최대로 펼 수 있도록 유도한다.

동작 설명

클라이언트는 머리를 지지받고 양말과 신발을 벗은 상태로 똑바로 눕는다. 치료사의 양손은 클라이언트 다리의 굴근 지점(flexor aspects, 무릎 뒤와 발목 위) 위에 올려놓는다. 그런 다음 치료사에 의해 수동적으로 하든 혹은 클라이언트 스스로 능동적으로 하든 다리를 구부린다(대개는 둘 중 한 경우에 속하나, 클라이언트의 체격과 장애의 정도 및 특성에 따라 두 경우 모두가 필요할 수도 있다.). 치료사의 손은 이제 신근 지점으로 옮기는데, 한 손은 발바닥에, 다른 한 손은 슬개골(kneecap) 위에 올려서 클라이언트가 힘을 줄 수 있도록 부드럽게 도와준다. 연속적으로 짧게 힘을 주어 리듬적인 동작이 될 수도 있고, 한 번에 길게 힘을 주어 유지시키는 방법이 될 수도 있다. 치료사는 클라이언트가 편안하게 진행할 수 있는 범위 내에서 구부리고 펴는 범위를 점점 증가시키도록 한다.

음악 스타일

음악은 중간 정도의 느리기로 3/4 또는 6/8 박자여야 한다(♩=72). 이 동작에는 첫 박에서 특별한 강조를 필요로 하는데, 혹 6/8박자의 곡이라면 두 번의 박에서 강조를 해 주어야 한다. 즉흥연주 곡이든 준비된 목록이든 명확히 정해진 빠르기와 단순한 스타일이 좋다('구부리기'와 '펴기'와 같이 핵심 단어로 이루어진 노래가 좋다). 매우 심한 굴근 경련을 가진 클라이언트에게는 구부리는 단계마다 두세 번씩 펴 주고, 신근 경련을 가진 클라이언트에게는 두세 번씩 구부려 주는 과정이 필요할 것이다.

음악의 예

이 활동에 적합한 음악은 뮤지컬 〈사운드 오브 뮤직〉(Rogers & Hammerstein 작사/작곡)으로 잘 알려진 '에델바이스(Eidelweiss)' 다. 이는 거의 모든 사람이 알고 있는 노래로 다음과 같이 가사를 변형할 수 있다.

구부리고 구부리고, 구부리고 구부리고
펴고 펴고 다리 펴고
구부리고 구부리고, 구부리고 구부리고
펴고 펴고 다리 펴고
구부리고 구부리고, 구부리고 구부리고
펴고 펴고 다리 펴고
구부리고 구부리고, 구부리고 구부리고
펴고 펴고 다리 펴고

이 곡은 가사를 쉽게 바꿀 수 있는 곡이다. 만약 클라이언트가 구부리고 펴는 동작을 빨리 할 경우 '구부리고 구부리고, 펴고 펴고' 로 변형할 수 있다. 또는 구부리고 펴는 데에 위에 제시된 구절보다 더 많은 시간을 필요로 한다면 처음의 네 소절은 모두 구부리는 동작에만 사용하고 마지막 네 소절은 모두 뻗는 동작에만 사용할 수도 있다.

적당한 빠르기를 가진 다른 노래나 곡들은 다음과 같다.

- 'My bonnie lies over the ocean'
- 'When Irish eyes are smiling'
- 'Daisy, Daisy'
- 'Sheep may safely graze'
- Franz Lehar, 〈The Merry Widow〉, 'Waltz'

동작 11: 부드럽게 흔들며 골반을 밖으로 회전하기

활동 근거

뇌성마비를 가진 사람들, 특히 휠체어에 오래 있는 사람들에게는 일반적으로 두 다리가 단단히 움직이지 않게 되면서 내전근(adductor muscle)이 점점 굳어지는 현상이 나타난다. 게다가 많은 경우에 골반이 바람받이 둔부기형으로 알려진 것처럼 한쪽으로 치우치기 쉽다. 그리고 시간이 갈수록 위험이 점점 증가하여 골반이 아탈구 또는 탈구되기도 한다. 골반을 밖으로 회전하는 활동은 골반의 범위를 유지하고 경직된 내전근으로 인하여 장애의 정도가 증가하는 것을 줄이는 것을 목표로 한다.

동작 설명

클라이언트는 가능한 한 몸통을 곧게 펴고, 골반과 무릎은 구부린다. 치료사는 정면에서 무릎을 꿇고 양손을 클라이언트의 골반 양쪽에 각각 올린다. 치료사는 팔꿈치를 사용하여 가능한 한 많이, 부드럽게 무릎을 분리시킨다. 그런 다음 한쪽에서 다른 쪽으로 부드럽게 흔들어 주면서 안정되게 유지시키는데, 내전근이 더 많이 이완되고 무릎이 더 많이 벌어질 수 있도록 부드럽게 압력을 가한다.

음악 스타일

음악은 중간 정도의 느리기로 3/4 또는 6/8 박자여야 한다(♩=80). 이 동작은 흔드는 요소를 포함하고 있어서 느린 3/4박자를 사용하는 것이 효과적이다. 치료사는 클라이언트(특히 골반이 탈구되거나 바람받이 둔부기형 경향이 있는 클라이언트)의 골반을 밖으로 회전시키는 단계를 오래 유지할 필요가 있으므로 1~2개의 강박을 가진 6/8박자 리듬이 활용하기 좋다. 이 동작은 주의 깊게 시행되지 않으면 클라이언트에게 매우 불안한 요소가 될 수 있으므로 느리게 진행할 필요가 있다. 그리고 클라이언트가 동작을 리듬적으로 참여할 수 있도록 하는 것이 중요하다.

음악의 예

이 동작에는 왈츠 음악이 잘 어울린다. 오른쪽 또는 왼쪽으로 갈 때마다 강한 박에 중간 정도의 강세를 주어 클라이언트의 동작을 돕는다.

■ 부드러운 빠르기의 노래 예

- 'My bonnie lies over the ocean'
- 'Skye boat song'
- 'Daisy, Daisy'

■ 사용될 수 있는 연주곡의 예

- Johann Strauss, Jr., 〈Waltzes〉('Blue Danube' 'Emperor Waltz')(느리게 연주)
- 'Elizabethan serenade'
- Handel, 〈Messiah〉, 'And he shall feed his flock'
- Grieg, 〈Peer Gynt Suite〉, 'Morning'

동작 12: 골반 기울이기

활동 근거

휠체어에서 많은 시간을 보낼 때 골반은 한쪽 방향으로 고착될 수 있다. 따라서 골반 기울이기 동작은 어린 아동과 활동할 때 골반의 운동 범위를 유지하는 데에 도움이 된다.

동작 설명

이 동작은 클라이언트는 머리가 지지된 채 똑바로 누워 있는 상태로 치료사에 의해 수동적으로 이루어진다. 골반과 무릎을 구부리고 몸통 근육의 긴장을 푼다. 그런 다음 골반을 앞뒤로 흔들어 준다. 클라이언트 대부분은 엉덩이로 앉지 않고 미저골(coccyx)로 앉기 때문에 허리 부분이 점점 뻣뻣해진다. 이 동작은 나이 들거나 체격이 큰 클라이언트에게는 가능하지 않다. 손가락으로 골반 아랫부분/엉덩이 윗부분을 보호해 주면서 양쪽의 골반대(pelvic girdle)를 붙잡고, 등으로 둥그런 곡선을 그릴 수 있도록 엉덩이를 잡아당긴다.

음악 스타일

음악은 느리면서 리듬적인 빠르기로 2/4 또는 4/4 박자여야 한다(♩=60). 이 동작은 리듬적으로 행해져야 한다. 2박 또는 4박이 적합하며 음악은 느려야 한다. 치료사에게 어려운 작업이며, 두 개의 부분으로 구성된다. 대부분 스타카토 스타일로 연주되는 것이 도움이 된다.

음악의 예

빠른 4/4박자 곡의 첫 번째, 세 번째 박이 사용될 수 있다.

■ 사용될 수 있는 곡의 예

- Dvořák, 〈Humouresque〉
- J. S. Bach, 'Air on a G string', 3악장
- 'Mary had a baby' (느리게)
- The Beatles, 'Yesterday'

동작 13: 누워서 골반 늘이기

활동 근거

누워서 골반 늘이기 동작은 휠체어에 앉아 있는 것의 영향을 줄이기 위한 것이다. 클라이언트는 치료사가 클라이언트의 골반을 수동적으로 움직여 줄 수 있도록 엎드려 눕는다.

동작 설명

이 동작은 클라이언트가 받침목을 깔고 팔은 앞으로 뻗은 채 그 위에 눕는다. 골반과 무릎에 굴곡 변형이 있는 클라이언트는 변형을 보완하기 위하여 콩주머니 또는 느슨한 가방(sag bag) 위에 눕는다. 엎드려 누운 자세는 척추와 골반을 펴도록 촉진할 수 있다. 치료사는 한 번에 한쪽 다리를 다루는데, 클라이언트의 다리를 치료사의 무릎 밑에 놓고, 클라이언트의 다리를 구부려 발이 치료사의 겨드랑이 쪽으로 오도록 당겨 준다. 다른 손은 클라이언트의 골반/엉덩이 위에 올려놓고, 골반에 단단하게 압력을 주면서 부드럽게 다리를 끌어당긴다.

음악 스타일

음악은 중간 정도의 느리기로 2/4 또는 4/4 박자여야 한다(♩=76/88). 매우 지지적이고 이완적인 음악이 중요하다. 처음 동작에는 래그타임 또는 느린 재즈를 부드럽게 연주하거나 당김음이 적절하게 사용된 즉흥음악을 사용한다. 수행하기 어려운 동작이기 때문에 처음에는 동작보다 다소 느려야 한다.

음악의 예

■ 사용될 수 있는 연주곡의 예

- Scott Joplin, 'The entertainer'
- Grieg, 'Wedding day at Troldhaugen'
- 'Cornish floral dance'

■ 사용될 수 있는 노래의 예

- 'Go tell it on the mountain'
- 'Viva Espania'
- 'Roamin' in the gloamin'
- 'Kum ba ya'

동작 14: 발 마사지

활동 근거

많은 형태의 신체장애 클라이언트에게는 순환이 잘 안 되거나 부종(oedema), 때로는 함몰부종(pitting oedema)이 보편적으로 나타난다. 발의 혈액 순환을 촉진하기 위하여 발을 사용하는 활동이 필요하다. 다른 활동들과 마찬가지로 발 마사지 동작은 클라이언트들에게 매우 즐겁고 재미있는 시간이 될 수 있다.

동작 설명

클라이언트는 머리에 베개를 벤 상태로 바로 눕는다. 치료사는 한 번에 한 쪽 발씩 다리를 지지하면서 진행한다. 치료사의 이온된 손 사이에 클라이언트의 발 앞꿈치를 놓고 단단하게 압력을 준다. 그러던 발바닥 아랫부분과 발의 윗부분에 혈액이 순환할 수 있게 된다. 이 과정은 설명보다는 경험해 보아야 즐거운 기분을 느낄 수 있다. 그런 다음 치료사는 발가락 관절을 수동적으로 구부렸다 펴고, 다른 발에도 같은 과정을 반복한다.

음악 스타일

음악은 느린 빠르기로 2/4 또는 4/4 박자여야 한다(♩=60). 이 동작에 쓰이는 음악은 느리면서도 안정되어야 하며, 매우 부드러우면서도 리듬이 강해야 한다. 특히 동작의 초기 절반 부분인 순환적인 동작에서 리듬을 찾기 힘들 때 더욱 그렇다. 발가락을 굽혔다 펴는 동작은 리듬적으로 움직이기가 훨씬 쉽다.

음악의 예

- J. S. Bach, 'Air on G string', 3악장
- J. S. Bach 'Wachet Auf'
- 'Nobody knows the trouble I see'(미국 민요)
- The Beatles, 'Michelle'
- 'The little drummer boy'
- 'Greensleeves'

동작 15: 헤어짐의 노래

발 활동까지 진행했든, 프로그램 중간의 어떤 단계까지 진행했든 간에 세션을 마치는 단계에서는 이완할 수 있는 짧은 침묵으로 시작한다. 그리고 마치는 노래 또는 헤어짐(goodbye)의 노래를 부르는데, 클라이언트 개개인에게 '안녕' 이라고 말해 준 다음 전체 그룹에게 '안녕' 이라고 말해 준다.

이 프로그램에서 사용하는 헤어짐의 노래는 Wigram이 작곡한 것으로 정

[그림 10-2] 헤어짐의 노래(계속)

[그림 10-2] 헤어짐의 노래

신지체를 대상으로 하는 음악치료에서도 사용된다. 처음 두 번은 전체 그룹을 대상으로 부르는 조성음악이다. 그다음에는 노래를 그룹 내의 각 개인에게 불러 준다. 세션 시작 시의 인사 노래에서처럼, 클라이언트의 특성이나 당시 기분에 맞추어 강약, 음색, 때로는 조성에 변화를 주어 가며 작별의 메시지를 전한다. 헤어짐의 노래 역시 클라이언트에게 친숙하고 알려진 노래에 이완되도록 도와줄 수 있도록 일관되게 같은 곡을 사용하는 것이 좋다.

결 론

음악과 동작 프로그램은 음악치료사, 물리치료사, 간호사, 부모 혹은 어떤 사람에 의해 시행되건 시행과정에 대한 훈련과 지식 수준이 중요하다. 이 프로그램을 개발하면서 최소한 두 가지 학문 사이에 협력이 필요하다는 것이 초창기 팀에서부터 명백한 사실이었다(Wigram & Weekes, 1983). 진정한 학제간 접근을 위하여 음악치료의 치료 방향과 목적을 조정하는 것처럼 물리치료의 치료 방향과 목적도 조정될 필요가 있다. 이것은 배경음악이 사용된 물리치료 세션이 아닐 뿐더러, 약간의 동작 활동이 포함된 음악치료 세션도 아니다. 물론 에어로빅과 같은 운동 프로그램은 더욱더 아니다. 클라이언트가 수용 가능한 단계에서 듣는 음악의 질과 스타일은 클라이언트가 동작에 협력 또는 저항하는 정도에 뚜렷한 영향을 끼친다.

이들 동작이 클라이언트에게 효과적으로 적용되기 위해서는 음악의 빠르기가 중요하다는 것을 다시 한 번 강조한다. 클라이언트의 장애가 어느 정도 비슷하더라도 모든 클라이언트는 다 다르다. 장애가 적다고 항상 동작이 좀 더 느리다고 할 수 없듯이, 장애가 많다고 동작을 빨리 하는 것도 아니다. 그러므로 음악의 빠르기는 언제나 제일 느린 클라이언트에게 맞춰져야 한다.

여기에 제공된 노래, 곡, 음악의 스타일과 장르의 다양한 범위는 저자의 배경을 반영한다. 그렇지만 이 음악들은 경험에 근거하여 신중하게 선정되었다. 어떤 음악이 사용되건 라이브 음악이든 음반이든 시도해 보아야 하며, 특히 선정된 음악이 특정 동작에 적절한지 그 효과성이 검증되어야 한다. 이 책에서 언급되는 음악과 동작 프로그램이 최소한의 '잘 수용되는 모델'이 될지도 모르지만, 음악을 듣고 반응하는 개개인의 반응에 대한 중요한 이슈들이 걸림돌이 될 소지는 남아 있다.

참고문헌

Achterberg, J. (1985). *Imagery in Healing.* Boston, MA. New Science Library.

Alladin, W. (1999). 'Models of counselling and psychotherapy for a multiethnic society.' In S. Palmer and P. Laungani (Eds.) *Counselling in a Multicultural Society.* London: Sage.

Altshuler, I. M. (1948). 'A psychiatrist's experience with music as a therapeutic agent.' In D. Schullian and M. Schoen (Eds.) *Music and Medicine.* New York: Henry Schuman.

Alvin, J. (1975). *Music Therapy.* Revised edition. London: John Claire Books.

American Music Therapy Association (2006). www.musictherapy.org/faqs.html (Retrieved 3 March 2006).

Baker, F. and Tamplin, J. (2006). *Music Therapy Methods in Neurorehabilitation: A Clinician's Manual.* London: Jessica Kingsley Publishers.

Baker, F. and Wigram, T. (2005). *Songwriting: Methods, Techniques and Clinical Applications for Music Therapy Clinicians, Educators and Students.* London: Jessica Kingsley Publishers.

Barker, L. (1991). 'The use of music and relaxation techniques to reduce pain of burn patients during daily debridement.' In C. Dileo Maranto (Ed.) *Applications of Music in Medicine.* Washington, DC: National Association for Music Therapy.

Baumel, L. (1973). 'Psychiatrist as music therapist.' *Journal of Music Therapy 10*, Summer, 83-85.

Bishop, B., Christenberry, A., Robb, S. and Rundenberg, M. (1996). 'Music therapy and child life interventions with pediatric burn patients.' In M. A. Froehlich (Ed.) *Music Therapy with Hospitalised Children*. Cherry Hill, NJ: Jeffrey Books.

Blake, R. (1994). 'Vietnam Veterans with post-traumatic stress disorder: finding from a music and imagery project.' *Journal of the Association for Music and Imagery 3*, 5-17.

Blake, R. and Bishop, S. (1994). 'The Bonny Method of Guided Imagery and Music (GIM) in the treatment of post-traumatic stress disorder (PTSD) with adults in a psychiatric setting.' *Music Therapy Perspectives 12*, 125-129.

Boakes, M. (1990). *Vibrotactile Stimulation*. London: British Association of Occupational Therapists. Unpublished.

Bonde, L., Nygaard Pedersen, I. and Wigram, T. (2001). *Når Ord ikke Slår Til: En Hån dbog i Musikterapiens teori og praksis i Danmark (Music Therapy: When words are not enough. A handbook of Music Therapy Theory and Practice in Denmark)*. KLIM: Århus.

Bonny, H. (1983). 'Music listening for intensive coronary care units: a pilot project.' *Music Therapy 3*, 4-16.

Bonny, H. (2002). *Music and Consciousness*. Gilsum, NH: Barcelona Publishers.

Bonny, H. and Savary, L. (1973). *Music and Your Mind*. New York: Harper and Row.

Booth, J. (2002). 'A brief music, drawing and narrative experience.' *Marketing Connections: Proceedings of the inaugural conference of the Music and Imagery Association of Australia (MIAA)*. Melbourne, pp. 44-49.

Booth, J. (2003). 'Music and imagery experiences with the music of Vaughan-Williams.' *Music and Imagery: Sound Connections. Proceedings of the second Australasian conference of the Music and Imagery Association of Australia (MIAA)*. Melbourne, pp. 31-41.

Borczon, R. (1997). *Music Therapy Group Vignettes.* Gilsum, NH: Barcelona Publishers.

Bright, R. (1972). *Music in Geriatric Care.* Sydney: Angus & Robertson.

Brown, C. J., Chen, A. C. N. and Dworkin, S. F. (1991). 'Music in the control of human pain.' *Music Therapy 8*, 47-60.

Bruscia, K. (1987). *Improvisational Models of Music Therapy.* Springfield, IL: Charles Thomas Publications.

Bruscia, K. (1998a). *Defining Music Therapy*, 2nd edition Gilsum, NH: Barcelona Publishers.

Bruscia, K. (Ed.) (1998b). *The Dynamics of Music Psychotherapy.* Gilsum, NH: Barcelona Publishers.

Bruscia, K. and Grocke, D. (Eds.) (2002). *Guided Imagery and Music (GIM): The Bonny Method and Beyond.* Gilsum, NH: Barcelona Publishers.

Bush, C. (1995) *Healing Imagery and Music.* Portland, OR: Eudra Press.

Carpenter, R. and Bettis, J. [1969] (2006). 'Eve' , www.lyricsdomain.com/3/carpenters/eve.html (Retrieved 5 June 2006).

Carrington, M. E. (1980). 'Vibration as a training tool for the profoundly multiply handicapped child within the family.' Paper on clinical practice in physiotherapy, Castle Priory College. Personal communication.

Chesky, K. S. (1992). *The effects of music and music vibration using the MVTtm on the relief of rheumatoid arthritis pain.* PhD dissertation, University of North Texas. Unpublished.

Chesky, K. S. and Michel, D. E. (1991). 'The music vibration table (MVTtm): developing a technology and conceptual model for pain relief.' *Music Therapy Perspectives 9*, 32-38.

Clair, A. (1996). *Therapeutic Uses of Music with Older Adults.* Baltimore, MD: Health Professions Press.

Clark, M. (1991). 'Emergence of the adult self in guided imagery and music (GIM) therapy.' In K. Bruscia (Ed.) *Case Studies in Music Therapy.* Phoenixville, PA: Barcelona Publishers.

Clark, M., McCorkle, R. and Williams, S. (1981). 'Music therapy-assisted labor and delivery.' *Journal of Music Therapy 18*, 88-100.

Colegrove, V. (1995). 'The use of taped music with Validation techniques to support the imagery of a disorientated woman with multi-infarct dementia and glaucoma: a case study.' *Journal of the New Zealand Society for Music Therapy*, 42-45.

Congreve, William (1697). *The Mourning Bride*, Act 1, Scene 1, I.

Crook, B. (1988). *Relaxation for Children.* Katoomba, NSW: Second Back Row Press.

Curtis, S. L. (1986). 'The effect of music on pain relief and relaxation of the terminally ill.' *Journal of Music Therapy 23*, 1, 10-24.

Darrow, A. A. and Gohl, H. (1989). 'The effect of vibrotactile stimuli via the Somatron on the identification of rhythmic concepts by hearing impaired children.' *Journal of Music Therapy 26*, 115-124.

De Backer, J. (1993). 'Containment in music therapy.' In M. Heal and T. Wigram (Eds.) *Music Therapy in Health and Education.* London: Jessica Kingsley Publishers.

Dileo, C. (Ed.) (1999). *Music Therapy and Medicine: Theoretical and Clinical Applications.* Silver Spring, MD: American Music Therapy Association, pp.181-188.

Dileo, C. (1997). 'Reflections on medical music therapy: biopsychosocial perspectives of treatment process.' In J. Loewy (Ed.) *Music Therapy and Pediatric Pain.* Cherry Hill, NJ: Jeffrey Books.

Dileo, C. and Bradt, J. (1999). 'Entrainment, resonance and pain-related suffering.' In C. Dileo (Ed.) *Music Therapy and Medicine: Theoretical and Clinical Applications.* Silver Spring, MD: American Music Therapy Association.

Egan, G. (1986). *The Skilled Helper*, 3rd edition. Burbank, CA: Brooks-Cole.

Egan, G. (1998). *The Skilled Helper,* 6th edition. Burbank, CA: Brooks-Cole.

Eliot, T. S. (1941). 'The Dry Salvages', in T. S. Eliot *Collected Poems, 1909-1962.* London: Faber and Faber.

Erdonmez, D. (1977). 'Music as a Projective Technique.' *Proceedings of the third national conference of the Australian Music Therapy Association* Adelaide, Australia, pp. 11-16.

Feil, N. (1993). *The Validation Breakthrough.* Baltimore, MD: Health Professionals Press.

Fleming, J. (1990-1992). *Guided Imagery and Music (GIM) training courses.* University of Melbourne: Unpublished.

Frith, S. (1978). *Sound Effects: Youth, Leisure and the Politics of Rock.* London: Constable.

Goldberg, F. (1994). 'The Bonny Method of Guided Imagery and Music (GIM) as individual and group treatment in a short-term acute psychiatric hospital.' *Journal of the Association for Music and Imagery 3*, 18-34.

Goldberg, F. (1995). 'The Bonny Method of Guided Imagery and Music.' In T. Wigram, B. Saperston and R. West (Eds.) *The Art and Science of Music Therapy: A Handbook.* London: Harwood Academic.

Goldberg, F., Hoss, T. and Chesna, T. (1988). 'Music and imagery as psychotherapy with a brain damaged patient: a case study.' *Music Therapy Perspectives 5*, 41-45.

Griffin, M. J. (1983). 'Effects of vibration on humans.' In R. Lawrence (Ed.) *Proceedings of Internoise 1.* Edinburgh: Institute of Acoustics, pp. 1-14.

Grocke, D. E. (1999a). 'The music which underpins pivotal moment in Guided Imagery and Music.' In T. Wigram and J. de Backer (Eds.) *Clinical Applications of Music Therapy in Psychiatry.* London: Jessica Kingsley Publishers.

Grocke, D. E. (1999b). *A phenomenological study of pivotal moments in Guided Imagery and Music.* PhD dissertation, University of Melbourne. CD-IV University of Herdecke, Germany.

Grocke, D. E. (2002). 'The Bonny Music Programs.' In K. Bruscia and D. Grocke (Eds.) (2002) *Guided Imagery and Music (GIM): The Bonny Method and Beyond.* Gilsum, NH: Barcelona Publishers.

Grocke, D. E. (2003). 'Healing an inflamed body: the Bonny Method of GIM in treating rheumatoid arthritis.' In S. Hadley (Ed.) *Psychodynamic Music Therapy.* Gilsum, NH: Barcelona Publishers.

Grocke, D. E. (2005a). 'The role of the therapist in the Bonny Method of Guided Imagery and Music.' *Music Therapy Perspectives 23*, 1, 45-52.

Grocke, D. (2005b). 'Case study in Guided Imagery and Music.' In D. Aldridge (Ed.) *Case Study Designs in Music Therapy.* London: Jessica Kingsley Publishers.

Hagbarth, K. E. and Eklund, G. (1968). 'The effects of muscle vibration in spasticity, rigidity and cerebellar disorders.' *Journal of Neurology, Neurosurgery and Psychiatry 31*, 207-213.

Hanser, S. (1985). 'Music therapy and stress reduction research.' *Journal of Music Therapy 22*, 4, 193-206.

Hanser, S. (1996). 'Music therapy to reduce anxiety, agitation, and depression.' *Nursing Home Medicine 10*, 20-22.

Hanser, S. (1999a). *'The New Music Therapist' s Handbook*, 2nd edition. Boston, MA: Berklee Press.

Hanser, S. (1999b). 'Relaxing through pain and anxiety at the extremities of life.' In T. Wigram and J. de Backer (Eds.) *Clinical Applications of Music Therapy in Psychiatry.* London: Jessica Kingsley Publishers.

Hanser, S. and O'Connell, A. (1983). 'The effect of music on relaxation of expectant mothers during labor.' *Journal of Music Therapy 29*, 50-58.

Holligan, F. (1995). *Clinician' s Manual for Music Therapy in Acute Psychiatry.* Melbourne: St John of God.

Holligan, F. (2004a). Unpublished session notes. Wellsprings, June 2004.

Holligan, F. (2004b). Unpublished session notes. Wellsprings, August 2004.

Hooper, J. (2001). 'An introduction to vibroacoustic therapy and an examination of its place in music therapy practice.' *British Journal of Music Therapy 15*, 2, 69-77.

Jacobson, E. (1938). *Progressive Relaxation: A Physiological and Clinical Investigation of Muscular States and Their Significance in Psychology and Medical Practice.* Chicago, IL: University of Chicago Press.

Kabat-Zinn, J. (2003). 'Mindfulness-based interventions in context: past, present, and future.' *Clinical Psychology: Science and Practice 10*, 2.

Kibler, V. and Rider, M. (1983). 'Effects of progressive muscle relaxation and music on stress as measured by finger temperature response.' *Journal of Clinical Psychology 39*, 2, 213-215.

Kildea, C. (1998). *Relaxation to Music.* Melbourne. Unpublished.

Kobialka, D. (2006). Online at www.danialkobialka.com (Retrieved 28 April 2006).

Lathom-Radocy, W. (2002). *Pediatric Music Therapy.* Springfield, IL: Charles Thomas Publications.

Laungani, P. (1999). 'Culture and identity: implications for counselling.' In S. Palmer and P. Laungani (Eds.) *Counselling in a Multicultural Society.* London: Sage.

Lehikoinen, P. (1988). *The Kansa Project: Report from a Control Study on the Effect of Vibroacoustical Therapy on Stress.* Sibelius Academy, Helsinki. Unpublished paper.

Leuner, H. C. (1969). 'Guided Affective Imagery (GAI).' *American Journal of Psychotherapy 23*, 1, 4-22.

Leowy, J. (Ed.) (1997). Music Therapy and Pediatric Pain. Cherry Hill, NJ: Jeffrey Books.

Lundin, R. W. (1967). *An Objective Psychology of Music,* 2nd edition. New York: Ronald Press.

McIvor, M. (1998-1999). 'Heroic journeys: experiences of a Maori group with the Bonny Method of Guided Imagery and Music.' *Journal of the Association for Music and Imagery 6*, 105-118.

McKennitt, C. (2006). Online at www.quinlanroad.com (Retrieved 28 April 2006).

Madsen, C. K., Standley, J. M. and Gregory, D. (1991). 'The effect of a vibrotactile device, Somatron, on physiological and psychological responses: musicians versus non-musicians.' *Journal of Music Therapy 28*, 120-134.

Maranto, C. D. (1993). 'Applications of music in medicine.' In M. Heal and T. Wigram (Eds.) *Music Therapy in Health and Education.* London: Jessica Kingsley Publishers.

Maranto, C. D. (1994). 'Research in music in medicine: the state of the art.' In R. Spintge and R. Droh (Eds.) *Music and Medicine.* St Louis, MO: Magna Music Baton.

Marek, R. (2002). 'Are we too young? GIM with youth at risk.' *Making Connections. Proceedings of the inaugural conference of the Music and Imagery Association of Australia (MIAA).* Melbourne, pp. 36-43.

Marr, J. (1998-1999). 'GIM at the end of life: case studies in palliative care.' *Journal of the Association for Music and Imagery 6*, 37-54.

Marr, J. (2003). 'Sound connections: music, imagery and the faith community.' In *Music and imagery: sound connections. Proceedings of the second Australasian conference of the Music and Imagery Association of Australia (MIAA).* Melbourne, pp. 61-71.

Martin, R. (2006). *The effect of a series of Guided Music Imaging sessions on Music Performance Anxiety.* Master's Thesis, Melbourne: The University of Melbourne. Unpublished.

Melbourne Academic Mindfulness Interest Group (2006). 'Mindfulness-based psychotherapies: a review of conceptual foundations, empirical evidence and practical considerations.' *Australian and New Zealand Journal of Psychiatry 40*, 285-294.

Metzler, R. and Berman, T. (1991). 'Selected effects of sedative music on the anxiety of bronchoscopy patients.' In C. Maranto (Ed.) *Applications of Music in*

Medicine. Washington, DC: National Association for Music Therapy.

Miller, R. K. and Bornstein, P. H. (1977). 'Thirty-minute relaxation: a comparison of some methods.' *Journal of Behavioural Therapy and Experimental Psychology 8*, 291-294.

Moller, H. (1984). 'Physiological and psychological effects of infrasound on humans.' *Journal of Low Frequenty Noise and Vibration 3*, 1, 1-17.

Munro, S. (1984). *Music Therapy in Palliative/Hospice Care.* St Louis, MO: Magna Music Baton.

Nelson-Jones, R. (2003). *Basic Counselling Skills.* London: Sage Publications.

Nendick, R. (2005). 'Life Review.' *Bulletin of the Australian Music Therapy Association 28*, 3, 15.

Nolan, P. (1997). 'Music therapy in the pediatric pain experience: theory, practice and research at Allegheny University of Health Sciences.' In J. Loewy (Ed.) *Music Therapy and Pediatric Pain.* Cherry Hill, NJ: Jeffrey Books.

Nolan, P. (2005). 'Verbal processing within the music therapy relationship.' *Music Therapy Perspectives 23*, 1, 18-28.

O'Brien, E. (2005). 'Songwriting with adult patients in oncology and clinical haematology wards.' In F. Baker and T. Wigram (Eds.) *Songwriting: Methods, Techniques and Clinical Applications for Music Therapy Clinicians, Educators and Students.* London: Jessica Kingsley Publishers.

O'Callaghan, C. (1984). 'Musical profiles of dying patients.' *Bulletin*, Australian Music Therapy Associations, June, 5-11.

O'Callaghan, C. and Turnbull, G. (1987). 'The application of neuropsychological knowledge base in the use of music therapy with severely brain-damaged multiple sclerosis patients.' *Proceedings of the thirteenth national conference of the Australian Music Therapy Association*, Adelaide, Australia. pp. 92-100.

O'Connor, P. (1990). *Understanding Jung.* Port Melbourne: Mandarin.

O'Neill, C. (n/d) *Relax.* London: Child's Play (International).

Pelletier, C. (2004). 'The effect of music on decreasing arousal due to stress: a meta-analysis.' *Journal of Music Therapy 41*, 3, 192-214.

Plach, T. (1996). *The Creative Use of Music in Group Therapy.* Springfield, IL: Charles Thomas Publications.

Plato (1961). The Republic. In E. Hamilton and H. Cairns (Eds.) *The Collected Dialogues of Plato.* New York: Pantheon, Bollingen series 71.

Pujol, K. K. (1994). 'The effect of vibro-tactile stimulation, instrumentation, and pre-composed melodies on physiological and behavioural responses of profoundly retarded children and adults.' *Journal of Music Therapy 31*, 3, 186-205.

Radocy, R. and Boyle, J. (1988). *Psychological Foundations of Musical Behavior.* Springfield, IL: Charles Thomas Publications.

Reilly, M. (1996). 'Relaxation, imagery and music as adjunct therapy to narcotic analgesia in the perioperative period.' In R. Rebollo Pratt and R. Spintge (Eds.) *Music Medicine.* St Louis, MO: Magna Music Baton, pp. 206-217.

Rickard, J. (1992). *Relaxation for Children.* Melbourne: Australian Council for Educational Research.

Rider, M. (1985). 'Entrainment mechanisms are involved in pain reduction, muscle relaxation and music-mediated imagery.' *Journey of Music Therapy 22*, 1, 46-58.

Rider, M. and Achterberg, J. (1989). 'Effect of music-assisted imagery on neutrophils and lymphocytes.' *Biofeedback and Self-Regulation 14*, 247-257.

Ritchey-Vaux, D. (1993). 'GIM applied to the 50-minute hour.' *Journal of the Association for Music and Imagery 2*, 29-34.

Robb, S., Nichols, R., Rutan, R., Bishop, B. and Parker, J. (1995). 'The effects of music-assisted relaxation on preoperative anxiety.' *Journal of Music Therapy 32*, 1, 2-22.

Robbins, C. and Robbins, C. (1988). 'Teamwork in clinical improvisation: music therapy and physiotherapy combined.' *Proceedings of the Fourteenth Annual*

Conference of the Australian Music Therapy Association. Melbourne, pp. 96-102.

Rogers, C. (1980). *A Way of Being.* Boston, MA: Houghton Mifflin.

Ross, C. (2006). *Music for Dreaming.* Online at www musicfordreaming.com (Retrieved 28 April 2006).

Saluveer, E. and Tamm, S. (1989). 'Vibroacoustic therapy with neurotic clients at the Tallinn Pedagogical Institute.' Paper given to the Second International Symposium in Vibroacoustics. Levanger, Norway: ISVA Publications.

Samuels, M. and Samuels, N. (1975). *Seeing With the Mind's Eye: The History, Techniques, and Uses of Visualisations.* New York: Random Press.

Saperston, B. (1999). 'Music-based individual relaxation training in medical setting.' In C. Dileo (Ed.) *Music Therapy and Medicine Theoretical and Clinical Applications.* Silver Spring, MD: American Music Therapa Association.

Schultz, J. and Luthe, W. (1959). *Autogenic Training: A Physiological Approach to Psychotherapy.* New York: Grune and Stratton.

Schwartz, F. (2006). *Transitions.* Online at www.transitionsmusic.com (Retrieved 28 April 2006)

Shoemark, H. (2004). *Colour-coded Ranking of Commercially Produced CDs for Use with Hospitalised Newborn Infants and Children* [Guidelines]. Melbourne: Music Therapy Unit, Royal Children's Hospital.

Shoemark, H., Dun, B. and Kildea, C. (2004). *Guidelines for Recorded Music in the Hospital Environment.* Online at www.rch.org.au/emplibrary/ept/RCH_guide-lines_ RecordedMusic.pdf/ (Retrieved 30 October 2006).

Short, A. (1992). 'Music and imagery with physically disabled elderly residents: a GIM adaptation.' *Music Therapy 11*, 1, 65-98.

Skewes, K. (2000). The Experience of Group Music Therapy for Six Bereaved Adolescents. PhD dissertation, University of Melbourne. Unpublished.

Skille, O. (1982). 'Musikkbadat: enn musikk terapeutisk metode.' *Musikk Terapi 6,*

24-27.

Skille, O. (1986). *Manual of Vibroacoustic.* Levanger, Norway: ISVA Publications.

Skille, O. (1989a). 'Vibroacoustic research.' In R. Spingte and R. Droh. (Eds.) *Music Medicine.* St Louis, MO: Magna Music Baton.

Skille, O. (1989b). 'Vibroacoustic therapy.' *Music Therapy 8*, 61-77. New York: American Association for Music Therapy.

Skille, O. (1992). 'Vibroacoustic research 1980-1991.' In R. Spintge and R. Droh (Eds.) *Music and Medicine.* St. Louis: Magna Music Baton, pp. 249-266.

Skille, O. and Wigram, T. (1995). 'The effects of music, vocalization and vibration on brain and muscle tissue: studies in vibroacoustic therapy.' In T. Wigram, B. Sperston and R. West (Eds.) *The Art and Science of Music Therapy: A Handbook.* London: Harwood Academic.

Smith, J. and Joyce, C. (2004). 'Mozart versus new age music: relaxation states, stress and ABC relaxation theory.' *Journal of Music Therapy, 3*, 215-224.

Snyder Cowan, D. (1997). 'Managing sickle cell pain with music therapy.' In J. Loewy (Ed.) *Music Therapy and Pediatric Pain.* Cherry Hill, NJ: Jeffrey Books.

Sorrell, N. and Narayan, R. (1980). *Indian Music in Performance: A Practical Introduction.* Manchester: Manchester University Press.

Spintge, R. (1982). 'Psychophysiological surgery preparation with and without anxiolytic music.' In R. Droh and R. Spintge (Eds.) *Angst, Schmerz, Musik in der Anasthesie.* Basel: Editiones Roche.

Spintge, R. and Droh, R. (1982). 'The pre-operative condition of 191 patients exposed to anxiolytic music and Rohypnol (Flurazepam) before receiving an epidural anaesthetic.' In R. Droh and R. Spintge (Eds.) *Angst, Schmerz, Muzik in der Anasthesie.* Bsel: Editiones Roche.

Standley, J. (1991a). *Music Techniques in Therapy, Counselling and Special Education.* St Louis, MO: Magna Music Baton.

Standley, J. (1991b). 'The effect of vibrotactile and auditory stimuli on perception of comfort, heart rate and peripheral finger temperature.' *Journal of Music Therapy 28*, 3, 120-34.

Standley, J. (1995). 'Music as a therapeutic intervention in medical and dental treatment: research and clinical applications.' In T. Wigram, B. Saperston and R. West (Eds.) *The Art and Science of Music Therapy: A Handbook*. London: Harwood Academic.

Stillman, B. C. (1970). 'Vibratory motor stimulation: a preliminary report.' *Australian Journal of Physiotherapy 16*, 118-123.

Summer, L. (1981). 'Guided imagery and music with the elderly.' *Music Therapy 1*, 1, 39-42.

Summer, L. (1988). *GIM in the Institutional Setting*. St Louis MO: Magna Music Baton.

Summer, L. (1998). 'The pure music transference in Guided Imagery and Music.' In K. Bruscia (Ed.) *The Dynamics of Music Psychotherapy*. Gilsum, NH: Barcelona Publishers.

Tsao, C., Gordon, T., Maranto, C., Lerman, C. and Murasko, D. (1991). 'The effects of music and biological imagery on immue response (S-IgA).' In C. Maranto (Ed.) *Applications of Music in Medicine*. Washington, DC: National Association for Music Therapy.

Ventre, M. (1990-1992). *Guided Imagery and Music (GIM) training courses*. University of Melbourne. Unpublished.

Weiss, M. (1996-1997). 'Guided imagery and music: group experiences with adolescent girls in a high school setting.' *Journal or the Association for Music and Imagery 5*, 61-73.

Wheeler, B. L. (1983). 'A psychotherapeutic classification of music therapy practices: a continuum of procedures.' *Music Therapy Perspectives 1*, 8-12.

Wheeler, B. L., Shultis, C. and Polen, D. (2005). *Clinical Training Guide for the Student Music Therapist*. Gilsum, NH: Barcelona Publishers.

Wigram, T. (1993). '"The Feeling of Sound": the effect of music and low frequency sound in reducing anxiety in challenging behaviour in clients with learning difficulties.' In H. Payne (Ed.) *Handbook of Enquiry in the Arts Therapies: 'One River, Many Currents'*. London: Jessica Kingsley Publishers.

Wigram, T. (1995). 'Psychological and physiological effects of low frequency sound and music.' *Music Therapy Perspectives: International Edition*. NAMT Publications.

Wigram, T. (1996). *The Effect of Vibroacoustic Therapy on Clinical and Non-Clinical Populations*. PhD dissertation, St Georges Medical School, University of London. Unpublished.

Wigram, T. (1997a). 'The effect of vibroacoustic therapy in the treatment of Rett Syndrome.' In T. Wigram and C. Dileo (Eds.) *Music, Vibration and Health*. Pipersville, PA: Jeffrey Books.

Wigram, T. (1997b). 'Equipment for vibroacoustic therapy.' In T. Wigram and C. Dileo (Eds.) *Music, Vibration and Health*. Pipersville, PA: Jeffrey Books.

Wigram, T. (2004). *Improvisation: Methods and Techniques for Music Therapy Clinicians, Educators, and Students*. London: Jessica Kingsley Publishers.

Wigram, T. and Cass, H. (1995). 'Music therapy within the assessment process of a therapy clinic for people with Rett syndrome.' 1995 British Society for Music Therapy Conference. London: BSMT Publications.

Wigram, T. and Dileo, C. (1997a). *Music, Vibration and Health*. Pipersville, PA: Jeffrey Books.

Wigram, T. and Dileo, C. (1997b). 'Clinical and ethical considerations.' In T. Wigram and C. Dileo (Eds.) *Music, Vibration and Health*. Pipersville, PA: Jeffrey Books.

Wigram, T., McNaught, J. and Cain, J. (1997). 'Vibroacoustic therapy with adult patients with profound learning disability.' In T. Wigram and C. Dileo (Eds.) *Music, Vibration and Health*. Pipersville, PA: Jeffrey Books.

Wigram, T. and Weekes, L. (1983). *The use of music in overcoming motor dysfuntion in children and adolesents suffering from severe physical and mental handicap:*

a specific approach. Paris: World Congress of Music Therapy. Unpublished.

Wigram, T. and Weekes, L. (1985). 'A specific approach to overcoming motor dysfunction in children and adolescents with severe physical and mental handicaps using music and movement.' *British Journal of Music Therapy 16*, 1, 2-12.

Wikipedia (2006). 'Trance music.' Online at http://en.wikipedia.org/wiki/trance_music (Retrieved 25 April 2006).

Winnicott, D. W. (1971). *Playing and Reality*. New York: Basic Books.

Wordsworth Dictionary of Musical Quotations (1991). compiled by Derek Watson. Ware, Hertsfordshire: Wordsworth Editions.

Yalom, I. (1970). *The Theory and Practice of Group Psychotherapy*, 3rd edition. New York: Basic Books.

Yamada, S., Ikugi, M., Fujikata, S., Watanabe, T. and Kosaka, T. (1983). 'Body sensation of low frequency noise of ordinary persons and profoundly dear persons.' *Journal of Low Frequency Noise and Vibration 2*, 3, 32-36.

찾아보기

인 명

내 용

저자 소개

Denise Grocke

미국 미시간 주립대학교에서 음악치료학을 전공하였고, 미국 공인 음악치료사 자격을 취득하였으며(MT-BC), 호주 멜버른 대학교에서 BMGIM으로 석사와 박사 학위를 취득하였다. 세계음악치료연합(World Federation of Music Therapy)의 교육, 훈련 및 자격위원장을 세 번 지냈으며, 1999년부터 2002년까지 세계음악치료연합 회장을 지냈다. 현재 호주 멜버른 대학교의 음악치료학과장이자 음대 연구 부학장으로 재직 중이며, 호주 국립음악치료연구소(National Music Therapy Research Unit)의 소장을 맡고 있다.

정신질환, 신경학적 장애와 치매를 가진 사람들을 대상으로 임상을 해 왔으며, 현재 BMGIM 분야에서 개인 임상을 하고 있다. 두 권의 저서를 비롯하여 음악치료 및 GIM과 관련해 14개의 장(chapter), 50여 편의 학술논문을 저술하였다.

〈주요 저서〉

Pratt, R. R., & Grocke, D. E. (Eds.) (1999). *Music Medicine 3. Music Medicine and Music Therapy: Expanding Horizons.* Faculty of Music, University of Melbourne.

Bruscia, K. E., & Grocke, D. E. (Eds.) (2002). *Guided Imagery and Music: The Bonny Method and Beyond.* Gilsum, NH: Barcelona publishers.

Grocke, D. E. (2001). A phenomenological study of pivotal moments in Guided Imagery and Music (GIM) therapy. PhD dissertation, University of Melbourne. Available at www.musictherap- yworld.de.

Grocke, D. (2002). 'The Bonny music programs.' In K. Bruscia & D. Grocke (Eds.), *Guided Imagery and Music: The Bonny Method and Beyond.* Gilsum, NH: Barcelona publishers.

Grocke, D. (2002). 'Qualitative research in Guided Imagery and Music.' In K. Bruscia & D. Grocke (Eds.), *Guided Imagery and Music: The Bonny Method and Beyond.* Gilsum, NH: Barcelona publishers.

Forinash, M., & Grocke, D. (2005). 'Phenomenological Enquiry.' In B. Wheeler (Ed.), *Music Therapy Research* (2nd ed.). Gilsum, NH: Barcelona publishers.

Grocke, D. (2005). 'The role of the therapist in the Bonny Method of Guided Imagery and Music.' *Music Therapy Perspectives 23*(1), 45–52.

Grocke, D. (2005). 'Significant Moments in Music Therapy in Australia.' (Invited paper). *Australian Journal of Music Therapy, 16*, 104–118.

Tony Wigram

영국 브리스틀 대학교에서 음악을 공부하였고, 길드홀 음악원(Guildhall School of Music)에서 Juliette Alvin과 연구를 진행했으며, 런던 대학교 세인트조지 의과대학에서 심리학으로 박사학위를 취득하였다. 현재 덴마크 올보르 대학교의 커뮤니케이션 · 심리학과 내의 음악치료전공 교수 및 박사과정 책임자로 재직 중이다. 또한 영국 하퍼하우스 아동센터(Harper House Children' s Service)의 음악치료 과장이자, 허트퍼드셔 파트너십(Hertfordshire Partnership NHS Trust)의 연구위원, 멜버른 대학교 음대 연구교수, 앵글리아 러스킨 대학교(Anglia Ruskin University) 음악치료학과 부교수를 맡고 있다.

음악치료에 관한 서적 13권을 저술 및 편집하였으며, 서적과 저널에 100여 편이 넘는 문헌을 게재하였다. 관심 연구 분야는 음악과 소리의 생리적인 영향, 자폐 스펙트럼 장애의 사정과 진단, 의사소통장애, 음악치료사 훈련 및 지도, 음악치료 연구, 즉흥 기술이다. 2004년에는 유럽음악치료연합(European Music Therapy Confederation)에서 수여하는 상을 받은 바 있다.

〈주요 저서〉

Wigram, T., & Dileo-Maranto, C. (1997). *Music, Vibration and Health.* Jeffrey Books. Pipersville, Pennsylvania.

Wigram, T. (1999). 'Contact in Music: The analysis of musical behaviour in children with communication disorder and pervasive developmental disability for differential diagnosis.' In T. Wigram & J. De Backer (Eds.), *Clinical Applications of Music Therapy in Developmental Disability. Paediatric and Neurology.* London: Jessica Kingsley Publishers.

Wigram, T., Nygaard Pedersen, I., & Bonde, L. O. (2002). *A Comprehensive Guide to Music Therapy: Theory, Clinical Practice, Research and Training.* London: Jessica Kingsley Publishers.

Wigram, T. (2004). *Improvisation: Methods and Techniques for Music Therapy Clinicians, Educators and Students.* London: Jessica Kingsley Publishers.

Wigram, T. (2005). 'Songwriting methods—Similarities and Differences: Developing a Working Model.' In F. Baker & T. Wigram (Eds.), *Songwriting: Methods, Techniques and Clinical Applications for Music Therapy Clinicians, Educators and Students.* London: Jessica Kingsley Publishers.

Wigram, T. (2005). 'Survey Research.' In B. Wheeler & K. Bruscia (Eds.), *Music Therapy Research: Qualitative and Quantitative Methods* (2nd ed.). Phoenixville: Barcelona Publishers.

Wigram, T., & Gold, C. (2006). 'Research evidence and clinical applicability of Music Therapy for Autism Spectrum Disorder.' *Child: Care, Health and Development, 32*(5), 535.

Wigram, T. (2006). Musical Creativity in children with cognitive and social impairments. In I. Deliege & G. Wiggings (Eds.), *Musical Creativity: Current Research in Theory and Practice Psychology Press.* Taylor and Francis.

역자 소개

문소영

호주 멜버른 대학교 음악대학에서 음악치료 석사 디플로마(Graduate Diploma in Music Therapy), 음악치료학 석사학위(M.Mus) 및 박사학위(Ph.D.)를 취득하였다. Denise Grocke 교수로부터 BMGIM 과정을 사사하였고, 미국 콜로라도 주립대학교에서 신경학적 음악치료(NMT)를 이수하였다. 귀국 후에는 목원대학교 음악대학에 음악치료학 강의를 개설하였고, 차의과대학교 분당차병원 재활의학과에서 음악치료 임상을 수행하였다. 이후 이화여자대학교, 전북대학교, 숙명여자대학교 등에서 강의하였으며, 현재 명지대학교 사회교육대학원 음악치료학과 주임교수로 재직하고 있다. 학회활동으로는 한국통합치료학회 학술위원장 및 한국음악치료학회 이사로 재임하고 있다. 저서로는 『음악치료 기법과 모델』(공저, 학지사)이 있다.

이윤진

이화여자대학교 사범대학에서 과학교육을 전공하고, 동 대학교 교육대학원에서 음악치료교육 전공으로 석사학위를 취득하였다. 현재 한국음악치료교육학회(KOMTEA) 정회원 및 인증 음악치료사, 영 · 유아 대상 음악교사로 활동 중이다.

음악치료 수용기법

– 음악치료 교육 및 임상을 위한 지침서–

Receptive Methods in Music Therapy

2011년 5월 30일 1판 1쇄 발행
2023년 1월 20일 1판 5쇄 발행

지은이 • Denise Grocke · Tony Wigram
옮긴이 • 문소영 · 이윤진
펴낸이 • 김 진 환
펴낸곳 • (주) 학지사
04031 서울특별시 마포구 양화로 15길 20 마인드월드빌딩 5층
대표전화 • 02) 330-5114 팩스 • 02) 324-2345
등록번호 • 제313-2006-000265호
홈페이지 • http://www.hakjisa.co.kr
페이스북 • https://www.facebook.com/hakjisabook

ISBN 978-89-6330-595-0 93180

정가 **18,000**원